Frank Adam

Herrscherin der Meere

Die britische Flotte zur Zeit Nelsons

Für

Tönjes, Tobias,

Nina,

Julia,

Hanna, Lilian

und

Chantal

Frank Adam

Herrscherin der Meere

Die britische Flotte zur Zeit Nelsons

Koehlers Verlagsgesellschaft mbH · Hamburg

Die deutsche Bibliothek – CIP-Einheitsaufnahme

Ingenkamp, Karlheinz:

Herrscherin der Meere:
die britische Flotte zur Zeit Nelsons/Frank Adam.–

Hamburg: Koehler, 1998

ISBN 3-7822-0736-X

ISBN 3-7822-0736-X

Satz und Gestaltung des Inhalts: Inka Medialine, Stephan Ingenkamp, Produktionsagentur, Mannheim

Printed in Germany

Sofern es sich nicht um Abbildungen aus zeitgenössischen Büchern handelt, lieferten das National Maritime Museum in Greenwich und das Wissenschaftliche Institut für Schiffahrts- und Marinegeschichte in Hamburg (Sammlung Tamm) die Vorlagen. Verlag und Autor bedanken sich dafür. Der Verlag hat sich nach bestem Wissen und Gewissen um die Ermittlung aller Bildrechte bemüht. Sollte das trotzdem im Einzelfall nicht gelungen sein, bittet der Verlag die Inhaber der Rechte um eine Nachricht.

Inhalt

Vorwort

Die britische Flotte um 1800 war ein Machtinstrument, das die Meere uneingeschränkter durch fremde Kräfte beherrschte als eine andere Macht vorher oder nachher. Die britische Flotte vereitelte in einigen großen Schlachten, in einer Vielzahl kleinerer Gefechte und durch ihre reelle oder mögliche Präsenz vor allen Küsten Napoleons Weltherrschaft.

Die britische Flotte der Epoche Lord Nelsons ist in Großbritannien immer noch lebendig und allgegenwärtig. Viele Museen, Gedenktafeln und Monumente halten die Erinnerung wach. Die Erlebnisberichte, Bildbände und Romane aus dieser Zeit erfahren große Auflagen.

Aber es ist nicht nur britische Geschichte, die uns dort begegnet. Es ist europäische Geschichte. Der Erfolg der britischen Flotte hat auch die politische Entwicklung in Deutschland immens beeinflußt.

Die zahllosen Übersetzungen der englischen Seeromane deuten aber weniger darauf hin, daß uns dieser geschichtliche Zusammenhang um so mehr bewußt wird, je enger Europa zusammenrückt. Sie sind eher ein Anzeichen dafür, daß der Erlebnisreichtum dieser Zeit immer mehr Leser fasziniert. Die britischen Schiffe setzten sich gegen die Naturgewalten durch und drangen bis in ferne, unbekannte Welten vor, deren Ursprünglichkeit wir nie erfahren konnten. In zahllosen Kämpfen haben Offiziere und Mannschaften dieser Flotte alle Feinde niedergerungen. Die Spannung dieser Kämpfe können wir spüren, aber ihre Grausamkeit ist durch die zeitliche Distanz und das Fehlen des heutigen technischen Potentials gemildert. Und immer wieder stehen wir vor der Frage, was diese zwangsrekrutierten und geschundenen Menschen auf ihren eher zweitklassigen Schiffen dazu befähigte, ihre Flotte zur »Herrscherin der Meere« zu machen.

In deutscher Sprache fehlt eine eingehendere und genauere Information über das Phänomen der britischen Flotte zur Zeit Nelsons. In diesem Buch versuche ich, ein Bild dieser Flotte, ihrer Besatzungen, ihrer Kommandostrukturen, ihrer Schiffe und Waffen zu vermitteln, das detailliert genug ist, damit die Leser der vielen Romane sich ein Bild von der Wirklichkeit dieser Flotte und vom Leben ihrer Besatzungen machen können. Auf der anderen Seite sollte dieses Bild nicht so detailbesessen gestaltet werden, daß es nur noch Spezialisten etwas geben kann. Ich hoffe, daß ich mein Ziel, gleichermaßen anschaulich und genau zu informieren, erreichen konnte.

Niemand ist in der Lage, die unübersehbare Fülle der zeitgenössischen Dokumente und der Sekundärliteratur auch nur annähernd zu kennen und zu verarbeiten. Ich habe mir Mühe gegeben, die wichtigsten literarischen Zeugnisse für meine Darstellung heranzuziehen. Die Literaturhinweise und die Literaturliste informieren den Leser über meine Präferenzen. Zu besonderem Dank für die Mithilfe bei der Literaturbeschaffung bin ich Frau Dipl.-Bibl. Susanne Winkler von der Universitätsbibliothek Landau und Herrn Dipl.-Bibl. H. Sterzenbach vom Wissenschaftlichen Institut für Schiffahrts- und Marinegeschichte in Hamburg verpflichtet.

Frank Adam

Kapitel 1.00

Der Weg Englands zur See- und Weltmacht

Bild der Vier-Tag-Schlacht 1666

1.01 Die Entwicklung einer Kriegsflotte

Für Völker, die an Küsten mit guten Häfen oder auf Inseln leben, scheint es nur natürlich, wenn sie sich der Schiffahrt zuwenden. Aber nur wenige dieser Völker haben Zentren des Welthandels und der Seemacht geschaffen. Auch die britischen Inseln, die Jakob I. (1603–1625) als König von Großbritannien und Irland vereinigte, waren bis weit ins 16. Jahrhundert hinein agrarisch und binnenorientiert. Zwar wird schon König Alfred als Schöpfer einer Flotte genannt (um 897), und auch Eduard III. und Heinrich V. stellten für ihre aggressive Politik Flotten auf, aber sie bestanden zum größten Teil aus kurzfristig für den Waffengang aufgerüsteten Handelsschiffen.

Um eine Kriegsflotte zu unterhalten und eine Seemacht aufzubauen, bedurfte es außer der geographischen Lage mehrerer Voraussetzungen:

- **Der Überseehandel muß große Gewinne versprechen**
- **Die staatliche Gewalt muß auf maritime Expansion setzen**
- **Die waffentechnische Entwicklung muß die Einrichtung ständig verfügbarer Kriegsschiffe fordern**
- **Die menschlichen und materiellen Ressourcen des Landes müssen den Unterhalt der Flotte garantieren.**

Diese Voraussetzungen waren um 1600 gegeben.

Steigende Gewinne im Überseehandel

Die Entdeckung Amerikas 1492, die Entdeckung des Seeweges nach Ostindien 1498 und die erste Erdumseglung (1519–1522) hatten Möglichkeiten eröffnet, die einige Jahrzehnte später zu gewaltigen wirtschaftlichen Veränderungen führten. Das Mittelmeer und die italienischen Hafenstädte verloren ihre wirtschaftlich beherrschende Position. Portugal und vor allem Spanien gewannen durch Ausbeutung der entdeckten Länder ungeheure Reichtümer und demonstrierten die Gewinnchancen im Welthandel.

Auch andere Staaten wollten Anteil am Reichtum haben, aber ihnen fehlte zur Blütezeit des spanischen Imperiums die Macht, sich massiv an der Ausbeutung Amerikas zu beteiligen. Doch Holland, das sich aus spanischer Vorherrschaft befreit hatte, sowie Großbritannien und Frankreich beginnen, sich in den Überseehandel einzumischen.

1600 wird die britische, 1602 die holländische Ostindische Kompanie gegründet, und beide Staaten errichten im Kampf gegeneinander Handelsstationen in Fernost. England und Frankreich gründen Kolonien in Nordamerika, und Frankreich greift von 1635 an auch nach den Antillen, dem Senegal und nach Réunion. Und alle seefahrenden Nationen vergeben Kaperbriefe, wenn es möglich ist, um Beute zu erringen. Diese Entwicklung ist im Vergleich zu früheren Zeiten ein wesentlich stärkerer Antrieb, sich dem Meer zuzuwenden. England nutzte die Chance.

Die maritime Expansion des Staates

England, unter Heinrich VIII. zum Protestantismus übergetreten, wehrte 1588 den auch religiös bemäntelten Unterwerfungsversuch der spanischen Armada ab. Diese Armada bestand zum größeren Teil noch aus umgerüsteten Handelsschiffen. Ihre Vernichtung, die viel mehr dem Wetter als der britischen Flotte zuzuschreiben war, brachte England noch keine maritime Vormacht. Zur vorherrschenden europäischen Seemacht war in wenigen Jahrzehnten Holland herangewachsen.

Holland dominierte den Seehandel im Indischen Ozean, es griff mit seiner westindischen Kompanie in den mittel- und südamerikanischen Handel ein und transportierte 90% des Handels in britischen Häfen mit holländischen Schiffen. Ein Fünftel seiner Bevölkerung lebte von der Schiffahrt.

Der Bürgerkrieg in England hatte Oliver Cromwell als Protektor an die Macht gebracht, und das Parlament erließ ganz im Sinne eines religiösen und merkantilen Machtstrebens 1651 die *Navigationsakte*. Mit ihr wurde fremden Schiffen verboten, Waren in britische Häfen zu transportieren, es sei denn, sie stammten aus dem Land des Schiffseigners. Damit waren die Holländer als Zwischenhändler mit Afrika, Asien, Amerika und Nordeuropa ausgeschaltet. Zusätzlich waren fremde Schiffe im Ärmelkanal und der Nordsee der britischen Flagge gegenüber salutpflichtig und mußten sich durchsuchen lassen.

Holland hat in drei großen Kriegen um seine Existenz als Seemacht gekämpft und schließlich trotz der Siege seines berühmten Admirals de Ruyter die Navigationsakte mit unwesentlichen Änderungen hinnehmen müssen. Aber England, durch innere Wirren geschwächt, war zur See in Frankreich ein mächtiger Gegner erwachsen, der auch die Konstruktion reiner Kriegsschiffe zu einem ersten Höhepunkt führte.

Grosse Kanonen erfordern Kriegsschiffe

In früheren Jahrhunderten wurden in Kriegszeiten Schiffe, die sonst beliebigen Zwecken dienten, mit Soldaten bemannt und an die Schiffe des Gegners herangeführt, um sie zu entern. Genauso wenig, wie es stehende Heere gab, existierten reine Kriegsflotten. Die Erfindung von Feuerwaffen führte zunächst nur dazu, daß die Schiffe sich mit Musketen und leichten Kanonen von Deck zu Deck aus geringer Entfernung bekämpften, ehe man enterte. Erst die Plazierung großer Kanonen erzwang eine Änderung im Schiffsbau. Große Kanonen konnten nicht an der Reling des Oberdecks angebracht werden. Die unteren Decks wurden die wichtigsten Kanonenträger, erforderten eine entsprechende Breite und Geschützluken im Rumpf. Die hochgetürmten Hecks, von denen sich aus Soldaten wie aus Festungstürmen bekämpft hatten, wurden flacher, die Schiffe gestreckter, und das hatte auch Konsequenzen für die Takelage. Diese Kanonenschiffe mußten speziell für den Krieg konstruiert werden und konnten nur noch im Notfall zu anderen Zwecken herangezogen werden.

Frankreich verfügte 1666 über 34 Kriegsschiffe mit 11 000 Seeleuten.

England und Holland konnten dagegen je 110 Kriegsschiffe mit je 22 000 Seeleuten aufbieten. Aber dann bauten Colbert und nach ihm sein Sohn, der Marquis de Seignellay, die französische Flotte auf.

1670	besaß Frankreich 80 Schiffe mit mehr als 40 Kanonen.
1677	waren es 116 Kriegsschiffe,
1685	120 und
1695	schließlich 135 Kriegsschiffe.

Diese Schiffe wurden für bis zu 130 Kanonen konstruiert, aber meist waren Schiffe mit 50 bis 80 Kanonen Träger der Schlachtreihe. Das berühmte Flaggschiff, die *Soleil Royal,* trug 104 Kanonen, davon 28 Sechsunddreißig-Pfünder, war knapp 53 m lang und über 14 m breit.

Entwicklung von Rumpf und Takelage

Zweidecker 1636

Das Heck ist sehr hoch. Das Bugspriet trägt am vorderen Ende eine Stenge mit Marssegel.

Zweidecker 1680

Das Schiff nimmt in der Abflachung des Hecks und der Größe der Segel am hinteren Mast moderne Trends auf. Am Bugspriet führt es neben dem Blindesegel auch noch ein Bugsprietmarssegel.

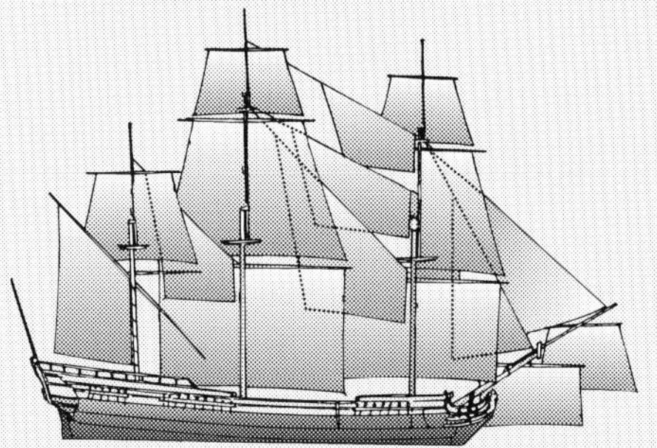

Zweidecker um 1760

Das Schiff ist flacher geworden. Der vordere Mast rückte nach hinten. Auf eine Bugsprietstenge wird verzichtet. Dafür sind zwei Blindesegel gesetzt.

Frankreich verfügte mit dem Grafen von Tourville (1642-1701) über einen hervorragenden Admiral. Er führte im Auftrag Ludwigs XIV. (1643-1715) die französische Flotte gemeinsam mit verschiedenen Verbündeten gegen Frankreichs Gegner zur See, und das war meist England, ab 1688 in Personalunion mit Holland vereint. Einmal allerdings, 1672-1674, kämpfte Frankreich mit England gegen Holland. Es war die Zeit der großen Seeschlachten, bei der rigide eingehaltene Schlachtlinien, oft fünfzehn und mehr Kilometer lang, gegeneinander kämpften (*vgl. Kapitel 7.04*). Tourville gewann 1690 bei Beachy Head an der Südküste Englands und verlor 1692 bei La Hogue, nördlich der Halbinsel Contentin. Keine der Schlachten war entscheidend. Was in der Folge über die Seemacht entschied, war die politische und wirtschaftliche Situation der beiden Länder.

Eine Flotte läuft in Schlachtlinie aus

Aus: *Ozanne, Marine Militaire*

✻ Menschliche und materielle Ressourcen zum Unterhalt der Flotte

England war zu Beginn der langen Auseinandersetzung durch den Konflikt der katholischen Monarchie der Stuarts mit dem Parlament geschwächt. Diese inneren Kämpfe wurden 1688 mit der Landung Wilhelms III. von Oranien in England, der Glorreichen Revolution, gelöst, wenn auch noch lange Mißtrauen gegen britische Flottenbefehlshaber als vermeintliche Anhänger der Stuarts herrschte.

Frankreich hatte zu Beginn der Auseinandersetzung den Vorteil der starken Monarchie, baute neben der Flotte auch unter Louvois das stärkste Landheer Europas auf und mobilisierte die wirtschaftlichen Kräfte durch das Merkantilsystem. Aber diese Stärke verführte Ludwig XIV. zur langen Reihe seiner Eroberungsfeldzüge, insbesondere zum Spanischen Erbfolgekrieg. England mobilisierte gegen Frankreich die Große Allianz fast aller europäischen Mächte. Diesen kräftezehrenden Kämpfen war Frankreichs Wirtschaftskraft nicht gewachsen. Je länger, desto weniger konnte es England zur See standhalten. 1708 mußte Frankreich wegen der fehlenden Gelder den Bau aller Kriegsschiffe stoppen. Nur die französischen Kaperschiffe bereiteten England noch Schwierigkeiten. Im Frieden zu Utrecht 1713 erhielt England von Frankreich Neufundland, Neuschottland und die Hudsonbailänder, von Spanien Menorca und Gibraltar. Damit hatte England seine flottenstrategische Position im Atlantik und im Mittelmeer bedeutend ausgebaut.

Nach diesem Frieden betrieb Frankreich gegenüber England eine Friedenspolitik und reduzierte seine Flotte, die 1720 nur noch 25 Linienschiffe aufbieten konnte. Gleichzeitig förderte Frankreich seinen Überseehandel mit Ost- und Westindien und sanierte seine Finanzen. Der Graf von Maurepas, Staatssekretär für die Marine, baute seit 1740 die Flotte wieder auf. Seine Doktrin, die er 1744 niederschrieb, sah vor, daß Frankreich gemeinsam mit einem Verbündeten die Stärke der britischen Flotte erreichen müsse. Aber 1744 traten England und Frankreich im Österreichischen Erbfolgekrieg erneut gegeneinander an, und England gewann bei Kap Ortegal und Kap Finisterre wichtige Seeschlachten.

Der Friedensschluß von Aachen 1748 brachte nur formell den Frieden. In Übersee ging der Kampf kaum getarnt weiter. England vertrieb Frankreich aus weiten Teilen Indiens und von den amerikanischen Atlantikküsten.

Die französische Flotte erreichte einen Tiefstand. Maurepas wurde 1749 entlassen. Nur noch 45 französische Kriegsschiffe standen 121 britischen gegenüber. Und auch der Neubau von 36 Schiffen konnte Frankreich beim Ausbruch des neuen Krieges im Jahre 1756 nicht an die britische Flotte heranführen, wohingegen seine Handelsflotte durch ihr Wachstum und ihre Erfolge britische Sorgen weckte.

Dieser Siebenjährige Krieg wurde von Preußen um den Besitz Schlesiens und von England um die Eroberung französischer Kolonien geführt. Frankreich erzielte in Europa mit der Eroberung Menorcas und durch Landschlachten in Deutschland Anfangserfolge, die Ludwig XV. und seinen Minister Choiseul zu dem Plan verführten, gleichzeitig in Schottland und England zu landen. Eine gänzlich unzulängliche Flotte mußte in den Seeschlachten von Lagos und Quiberon bitter für diese Fehlplanung bezahlen. Nachdem Rußland unter Peter III. als Gegner Preußens ausgeschieden war, kam es 1763 zum Friedensschluß. England erhielt Kanada und Louisiana östlich des Mississippi

Die Entwicklung der britischen Flotte

Jahr	Schiffe	Mannschaften
1700	260	40 000
1750	320	10 000
1762	365	60 000
1775	270	20 000
1783	478	110 000
1792	330	45 000

Die Zahlen sind Annäherungswerte, da die Listen differieren, weil Schiffe außer Dienst unterschiedlich berücksichtigt wurden. Die Zahlen der Schiffe und Mannschaften korrespondieren nicht, da bei Friedensbeginn viele Schiffe mit Hafenwachen »eingemottet« wurden.

sowie Senegambien von Frankreich und Florida von Spanien. Damit wurde England als vorherrschende See- und Kolonialmacht bestätigt.

In der Überzeugung der britischen Bevölkerung war die Vorherrschaft schon längst eine stolz empfundene Tatsache. Das Lied »Rule Britannia, rule the waves«, das Thomas Arne 1740 komponierte, gewann für mehr als 150 Jahre ungetrübte Popularität.

Das Kriegsergebnis hatte nachdrücklich die Bedeutung der maritimen Überlegenheit bewiesen. England hatte ein hohes Niveau erreicht, was sowohl Zahl und Kampfbereitschaft der Schiffe als auch den Ausbildungsstand der Mannschaften anging.

Auch Frankreich zog seine Lehren aus dem Krieg. Unter Choiseul, Staatssekretär der Marine, ergriff eine Flottenbegeisterung das gesamte Land. Provinzen, Gesellschaften, Banken stifteten insgesamt 16 Linienschiffe. In 15 Jahren wurde die Flotte völlig erneuert. Die Ausbildung der Schiffskonstrukteure, seit 1742 in der Ecole de Construction, wurde ab 1765 in der Ecole du Génie maritime erweitert. Erbeutete französische Schiffe wurden künftig von den Briten sorgfältig kopiert und dienten als Muster für ganze Schiffsklassen. Auch der französische Überseehandel blühte wieder auf.

Der amerikanische Unabhängigkeitskrieg, der 1775 ausbrach, stellte Großbritannien vor eine schwere Belastungsprobe. Unerwartet forderten die rebellischen Milizen mit jedem Jahr mehr Truppen zu ihrer Bekämpfung. Und diese Truppen sowie der gesamte Nachschub mußten über den Ozean transportiert werden. Das band Englands Kräfte in hohem Maße.

Da die rebellischen Kolonien keine nennenswerte eigene Kriegsflotte aufstellen konnten, mußte die britische Flotte den Nachschub vor allem gegen die Kaperschiffe schützen und selbst den Waffenschmuggel nach Amerika unterbinden. Für diese fast unlösbare Aufgabe wurden nicht genügend Schiffe nach Amerika verlegt.

Die Situation wird für England lebensbedrohlich, als Frankreich 1778, Spanien 1779 und die Niederlande 1780 auf der Seite der Kolonien in den Krieg eintreten und Rußland, Schweden, Dänemark, Preußen und Österreich sich zur »Bewaffneten Neutralität« zusammenschließen, um sich gegen die Übergriffe der britischen Blockadepolitik zu wehren.

1799 erschienen Franzosen und Spanier mit 66 Linienschiffen vor Plymouth. England konnte ihnen nur 35 entgegenstellen. An der Küste wurde zur Evakuierung aufgerufen. Panik brach aus. Nur Führungsschwäche und Seuchen auf der alliierten Flotte retteten England. Mit französischer Hilfe gewannen die rebellischen Kolonien den Kampf zu Lande. Auf See mußte England einige Niederlagen, jedoch keine entscheidenden, hinnehmen und erreichte mit dem unvollständigen Sieg Rodneys bei den Saintes 1782 wenigstens eine kosmetische Korrektur der Bedingungen des Friedens von Versailles 1783. So erhielt England die von den Franzosen eroberten karibischen Inseln zurück und behielt Kanada. Aber es mußte die Unabhängigkeit der 13 amerikanischen Kolonien anerkennen und Florida und Menorca an Spanien abtreten. Frankreichs Lohn bestand nur aus der Rückgabe von St. Lucia und dem Neuerwerb von Tobago.

Für die britische Seemacht war dieser Krieg nur ein vorübergehender Rückschlag. Die Flotte hatte sich gegen mehrere Gegner behauptet. Die nordamerikanischen Kolonien hatten bisher mehr Geld gekostet, als sie eingebracht hatten. Die Friedensjahre sollten zeigen, daß England aus dem friedlichen Handel mehr Gewinn ziehen konnte als aus dem Besitz der Kolonien. Die Kolonien wurden Handelspartner.

Die grossen Kriege auf dem Weg zur Seeherrschaft

1652–1654	1. Seekrieg gegen Holland
1664–1667	2. Seekrieg gegen Holland
1672–1674	3. Krieg mit Frankreich gegen Holland
1688–1697	Eroberungskrieg Ludwigs XIV. gegen die Pfalz. England kämpft in der »Großen Allianz« mit Österreich, Spanien u.a. gegen Frankreich
1701–1714	Spanischer Erbfolgekrieg. England kämpft in der »Großen Allianz« mit Österreich, Preußen u.a. gegen Frankreich, Bayern, Savoyen
1744–1747	Seekrieg gegen Frankreich
1755–1763	Krieg gegen Frankreich, ab 1756 als Siebenjähriger Krieg mit Preußen gegen Österreich, Rußland, Schweden u.a.
1775–1783	Amerikanischer Unabhängigkeitskrieg, ab 1788/89 auch gegen Frankreich und Spanien
1792–1802	1. und 2. Koalitionskrieg gegen Frankreich
1803–1815	Napoleonische Kriege. England kämpft mit wechselnden Verbündeten gegen Frankreich.

1.02 *Koloniale Ausdehnung und Handelswachstum*

Der Franzose Arnould hatte schon 1797 in einer seiner Schriften festgestellt, daß Englands Machtstellung und der Aufbau seiner kommerziellen und maritimen Macht durch eine dreifache Wechselbeziehung zu erklären seien. Der Handel schaffe die Basis für die Finanzkraft des Landes, die Finanzkraft ermögliche den Unterhalt der Kriegsflotte, und die Kriegsflotte sorge für immer neue Eroberungen zum Nutzen von Handel und Finanzen.

Die Kriege, die England, Frankreich und Holland im 17. und 18. Jahrhundert führten, waren ganz wesentlich Kämpfe um die wirtschaftliche Vormacht, die bei dem System des Merkantilismus immer auch Kämpfe um koloniale Macht waren. Um 1700 besaß Spanien ein riesiges Kolonialreich. Holland hatte viele Besitzungen erworben, und Frankreich und England schickten sich an, ihre Kolonien kräftig zu erweitern.

Am Ende des Jahrhunderts war Spaniens Kolonialreich morsch oder schon zerfallen, da das Mutterland nicht die Kraft hatte, die Kolonien zu besiedeln und /oder zu schützen. Holland hatte das Wettrennen aufgeben müssen, da seine Bevölkerung zu gering war, um lange Kämpfe in Übersee zu führen. Frankreich hatte lange Zeit mit England Schritt gehalten und bis zur Ablösung von Dupleix in Indien klare Vorteile.

Aber dann zeigten sich seine Schwächen: Die französischen Kolonien in Nordamerika waren keine Siedlungskolonien, deren Kolonisten für das Mutterland kämpfen konnten. Die französischen Händler und Reeder hatten nur geringe Verbindung zum Königshof. Es fehlte ein Parlament, durch das sie ihre Interessen der Regierung gegenüber vertreten und oft durchsetzen konnten.

Der Merkantilismus lähmte in Frankreich wirtschaftliche Initiativen im Außenhandel, während in England die zunehmende Ausbreitung der Lehren von Adam Smith den Außenhandel beflügelte.

Weniger bekannt ist, daß England auch die Vorherrschaft im Sklavenhandel errang und Frankreich sowie Holland überflügelte. Ein Angestellter der britischen Royal African Company schrieb 1745: »Den Handel mit Negern und die sich daraus ergebenden Resultate kann man getrost als unschätzbaren Quell von Reichtum und Flottenmacht für diese Nation ansehen.«

Die Karte zeigt, daß Frankreich nach 1763 sein Kolonialreich in Nordamerika eingebüßt hat, daß es jedoch die wirtschaftlich so wichtigen Kaffee- und Zuckerinseln in Westindien behalten konnte, daß es auf dem Weg nach Indien Stützpunkte im Senegal und vor allem in Réunion und Ile de France (Mauritius) besaß, während in Indien selbst nur Pondicherry als Rest eines großen Einflußgebietes überlebt hatte.

England war um diese Zeit zwar nicht mehr Herrscher über die 13 nordamerikanischen Kolonien, es besaß aber Kanada mit Neufundland und Neuschottland, die Bermudas und Bahamas, reiche Zuckerinseln in West-

KOLONIALE AUSBREITUNG UM 1790

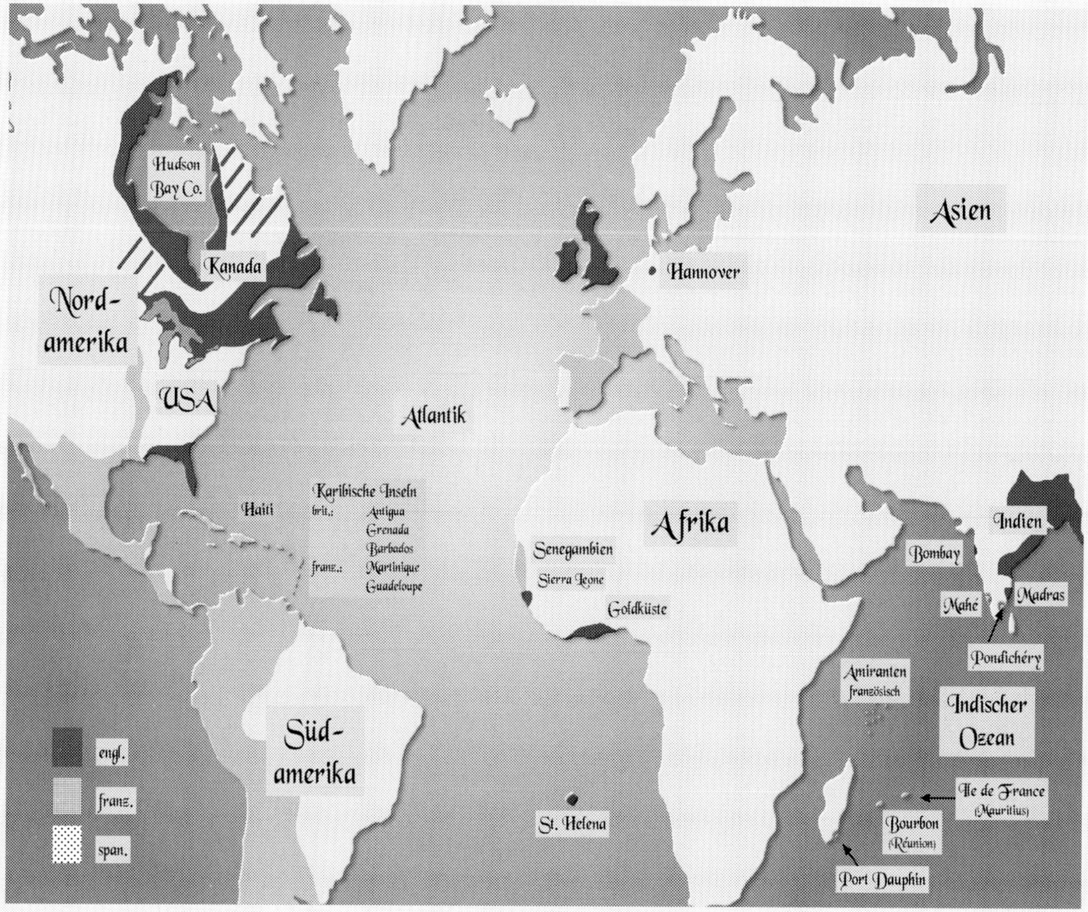

indien, Stützpunkte in Westafrika und St. Helena auf dem Weg nach Indien und in Indien selbst um Bombay, Madras und Kalkutta reiche Gebiete der Ostindischen Kompanie.

Im 18. Jahrhundert war Englands Handel kräftig gewachsen, wie die folgende Übersicht zeigt:

Frankreich erholte sich nach den Kriegen rasch und konnte im Welthandel durchaus mithalten. Im Handel mit den so lukrativen Kaffee- und Zuckerinseln in Westindien übertraf es England um 1780 sogar um 20 Prozent. Weiße Kolonisten, Sklaven und Ausfuhr von den Zuckerinseln zeigt die folgende Zusammenstellung:

Warenumschlag in Englands Häfen

(nach Maine 1979)

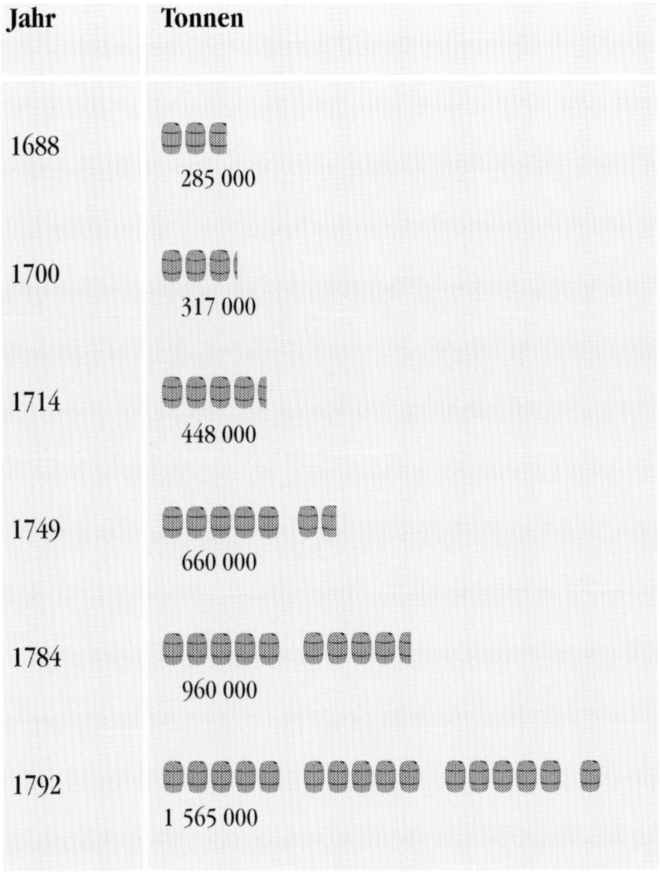

Bevölkerung und Ausfuhr der Zuckerinseln

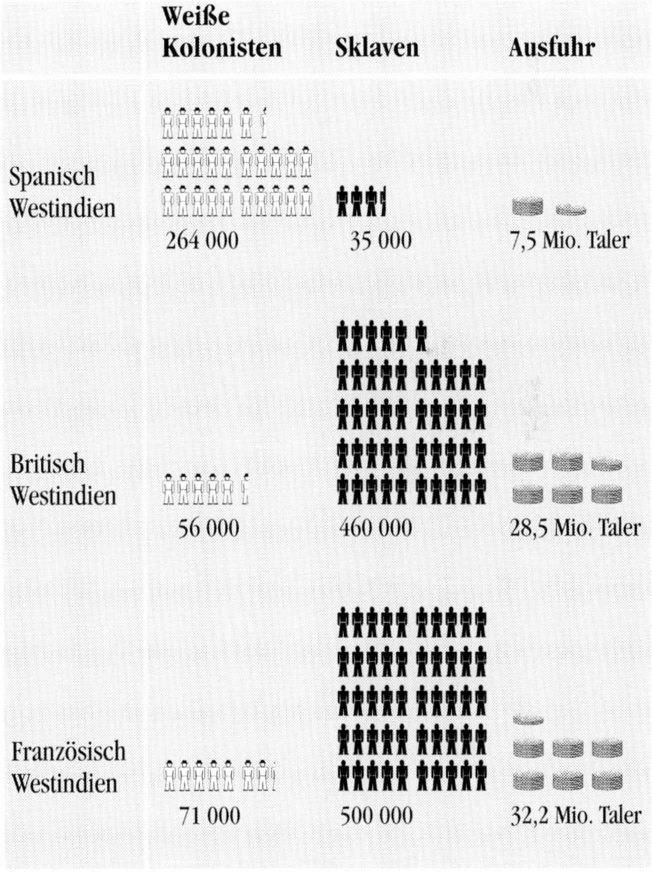

Spaniens Besitzungen wurden von weißen, überwiegend in den Kolonien geborenen Siedlern mit wenig Sklaven bewirtschaftet. Das erbrachte keine großen Ausfuhrüberschüsse. Frankreichs Karibikinseln waren groß und fruchtbar. Auf ihnen erwirtschafteten zahlreiche Sklaven bei geringer weißer Bevölkerung einen hohen Überschuß.

Englands Inseln wiesen bei noch krasserem Mißverhältnis von Herren und Sklaven nicht soviel Gewinn aus. Aber nur England hatte noch die Kriegsflotte, um auch Westindien von Barbardos und Antigua aus im Kriegsfall zu beherrschen. Daher war Frankreichs Stärke in diesem letzten großen Außenhandelsgebiet sehr gefährdet.

Westindien um 1790

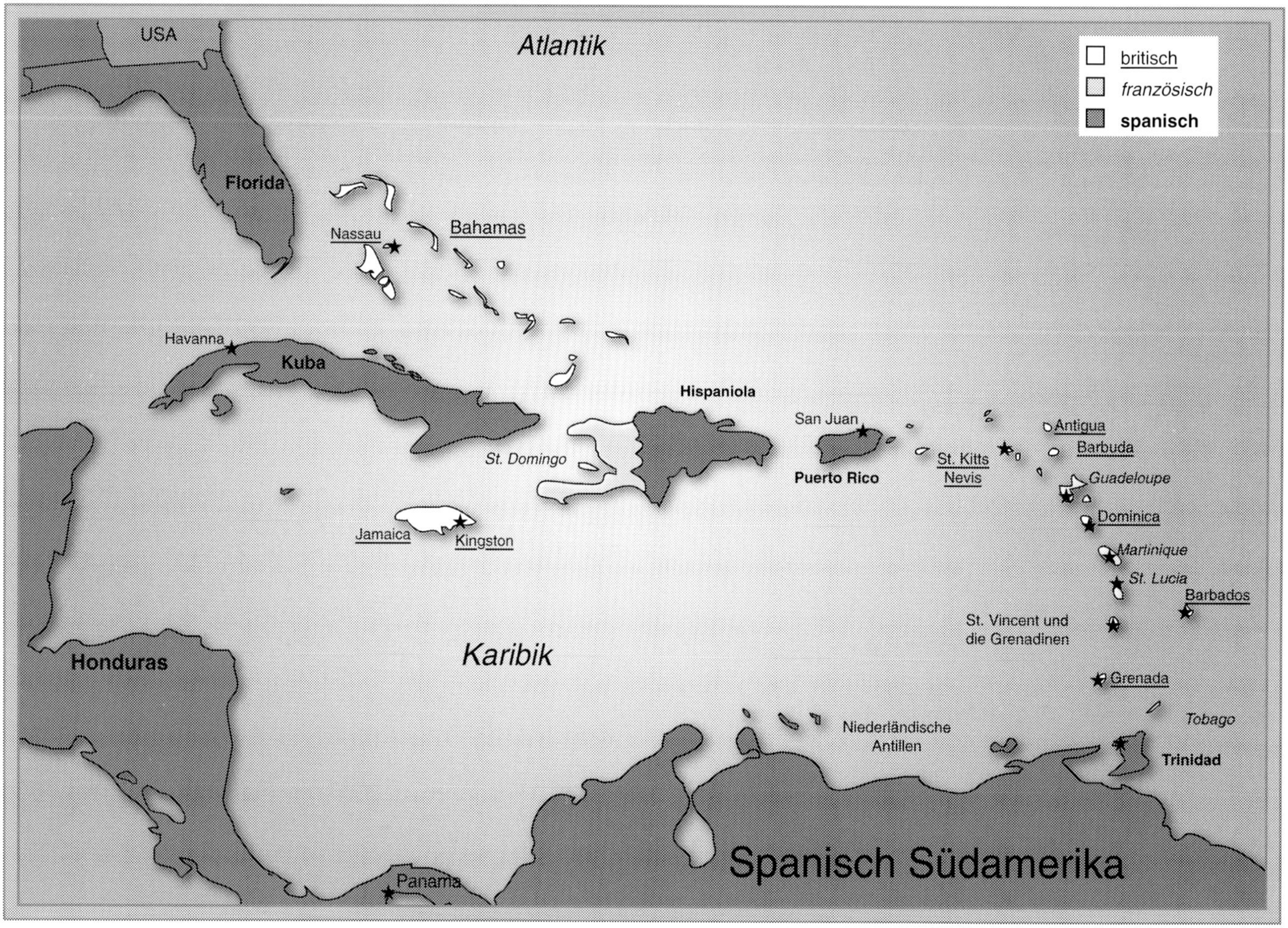

In der Gegenwart sind die karibischen Inseln fast nur als Urlaubsinseln bekannt und gelten in ihrer Mehrzahl eher als arm. Damals belieferten sie Europa jedoch zunächst mit dem begehrten Zucker, ab Mitte des 18. Jahrhunderts auch mit Kaffee und später zusätzlich mit Baumwolle. Die westindischen Inseln erbrachten um 1790 80 % des Einkommens, das Großbritannien aus seinen Investitionen in Übersee erzielte. Die Zuckerpflanzer, die Reeder und die Bankiers im Westindien-Handel waren ein so bedeutender wirtschaftlicher und damit auch politischer Machtfaktor, daß England, Frankreich und Spanien immer wieder Flotten und Truppen in die Karibik schickten, obwohl das Klima sehr ungünstig war. Kanada galt dagegen als uninteressante Wildnis. Eine kleine Statistik soll die Verteilung des englischen Handels illustrieren:

Durchschnittliches jährliches Handelsvolumen von England und Wales

(in Millionen Pfund)

	1781–1785	1796–1800
Mit Ostindien	2,9	7
Mit Westindien	4,1	10,2
Mit Nordamerika	1,8	7,4
Mit Kontinentaleuropa	1,7	11,5

Aus der Tabelle ist zu ersehen, daß der Westindienhandel zu beiden Zeiträumen bedeutsamer war als der Handel mit Ostindien, der in Geschichtsvorstellungen als vorherrschende Quelle des Reichtums gilt. Man erkennt ferner, daß der Handel mit Nordamerika sich vervielfachte, nachdem die Kolonien die Unabhängigkeit errungen hatten.

Für Frankreich war die Lage anders. Der Westindienhandel war für die Wirtschaft noch bedeutsamer, da Frankreich seine Gebiete in Ostindien fast ganz eingebüßt hatte und im Nordamerikahandel nicht die Früchte seiner Unterstützung bei der Erringung der Unabhängigkeit ernten konnte. Die ehemaligen Kolonisten sahen bald die gemeinsame Sprache und Herkunft als stärkeres Motiv für den Handel mit England an. Er vervierfachte seinen Umfang. Die einflußreichen Politiker, darunter auch Sklavenhalter, lehnten Auswüchse der Französischen Revolution ab.

Der Westindienhandel war auch wichtig für die Bemannung der Kriegsflotte. Etwa 57 % aller im Überseehandel in England einlaufenden Schiffe kamen 1792 aus Westindien. Etwa 15 000 der insgesamt 118 000 britischen Seeleute dienten auf Westindienfahrern, die einmal im Jahr Ausreise und Rückkehr schafften. Im Ostindienhandel und in der Hochseefischerei waren die Seeleute nicht selten zwei und mehr Jahre abwesend. Sie waren daher im Kriegsfall seltener für die Rekrutierungskommandos der Kriegsflotte greifbar. Das erklärt vielleicht, warum jede britische Regierung im Kriegsfall besondere Anstrengungen unternahm, um die Besitzungen im karibischen Raum zu schützen oder sogar auszudehnen.

Außer den Großmächten besaßen auch Dänemark (St. Croix) und die Niederlande Inseln im karibischen Raum. Das holländische St. Eustatius war ein bedeutender Handelshafen.

Es wäre einseitig, nur den Außenhandel zu betrachten, wenn man beurteilen will, welche Ressourcen zum Aufbau einer Flotte zur Verfügung standen. Englands landwirtschaftliche Produktion stieg im 18. Jahrhundert um 61% als Folge der neuen Fruchtwechselwirtschaft, der Erweiterung der Viehhaltung und der Einhegungen, die die Nutzfläche vergrößerten. Je acre wurden am Ende des Jahrhunderts 44% mehr erwirtschaftet als zu Beginn. Die 1694 erfolgte Gründung der Bank von England als private Notenbank förderte Anleihen und Geldverkehr und schuf die Voraussetzungen für die kommenden Entwicklungen.

England stand am Beginn der industriellen Revolution mit allen Auswirkungen auch auf die Binnenstruktur. Iren halfen als billige Arbeitskräfte, die Industrialisierung Englands zu fördern. Vor allem beim Bau der Binnenkanäle, der ab 1761 vorangetrieben wurde und bis 1815 auf eine Gesamtlänge von 4 200 km allein in England gedieh, wurden sie eingesetzt. Für Gütertransporte ist dieses Kanalnetz späteren Eisenbahnnetzen vergleichbar. Aber auch der Straßenbau machte Fortschritte. Brauchte man 1754 für die rund 210 km lange Reise von London nach Manchester noch viereinhalb Tage, so waren 1788 nur noch 28 Stunden erforderlich. Der Postkutschenverkehr verlangte den Ausbau befestigter Straßen.

Für die technischen Erfindungen mögen nur drei Daten stehen:

1765 konstruierte Watt die erste industriell brauchbare Dampfmaschine, **1768** wurden die Spinnmaschinen und **1787** der mechanische Webstuhl erfunden. Die Folgen für die Kohle-, Eisen- und Textilindustrie in England und Schottland waren gewaltig. England wurde zur ersten Industriemacht der Welt. Es produzierte viele Gebrauchsgüter besser und billiger als irgendein anderes Land. Seine Exporte wuchsen, forderten mehr Schiffe und erhöhten den Gewinn.

Zahl der in britischen Häfen 1792 ein- und auslaufenden Schiffe

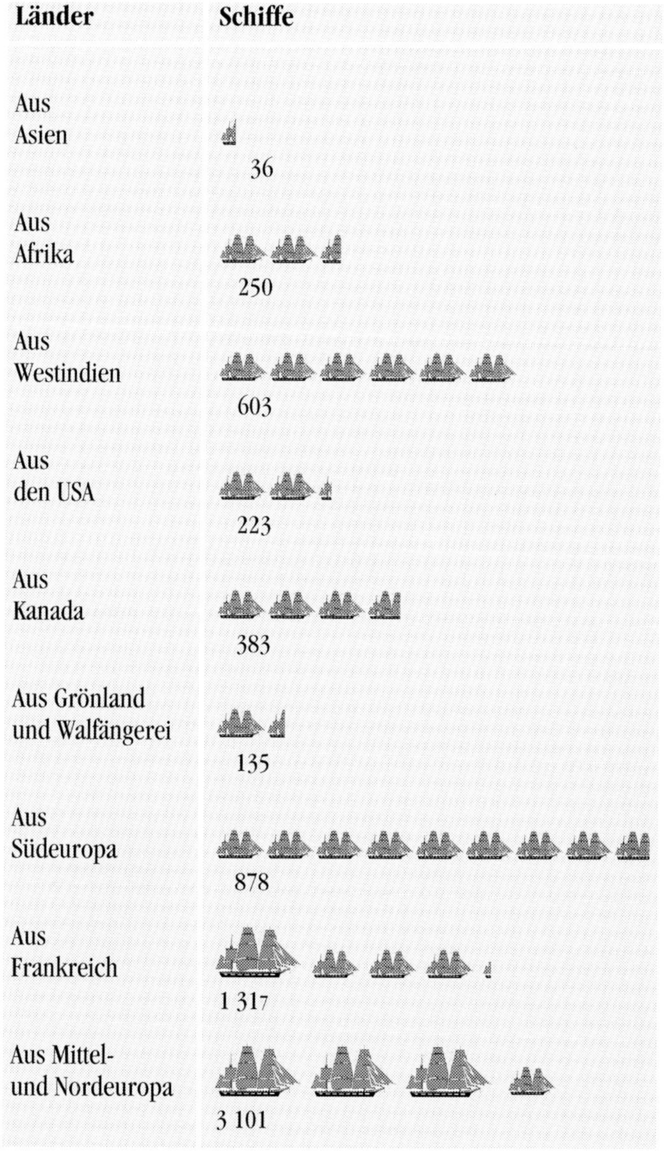

1.03 Die Flotte vor Ausbruch der Revolutionskriege

Die Flotte war der wichtigste Garant für Englands Stellung als Welt- und Handelsmacht. Diese Rolle erforderte mehr als einen Rumpfbestand an Kriegsschiffen, der in Kriegen durch bewaffnete Handelsschiffe aufgefüllt werden konnte. Wir hatten gesehen, daß die waffentechnische Entwicklung derartige Lösungen nicht mehr zuließ. England brauchte, wie auch die anderen Seemächte, eine ständige Flotte. Natürlich konnte in Friedenszeiten ein Teil der Schiffe außer Dienst gestellt und nur mit Hafenwachen instandgehalten werden. Aber die Schiffe waren gefechtsbereit, sobald Seeleute sie besetzten.

Die Entwicklung zur stehenden Flotte spiegelt sich auch in der zunehmenden Reglementierung.

1661 wurden erstmals unter Charles II. Kriegsartikel für die britische Flotte erlassen, die das System der Bestrafungen regelten. 1749 erließ Georg II. eine überarbeitete Fassung, die in der hier behandelten Blütezeit der britischen Flotte gültig war.

1731 wurden erstmals Instruktionen für den Kampf ausgegeben, die »Admiralty Instructions«. Die Flottentaktik wurde dadurch vereinheitlicht, aber sie wurde auch starrer, bis sie dann in den Napoleonischen Kriegen revolutioniert wurde *(vgl. Kapitel 7)*.

1634 erließ Charles I. eine Proklamation, wonach die Kombination von St. Georg- und St.Andrews-Kreuz, die Union Flagge, für die Kriegsflotte und die Schiffe in seinem persönlichen Dienst reserviert wurde.

1748 wurden Uniformen eingeführt, aber nur für Offiziere und Midshipmen. Geregelt wurde im wesentlichen nur, daß marineblaues Tuch zu tragen war mit weißen Bundhosen und Aufschlägen sowie goldenen Verzierungen für Flaggoffiziere. Die Vorschriften wurden nicht sehr streng befolgt. Auch nach der neuen Uniformregelung von 1787 nahmen sich die Offiziere noch manche Freiheit, und erst 1795 erfolgten bindendere Regulationen. Für die Seeleute wurden erst 1857 Uniformen vorgeschrieben, als anderen Marinen längst vorangegangen waren.

Um 1700 wurden auch erste Schritte zur Versorgung invalider Seeleute unternommen. Von ihrer Heuer wurden »sixpence« einbehalten, um ihre Versorgung im Greenwich Hospital zu finanzieren oder einen Zuschuß für Witwen und Waisen zu zahlen. Ein Bild mit dem Blick auf die klassizistischen Bauten von Greenwich findet sich auf Seite 173.

Diese Einzelschritte zeigen in ihrer Summe, wie eine ständige Flotte immer stärker institutionalisiert und reguliert wurde.

Eine andere Entwicklung prägte die französische Flotte nach Ausbruch der Revolution. Das Offizierskorps setzte sich vorher zu einem erheblichen Teil aus Adligen zusammen, von denen viele mit zunehmender Radikalisierung der Revolution flohen, verjagt oder verhaftet wurden. Deckoffiziere oder gar Seeleute rückten in Offiziersstellen nach. Die Seeleute ließen sich auch von ihnen nicht mehr einfach kommandieren. Revolutionäre Zirkel diskutierten alle Maßnahmen. Kontrolleure der republikanischen Parteien überwachten die Flotte. Die französische Flotte hatte also, unabhängig von ihrem Schiffsbestand, bei Kriegsausbruch 1793 einen viel geringeren Gefechtswert als die britische.

Frankreich befand sich bereits seit April 1792 mit Österreich und Preußen im Krieg. Es kam auch zu einigen Flottenoperationen an der ligurischen Küste, aber zum Seekrieg weitete sich der Kampf erst aus, als das revolutionäre Frankreich am 1. Februar 1793 Großbritannien und den Niederlanden den Krieg erklärte. Spanien, Portugal, das Deutsche Reich u.a. traten dann bald einer Koalition auf Seiten Englands bei.

Die folgende Tabelle zeigt, daß Frankreich auch numerisch der Koalition weit unterlegen war.

Zu Kriegsbeginn waren Großbritannien und seine Verbündeten der französischen Flotte zwar zahlenmäßig drückend überlegen. Aber im Verlauf der ersten Kriegsjahre wechselten Spanien und die Niederlande die Fronten. Und es kamen die Jahre, in denen ganz Europa Napoleons Fahnen folgen mußte. Da verwehrte Napoleon nur die britische Flotte die Weltherrschaft. Ihr Kampf wäre vergeblich gewesen, ohne starke Stützpunkte auf der Heimatinsel und überall auf der Welt.

Die Marinebasen in England bestanden seit Jahrhunderten und entsprachen in ihrer Lage oft nicht den Anforderungen um 1790. Flüsse, an denen vor 400 Jahren Werften errichtet worden waren, konnten von den großen Schiffen nicht mehr befahren werden. Häfen waren versandet. Aber das Festhalten an der Tradition und oft auch die Kosten verhinderten eine radikale Neuorientierung. So lagen die Ankergründe der Flotte jetzt oft weit entfernt von Werften und Arsenalen. Das war vor allem in der Themse der Fall.

Schiffsbestände der wichtigsten kriegführenden Seemächte 1793

	Großbritannien	**Portugal**	**Spanien**	**Frankreich**	**Niederlande**
Linienschiffe (1.–3. Klasse)	121	9	72	79	29
Zweidecker (50–60 Kanonen)	12	1	5	6	9
Fregatten	124	14	41	86	18
Sloops und kleiner	193	29	109	113	49
Gesamtflotte	**450**	**53**	**280**	**284**	**105**

Ankergründe und Werften in England

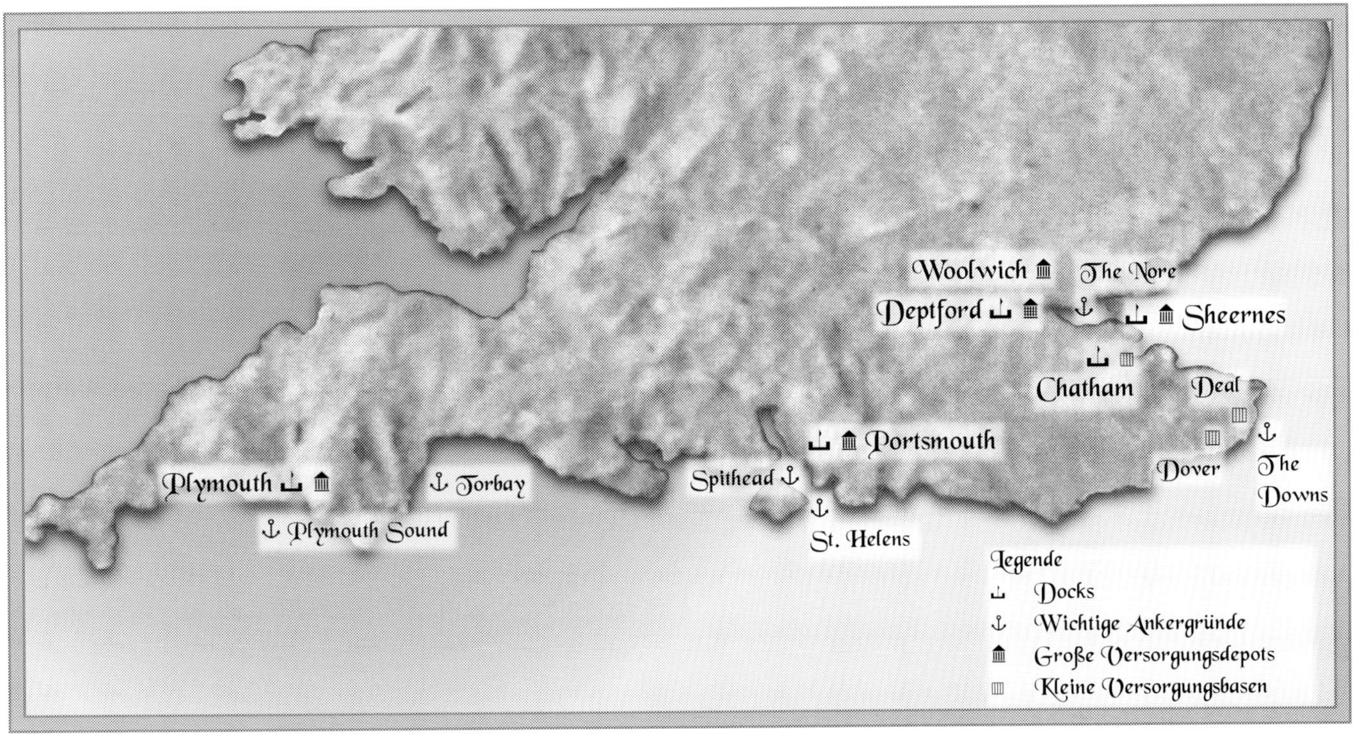

1. Spithead und Portsmouth

Bei dem wohl bekanntesten und wichtigsten Ankergrund der britischen Flotte, Spithead, lagen Ankergrund und Hafen mit Werften und Arsenalen am dichtesten beisammen. Spithead mit dem vorgelagerten Ankergrund bei St. Helens war durch die Insel Wight nach Südwesten geschützt. Nach Norden schirmten das Festland, nach Osten mehrere Sandbänke den Liegeplatz ab. Kleinere Schiffe konnten durch die Needles Passage nach Westen absegeln, größere mußten auf günstigen Ostwind warten und die Insel Wight runden.

Portsmouth war der bekannteste Marinehafen Englands. Er war mit mehreren Festungen gut geschützt, hatte eine große Kriegswerft, ein mächtiges Arsenal, Verpflegungsdepots, Kasernen für die Seesoldaten und ein Hospital auf der Gosport-Seite der Hafeneinfahrt. Etwas der Stadt vorgelagert war das Hafenviertel, Portsmouth Point, das in fast allen Flottenromanen erwähnt wird. Die erste Nachrichtenverbindung zu einem Kanalhafen mit Signaltürmen, Shutters, wurde daher auch von London nach Portsmouth errichtet.

Portsmouth mit Hafen und Werft

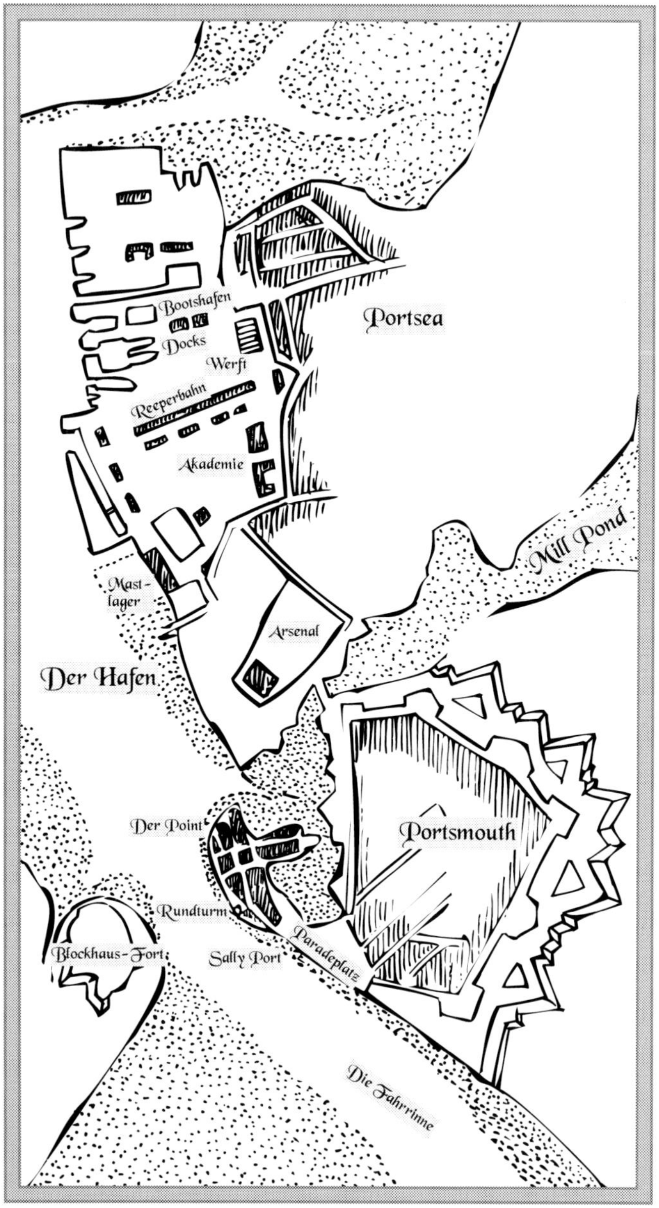

2. The Nore mit Sheerness und Chatham

The Nore, vor der Mündung des Flusses Medway in der Themsebucht gelegen, war der zweitwichtigste Ankergrund. Hier und in Spithead fanden auch die berühmten Meutereien der Flotte im Jahre 1797 statt. Alle Schiffe, die aus der Themse ausliefen und die holländische Küste sowie die Straße von Dover überwachen sollten, hatten hier ihren Liegeplatz. Ausgedehnte Sandbänke schützten den Ankergrund gegen Osten, aber er war wenig befestigt.

Der größte Nachteil dieses Ankergrundes war die Distanz zu Werften und Arsenalen. Die themseaufwärts gelegenen Werften Deptford und Woolwich entsprachen nicht mehr den modernen Anforderungen großer Schiffe. Die Nähe zu London bot jetzt nur noch Vorteile für die Verpflegungsdepots.

Von größerer Bedeutung für »The Nore« waren die Werften in Chatham, flußaufwärts am Medway gelegen, und Sheerness an der Mündung des Medway. Chatham war nach Portsmouth und Plymouth die drittgrößte Marinewerft, obwohl es ungünstig an einem flachen, engen Fluß lag. Er war nur mit Lotsen unter Schwierigkeiten zu befahren. Die größeren Schiffe mußten ohne Zuladung zur Themse gebracht werden, um ihre Bewaffnung zu übernehmen. Eingedockt werden konnten sie nur zu Zeiten hoher Fluten. Aber Chatham verfügte über Kasernen für Seesoldaten und ein Hospitalschiff.

Sheerness lag an der Mündung des Medway zur Themse günstiger, aber die Werft war auf engem und morastigem Grund errichtet und lag fernab von größeren Siedlungen. Der starke Nordwestwind überflutete oft die Anlagen und behinderte die Arbeiten. Bei Seeleuten war Sheerness wenig beliebt, weil es wenig Einwohner hatte und kaum Vergnügungen bot, die nach längerer Zeit auf See erwünscht waren.

3. Plymouth Sound und Plymouth

Plymouth Sound besaß als Ankergrund die Vorteile der Nähe zu den Docks von Plymouth und der strategisch günstigen Lage für die Blockade des französischen Kriegshafens Brest. Der große Nachteil war, daß dieser Liegeplatz überhaupt keinen Schutz gegen südliche Winde bot, die eine gefährliche Dünung hervorriefen. Daher wurde der Liegegrund meist nur von Schiffen benutzt, die auf Einfahrt zu den Docks warteten. Die Blockadeflotte für Brest bevorzugte als Ankergrund zunehmend Torbay, im südlichen Devon gelegen und gut gegen vorherrschende Winde geschützt. Mit dem vorherrschenden Westwind konnten die Schiffe schnell die französische Küste bei Brest erreichen. Nur vor östlichen Winden mußte sich die Flotte dort hüten. Die Küste vor Torbay bot nur Häfen für kleine Boote.

Da konnte Plymouth mehr bieten, aber über Land war es dreißig Meilen von Torbay entfernt. Die Werft von Plymouth lag in Hamoaze und bildete eine eigene kleine Stadt. Um Plymouth gab es ein Arsenal, Verpflegungsdepots, Kasernen für die Seesoldaten, ein Hospital und gute Befestigungen zum Schutz der Basis.

4. The Downs

Dieser Ankergrund lag vor der Küste von Kent zwischen Dover und der Themsemündung. Die Untiefen von Goodwin boten Schutz vor östlichen Winden, waren aber auch eine Gefahr, da sie ihre Lage veränderten. Vor Westwinden schützte das Festland. In den Downs erwarteten oft Handelsschiffe einen Ostwind, um in die Themse einlaufen zu können.

Kriegsschiffe, die die holländische Küste und die Nordsee überwachen sollten, konnten nur mit Booten Nachschub in Deal holen, da kein Kriegshafen an dieser Küste lag. In Ramsgate war ein größerer Hafen gebaut und 1792 vollendet worden, aber er wurde meist als Zuflucht für bis zu 200 Handelsschiffe benutzt.

Außer den genannten Stützpunkten gab es noch kleinere Marinebasen an den Küsten Großbritanniens. Sie brauchen hier nicht erwähnt werden. Aber es muß noch betont werden, daß die königlichen Marinewerften keineswegs die einzigen Werften waren, die Kriegsschiffe bauten. Sie waren die bevorzugten Werften für größere Schiffe, aber von den 217 Fregatten, die während der Kriege von 1793–1815 in Großbritannien gebaut wurden, liefen nur 61 auf königlichen Werften vom Stapel, der Rest kam von privaten Docks.

Stützpunkte in Übersee

Die wichtigsten Stützpunkte außerhalb Englands hatten nicht immer die volle Werftkapazität. Aber sie waren mit Einrichtungen zur Reparatur und zur Ausrüstung von Schiffen versehen.

Gibraltar war seit 1704 britisch und unentbehrlich für die Kontrolle des Mittelmeeres. Es war ausreichend befestigt, um auch längeren Belagerungen zu widerstehen.

Halifax war die bevorzugte Basis in Kanada und Standort für die Geschwader, die die nordamerikanische Küste überwachen sollten.

Port Royal auf Jamaika war seit 1735 Marinehafen und Standort einer Werft. Der Hafen lag in der Nähe der Hauptstadt Kingston. Der kommandierende Admiral hatte hier seinen Sitz.

Neben Port Royal war die Insel **Antigua** der wichtigste Stützpunkt in der Karibik. Hier wurde schon 1728 eine Marinebasis eingerichtet, da die natürlichen Häfen von English Harbour und Falmouth Harbour guten Schutz auch bei Hurrikanen boten und da von Antigua aus die meisten karibischen Inseln mit dem vorherrschenden Wind leicht erreicht werden konnten.

In Ostindien konnte die britische Flotte auf Bombay und Madras, die Haupthäfen der Ostindischen Handelskompanie, zurückgreifen. Bombay verfügte über sehr leistungsfähige Werften mit ausgezeichneten Schiffsbauern. Hier wurden auch Schiffe für die königliche Marine gebaut bis hin zum Linienschiff mit 74 Kanonen. Bevorzugtes Bauholz war Teak, das härter und widerstandsfähiger als die englische Eiche war. Aber es konnte sich im Kriegsschiffsbau nicht durchsetzen, da seine Holzsplitter fast immer zu gefährlichen Entzündungen führten. Und Wunden durch Holzsplitter waren häufig im Kampf der Segelschiffe.

Im Verlauf des Krieges konnten weitere wichtige Stützpunkte erobert werden. Hier sollen sie nur erwähnt werden:

Kapstadt, 1795–1801 und ab 1806

Menorca, 1799–1801

Malta, seit 1800

Martinique, 1794–1802

Die grossen Schlachten der britischen Flotte 1793–1815

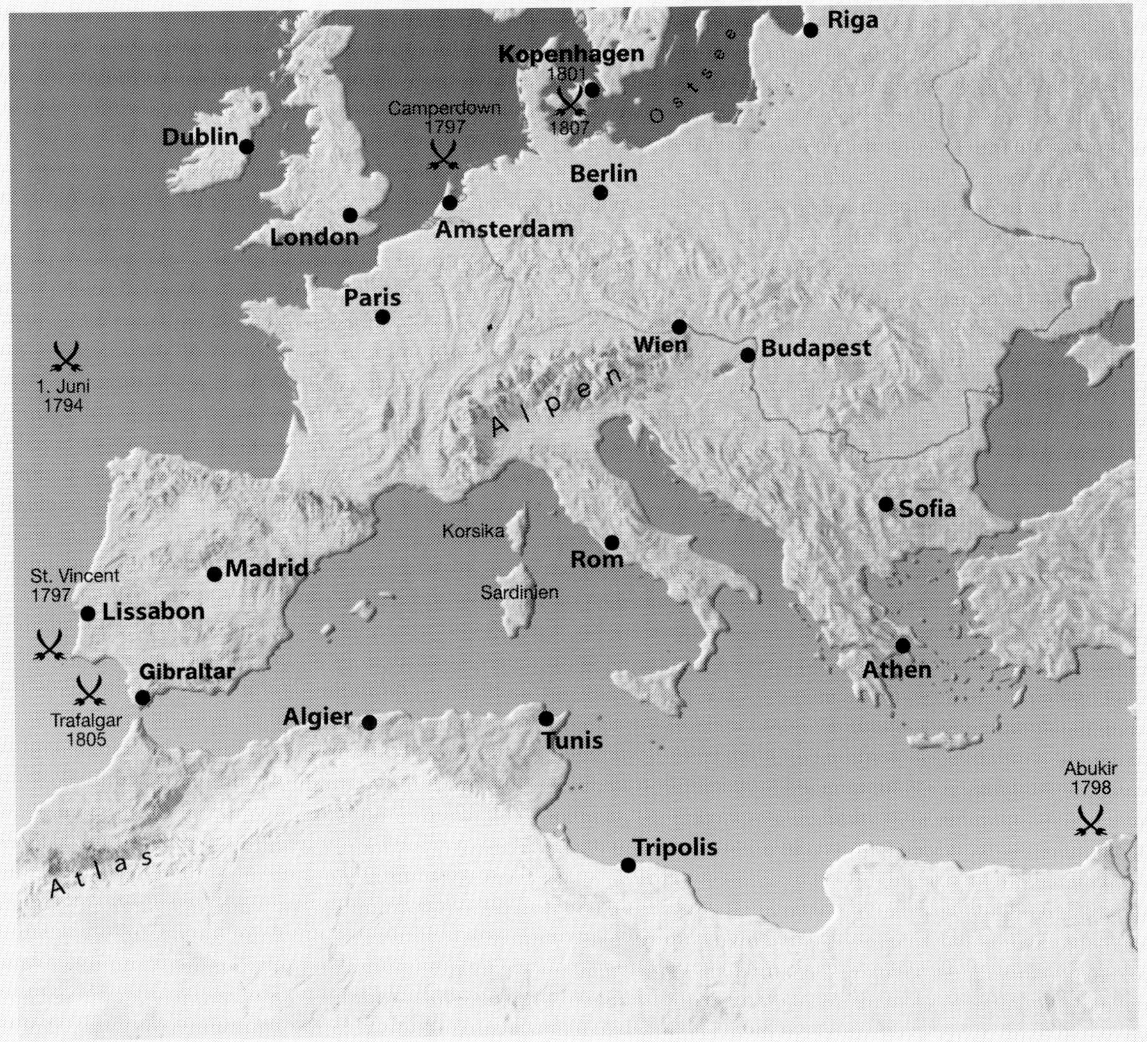

1.04 *Die Kriege von 1792-1815 im Zeitraffer*

Daten

1793

1. Febr.: Frankreich erklärt England den Krieg.

April: Britischer Angriff auf Martinique scheitert.

August: Meuterei der französischen Kanalflotte. Einlaufen in Brest. Die britische Mittelmeerflotte unter Lord Hood besetzt Toulon, das sie mit spanischen und neapolitanischen Truppen bis zum 19.12. halten kann.

Juni: Die Briten besetzen die französischen Besitzungen in Indien.

1794

Febr./ März: Britische Flotte erobert Martinique. Die Briten beginnen mit der Eroberung Korsikas, die im August abgeschlossen wird.

März: Dänemark, Schweden und Norwegen schließen sich zur »Bewaffneten Neutralität« zusammen, um sich gegen britische Kontrollen zu schützen.

Chronik

Der 1. Koalitionskrieg beginnt zu Lande 1792 zwischen Frankreich einerseits sowie Preußen und Österreich andererseits. Nach der Hinrichtung Ludwigs XVI. treten England, Holland, Spanien, Sardinien, Neapel und das Deutsche Reich der Koalition bei. Damit wird der Kampf auch auf das Meer verlagert. Zunächst erleidet die französische Revolutionsarmee Niederlagen, und die Königstreuen in der Vendée, in Toulon, Bordeaux und Lyon erheben sich. Dann aber mobilisiert die Revolution alle Kräfte und schlägt die Aufstände nieder, wobei sich der junge Napoleon Bonaparte bei der Rückeroberung Toulons hervortut. Eine französische Armee besetzt 1795 Holland, das zur Batavischen Republik unter französischer Vorherrschaft wird.

England sendet von 1793-1801 unter dem Schutz der Flotte mehrere Expeditionen nach Westindien, die royalistische Farmer auf französischen Inseln unterstützen, möglichst viele französische Inseln erobern und die eigene Kaffee- und Zuckerproduktion schützen sollen. Klimabedingt waren die Verluste ungeheuer. Von 80 000 entsandten Soldaten starben etwa 45 000.

Das Nachlassen der militärischen Bedrohung Frankreichs geht mit dem Abbau des inneren Terrors einher. Das von Österreich und Rußland enttäuschte Preußen schließt im Mai 1795 einen Sonderfrieden mit Frankreich und gibt seine linksrheinischen Besitzungen auf. Spanien tritt diesem Frieden bei und verbündet sich am 19.7.1796 sogar mit Frankreich.

Mitte der neunziger Jahre verändert Napoleon Bonaparte die Machtverhältnisse im Mittelmeerraum entscheidend. 1796 besiegt er die Österreicher in mehreren Schlachten in Italien, zwingt den König von Sardinien und den Papst zum Frieden und zur Abtretung von Savoyen, Nizza, Avignon, Ferrara und Romagna. Er zerschlägt die Republik Venedig und bildet die italienischen Fürstentümer zu Republiken unter französischem Einfluß um. 1797 wird Österreich von ihm zum Frieden und zur Abtretung Belgiens gezwungen. Auch die deutschen Mittel- und Kleinstaaten schließen Frieden mit Frankreich. Fast die gesamte Mittelmeerküste und die Küsten von Gibraltar bis zur deutschen Grenze – mit Ausnahme Portugals – stehen unter französischem Einfluß. England ist 1797 durch die großen Flottenmeutereien geschwächt, aber Frankreich kann wegen der britischen Seeüberlegenheit weder die Invasion Irlands noch eine direkte in England erzwingen. Nachdem die 1. Koalition 1797 zerbricht, bleibt England als Gegner Frankreichs im Krieg.

28. Mai: Die britische Flotte unter Lord Howe und die französische unter Villaret-Joyeuse treffen aufeinander. Nach Vorgefechten erringen die Briten den Sieg des »Glorreichen 1. Juni«. Aber ein riesiger französischer Getreidekonvoi aus Amerika erreicht ungefährdet Brest. (*vgl. Das Bild der Schlacht auf Seite 169.*)

1795

Januar: Die Franzosen erobern einen großen Teil der im Eis festliegenden holländischen Flotte.

März: Die französische Toulonflotte wird von der britischen Mittelmeerflotte zurückgeschlagen.

Juni: Zwei Gefechte der britischen und französischen Kanalflotte mit Vorteilen für die Briten.

Juli: Französ. Toulonflotte wird erneut geschlagen. Nelson erobert Elba. Die Briten erobern Teile Ceylons, Malakka und Kapstadt.

1796

August: Holländ. Flotte zur Rückeroberung von Kapstadt ergibt sich den Briten.

Oktober: Franzosen erobern Korsika und Elba zurück.

Dez.: Französ. Landungsversuch in Irland scheitert verlustreich.

1797

Febr: Britische Flotte schlägt bei St. Vincent die spanische Flotte

Mai: Meuterei der britischen Kanalflotte.

Oktober: Die Briten schlagen die holländische Flotte bei Camperdown vernichtend.

1798

Am 19.5. kann Napoleon, nachdem ein schwerer Sturm Nelsons Blockadeflotte zerstreut und beschädigt hat, Toulon mit 72 Kriegsschiffen und 400 Transportern verlassen, in Genua Verstärkung aufnehmen, Malta vom 10.-12.6. erobern und in Alexandria landen.

Am 1.8. findet Nelson bei seiner zweiten Fahrt nach Ägypten die französische Transportflotte und kurz darauf die Kriegsflotte bei Abukir. Er greift sofort die vor Anker liegende Flotte an und schlägt sie vernichtend. Sechs französ. Linienschiffe werden erbeutet, fünf versenkt, nur zwei entkommen.

Juli: Eine russische Flotte segelt in die Nordsee und kämpft mit den Engländern gegen die Holländer.

Sept.: Britische und portugiesische Schiffe unterstützen Aufstände auf Malta und beginnen mit der Belagerung La Valettas.

Daher trifft für Großbritannien die übliche Trennung in einen 1. und einen 2. Koalitionskrieg nicht zu. Während des Friedens auf dem Kontinent hat Frankreich seine Vormacht befestigt. Es hat sich Belgien und das linke Rheinufer einverleibt. Es hat in der Schweiz eine Frankreich nahestehende Helvetische Republik ausrufen lassen, den Papst vertrieben und eine Römische Republik gegründet.

Die britische Diplomatie bemüht sich, wieder Verbündete für eine Koalition gegen Frankreich zu finden. Frankreich sucht einen Ort, wo es England entscheidend schwächen konnte. Napoleon überzeugt das Direktorium, daß das in Ägypten geschehen solle, da man von dort aus Englands Verbindungswege nach Indien stören und sich selbst eine Tür nach Osten öffnen könne, die nicht von der britischen Flotte kontrolliert werde.

England ist im Mittelmeer immer noch geschwächt. Im April 1798 beginnt Nelson die Blockade Toulons. Die Briten erfahren nichts über das Ziel der dortigen französischen Flottenkonzentration.

Nelson, dessen Mangel an Fregatten eine weiträumige Aufklärung unmöglich macht, ahnt Napoleons Ziel, nachdem dieser entkommen ist. Aber er sucht vor Alexandria nach ihm, bevor Napoleon dort eintrifft. So kann Napoleon in Ägypten landen und es erobern. Doch nach der Zerstörung der französischen Kriegsflotte bei Abukir bleibt Napoleons Erfolgen die strategische Ausnutzung versagt. Auf dem Landweg wird er vor Akka mit Hilfe der britischen Flotte gestoppt. Er bleibt auf Ägypten beschränkt und ohne sicheren Nachschub. Durch die Eroberung Maltas (Zar Paul I. ist Großmeister des Johanniterordens, dem Malta gehört) und durch die Eroberung Ägyptens werden Interessen Rußlands und der Türkei gefährdet. So gelingt England 1799 die Bildung der 2. Koalition mit Rußland, Österreich, Portugal, Neapel und der Türkei. Russische und österreichische Truppen erringen beachtliche Anfangserfolge und erobern weite Teile Italiens.

Die Nachricht von den Erfolgen der Koalition und von den wirtschaftlichen Schwierigkeiten in Frankreich bewegt Napoleon, die Ägyptenarmee zu verlassen und mit zwei Fregatten nach Frankreich zu segeln. Hier wird er als starker Mann begrüßt, stürzt das Direktorium und erläßt eine neue Verfassung mit dem Konsulat an der Spitze und stark zentralisierter Verwaltung. Als Erster Konsul besiegt er die Österreicher, verjagt sie aus Oberitalien und zwingt sie im Februar 1801 zum Frieden.

Die Koalition gerät in eine noch schwerere Krise. Rußland, das nach Spannungen mit Österreich Ende 1799 die 2. Koalition verlassen hat, fühlt sich durch die britische Praxis, alle Handelsschiffe zu durchsuchen, in seinen Rechten betroffen. Im Dezember 1800 wird der Zar zum Führer einer neuen Liga der bewaffneten Neutralität, mit der sich Rußland, Schweden, Dänemark und Preußen gegen die Behinderung ihrer Schiffahrt zu wehren suchen. Napoleon erhofft von dieser Liga eine Gefährdung des britischen Ostseehandels. England dagegen ist in höchstem Maße alarmiert, weil Dänemark, Schweden und Rußland Kriegsflotten besitzen, die vereint England sehr gefährlich werden können.

Oktober: Eine kombinierte russisch-türkische Flotte unter Admiral Ushakow segelt durch die Dardanellen ins Mittelmeer, besetzt die ionischen Inseln und belagert Korfu. Eine französische Flotte wird bei dem Versuch einer Landung in Irland am 10.12. fast völlig aufgerieben.

Nov.: Die Briten erobern Menorca.

1799

März bis Mai: Die britische Flotte unterstützt die Verteidiger von Akka.

Mai: Korfu kapituliert vor den Russen. Diese vereinigen die früheren venezianischen Territorien entlang der dalmatinischen und griechischen Küste zu einer Republik, die unter ihrem Einfluß steht.

Juni: Die britische Flotte unterstützt eine russisch-österreichische Armee unter General Suwarow bei der Eroberung Neapels. Die Briten und ihre Verbündeten besetzen auch St. Elmo, Capua, Civita-Vecchia und vertreiben die Franzosen aus Mittel- und Süditalien.

Juli: Napoleon vernichtet die türkische Armee, die durch die britische Flotte in Ägypten gelandet wird.

August: Die britische Flotte landet eine britisch-russische Armee bei Den Helder in Holland. Die holländische Flotte kapituliert. Die alliierten Landstreitkräfte werden geschlagen und müssen im August evakuiert werden.

1800

Februar /März: Die britische Flotte vereitelt Entsatzversuche für und Fluchtversuche aus Malta.

März: Die britische Flotte unter Lord Keith blokkiert Genua, das von Österreichern belagert wird. Die Franzosen geben Genua am 4. 6. auf, besetzen es aber nach Napoleons Sieg bei Marengo am 16.6 wieder. Curaçao wird von den Briten erobert.

Sept.: La Valetta kapituliert.

1801

Februar: Die britische Flotte landet am 8.2. bei Abukir eine britische Armee, die später durch Türken verstärkt wird. Kairo kapituliert am 22. 6., Alexandria am 2.9. Die französischen Truppen werden gemäß den Kapitulationsbedingungen auf britischen Schiffen in die Heimat transportiert.

16.3.: Britischer Sondergesandter verlangt in Kopenhagen Dänemarks Austritt aus dem Bündnis der »Bewaffneten Neutralität«. Dänemark lehnt ab.

März: Eine britische Flotte von 20 Linienschiffen, 33 Fregatten, mehreren Mörserschiffen und Transportern unter Sir Hyde Parker liegt im Kattegat bereit. Nelson ist Zweit-

England plant daher zielstrebig, die Liga der bewaffneten Neutralität zu zerbrechen. Zuerst hält es 150 dänische, russische und schwedische Handelsschiffe fest. Danach besetzt England dänische Kolonien in Westindien und Fernost. Nach diesen provozierenden Machtdemonstrationen verlangt ein britischer Sonderbotschafter im März 1801 in Kopenhagen den sofortigen Austritt Dänemarks aus der Liga. Nachdem Dänemark die Forderung abgelehnt hat, solange England die dänischen Schiffe festhält, begibt sich der Sondergesandte zu der britischen Flotte. Der milde Winter drängt zu raschem Handeln, denn England will die Dänen und Schweden ausschalten, bevor die 20 russischen Linienschiffe in Reval und Kronstadt vom Eis befreit werden.

Als die Briten dann in Kopenhagen angreifen, haben sie gegen eine dänische Flotte zu kämpfen, die sich so tapfer wehrt, daß sie den Briten schwere Verluste beibringt. Admiral Parker will den Kampf zeitweilig abbrechen, da er fürchtet, er könne nach diesen Verlusten nicht mehr die russische Flotte bekämpfen.

Der britische Angriff auf Kopenhagen ist eine Demonstration reiner Machtpolitik und völkerrechtlich nicht vertretbar. Er kostet Dänemark einen Großteil seiner Flotte, 480 Tote und 570 Verwundete. Die Engländer verlieren 256 Tote und 688 Verwundete und haben erhebliche Schäden an einer Reihe von Schiffen.

Nelson drängt zum sofortigen Angriff auf die russische Flotte, während Parker erst Verhandlungen mit Schweden führt und am 22. April zu ähnlichen Vereinbarungen kommt wie mit Dänemark. In England wird Nelsons Tatkraft gefeiert und Parkers Zögern verurteilt. Die Regierung folgt der Volksmeinung, löst Parker ab und überträgt Nelson das Kommando. Nelson segelt nach Reval, ohne die russische Flotte dort zu finden, erkrankt und muß die Ostsee verlassen. England erreicht mit Rußland ein Abkommen, wonach die neutrale Flagge den Handel mit Englands Feinden nicht schützen dürfe und Kriegsschiffe das Recht hätten, Geleitzüge zu inspizieren. Auf ähnlicher Basis werden Abkommen mit Dänemark und Schweden geschlossen. Die britische Flotte verläßt die Ostsee im Herbst 1801. England hat sein Ziel erreicht, Napoleon muß den Gedanken aufgeben, die baltischen Länder in den Seekrieg gegen die Briten hineinzuziehen.

Der Druck auf England ist gemildert, aber sein schwerstes Jahr ist noch nicht vorüber. Napoleon bereitet bei Boulogne die Invasion Englands vor, hat 55 000 Mann am Kanal versammelt und läßt Landungsboote bauen. Nelson wird mit der Abwehr der Invasion beauftragt und attackiert die Invasionsflotte an der französischen Küste immer wieder.

Als Napoleon einsieht, daß er für eine Invasion eine starke Kriegsflotte längerfristig aufbauen muß, treffen sich seine Interessen mit denen einer Mehrheit des britischen Parlaments. Pitt (der Jüngere) ist als Premierminister abgewählt worden. Man verspricht sich vom Handel mit Frankreich mehr als vom Krieg.

kommandierender und erkundet persönlich die Untiefen vor Kopenhagen. Nelson führt das angreifende Geschwader am 2. April gegen die vor Kopenhagen verankerten 18 Schiffe. Der Angriff erfolgt von Süden durch den Sund und bringt den Briten heftige Verluste. Nelson ignoriert Parkers Rückzugsbefehl, indem er das Fernglas vor sein durch Schußverletzung erblindetes Auge hält und vorgibt, kein Signal zu sehen. Unter der Drohung, erbeutete dänische Schiffe mit ihren Besatzungen in Brand zu setzen, erzwingt Nelson Waffenstillstandsverhandlungen, die am 9.4. zu dem Ergebnis führen, daß die britische Flotte den Sund passieren kann, sich aber verpflichtet, den dänischen Handel nicht zu behindern, während Dänemark seine Mitgliedschaft in der Liga der bewaffneten Neutralität für 14 Wochen aussetzt. Die Dänen wissen bei dieser Übereinkunft bereits, daß der russische Zar Paul I. am 24. März ermordet worden ist und daß sein Nachfolger Alexander I. nicht bereit ist, den harten Kurs gegenüber England fortzusetzen.

Juni/Juli: Eine britische Flotte unter Admiral Saumarez erleidet beim Angriff auf ein französ. Geschwader vor Algeçiras zunächst schwere Verluste, kann dann aber im Nachtgefecht vier Linienschiffe der vereinigten spanisch-französ. Flotte vernichten. In der Karibik erobern die Briten die Jungfern-Inseln, St. Barthélémy, St. Martin und St. Eustatius.

1802

Frankreich knüpft an die Kolonialpolitik der Monarchie an und schickt 20 000 Mann und 20 Linienschiffe nach Haiti, um die Aufstände in der Kolonie niederzuschlagen. Auch diese Armee scheitert vor allem am tödlichen Fieber. Frankreich verkauft Louisiana an die USA. England beginnt mit der Abrüstung der Heimatflotte.

1803

16.3.: England erklärt Frankreich den Krieg. 115 englischen Linienschiffen stehen nur 42 französische gegenüber.

März: Admiral Cornwallis blockiert Brest. Frankreich baut am Kanal 2 300 Landungsschiffe und sammelt 130 000 Mann Invasionstruppen.

Juni/ Sept.: Die Briten erobern St. Lucia und Tobago von den Franzosen und Barbice und Demerara von den Holländern.

Juli: Nelson blockiert mit acht Linienschiffen Toulon

1804

Mai: Die Briten erobern Surinam und werden vor Curaçao zurückgeschlagen.

5.10.: Vier britische Fregatten kapern drei spanische Schatzfregatten, eine vierte explodiert.

Am 27. März 1802 unterzeichnen England und Frankreich den Frieden von Amiens. Napoleon muß seine Truppen aus Neapel, Rom und Portugal erneut zurückziehen. England bleiben von seinen kolonialen Eroberungen nur Ceylon und Trinidad. Nicht nur so wertvolle Stützpunkte wie Kapstadt, Malta und Menorca, sondern auch die französischen Karibikinseln sollen zurückgegeben werden. Ein Friede zu diesen Bedingungen ist in England unpopulär.

Der Friede von Amiens hält nicht, was sich die Kontrahenten davon versprochen haben. Napoleon schirmt Frankreich durch hohe Schutzzölle gegen den englischen Handel ab, bindet die Satellitenstaaten auf dem Kontinent durch neue Verfassungen und Verträge noch enger an Frankreich. England verstärkt auf der anderen Seite seine Flotte in der Karibik und gibt Malta nicht heraus. So ist der erneute Kriegsausbruch nur eine Frage der Zeit.

Auf den kurzen Frieden von Amiens folgt eine lange Kriegszeit, die in der britischen Marinegeschichte als die »Napoleonischen Kriege« bezeichnet wird.

Der Friede ist für Frankreichs Flottenaufrüstung viel zu kurz gewesen. Dennoch hält Napoleon am Plan einer Invasion in England fest. Er hofft, daß seine Flotte für einige Tage den Kanal beherrschen könne. Das hätte seiner Invasionsarmee genügt.

Die Briten beginnen, in Übersee die feindlichen Kolonien erneut zu besetzen, und starten ein Flottenbauprogramm für 40 neue Linienschiffe. Die französische Invasionsflotte wird dauernd attackiert.

Frankreich besetzt das in Personalunion mit England verbundene Hannover und fällt in Oberitalien ein. Napoleon krönt sich am 2.12.1804 selbst zum Kaiser.

Britannien gelingt es nach langen Bemühungen, wieder eine Koalition gegen Frankreich zu schmieden. Rußland, Österreich und Schweden vereinigen sich mit ihm gegen die neue europäische Großmacht. Preußen bleibt neutral, und Spanien tritt offen an der Seite Frankreichs in den Krieg.

Das Jahr 1805 bringt die Entscheidung für den Verlauf der übrigen Kriegszeit. Nelson schlägt am 21.10. die vereinigte spanisch-französische Flotte bei Trafalgar vernichtend und beendet damit endgültig alle Invasionsträume. Napoleon wirft die österreichischen Heere nieder und schlägt die vereinigte russisch-österreichische Armee am 2.12. in der Dreikaiserschlacht bei Austerlitz vernichtend. Preußen schließt ein Schutz- und Trutzbündnis mit Frankreich. Österreich wird am 25.12. zum Frieden von Preßburg gezwungen und verliert bedeutende Teile seines Landes, u. a. Tirol.

Damit ist eine Pattsituation entstanden. Napoleon stellt die Vormacht auf dem Festland und will den gesamten europäischen Kontinent so unter seiner Vorherrschaft einen, daß England vom Festland abgeschnitten und wirtschaftlich ruiniert wird. England beherrscht die See, will alle Seewege zum Kontinent offenhalten und an der Peripherie von Frankreichs Macht Landkriege entfesseln, um dessen Kräfte zu zersplittern.

Nach der Niederlage Österreichs zerfällt das Deutsche Reich. 16 deutsche Fürsten schließen sich im »Rheinbund« unter Napoleons Protektorat zusammen.

1805

Der französ. Admiral Villeneuve bricht aus Toulon aus, vereinigt sich in Cadiz mit einem Teil der spanischen Flotte und segelt nach Martinique, wo er am 14.5. eintrifft. Nelson, der eine neue Ägyptenexpedition vermutet hat, erfährt Villeneuves Kurs und folgt ihm. Villeneuve verläßt Martinique am 4.6., kapert auf dem Weg nach Europa einen britischen Konvoi mit 14 Schiffen und erreicht am 22.7. Ferrol. Nelson folgt ihm im Abstand von drei Tagen, segelt nach Cadiz, dann nach Brest und schließlich nach Portsmouth. Der britische Admiral Calder, der Villeneuve entgegengeschickt wird, kapert zwar zwei span. Linienschiffe, weicht aber einer Schlacht aus. Am 10.8. erfährt er, daß Villeneuve in Ferrol liegt. Villeneuve will sich mit der Flotte aus Rochefort vereinigen. Sie verfehlen sich. Er erreicht Cadiz und wird dort blockiert. Nelson läuft am 15.9. mit seinem Flaggschiff *Victory* aus Portsmouth aus und übernimmt am 28.9. das Kommando vor Cadiz.

19.10.: Die französ.-span. Flotte läuft aus Cadiz aus und trifft am 21.10. vor Trafalgar auf Nelsons Flotte. Die Briten durchbrechen in zwei Stoßkeilen die alliierte Schlachtlinie, kapern 17 feindliche Linienschiffe und versenken eins. Nur elf entkommen. Aber Nelson wird tödlich verwundet und stirbt gegen 16.30 Uhr nach Erhalt der Siegesnachricht.

1806

Januar: In der Ägäis hindern starke russische Flotten die Franzosen, ehemals österreichische Besitzungen in Dalmatien zu besetzen. Sie erobern mehrere Inseln.

Januar: Die Briten besetzen Kapstadt.

Sept.: Die Briten verhindern französische Landungen auf Sizilien und vertreiben die Franzosen aus Kalabrien.

1807

In Erwartung eines türkisch-russischen Bündnisses senden die Briten eine Flotte vor die Dardanellen und verlangen die Auslieferung der türkischen Flotte. Nach Anfangserfolgen ziehen sich die Briten zurück und lehnen ein Zusammenwirken mit der russischen Flotte ab. Die Russen locken die Türken heraus und schlagen ihre Flotte am 19.4. bei Lemnos. Sie sind nun Herren der griechischen Inseln, ziehen sich aber nach dem Frieden von Tilsit aus dem Mittelmeer zurück. Die Briten erobern Java, Madeira, St. Thomas, St. Croix, Procida und andere Inseln.

August: Eine britische Flotte mit 25 Linienschiffen, 40 kleineren Kriegsschiffen, 29 000 Soldaten und 380 Transportern ankert am 3.8.1807 vor Helsingör. Die Dänen weigern sich, ihre Flotte auszuliefern. Die Briten landen am 15. August Truppen und schließen

Das bisher unentschlossene Preußen erklärt Frankreich den Krieg und wird in der Doppelschlacht von Jena und Auerstädt am 14.10.1806 vernichtend geschlagen. Napoleon zieht in Berlin ein. Eine britische Flotte unterstützt die Festungen Kolberg, Danzig und Pillau, die sich gegen die französische Belagerung halten. Napoleon verkündet in Berlin am 21.10. die Kontinentalsperre, die jeden Handel mit England verbietet.

Bei Friedland siegt Napoleon am 14.6.1807 über die Russen. Der Zar willigt am 7.-9. Juli in den Frieden von Tilsit ein, in dem Preußen alle Besitzungen westlich der Elbe verliert und Rußland einen Teil Ostpreußens erhält. Rußland tritt der Kontinentalsperre bei. Damit ist von den Verbündeten Englands aus dem 3. Koalitionskrieg nur noch Schweden an seiner Seite.

Der gegenseitige Wirtschaftsboykott von England und Frankreich entwickelt eine Eigendynamik. Frankreich ist gezwungen, alle offenen Häfen zu schließen und alle europäischen Staaten, die ans Meer grenzen, in die Sperre einzugliedern.

England ist auf der anderen Seite bemüht, sich jede europäische Küste zugänglich zu halten und jeden Widerstand gegen die Kontinentalsperre zu unterstützen. Dabei kommt es 1807 zum erneuten Übergriff auf das neutrale Dänemark.

Napoleon und der Zar wollen Dänemark in die Kontinentalsperre einbeziehen. England will sich dagegen um keinen Preis von der Ostsee abschneiden lassen. Eine englische Flotte beschießt die Wohnviertel von Kopenhagen, um die Herausgabe der dänischen Flotte zu erpressen. Die Dänen beugen sich, und Englands Seemacht wird bedeutend gestärkt. Sein Zugang zur Ostsee ist gesichert. Der Schiffsverkehr mit den baltischen Küsten, der für Englands Schiffbau so wichtig ist, wächst von 1805 bis 1809 um das Doppelte.

Dieser Angriff auf Kopenhagen ist eines der ersten großen Kriegsverbrechen der neueren Geschichte. Bewußt wird die Zivilbevölkerung beschossen, um militärische Zugeständnisse zu erreichen. Etwa 1 600 Zivilisten sterben, 1 000 werden verwundet und viele obdachlos, weil ein Drittel Kopenhagens verwüstet ist. Es soll aber nicht übersehen werden, daß Georg III. seinem Minister Canning vorwirft, das Vorgehen sei unmoralisch. Dieser Vorwurf wird in Presse und Parlament öffentlich erhoben und findet weite Resonanz.

Um Portugal zur strikten Blockade gegenüber englischen Waren zu zwingen, marschiert Frankreich im Herbst 1807 ein. Der portugiesische König flieht mit seinem Hof nach Brasilien. Er bringt nicht nur seine Flotte auf Englands Seite, sondern er unterstützt auch den Widerstand der Bevölkerung gegen die Eindringlinge. England verstärkt diesen Kampf 1808 durch Entsendung einer Armee unter Wellington. Seitdem ist die iberische Halbinsel ein ständiger Aderlaß für die französische Armee.

Napoleon verstärkt auch in Spanien seinen Einfluß, zwingt König Karl IV. und seinen Sohn zur Abdankung und setzt seinen Bruder Joseph als König von Spanien ein. Ein allgemeiner Volksaufstand ist die Folge. Napoleon muß im Oktober 1808 selbst mit einem Heer nach Spanien ziehen, um seinen Bruder nach Madrid zu bringen. Wellington trägt mit der verstärkten britischen Armee den Kampf nach Spanien und besiegt die Franzosen u. a. 1809 bei Talavera. Überall in Spanien kämpfen Guerillas gegen die französischen Truppen und werden durch englisches Geld, Waffen und kleinere Landungs- und Flottenoperationen unterstützt. Der Krieg in Spanien findet erst sein Ende, als Napoleon geschlagen und die Franzosen vertrieben waren.

Eine andere »offene Wunde« für Frankreich ist Süditalien. Die Briten haben Sizilien besetzt, u. a. auch mit ihren deutschen Legionen. Immer wieder landen die Briten von dort aus auf dem Festland und auf Inseln und zwingen die Franzosen vorüberge-

Kopenhagen von der Landseite ein. Als die Dänen am 1.Sept. ein erneutes Ultimatum zur Übergabe der Flotte ablehnen, wird Kopenhagen durch britische Mörserschiffe und Spezialschiffe mit den von Congreve konstruierten Raketen beschossen. Das Bombardement dauert zweimal 24 Stunden und konzentriert sich auf die Wohnviertel. Am 5.9. bitten die Dänen um Waffenstillstand. Die Briten verlangten nun die bedingungslose Auslieferung der dänischen Flotte. Ihnen werden 16 Linienschiffe, zehn Fregatten, fünf Korvetten, acht Briggs und 30 andere Schiffe übergeben. Doch bei der ungewöhnlich stürmischen Überfahrt nach England sinken davon 25 Schiffe. Wertvoller noch ist die Beute aus den dänischen Docks, die in 100 Schiffen abtransportiert wird. Der dänische Kronprinz erkennt den Vertrag mit England nicht an. England erklärt am 4.11. Dänemark den Krieg und besetzt das dänische Helgoland als Stützpunkt gegen die Kontinentalsperre.

1808

August: Die Briten landen in Portugal bei Porto Novo. Wellington schlägt die Franzosen. Sir John Moore, sein Nachfolger, rückt mit 25 000 Mann in Spanien ein, um den Aufstand gegen Frankreich zu unterstützen. Napoleon drängt ihn zurück. Moores Armee wird im Januar 1809 durch die britische Flotte aus Corunna und Vigo evakuiert. In Fernost erobern die Briten mehrere Molukkeninseln.

April: Eine französische Flotte ist aus Brest ausgebrochen und hat in der Basque Road in der Mündung der Charente Zuflucht gesucht. Britische Brander unter Lord Cochrane greifen an, verbrennen zwei Linienschiffe und eine Fregatte und erobern zwei Linienschiffe.

April: Wellington landet mit einer Armee in Lissabon. Im Zusammenwirken mit der britischen Flotte drängt er die Franzosen zurück.

Juni: Britisch-sizilianische Truppen landen in Kalabrien und besetzen Ischia. Nach Napoleons Siegen über Österreich ziehen sie sich wieder zurück. Eine britische Flotte unter Admiral Saumarez blockiert Riga, Reval und Kronstadt, bringt den russischen Handel zum Erliegen, kann aber die Niederlage der Schweden nicht verhindern.

1810

Die Franzosen bereiten die Invasion Siziliens vor. Sie sammeln in verschiedenen Häfen Kalabriens 60 Kanonenboote, 300 Transporter und 35 000 Soldaten. Eine britische Flotte mit drei Linienschiffen, acht Fregatten und etwa 100 Kanonenbooten verteidigt die Meerenge von Messina. Am 5.9. verhindern sie eine Invasion. Als die Franzosen am 17.9. doch 3 000 Mann in Scarletta landen können, werden diese geschlagen und fliehen unter Zurücklassung von 950 Gefangenen.

hend zur Räumung Kalabriens. Französische Versuche, Sizilien zu erobern, scheitern verlustreich, da England mit seinen Schiffen die Straße von Messina beherrscht.

Frankreich ist gezwungen, lange Küsten gegen einen Feind zu verteidigen, der sich aussuchen kann. wo er zuschlagen will. Der Verteidigungsaufwand ist ungeheuer und führt zur Gegnerschaft der Küstenbewohner, deren Handel und Fischfang unterbunden werden. England kann dagegen jeden Gegner unterstützen, der sich an irgendeiner Küste gegen Napoleon auflehnt. Das tut es auch immer wieder.

Auch Britannien schafft sich im rücksichtslosen Kampf gegen Napoleon Gegner. Die Dänen bauen eine Flotte von Kanonenbooten, von denen bis 1814 immerhin 210 fertig werden. Mit diesen Schiffen greifen die Dänen immer wieder britische Schiffe an, die den Sund passieren. Dänische Kaperschiffe erbeuten 335 Prisen. Auf der anderen Seite kapern die Briten fast 400 dänische Schiffe und bringen den Küstenhandel nahezu zum Erliegen.

Rußland greift im Februar 1808 Englands Verbündeten Schweden an. Trotz Unterstützung durch britische Flotteneinheiten verliert Schweden, muß im September 1809 Frieden schließen und Finnland an Rußland abtreten. Die schwedischen Stände wählen 1810 den französischen General Bernadotte zum Kronprinzen. Damit lehnt sich Schweden zwar an Frankreich an, doch fast gleichzeitig wendet sich Rußland von Napoleon ab. Napoleon hat 1809 noch eine Erhebung Österreichs niedergeschlagen und im Frieden von Schönbrunn weitere Gebietsabtretungen erzwingen können. 1810 heiratet er die Tochter des österreichischen Kaisers, Marie Luise. Der Zar sieht eine Abkühlung des persönlichen Verhältnisses und zieht sich 1810 von der Kontinentalsperre zurück. Damit ist der Krieg mit Napoleon vorprogrammiert.

Die junge amerikanische Republik ist nach der Erringung der Unabhängigkeit so mit innerer Stabilisierung beschäftigt, daß sie den Aufbau einer Flotte nur dann vorantreibt, wenn äußere Umstände sie dazu zwingen. Das ist in Kämpfen mit nordafrikanischen Piraten so und auch beim »Quasi-Krieg« mit Frankreich von 1798–1800. Die Franzosen haben alle Schiffe gekapert, die mit England Handel treiben. Im Februar 1801 wird dieser Konflikt, in dem die Amerikaner 85 französische Schiffe erbeuten, durch eine Konvention beendet, die dem amerikanischen Handel Freiheit garantiert.

Schwerwiegender wird der Konflikt mit England. Die englische Kriegsmarine muß die größten Verluste durch Desertion ihrer Seeleute hinnehmen, die am liebsten Zuflucht auf amerikanischen Schiffen suchen. Die Briten inspizieren jedes amerikanische Schiff auf Deserteure, wobei Übergriffe unvermeidbar sind.

1806 erklärt der Kongreß jedoch, daß er den Import bestimmter englischer Waren verbieten wird, wenn England seine Praxis nicht ändere. Der britische Zweidecker *Leopard* (56) schießt die amerikanische Fregatte *Chesapeake* (36) am 22. 6. 1807 zusammen, als sie sich der Durchsuchung nach Deserteuren widersetzt. Verschiedene Gesetze, mit denen England wirtschaftlich zu Konzessionen gezwungen werden soll, und alle Verhandlungen helfen nichts. Am 18. 6. 1812 erklärt der Kongreß schließlich England den Krieg, aber es kommt in diesem Krieg nicht zu einer amerikanisch-französischen Zusammenarbeit. Der Krieg ist bei der amerikanischen Bevölkerung populär, in Handelskreisen aber sehr unwillkommen.

Die Amerikaner kämpfen mit zwei Schwerpunkten: Über den Lake Champlain und die Großen Seen tragen sie den Krieg nach Kanada. Und die Hochseeflotte soll den englischen Handel schädigen.

Juli–Dez.: Ein britisches Fregattengeschwader erobert Réunion und blockiert Mauritius. Es kann den Hafen Grand Port erobern, wird dann aber durch ein französisches Geschwader überrascht und geschlagen. Den Briten gelingt es in kurzer Zeit, wieder ein Geschwader kampfbereit auszurüsten und Mauritius zu blockieren, bis Admiral Bertie mit Landungstruppen eintrifft und Mauritius am 6.12. zur Kapitulation zwingt. Die Briten erobern sechs Fregatten, drei Korvetten sowie Handelsschiffe.

1811

In diesem Jahr gibt es keine herausragenden Seekriegshandlungen. Eine britische Flottille hilft, französische Angriffe auf Tarragona abzuwehren. In Übersee erobern die Briten Guadeloupe, Amboina und Banda.

1812

Die USA erklären England am 18.6 den Krieg. Die amerikanische Flotte besteht aus drei sehr großen Fregatten mit 44 Kanonen, acht Fregatten von 28–38 Kanonen, neun Sloops von 12–18 Kanonen und zahlreichen Kanonenbooten. Die Briten haben in Nordamerika ein Linienschiff, sechs Fregatten und einige kleinere Schiffe stationiert. Drei britische Fregatten werden von amerikanischen niedergekämpft und genommen. Auch amerikanische Sloops ringen gleichstarke britische nieder.

1813

Eine amerikanische Fregatte stößt in den Pazifik vor und stört den britischen Walfang.

Juni: Die britische Fregatte *Shannon* erobert die US-Fregatte *Chesapeake*.

Sept.: Die Briten werden vor Baltimore zurückgeschlagen.

Dez.: Der britische Versuch, New Orleans zu erobern, scheitert verlustreich.

Juni: Wellington schlägt in Spanien die Franzosen entscheidend bei Vittoria. Der britische Nachschub kann jetzt über den Hafen Santander anstelle von Lissabon geleitet werden.

1814

Die britische Flotte liefert sich nach erfolgter Verstärkung eine Reihe von Einzelkämpfen mit US-Schiffen. Bei gleicher Stärke siegen meist die Amerikaner.

August: Die Briten erobern Washington, D.C..

1815

Februar: Friede von Ghent zwischen England und den USA.

Für England ist zu dieser Zeit Napoleons Angriff auf Rußland das wichtigere Ereignis. Aber eine Serie von Niederlagen in Einzelgefechten amerikanischer gegen britische Schiffe weckt England auf und zerstört den Nimbus der Unbesiegbarkeit. Die englische Öffentlichkeit ist empört.

Die Briten vermeiden jetzt Einzelkämpfe, verstärken die Flotte, blockieren die amerikanischen Häfen und gestalten den Kampf zu Wasser und zu Lande ausgeglichen. Als Napoleon 1814 besiegt ist, besetzen sie Washington, D. C.. Nach vielen Gefechten kommt es am 17. Februar 1815 zur Annahme des Friedens durch den Kongreß.

1812 marschiert Napoleon mit der »Grande Armee« von fast 500 000 Mann in Rußland ein. Napoleon kämpft sich bis zur Eroberung Moskaus vor, aber der Rückzug im Winter artet zur Katastrophe aus. Preußen löst sich am 28.2.1813 von Napoleon, Österreich erst am 12.8. Die Verbündeten kämpfen in mehreren Schlachten in Deutschland, vor allem in der Völkerschlacht bei Leipzig vom 16.-19.10.1813. Dann tragen sie den Krieg nach Frankreich. Am 31.3.1814 ziehen sie in Paris ein. Napoleon dankt am 6.4. ab und erhält die Insel Elba als Fürstentum zugewiesen.

Am 1.3.1815 landet er wieder in Frankreich, die Truppen laufen zu ihm über, und das Nachspiel der 100 Tage beginnt. Es endet mit der Schlacht bei Belle-Alliance (Waterloo).

In den Friedensbestimmungen des Wiener Kongresses sichert England seinen Sieg. Ein ausbalancierter Kranz europäischer Mittelstaaten verhindert die Vorherrschaft eines Festlandstaates. Das Königreich der Vereinigten Niederlande nimmt einen Teil der Kanalküste ein. Hannover ist nun als Königreich mit Britannien verbunden. Die wichtigsten Eroberungen bleiben in englischer Hand: Malta, Helgoland, Ceylon, die Kapkolonie, Mauritius. In Indien ist der Weg frei zur völligen Unterwerfung. Die britische Marine beherrscht unangefochten die Meere.

1.05 *Die Verluste der großen Flotten von 1803-1815*

Die folgenden Tabellen geben einen Überblick über die Verluste an Kriegsschiffen, unterteilt nach Linienschiffen, Fregatten und sonstigen Kriegsschiffen. Zahlen in Klammern bei eroberten Schiffen geben an, wie viele davon von den Briten in eigene Dienste übernommen wurden. Kanonenboote wurden bei der Zählung nicht berücksichtigt. *(Nach Adam, F. 1987)*

Die Tabellen zeigen deutlich die unterschiedlichen Rollen der beteiligten Flotten. Die britische Flotte ist bei nahezu jedem Wetter auf See, blockierte feindliche Häfen, geleitete Konvois, spürte feindliche Schiffe auf. Die Verluste durch Wind und Wetter sind daher größer als durch den Feind. Nur in der Kategorie der kleinen Schiffe, die auch durch feindliche Kaper besiegt werden konnten, haben die Briten nennenswerte Verluste. Aber besonders bei den Fregatten gliederten die Briten so viele eroberte Schiffe der eigenen Flotte ein, daß diese immer stärker wird.

1815 ist die britische Flotte die unbestrittene Herrscherin der Meere.

Linienschiffe

	Schiffbruch	Unfall (Feuer)	Erobert durch durch den Feind	Versenkt durch den Feind	Selbst vernichtet
England	15	2	1	–	–
Frankreich	1	–	20 (14)	15	3
Spanien	–	–	5 (5)	5	–
Holland	1	–	–	3	1
Dänemark	–	–	18 (15)	2	–

Fregatten

	Schiffbruch	Unfall (Feuer)	Erobert durch durch den Feind	Versenkt durch den Feind	Selbst vernichtet
England	46	1	13	1	3
Frankreich	3	1	64 (42)	13	2
Spanien	1	–	11 (10)	1	1
Holland	1	–	7 (6)	1	–
Dänemark	–	–	15 (15)	1	–

Sonstige Kriegsschiffe

	Schiffbruch	Unfall (Feuer)	Erobert durch durch den Feind	Versenkt durch den Feind	Selbst vernichtet
England	173	2	72	7	4
Frankreich	–	–	235 (36)	24	4
Spanien	–	–	37 (5)	7	1
Holland	–	–	32 (4)	5	3
Dänemark	–	–	39 (10)	5	–

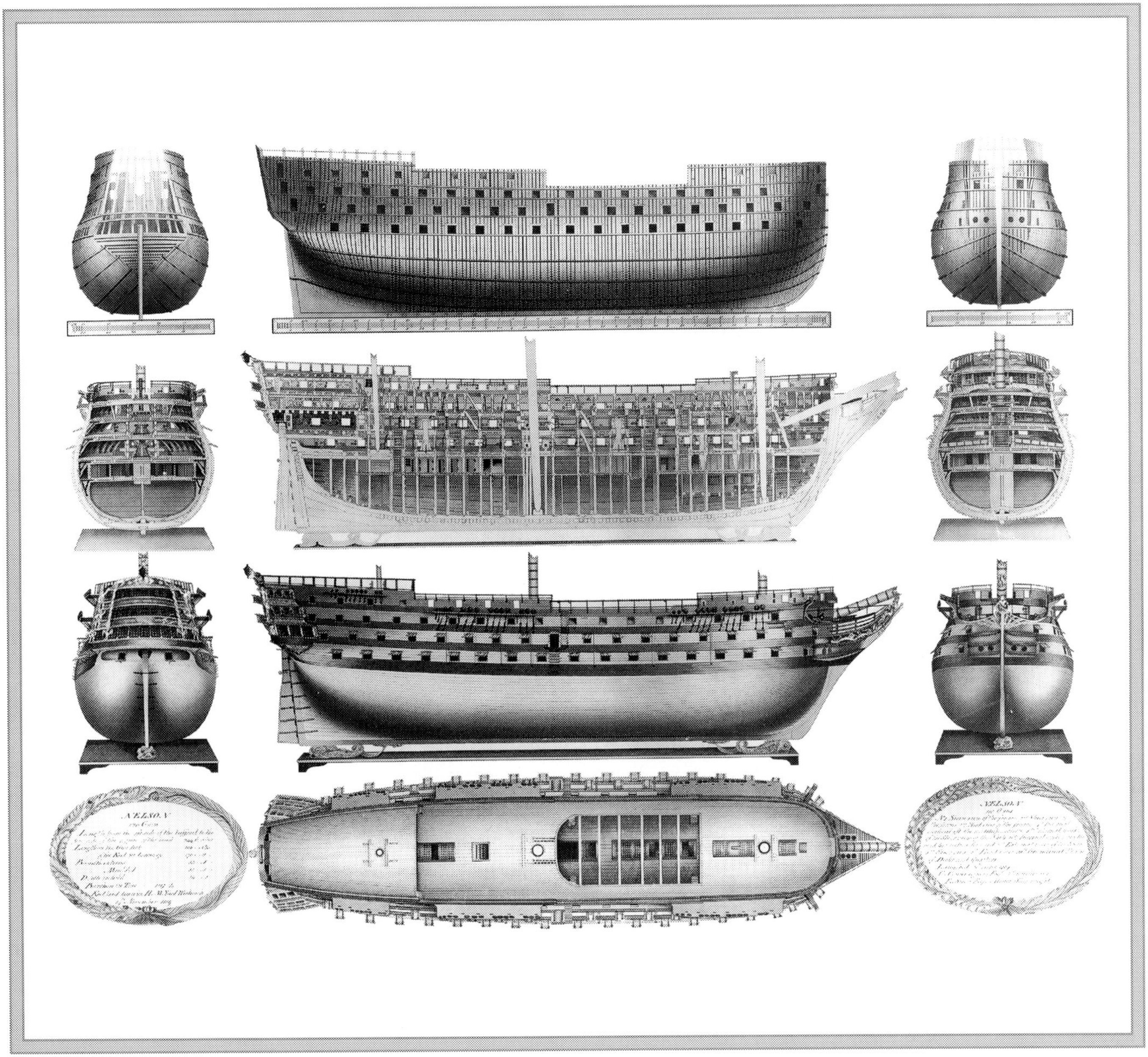

Verschiedene Ansichten der *Nelson*, eines Dreideckers mit 120 Kanonen

Kapitel 2.00

Die Kommandozentren der britischen Flotte

Zeitgenössisches Poster von der Eroberung Gibraltars 1704

2.01 Ein Blick auf die Geschichte der britischen Flottenführung

Die Institutionen zur Führung und Verwaltung der britischen Flotte sind - wie viele britische Institutionen - nur zu verstehen, wenn man bedenkt, daß sie in einer traditionsbewußten Nation über Jahrhunderte hinweg gewachsen und nicht Ergebnis einer rationalen Planung sind. Dazu hätte es eines gesellschaftlichen Umsturzes bedurft, den England in den letzten vier Jahrhunderten nicht erlebt hat. So ist die Geschichte der Flottenführung voller Widersprüche, Irrwege und Neuanfänge.

Es gab von Beginn an Flottenführer, die bald auch »Admiral« genannt wurden. Nach 1600 wurde auch ein Büro des Lord Admirals eingerichtet, aber es existierte immer nur zeitweise bei Bedarf. Bis ins 18. Jahrhundert hinein hing es mehr von den Personen und dem Zeitgeschehen ab, wer den bestimmenden Einfluß auf die Flotte hatte: der Lord Admiral und die Lord Commissioners, bekannt als »Board of Admiralty«, der Navy Board, mit Erlaß von 1546 als »Council of the Marine« gegründet, oder eine für eine bestimmte Zeit eingesetzte »Ständige Kommission«.

Der Lord Admiral war, vereinfacht ausgedrückt, zuständig für die strategische und politische Führung der Flotte, während der Navy Board die Verantwortung für die Beschaffung und Ausrüstung der Schiffe hatte. Die Weisungsbefugnis der Admiralität gegenüber dem Navy Board wurde auch um die Mitte des 17. Jahrhunderts festgelegt, aber die Flottenpolitik war ein Bereich, der den König oder seine engsten Vertrauten viel mehr zur Einmischung verleitete als die Flottenverwaltung. So erlebte England immer wieder Perioden, in denen Lord Admiral und Board of Admiralty zur Bedeutungslosigkeit verurteilt waren und ein Kümmerdasein führten, während der Navy Board nicht nur in der Zahl seiner Bediensteten, sondern auch in seinen durch Gewohnheit gefestigten Zuständigkeiten ständig wuchs.

Eine der großen Persönlichkeiten, die die Flotte und ihre Kommandostruktur nachhaltig prägten, war Samuel Pepys, Sekretär der Admiralität von 1673-1679 und von 1684-1689. Wie später dargestellt werden wird, verfügte der (Erste) Sekretär der Admiralität über eine ganz wichtige Schlüsselposition in der Flottenführung. Pepys besaß das uneingeschränkte Vertrauen von Charles II., der selbst das Amt des Lord Admirals ab 1684 innehatte. Pepys wurde zum Schöpfer einer neuen Flotte. Er standardisierte Schiffstypen und Bewaffnung der Flotte, er trieb die Professionalisierung des Offizierskorps voran, führte Pensionszahlungen für alte oder verwundete Offiziere ein, schuf ein Konvoisystem, vertrat die Interessen der Flotte als Abgeordneter im Parlament, organisierte Gelder für die Flotte, straffte die Verwaltung und erfüllte sie mit einem vorher nicht gekannten Korpsgeist. Das alles leistete er mit vier Schreibern, einem Boten und einem Portier.

Aber die Bedeutung der Admiralität sank wieder unter William III.. Doch dann gelangte eine Art »Triumvirat« zu Einfluß, das von 1744-1762 die Geschäfte der Admiralität leitete und ihre Macht gegenüber dem Navy

Board stärkte. Diese drei befreundeten Männer waren John Russell, Duke of Bedford, John Montagu, Earl of Sandwich und Lord Anson. Anson war der älteste von ihnen und seit seiner Weltumsegelung einer der berühmtesten Admirale seiner Zeit. Seine Kompetenz als Entdecker und Flottenführer erwarb ihm weitreichenden politischen Einfluß. Diese drei Männer nutzten ihre Macht, um die Admiralität zu einer dem Navy Board gegenüber wirklich und nicht nur formell weisungsbefugten Instanz zu erheben und sie von politischen Tagesströmungen unabhängig zu machen. Um 1700 hatte die Admiralität ein Gebäude in Whitehall bezogen, das 1723 durch einen Neubau ersetzt wurde. Um 1760 waren in der Londoner Admiralität weniger als 40 Bedienstete tätig, während der Navy Board etwa 9 000 beschäftigte, allerdings in verschiedenen Teilen des Landes. Aber der »Admiralty Board« war nun als Instanz der Flottenführung unbestritten, wenn es auch noch genügend Bereiche gab, in die die Admiralität keinen Einblick erhielt.

Das Admiralitätsgebäude in Whitehall kurz nach seiner Fertigstellung. Gravur von Thomas Bowles
(Die heute das Gebäude zur Straße abgrenzende Säulenmauer wurde erst später gebaut.)

2.02 Die Admiralität in der großen Zeit der britischen Flotte

Erste Lords:	
Juli 1788	John Pitt, Earl of Chatham
Dezember 1794	George, Earl Spencer
Februar 1801	John Jervis, Earl of St. Vincent
Mai 1804	Henry Dundas, Viscount Melville
Mai 1805	Charles Middleton, Lord Barham
Februar 1806	Charles Grey, Viscount Howick
September 1806	Thomas Grenville
April 1807	Henry Phipps, Lord Mulgrave
Mai 1810	Charles Yorke
März 1812	Robert Dundas, Viscount Melville

Erste Seelords:	
August 1789	Samuel, Lord Hood
März 1794	Sir Charles Middleton
November 1795	James Gambier
Februar 1801	Sir Thomas Troubridge
Mai 1804	James Gambier
Februar 1806	John Markham
April 1807	James, Lord Gambier
Mai 1808	Sir Richard Bickerton
März 1812	William Domett
Oktober 1813	Sir Joseph Yorke

Erste Sekretäre:	
Juni 1763	Philip Stephens
März 1795	Sir Evan Nepean
Januar 1804	William Marsden
Juni 1807	William Wellesley Pole
Oktober 1809	John Wilson Croker

Der »Board of Admiralty« oder die Admiralität wurde vom Ersten Lord geleitet, der Sitz im Kabinett hatte und meist Politiker war. In der Zeit von 1793–1815 kamen nur John Jervis und Charles Middleton aus dem aktiven Flottendienst. Den Ersten Lord unterstützten die »Lord Comissioners«, im allgemeinen fünf bis sieben. Unter diesen Lords der Admiralität befanden sich immer auch ehemalige Seeoffiziere, die »professionellen Lords«. Der dienstälteste unter ihnen bekam später den Titel »Erster Seelord«, den wir hier zur Vereinfachung schon für die gesamte Zeit benutzen. Neben ihnen gehörten der Admiralität zivile Lords an, die aufgrund ihres politischen Einflusses in das Amt berufen waren und die Admiralität auch politisch unterstützen sollten.

Die Aufgabenverteilung der Lords hing für viele Jahre stark von den Personen ab, die die Ämter innehatten. Erst Charles Middleton hat im Mai 1805 die Aufgabenverteilung etwas fixiert. Danach war der erste Seelord als Vertreter des Ersten Lords für die tägliche Korrespondenz vor allem mit den Häfen und in geheimen

Der Sitzungsraum um 1800 nach Pugin mit den Figuren, die Rowlandson hinzufügte. Der Erste Lord sitzt an der vorderen Schmalseite des Tisches, die Sekretäre am hinteren Ende. An beiden Längsseiten sieht man die anwesenden Lords. Hinter dem Tisch ist keine Uhr zu sehen, sondern ein Windweiser, der den Lords die gerade herrschende Windrichtung anzeigt, ein wichtiges Indiz für anstehende Entscheidungen. Rechts hängen aufgerollte Karten. Der Raum ist in Wirklichkeit enger und niedriger, als ihn der Maler darstellt.

Angelegenheiten zuständig. Er hatte außerdem mit der Billigung des Ersten Lords die Schiffsbewegungen zu überwachen und den kommandierenden Offizieren die notwendigen Instruktionen zu erteilen. Der zweite »professionelle Lord« sollte sich um die Beziehungen zum Navy Board und zu verwandten Einrichtungen kümmern, während ein dritter »professioneller Lord« für die Beförderung und Verwendung der Offiziere und Deckoffiziere zuständig war. Die zivilen Lords sollten nach Middletons Meinung die professionellen Lords möglichst wenig stören und sich um allen sonstigen Schriftkram u. a. auch um die Befreiung vom Flottendienst kümmern. Man muß wohl nicht betonen, daß Middleton nicht nur ehemaliger Flottenoffizier, sondern auch ein ebenso guter Administrator wie schwieriger Vorgesetzter und Untergebener war.

Die eigentliche Seele der Admiralität war der »Erste Sekretär«. Schon ein Blick auf die Tabelle der Lords zeigt, daß die Sekretäre für Kontinuität standen, daß sich bei ihnen ein Schatz an Erfahrungen und Detailkenntnissen ansammelte, auf den kein Lord verzichten konnte. Stephens und Neapan genossen einen legendären Ruf in der Flotte, und auch Marsden war neun Jahre Zweiter Sekretär gewesen, bevor er Erster wurde. Stephens war danach noch elf Jahre als Lord Commissioner tätig, und Nepean war Mitglied des Unterhauses und wurde später Gouverneur von Bombay. Der Erste Sekretär hatte mit 2 146 Pfund im Jahr 1785 mehr als das doppelte Gehalt eines Lord Commissioners und drei Viertel des Gehaltes, das der Erste Lord bezog. Natürlich hatte der Erste Lord noch andere Einnahmen, aber auch Nepean bezog z. B. zusätzlich das Gehalt eines Schriftführers beim Prisengericht in Jamaika. Die Arbeit erledigte natürlich ein Vertreter für einen Bruchteil des Gehaltes.

Über den Ersten Sekretär liefen alle Meldungen, Berichte und Eingaben. Er beurteilte, was er den Lords vorlegte und was er selbst entschied. Bei den Sitzungen des Boards war er fast immer anwesend, während die Lords nur sporadisch vertreten waren. Er notierte die Beschlüsse und fertigte sie dann aus. Der Zweite Sekretär führte das Protokoll der Sitzungen und regelte mit dem Ersten die Arbeit der Schreiber.

Für die größte Flotte der damaligen Welt schrieben in der Admiralität neun Schreiber mit einigen Hilfskräften die Befehle. Der erste war Bürovorsteher und Kassenverwalter. Der zweite sorgte dafür, daß die Briefe der Lords im Briefausgangsbuch kopiert wurden. Der dritte war für geheime Befehle an Flottenoffiziere zuständig, der vierte vermerkte Entlassungen, Kaperbriefe und ähnliches. Die anderen fünf erledigten die tägliche Routine. Alle Schreiber waren für damalige Zeiten gut bezahlt und erhielten noch Gebühren für jede Bescheinigung, die sie ausfertigten, sei es nun ein Kaperbrief, eine Freistellung, eine Bescheinigung über geleistete Dienste o.ä..

Im Büro in Whitehall waren noch das Marine Departement (Seesoldaten), das Naval Works Departement und das Admiralitätsgericht untergebracht.

Auch in der Zeit der großen Kriege kämpften Admiralität und Navy Board um Macht und Einfluß. Das illustriert am besten die Tätigkeit von Charles Middleton, die im nächsten Abschnitt skizziert wird.

2.03 *Navy Board und weitere Institutionen der Flotte*

Für die meisten Verwaltungsangelegenheiten war der Navy Board zuständig, der seinen Sitz im Somerset House hatte. Er regelte die Arbeit der Docks und die Versorgung der Flotte mit Verpflegung und Material. Dem Navy Board gehörten als wichtigste Mitglieder der Controller, die Surveyor, der Clerk of Acts und die drei Kontrolleure für den Haushalt, den Proviant und Ersatzmaterial an. Der Controller war immer ein ehemaliger Flottenoffizier und leitete den Navy Board, obwohl formal alle Boardmitglieder gleichberechtigt waren. Die Surveyor, zwei (ab 1813 drei) ehemalige Schiffbauer, waren zuständig für Entwurf und Konstruktion der Kriegsschiffe. Der Clerk of Acts leitete das große Sekretariat. Die drei anderen zivilen Kontrolleure leiteten große Ämter, und der Kontrolleur für den Haushalt, der Schatzmeister, war praktisch völlig unabhängig. Ohne nähere Belege soll hier nur zitiert werden, was Rodger, der Chronist der Admiralität *(1979, S. 78)* schrieb: »Die Finanzen der Kriegsflotte waren meist vollständig außer Kontrolle.«

Dem Navy Board zugeordnet waren Kommissare, die die Arbeit der Werften leiteten. Die Stellung des Navy Boards war wiederum von den Personen abhängig, die ihm angehörten. Die bedeutendste in dieser Zeit war ohne Zweifel Kapitän Charles Middleton, der 1778 als Controller den Vorsitz übernahm. Er arbeitete exzessiv, war ein fähiger Administrator, hielt sich selbst für den fähigsten, war ehrgeizig und moralpredigend. Er war Anhänger der Rockingham Whigs, eines Flügels dieser bekannten Partei, und wurde Premierminister Pitts vertraulicher Berater in Marinefragen, was ihm viel größeren Einfluß gab, als seiner Stellung entsprach. Middleton wollte die Stellung des Navy Boards gegen-

Die Controller oder Vorsitzenden des Navy Boards:

Juli	**1778**	Sir Charles Middleton, Lord Barham
März	**1790**	Sir Henry Martin
August	**1794**	Sir Andrew Snape Hammond
Februar	**1866**	Henry Nicholls
Juni	**1806**	Sir Thomas Boulden Thompson

über der Admiralität stärken und die relativ unabhängigen Victualling Board (Verpflegungsamt) und Transport Service dem Navy Board unterordnen. Er forderte für den Controller einen Sitz in der Admiralität.

Middletons Arbeit verdankt es die britische Flotte weitgehend, daß sie gut gerüstet in die Kriege gegen Frankreich eintrat. Im Mai 1794 ernannte ihn Pitt zum Lord Commissioner. Aber er war dem Ersten Lord nachgeordnet, und das war Lord Chatham, der ältere Bruder Pitts, der ineffektivste Erste Lord, den England je hatte. Nun hatte Middleton die Fähigkeit, aber nicht die Macht. Und dann wurde im Dezember 1794 Earl Spencer Erster Lord, und dieser ließ sich die Macht nicht streitig machen. Ende 1795 trat Middleton verärgert zurück, und seine Karriere schien für immer beendet. Aber nach Lord St. Vincents unglücklicher Lordschaft wurde Pitt wieder Premier und berief seinen alten Freund Henry Dundas als Ersten Lord, während Middleton wieder Pitt beriet. Aber Dundas mußte bald wegen seiner finanziellen Unkorrektheiten zurücktreten, und so gelangte Middleton als Lord Barham an das Ziel seiner Wünsche und wurde Erster Lord im Alter von 78 Jahren. In der kurzen Zeit, die bis zu Pitts Tod und dem Rücktritt der Regierung blieb, straffte er die Organisation des Admiralitätsbüros, hatte aber kein Interesse mehr an der Reform des Navy Boards.

Dem Navy Board waren der *Victualling Board* (Verpflegung) und der *Board of Sick and Wounded Seamen* oder *Sick and Hurt* (Hospitäler, Schiffsärzte, bis 1796 Kriegsgefangene) untergeordnet.

Die Versorgung einer auf allen Meeren operierenden Flotte schuf große Transportprobleme. Bis 1794 heuerten Navy Board, Victualling Board und Ordnance Board unabhängig voneinander Transportschiffe an. Dann wurde ein eigenständiger *Transport Board* geschaffen, dem ab 1795 drei Flottenoffiziere und zwei Verwalter vorstanden.

Der Navy Board stand immer im Ruf, ineffektiv und korrupt zu sein. Das war nicht nur ein Vorurteil der Flottenoffiziere gegen die Verwaltung. Der Transport Board hingegen erwarb sich im Laufe der Zeit den Ruf einer effektiven Behörde und wurde dann auch noch für die Kriegsgefangenen zuständig.

Die Versorgung der Flotte mit Waffen und Munition unterstand nicht den Weisungen der Admiralität oder des Navy Board, sondern dem Ordnance Board, der sowohl die Flotte wie auch das Heer versorgte. Ihn leitete der Master General, und diesem unterstanden auch die Artillerie und das Ingenieurkorps. Im Arsenal zu Woolwich wurden neue Waffen erprobt.

2.04 *Die Nachrichtenverbindungen zu Häfen und Flotten*

Es ist heute im Zeitalter der zeitgleichen Fernsehübertragungen aus fremden Erdteilen schwer vorstellbar, welche Schwierigkeiten es um 1800 bereitete, Nachrichten zu befördern. Zu Lande waren reitende Boten und Postkutschen seit Jahrhunderten bekannt. Sie kamen auch mit der Verbesserung des Straßenbaus immer schneller voran. Aber die Rekordzeit für einen Kurierreiter mit Pferdewechsel von London nach Porthmouth betrug viereinhalb Stunden. Und die Durchschnittspassage der Postboote von England nach Jamaika dauerte 45 Tage.

Bedeutende Beschleunigungen für kurze Nachrichten über Land brachten kurz vor der Jahrhundertwende die Signalstationen. Hier soll nur kurz auf Küsten-Signalstationen verwiesen werden, die seit 1794 an Englands Küsten errichtet wurden. Von Sheerness bis Lands End waren es schließlich 48 Stationen, die mit Bällen und Flaggen an Signalmasten eine begrenzte Zahl von Nachrichten übermitteln konnten. Aber diese Stationen dienten der Kommunikation zwischen der Küste und vor der Küste kreuzenden Schiffen. Handelsschiffe konnten vor feindlichen Kapern gewarnt, Küstenabschnitte über sich nähernde feindli-

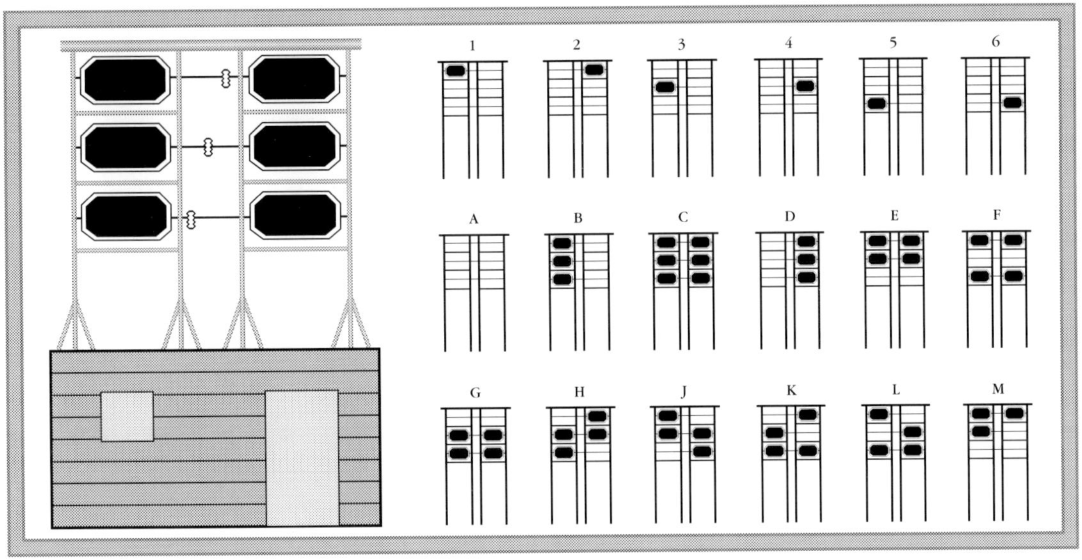

Schema eines Blockhauses mit Shutter-Aufbau. Rechts daneben ein Auszug aus dem Code von Putney 1796.

che Flotten unterrichtet werden. Natürlich konnten Schiffe dadurch auch eilige Mitteilungen schon signalisieren, bevor sie in den Hafen eingelaufen waren. Aber diese Signalstationen waren nicht für die Nachrichtenverbindung zu den Schaltzentren der Macht geeignet. Die Erfindung von optischen Signalgebern muß etwas mit religiöser Erleuchtung zu tun haben, denn die ersten Erfinder waren sowohl in Frankreich wie auch in England Geistliche. In Frankreich war es der Abbé Claude Chappe, der mit seinen Brüdern den Semaphore erfand. Dieser Semaphore wurde bald nach Ausbruch der Revolution vom Revolutionsrat akzeptiert und verband in den Folgejahren französische Städte. Der Ausdruck »Semaphore« sollte nur für Signalmasten benutzt werden, die mit einem oder mehreren beweglichen Holzarmen Nachrichten übermittelten, die durch die Stellung der Armteile codiert wurden. In England hatten John Gamble, der Kaplan des Herzogs von York, und Reverend Lord Georg Murray unabhängig voneinander die Idee, Buchstaben mit einem „Shutter“ optisch zu übertragen. Ein Shutter ist eine Art Tafel, bei der Öffnungen nach einem System geschlossen werden, um bestimmte Buchstaben zu kennzeichnen.

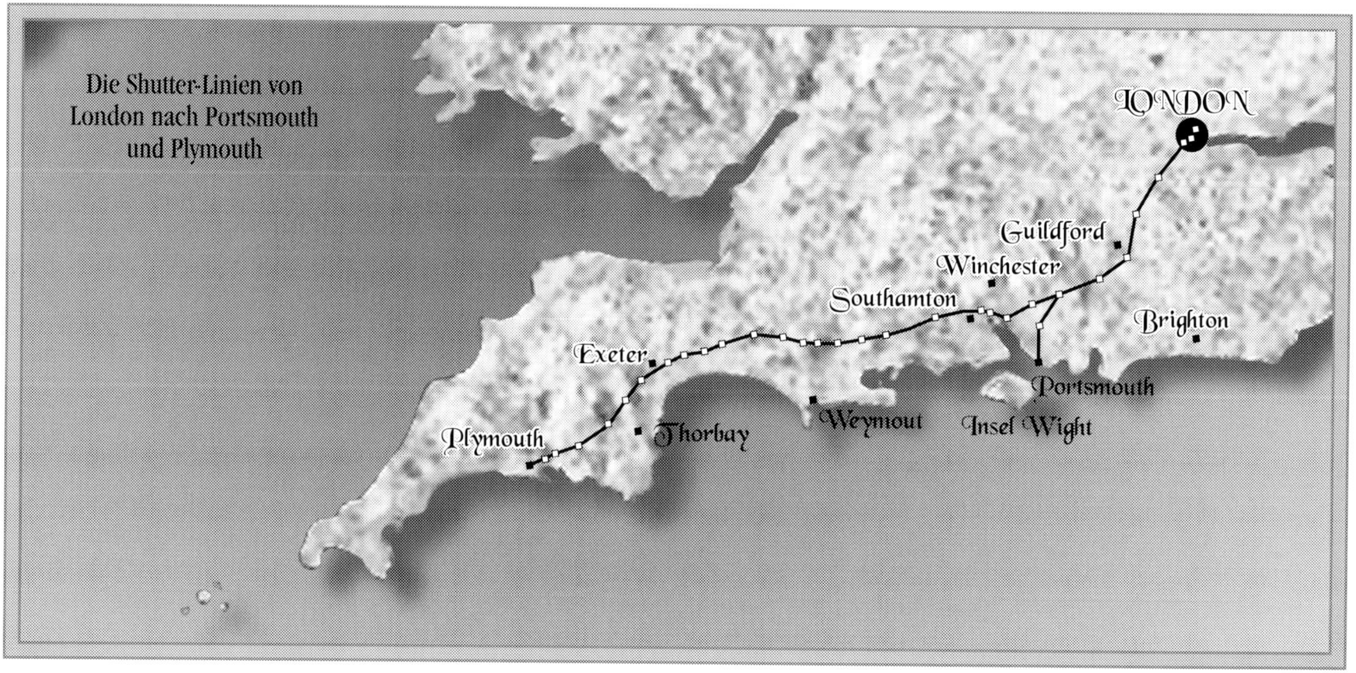

Gambles Erfindung erlaubte die Verschlüsselung von 31 Zeichen, Murray dagegen kam auf 63 Zeichen und fand das Interesse der Admiralität. Im September 1795 wurden erfolgreiche Versuche in der Nähe von London durchgeführt, und die Admiralität gab darauf den Auftrag, Shutter-Linien zu bauen. 15 Stationen waren Ende Januar 1796 fertig und verbanden London mit den Werften und Arsenalen in Deal, Chatham und Sheerness. Danach wurden zehn Stationen von London nach Portsmouth gebaut und im August 1796 eingeweiht. Im Juli 1806 war dann die Erweiterung der Linie bis Plymouth fertig. Die Shutter-Stationen mußten in Sichtweite voneinander stehen und waren nur bei klarer Sicht einsetzbar. Jede Station war mit einem Teleskop ausgerüstet. Ein Leutnant und drei Assistenten besetzten sie, meist Invaliden.

Die Geschwindigkeit der Übermittlung wird für Wörter mit sechs Buchstaben mit durchschnittlich einer Minute angegeben. Kurze Botschaften konnten in etwa 20 Minuten nach Portsmouth oder Plymouth gelangen. Bei der Übermittlung wurde mit Abkürzungen gearbeitet. Holmes (*1983, S. 52*) bietet folgendes Beispiel: Die ungekürzte Nachricht lautet: »M. S. Royal Sovereign anchored at Spithead yesterday. Sailing für Plymouth tomorrow.« Die Nachricht erfordert 70 Zeichen, die in 14 Minuten weitergeleitet werden konnten. Die Abkürzung lautete: »RSOV anchor Spith yesda sail Plyth tmro.« Das erforderte 23 Zeichen, die in sechseinhalb Minuten zu buchstabieren waren. Ab 1815 wurden die Shutters durch Verbesserungen der französischen Semaphores ersetzt.

Von den Häfen zu den Flotten mußten Nachrichten zumindest für den größten Teil des Weges mit Schiffen transportiert werden. Die Admiralität setzte Fregatten oder Kutter ein, aber diese Schiffe wurden auch sonst dringend gebraucht. Außerdem mußte jede Nachricht mehrmals übermittelt werden, denn ein Schiff konnte im Sturm sinken oder durch den Feind gekapert werden. Darum war die Bedeutung der Postboote, die regelmäßig von Falmouth aus in alle Teile des britischen Reiches segelten, kaum zu überschätzen. Das waren schnelle Segler, die privaten Reedern gehörten und von der Post gechartert waren.

Alle 14 Tage verließ z. B. ein Postsegler Falmouth mit dem Ziel Westindien. Nach Anlaufen verschiedener Häfen auf den Antillen erreichte er nach durchschnittlich 45 Tagen Jamaika. Port Royal war der letzte Hafen dieser Insel, der vor der Rückreise angelaufen wurde, die etwa 35 Tage dauerte. Dennoch konnten Befehle auch bis zu acht und zehn Wochen brauchen. Nachrichten bis in den Indischen Ozean erforderten Monate.

Die Admiräle überseeischer Stationen und auch die Kapitäne auf Fernpatrouille hatten daher einen Handlungsspielraum und eine Verantwortung, die heute im Zeitalter der Funkverbindungen undenkbar sind.

2.05 *Die Verteilung der Flottengeschwader*

Die Verteilung der Geschwader war völlig von der Kriegssituation abhängig. Das Nordamerika- oder Halifax-Geschwader war üblicherweise sehr klein und verfügte 1792 über vier Schiffe mit maximal 32 Kanonen. Während des Krieges mit den USA von 1812–1814 wuchs dieses Geschwader aber vorübergehend auf 60 Schiffe an. Das gilt annähernd auch für andere Geschwader. Der Rang des Befehlshabers hing natürlich von der Größe des Geschwaders ab und konnte vom Rang des »Admirals der Flotte« bis zu dem des rangältesten Kapitäns variieren.

Die Heimatgeschwader

Diese Geschwader dienten der Verteidigung des eigenen Landes. Das wichtigste Geschwader war die *Kanalflotte* oder Atlantikflotte oder das Westgeschwader, wie verschiedene Bezeichnungen lauteten. Ein starkes Geschwader in der Westhälfte des Kanals war die beste Versicherung gegen einen Angriff feindlicher Flotten auf das Mutterland. Diese Flotte wurde immer von einem besonders bedeutenden Admiral kommandiert. Ihre Stützpunkte waren Portsmouth und Plymouth, ihr Hauptankergrund Torbay.

Ein anderes Geschwader im Englischen Kanal konnte sich mit der Kanalflotte nie an Bedeutung messen: das *Geschwader bei den Kanalinseln*. Es war immer eine sehr kleine Streitmacht, die sich aus einigen Fregatten und kleineren Schiffen zusammensetzte, eine überraschende Landung auf den Kanalinseln verhindern und die französischen Kaperschiffe stören sollte. Auch das *Irische Geschwader* war ein relativ kleines Geschwader mit meist zehn bis zwanzig Schiffen. Es sollte Irland und den Handel nach Westen schützen. Bedeutender war schon das *Nordseegeschwader*, dessen Bereich bis weit in den Kanal hineinreichte. Von ihm hing besonders viel ab, wenn die belgische und die holländische Küste in Feindeshand war, wie es in der hier behandelten Zeit fast immer der Fall war. Bei den Downs stand ein Geschwader, das zeitweilig vom Nordseegeschwader unabhängig war, zeitweilig aber auch ihm zugehörig. Die wichtigsten Stützpunkte des Nordseegeschwaders waren Chatham und Sheerness, die Ankergründe »The Nore« und die Downs. Das Hauptquartier war in Ramsgate auf dem Festland.

Die Überseegeschwader

Das *Baltische Geschwader* war in gewisser Weise auch ein Heimatgeschwader, denn es kehrte normalerweise während der Winterzeit in die Heimathäfen zurück. Die Ostsee war für den Nachschub der britischen Flotte sehr wichtig. Ohne die Holz- und Teerlieferungen, ohne viele andere Hilfsgüter und Lebensmittel war die Flotte nicht zu unterhalten. Daher segelten riesige Konvois mit bis zu 1 000 Schiffen in die baltischen Länder und mußten durch ein starke Flotte geschützt werden. Die Flotte wuchs in den Konfliktzeiten mit Dänemark und den Angriffen auf Kopenhagen besonders an, war aber auch sehr stark, als Rußland an Frankreichs Seite stand und Schweden von England unterstützt wurde. 1812 kommandierte Vizeadmiral Sir James Saumarez 39 Schiffe, darunter zehn Linienschiffe.

Das *Mittelmeergeschwader* konnte zeitweise an Bedeutung mit der Kanalflotte konkurrieren. Es hatte die französische Flotte in Toulon und die spanische in Cadiz zu kontrollieren. Um diesen Auftrag zu erfüllen, operierte es weit über den Mittelmeerraum hinaus. Nelson folgte der französischen Flotte z. B. quer über den Atlantik zu den karibischen Inseln und zurück. Das Mittelmeergeschwader gewann die großen Schlachten beim Kap Saint Vincent 1797, bei Abukir 1798 und 1805 bei Trafalgar. 1795 gehörten 31 Schiffe zum Mittelmeergeschwader, 1812 jedoch 90. Aber es gab auch Jahre, in denen sich das Geschwader wegen der feindlichen Übermacht ganz aus dem Mittelmeer zurückzog.

Das *Jamaika-Geschwader* sollte als eines der beiden westindischen Geschwader die reichen Zucker- und Kaffeeinseln schützen, die Konvois in das Mutterland organisieren, die Heeresoperationen unterstützen und

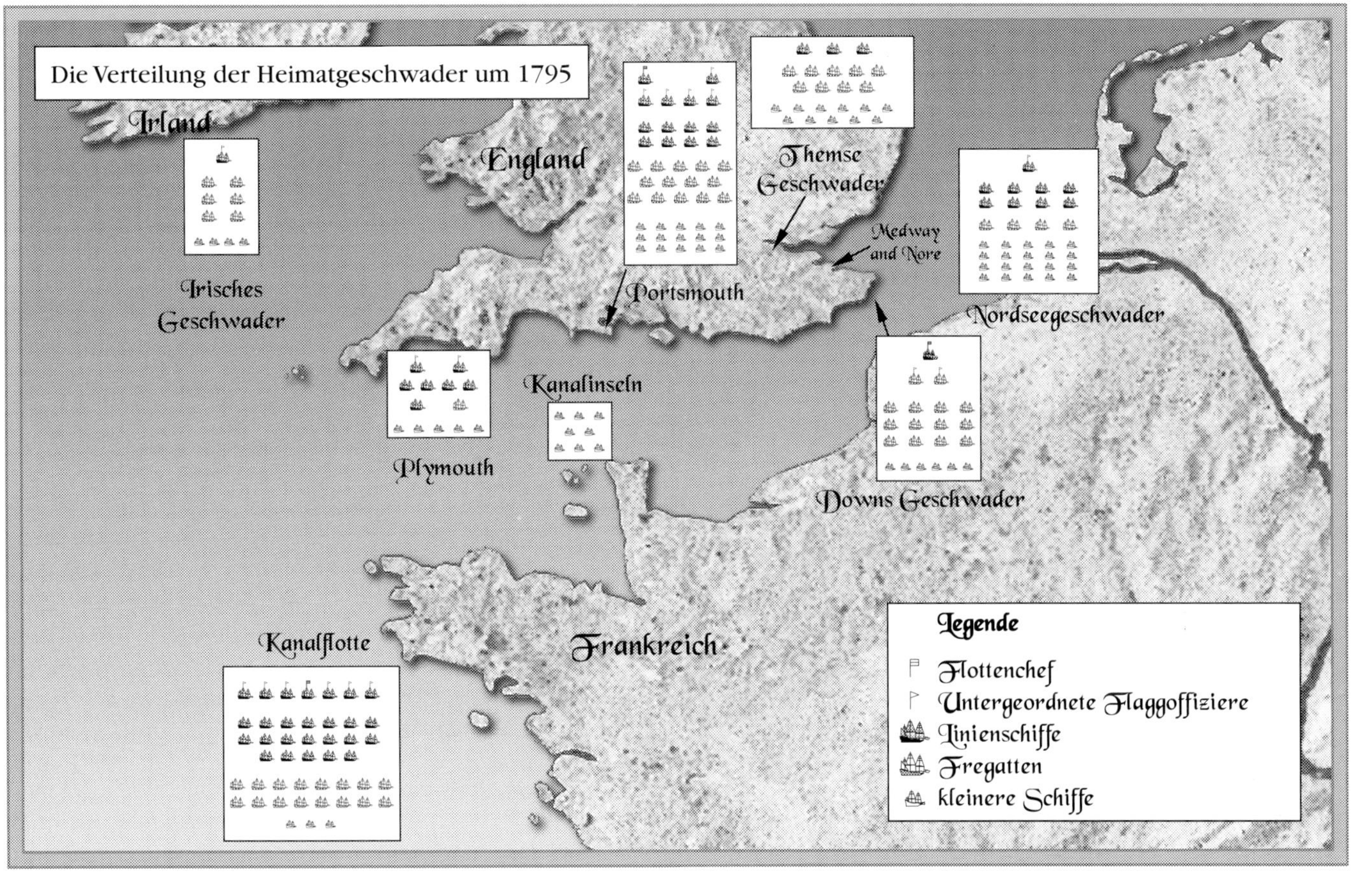

die zahlreichen Kaperschiffe bekämpfen. Stützpunkt des Geschwaders war Port Royal auf Jamaika. 1793 verfügte das Geschwader über neun Einheiten vom 50-Kanonen-Schiff bis zum Schoner und wurde von einem Kommodore geführt. In seiner stärksten Zeit, 1805, zählte das Geschwader 51 Schiffe und wurde von einem Vizeadmiral kommandiert.

Das *Antigua-Geschwader* war in Kriegszeiten ein ebenso beliebter Kommandoposten wie das Jamaika-Geschwader. Der Kommandierende Admiral konnte von seinen Anteilen an Prisengeldern große Reichtümer gewinnen, und viele hatten auch das Glück. Neben Antigua stützte sich das Geschwader auf Barbados und die Häfen, die von Franzosen, Holländern oder Spaniern erobert wurden. Zur Zeit der Operationen gegen die französischen Inseln, 1797, war das Geschwader am stärksten. Es verfügte über 44 Einheiten, die von Sir John Jervis kommandiert wurden.

In Nordamerika waren zwei kleinere Geschwader stationiert. Das *Nordamerika- oder Halifax-Geschwader*

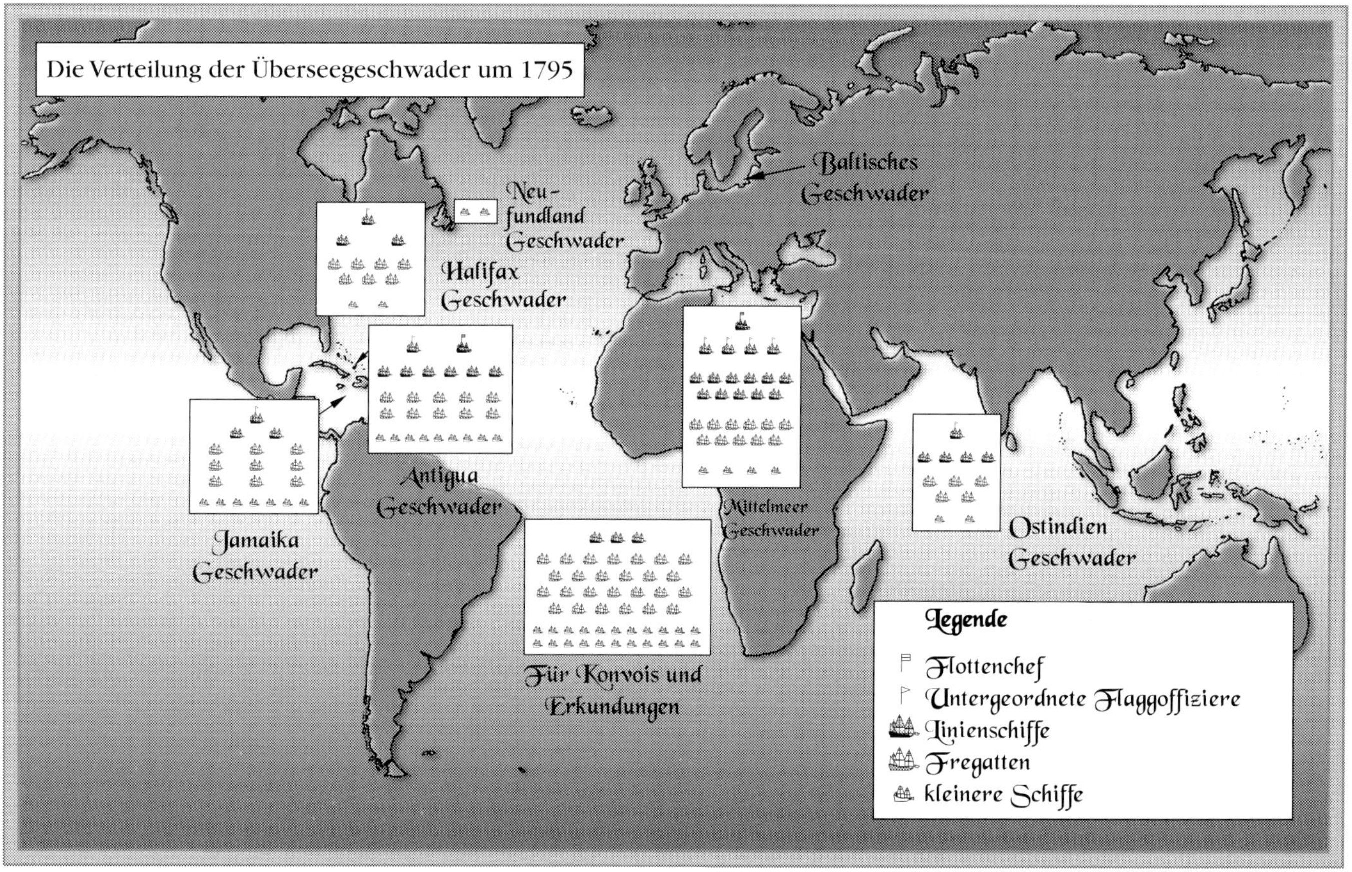

und das *Neufundland-Geschwader*. Nur während des Krieges mit den USA wurden diese Geschwader erheblich verstärkt. Das *Ostindien-Geschwader* sollte gemeinsam mit der Bombay-Marine, der Kriegsmarine der britischen Ostindienkompanie, die britischen Interessen in Fernost, im Indischen Ozean und der China-See, schützen. Solange Mauritius, Réunion und Kapstadt nicht in britischer Hand waren und solange französische Flotten und Kaperschiffe die reichen Ostindiensegler gefährdeten, hatte das Geschwader große Bedeutung und wurde 1797 auf 32 Schiffe verstärkt. Als die Bedrohungen nachließen, verfügte das Geschwader 1812 nur noch über 24 meist kleinere Schiffe. Neben diesen Geschwadern, die bei allen Umgruppierungen weitgehend permanent bestanden, wurden Geschwader für bestimmte Aufgaben, z. B. die Eroberung der Kapkolonie, zusammengestellt.

Nicht alle britischen Kriegsschiffe waren in Geschwadern zusammengefaßt. Einzelne Schiffe segelten von Fall zu Fall auch unter »Admiralitätsorder«. Das waren meist begrenzte Sonderaufträge, die jedoch bei den Kapitänen besonders beliebt waren, denn im Fall einer Eroberung brauchten sie das Prisengeld nicht mit einem Geschwaderkommandanten zu teilen. Dessen Anteil fiel ihnen dann zu.

2.06 Die bedeutendsten Flottenführer dieser Zeit

England hatte auch in dieser Zeit eine so große Zahl verdienter Flottenoffiziere, daß jede Auswahl kritisiert werden kann. Und hier ist aus Raumgründen nur eine ganz reduzierte Auswahl möglich, wenn das Buch nicht ein anderes Schwergewicht erhalten sollte. Daher werden hier nur die Admirale aufgeführt, die sowohl große Flotten kommandiert als auch mit ihnen eine der großen Schlachten dieser Zeit geschlagen haben. Ihre Taten sind auch für andere Kapitel dieses Buches wichtig. Viele große Flottenführer und Flottenkapitäne bleiben bei diesem Auswahlprinzip unberücksichtigt. Ihr Leben muß in einer der vielen Biographien nachgelesen werden.

2.061 Admiral Earl Richard Howe

Richard Howe wurde am 19. März 1726 als Sohn des Viscounts Howe und der Tochter eines deutschen Barons geboren. Er besuchte Schulen in Westminster und Eton, bevor er mit 13 Jahren als Offiziersanwärter zur See ging. Sein Schiff sollte mit Ansons Flotte in die Südsee segeln, wurde aber vom Sturm nach Rio de Janeiro verschlagen und kehrte nach England zurück. Er diente dann auf der *Burford* in Westindien und nahm 1743 an einem verlustreichen und erfolglosen Angriff auf La Guira teil. Er bewährte sich und hatte Gönner, die ihn jung zum diensttuenden Leutnant beförderten. Als die Admiralität sein Patent nicht bestätigte, ging er zurück in die Karibik und holte in einer verwegenen Aktion ein gekapertes britisches Handelsschiff aus dem Hafen von St. Eustatius. 1745, mit 19 Jahren also, wurde er Commander einer Sloop, kämpfte vor der schottischen Küste und wurde im Gefecht mit französischen Fregatten schwer verwundet. Bereits im April 1746 erhält er als (Post-) Kapitän das Kommando über eine Fregatte, wechselt in Lissabon auf ein Linienschiff mit 60 Kanonen, mit dem er wieder in die Karibik segelt. Admiral Knowles, sein alter Förderer, gibt ihm das Kommando über sein Flaggschiff mit 80 Kanonen.

Das war wahrlich ein steiler Aufstieg. Dann aber war Howe bis 1751 ohne Kommando, ehe er eine Fregatte erhielt. Auch die nächsten Jahre war er als Fregattenkapitän auf verschiedenen Stationen, ehe er 1754 nach England zurückkehrte.

Im März 1755 erhält er die *Dunkirk* mit 60 Kanonen, mit der er im Juni 1755 die französische *Alcide* (64) zur Aufgabe zwingt. 1756 ist er im Blockadedienst vor Brest. 1757 kapert er verschieden Schiffe im Kanal und wird ins Unterhaus gewählt. Er bleibt die nächsten 25 Jahre Parlamentsmitglied.

Howe, groß und stark, war ein beliebter Kapitän. An seiner Tapferkeit und Seemannschaft bestand kein Zweifel. Aber er tat mehr, als Disziplin zu halten. Er besuchte nicht nur Verwundete und Kranke im Lazarett, er schickte ihnen Wein aus seinem Vorrat, kümmerte sich um Landgang und das Wohlergehen der Männer. Sein schwarzes Haar trug ihm den Spitznamen »Black Dick« ein. Politisch war er Anhänger des Königs und Pitts. Nachdem er sich 1757 bei einem Angriff auf die französische Küste ausgezeichnet hat, nimmt Pitt mit ihm Kontakt auf und sorgt dafür, daß er die Schiffe kommandiert, die 1758 erfolgreiche Landungsaktionen an der Küste ausführen.

Howe wird Viscount, nachdem sein älterer Bruder gefallen war. Nach einem erfolgreichen Gefecht vor Brest erhält er den mit einem Ehrensold verbundenen Titel eines Obersten der Seesoldaten. Im April 1763 wird er als Lord Commissioner in die Admiralität berufen, wechselt 1765 in das Amt eines Schatzmeisters der Flotte, das er 1770 niederlegt. Im gleichen Jahr wird er Konteradmiral der blauen Flagge und Kommandierender Admiral im Mittelmeer.

Richard, Earl of Howe nach einem Bild im Naval Chronicle, Vol. 9, von 1803

Als Kommandierender Admiral der Nordamerikastation ist Howe in einer ähnlich aussichtslosen Lage. Für die Aufgabe, die Küste zu blockieren und gleichzeitig das Heer bei amphibischen Operationen zu unterstützen, hat er nie annähernd genug Schiffe. 1776 landet er die Truppen seines Bruders bei Long Island und dann vor Philadelphia. Aber die Eroberung New Yorks und Philadelphias bringt ebenso wenig eine Wende im Krieg wie die wenigen ergebnislosen Begegnungen mit der französischen Flotte. Im September 1777 übergibt er sein Kommando und kehrt nach England zurück, wo er drei Jahre ohne Kommando bleibt.

1782 wird er Admiral der blauen Flagge, Viscount nach britischem Recht (vorher nach irischem) und Chef der Kanalflotte.

Die nächsten Jahre sind ohne Höhepunkte, bis er im Februar 1776 zum Vizeadmiral befördert wird und gemeinsam mit seinem Bruder, General Sir William Howe, die amerikanischen Kolonien zum Frieden bewegen soll. Beide hatten aber keine Vollmacht, den Kolonien weitgehende Selbständigkeit zuzubilligen, und so war ihr Vorhaben aussichtslos. Washington lehnte Verhandlungen ab.

Er entkommt bei den Scilly Inseln einer überlegenen französischen Flotte und kann dann im Oktober 1782 das belagerte Gibraltar entsetzen.

1783 überträgt man ihm das Amt des Ersten Lords der Admiralität, das er mit einer Pause bis 1788 innehat. Der König ernennt ihn zum Earl. Die letzten Jahre mögen ereignislos erscheinen, da in diesen Jahren auch nur die Abrüstung der Flotte zu verwalten war. Aber es darf nicht vergessen werden, daß Howe wichtige Grundlagen zur Reform des Signalwesens und der Flottentaktik legte.

1793 erhält er wieder das Kommando über die Kanalflotte, die jetzt gegen das revolutionäre Frankreich kämpft. 1794, im Alter von 68 Jahren, schwer von Gicht geplagt, führt er seine Flotte im Atlantik zum Durchbruch durch die feindliche Schlachtlinie und besiegt die französische Flotte in der »Schlacht des Glorreichen Ersten Juni« 1794. Er hat nicht das große Ziel erreicht, den Riesenkonvoi aus Amerika, der Frankreichs Versorgung sichern sollte, abzufangen, aber er hat dem Land mit diesem Sieg neue Zuversicht gegeben und mit dem bewußten Durchbruch durch die Schlachtlinie ein neues Kapitel der Flottentaktik aufgeschlagen.

Sein Empfang in Portsmouth ist überwältigend. Der König besucht die Flotte und dankt ihr. Howe aber war krank und erschöpft. Er wollte sein Kommando niederlegen, aber die Regierung wollte auf den Volkshelden nicht verzichten. Lord Bridport sollte ab Mai 1795 praktisch die Flotte führen, er aber nominell Kommandierender Admiral bleiben, auch wenn er in Bath Linderung von seiner Gicht suchte.

So gerät Howe in eine immer wieder umstrittene Situation. Die Seeleute sind zunehmend unzufrieden mit ihrer kargen Heuer. Sie richten im Februar 1797 Petitionen an Howe, der, inzwischen Admiral von England, in Bath kurt. Er gibt die Schreiben zwar an die Admiralität weiter, handelt aber nicht und antwortet nicht. Auch die Admiralität handelt nicht. Geld ist knapp, und die Anhebung der Heuer scheint den Finanzverwaltern untragbar.

In Spithead, der Reede vor Portsmouth, meutert die Kanalflotte. Lord Bridport, nun auch nominell im Kommando, kann sie nicht beruhigen. Das Land scheint wehrlos. Das Parlament bewilligt die Erhöhung der Heuer, der König gibt Pardon, aber nur einer scheint in der Lage, das den empörten Meuterern glaubwürdig mitzuteilen: Black Dick.

Und so läßt sich der alte Mann von Schiff zu Schiff rudern, überzeugt die Meuterer, daß es besser wird, macht ihnen Konzessionen hinsichtlich der Offiziere, die sie nicht mehr auf die Schiffe lassen wollen, und führt sie zum Gehorsam zurück. Er wird von Meuterern und Bewohner in einer riesigen Ovation geehrt. Viele sagen, die Beruhigung der Meuterer sei seine größte Tat. Andere werfen ihm vor, es wäre nicht zur Meuterei gekommen, wenn er selbst rechtzeitig reagiert hätte.

Er starb nicht lange danach am 5. August 1799.

❋ 2.062 Viscount Adam Duncan of Camperdown

Adam Duncan wurde am 1. Juli 1731 in Dundee, Schottland, als zweiter Sohn eines armen Landedelmannes geboren. Sein Vater unterstützte die britische Regierung auch während des Aufstandes der Anhänger der Stuarts in den Jahren 1744 bis 1746.

Adam geht im April 1746 zur See, und zwar auf einer Sloop, die einer seiner Cousins kommandierte. In Kreuzfahrten vor der schottischen Küste lernt er die Härten des Seelebens kennen. Im November 1747 übernimmt sein Cousin in Plymouth eine Fregatte und holt Adam zu sich. Sie kapern im Kanal einige Prisen, bevor die Fregatte auf Felsen getrieben wird und aufgegeben werden muß.

Im Januar 1749 erhält Duncan eine Stelle auf der *Centurion* (50), die sein späterer Gönner Augustus Keppel kommandiert. Keppel kreuzt an der nordafrikanischen Mittelmeerküste, um mit Waffen und Verhandlungen die Piraterie zu unterbinden. Es sind interessante und schöne Jahre für Duncan, der das westliche Mittelmeer kennenlernt und die Wertschätzung Keppels erringt. 1752 ist er wieder in England und für zwei Jahre ohne Schiff.

Im Januar 1755 wird er Leutnant auf der *Centurion*, die wieder von Keppel kommandiert wird, der als Kommodore die Nordamerika-Station leiten soll. Duncan ist eine auffallende Erscheinung, 1,93 m groß und athletisch, von großer Körperkraft. Er ist diensteifrig, ohne Ehrgeizling zu sein, sehr religiös und zu seinen Kameraden gutartig. Außer der Bibel und seemännischer Fachlektüre hat er wahrscheinlich nie etwas anderes gelesen, aber das galt für manchen Seeoffizier.

Ende 1754 ist die *Centurion* wieder in England, nachdem Keppel das Kommando an Admiral Boscawen übergeben hat. Das Land erwartet den Krieg und eine französische Invasion. Im Mai 1756 bricht der Krieg mit Frankreich aus, und Duncan wird Keppels Zweiter Leutnant auf der *Torbay*, einem 74er. Er ist jetzt 25 Jahre alt. Er kreuzt auf der *Torbay* vor der französischen und spanischen Küste, und außer der Aufbringung einer feindlichen Fregatte erlebt er nichts Dramatisches. Im September nimmt er an dem Landungsunternehmen auf der Insel Aix teil, das nur einen Teilerfolg hat. Die nächsten Jahre sind mit Blokkadedienst, Kämpfen gegen Kaperschiffe und Überwachung der französischen Küste angefüllt. Duncan sammelt Erfahrungen mit Enterangriffen und dem Kommando von Prisen. Ende 1758 wird er Erster Leutnant auf der *Torbay*.

Keppel kommandiert eine Schwadron vor der westafrikanischen Küste. Duncan wird bei der Eroberung von Goree leicht verwundet. Das Schiff ist im März 1759 wieder in Portsmouth und nimmt den Blockadedienst auf. Am 25.9.1759 wird Duncan Commander, aber sein Schiff ist ein gechartertes bewaffnetes Handelsschiff im Konvoidienst. Von diesem Dienst, der seine Tatkraft wenig beansprucht, wird er durch die Beförderung zum Kapitän des Linienschiffes *Valiant* erlöst, dem Flaggschiff von Kommodore Keppel. Im März 1761 läuft das Geschwader zur Eroberung von Belle-Isle aus. Erst nach Verstärkung gelingt die Landung und nach wochenlangen Kämpfen die endgültige Eroberung der Insel.

Im Januar 1762 tritt Spanien an Frankreichs Seite in den Krieg ein, und die *Valiant* wird dem Geschwader zugeteilt, das das Herz der spanischen Kolonien, Havanna, erobern soll. Sie segeln im März 1762 ab und erreichen über Barbados und Martinique Kuba, wo am 7. 7. 1762 die erste Landung erfolgt. Nach wochenlanger Belagerung kapituliert Fort Morro und schließlich am 14. August Havanna. Mehrere spanische Linienschiffe sind die Beute. Das Prisengeld ist hoch, aber die Verluste durch Fieber sind mörderisch. Auch Duncan ist sehr geschwächt und nicht mehr tropentauglich. Keppel wird 1763 Konteradmiral. Einen Monat später wird Friede geschlossen, und im Juni 1764 schließlich kehrt Duncan nach England zurück.

Die folgenden 13 Jahre verbringt er an Land, heiratet 1777 mit 46 Jahren und zeugt in den folgenden neun Jahren neun Kinder. Sein Gönner Keppel wird Vizeadmiral und 1778 Admiral. Nun erhält Duncan wieder ein Linienschiff und wird der Kanalflotte zugeteilt. Unter Rodney nimmt er 1779/80 an der Expedition zum Entsatz von Gibraltar teil und erlebt im Januar 1780 seine erste große Seeschlacht in der Mondscheinschlacht vor Kap St. Vincent. Im Februar ist er dann wieder in England und kreuzt nach Reparatur seines Schiffes im Kanal.

Sein Schiff wird der Westindien-Station zugeteilt, aber Duncan legt aus gesundheitlichen Gründen das Kommando nieder. Die Admiralität nimmt es ihm nicht übel.

Im März 1782 erhält er die *Blenheim* mit 80 Kanonen. Er kreuzt mit der Flotte im Kanal. Sie sichten auch die französische Flotte, die sich aber nach dem Austausch einiger Schüsse zurückzieht. Auch die *Blenheim* soll nach Westindien. Duncan, der wieder aus gesundheitlichen Gründen ablehnt, erhält das Kommando über das Wachschiff in Portsmouth. Er kann bei seiner Familie in Gosport leben. 1783 wird der Friede geschlossen, und 1786 endet Duncans Kommando. Er geht mit Frau und nun sieben Kindern zurück nach Schottland.

1787 wird Duncan zum Konteradmiral und 1793 zum Vizeadmiral befördert. Ein Kommando ist damit nicht verbunden. Er lebt mit der Familie, und man sagt, daß er ein rührender Vater gewesen sei. Im Februar 1795, als die Invasion Englands von Holland her droht, überträgt man ihm das Kommando der Nordseeflotte. Im Juni wird er auch Admiral. Er führt nun vier Linienschiffe, eine Fregatte, zwei Kutter und einen Lugger, wahrlich keine große Streitmacht, um die von Frankreich beherrschten Holländer im Zaum zu halten. Aber die Flotte wird verstärkt, und Ende 1796 wird ihm Vizeadmiral Onslow als Zweitkommandierender zugeteilt. Sein Heimathafen wird Yarmouth in Norfolk.

1797 ist das Jahr der großen Meutereien in Spithead und in der Themsemündung. Als die wichtigsten Forderungen erfüllt sind, aber die erhöhte Heuer durch die schleppende Behandlung im Parlament noch nicht ausgezahlt wird, will seine Besatzung nicht auslaufen. Duncan, der bei der Besatzung großen Respekt genießt, bewegt sie dennoch dazu. Als auf dem Nachbarschiff ähnliche Probleme entstehen, läßt er sich übersetzen und fragt, ob jemand seine Autorität oder die seiner Offiziere anzweifeln wolle. Ein Mann tritt vor. Ohne Zögern packt ihn Duncan, auch mit 64 Jahren noch ein Athlet, am Kragen, hält ihn mit einer Hand über die Bordwand und ruft: »Seht her, hier ist der Kerl, der mir mein Kommando nehmen will!« Die Seeleute, die solche Kraftakte bewundern, jubeln und folgen ihm.

Aber als er zwei Wochen später die Nachricht erhält, daß die holländische Invasionsflotte nur auf günstigen Wind zum Auslaufen warte, folgen seinem Befehl zum Auslaufen nur ein Linienschiff, zwei Fregatten und zwei Sloops. Zehn Linienschiffe bleiben im Hafen, weil die Besatzungen erst die Heuer ausbezahlt haben wollen. Duncan ist enttäuscht und verletzt.

Mit zwei Linienschiffen vor Texel hält er die Holländer mit 16 Linienschiffen in Schach, indem er ständig Signale setzen läßt, als ob er mit der Blockadeflotte unter dem Horizont Nachrichten austausche. Seine kleinen Schiffe lassen kein Fischerboot passieren, das den Schwindel melden könnte. Nach zehn Tagen erhält er Verstärkung und bleibt noch vier Monate auf Station. Als er kaum eine Woche in Yarmouth liegt, trifft die Nachricht ein, daß die Holländer auslaufen. Sofort segelt er mit elf Linienschiffen ab und ist einen Tag später, am 10. Oktober 1797, wieder vor der holländischen Küste.

Am nächsten Morgen wird gemeldet, daß die holländische Flotte 15 Meilen südwestlich von Texel vor Egmont und Camperdown segelt und versucht, wieder in den Schutz der Insel Texel zu gelangen. Er betet mit der Mannschaft und befiehlt Gefechtsbereitschaft.

Beide Flotten verfügten über 16 Linienschiffe. Die holländischen Schiffe waren etwas leichter und flacher gebaut, um in den seichten Gewässern besser operieren zu können. Der holländische Admiral de Winter nimmt mit seinem Linienschiff *Vryheid* die fünfte Position in der Linie ein. Duncan will auf jeden Fall verhindern, daß die holländische Flotte sich wieder zurückzieht und führt seine Flotte mit allen Segeln an den Feind heran.

Mit zwei großen Kolonnen durchbricht Duncan die feindliche Linie, ungeachtet des heftigen Feuers, das ihm entgegenschlägt. Sechsmal wird seine Admiralsflagge zerschossen und immer wieder ersetzt, zuletzt sogar festgenagelt. Als Duncans Flaggschiff die feindliche Linie durchbrochen hat, gerät es unter heftiges Feuer mehrerer Gegner. Zwei Stunden feuert es mit allen Batterien. Alle Masten sind über Bord oder beschädigt. Es muß ununterbrochen gepumpt werden, um das Schiff zu halten. Einer der unmittelbaren Gegner ergibt sich, aber de Winters Flaggschiff schießt immer noch.

Doch dann kommen britische Schiffe zu Hilfe, die ihre Gegner niedergekämpft haben. De Winters *Vryheid* streicht die Flagge, und der Kutter einer englischen Fregatte bringt de Winter an Bord von Duncans Flaggschiff, wo er sein Schwert überreichen will. Duncan soll es mit den Worten »Ich nehme lieber eines tapferen Mannes Hand als sein Schwert« zurückgewiesen haben. Dann sprach er für die Besatzung ein Dankgebet. Auf Seite 170 ist das Gemälde von Drummond zu sehen, das den Augenblick der Schwertübergabe zeigt.

Elf holländische Schiffe wurden erobert, nur sieben entkamen. Es war ein großer Sieg, der die Gefahr der Invasion aus Holland bannte. Duncan wurde in Yarmouth am 18. 10. 1797 frenetisch gefeiert. Der König ernannte ihn zum Viscount Duncan of Camperdown und Baron Duncan of Lundie, seinem schottischen Heimatsitz. Er bewilligte ihm eine Pension von 3 000 £ jährlich.

Duncan war erschöpft und krank und konnte erst im August 1798 sein Kommando vor Texel wieder übernehmen. Immer wieder mußte er an Land Krankheiten auskurieren und hat auch an der Landung bei Helder keinen aktiven Anteil mehr genommen. Im März 1800 legte er sein Kommando endgültig nieder. Zur gleichen Zeit trat sein jüngster Sohn Henry mit vierzehn Jahren in die Flotte ein und wurde drei Jahre später schon Erster Leutnant einer Fregatte, ein Zeichen, wie Patronage alle Vorschriften überwinden konnte. 1804 reiste Duncan noch einmal nach London, um der Admiralität im Alter von 73 Jahren erneut seine Dienste anzubieten. Am 4. August, auf der Rückreise, ging er ohne Beschwerden ins Bett und starb friedlich in dieser Nacht. Er ist nie so bekannt geworden wie Lord Nelson oder Lord St. Vincent, aber er war ein typischer britischer Seeoffizier, gottesfürchtig und fürsorglich, tapfer und streng, und ein großer Flottenführer.

❋ 2.063 John Jervis, Earl St. Vincent

John Jervis wurde am 9. Januar 1735 in Staffordshire geboren. Sein Vater war Rechtsanwalt und wollte, daß sein zweiter Sohn auch diesen Beruf ergreifen solle. John besuchte die Lateinschule und war besonders gut in Griechisch, als sein Vater 1747 die Doppelstellung als Rechtsberater der Admiralität und Revisor des Greenwich-Hospitals antrat. Lord Anson war ein entfernter Verwandter von Johns Vater, hatte ihm die Stelle verschafft und traf mit ihm bei den Sitzungen der Vorstände des Hospitals zusammen. Der Schatzmeister, den er zu kontrollieren hatte, wurde bald Kapitän Charles Saunders, ein Gefährte Ansons. Die Jervis und die Saunders wohnten in Greenwich Tür an Tür, und Saunders war später einer der Förderer von John. 1748 rennt John mit einem Freund von der Schule weg, während sein Vater im Norden Englands weilt. Sie verstekken sich auf einem Schiff, werden entdeckt und sind nach drei Wochen wieder bei ihren verzweifelten Familien. John erklärt mit Entschiedenheit, daß er zur See gehen will. Seine Mutter läßt alle Beziehungen spielen, und er wird am 4. Januar 1749 im Musterbuch der *Gloucester* (50) als Vollmatrose eingetragen. Da er für diese Einstufung drei Jahre See-Erfahrung gebraucht hätte, ist das wieder ein Beispiel, wie Patronage alle Vorschriften umgeht. Mit dieser Einstufung erhält er eine Heuer von 24 Schilling je Mondmonat. Als Seekadett hätte er zuzahlen müssen. Die Mutter wird gewußt haben, daß der Vater dazu nicht bereit war.

Ende Juli kommt die *Gloucester* in Port Royal, Jamaika, an. John Jervis wird in den Büchern für drei Monate als krank an Land geführt. Danach hat er wahrscheinlich auf verschiedenen kleineren Schiffen an Fahrten in Westindien teilgenommen. Als die *Gloucester* 1752 zurück nach England beordert wird, wechselt John auf die *Severn* (50), wo er im August 1752 als Midshipman eingestuft wird.

John mußte mit einem Minimum an Geld auskommen. Als er zur See ging, erhielt er von zu Hause 20 £. Als er etwa 1751 einen Wechsel über 20 £ einreichte, kam er uneingelöst zurück. John hat nie wieder Geld von seinem Vater beansprucht, sondern die Mannschaftsverpflegung gegessen und Kleider billig bei der Versteigerung der Habe Verstorbener ersteigert, um mit der kargen Heuer auszukommen. John dient dann auf der Fregatte *Sphinx* und segelt mit ihr nach England, wo er am 3. 10. 1754 eintrifft. Sein sehr fähiger Kapitän hat seine Kenntnisse gefördert, und er zeigte besondere Neigung zur Navigation. Nach kurzem Zwischenspiel auf einer anderen Fregatte wird er auf die königliche Jacht *Mary* versetzt, ein idealer Platz zur Vorbereitung auf das Leutnantsexamen. Die helfende Hand im Hintergrund war die von Lord Anson, der auch ein Förderer von Kapitän Campbell war, der die Jacht kommandierte.

Am 22. 1. 1755 besteht Jervis sein Leutnantsexamen und erhält bereits am 19. 2. die Stelle als Sechster Leutnant auf einem Linienschiff der 1. Klasse. Als Saunders, der Freund der Familie, als Konteradmiral nach Nordamerika kommandiert wird, holt er John Jervis als Vierten Leutnant auf sein Flaggschiff. Im Winter 1756/57 gibt er ihm das zeitweilige Kommando über eine Fregatte und ernennt ihn 1759 zum Commander einer Sloop. Die Beförderung wird durch Anson, Erster Lord der Admiralität, bestätigt. Im Oktober 1760, im Alter von 25 Jahren, wird John Jervis Kapitän der Fregatte *Gosport*. Mit ihr segelt er unter Rodney nach Amerika.

Im Frieden bereist er Frankreich und erlangt gute Sprachkenntnisse. 1762 wird ihm das Kommando über eine 32-Kanonen-Fregatte im Mittelmeer übertragen. 1774 erhält er das 80-Kanonen-Linienschiff *Foudroyant*. Hier erweist er sich wieder als Anhänger einer strikten Disziplin. Nicht die kleinste Unregelmäßigkeit duldet er auf seinem Schiff.

Während des amerikanischen Unabhängigkeitskrieges kreuzt er im Kanal. Mit der *Foudroyant* verfolgt er 1782 ein französisches Linienschiff, das so schwer beladen ist, daß es die unteren Geschützpforten nicht öffnen kann. Er zwingt es zur Aufgabe und wird dafür vom König mit dem Bath-Orden, der mit einer Baronie verbunden ist, belohnt. Selbst in Ralfes Naval Biography, die sonst die Verdienste der Seeoffiziere nicht genug rühmen kann, wird kritisch gefragt, ob diese Auszeichnung angemessen war, da Jervis nur einen unterlegenen und nicht voll kampffähigen Gegner bezwungen habe. Aber er hatte die Verbindungen. Ende 1782 segelt er mit Rodney zum Entsatz von Gibraltar.

1784 wird er ins Parlament gewählt. 1787 erhält er die Beförderung zum Konteradmiral. Während der Mobilmachung im Zusammenhang mit der Falkland-Krise erhält er das Kommando über das Flaggschiff *Prince* (98). Aber die Krise wird beigelegt, und erst 1793 wird ihm das Kommando über eine Flotte übertragen.

Mit 18 Schiffen, darunter drei Linienschiffen der dritten Klasse, segelt er nach Westindien. Nach der Ankunft in Barbados im Januar 1794 läßt er sofort Martinique angreifen, das am 25. 3. kapituliert. Im April werden St. Lucia und Guadeloupe erobert. Aber dann landet der Revolutionär Victor Huques mit 1 500 Franzosen auf Guadeloupe, besetzt große Teile der Insel und führt seinen langen Krieg gegen England.

Sir John muß das nicht auskämpfen. Er segelt im Januar 1795 zurück nach England. Hier erwarten ihn und den Oberkommandierenden der Armee in Westindien Anklagen im Parlament, weil sie auf den eroberten französischen Inseln große Warenvorräte beschlagnahmt und dafür Prisengeld kassiert haben. Sir John wird schließlich entlastet, weil seine Ansicht sich durchsetzt, die Waren in zentralen Lagern hätten als Regierungseigentum und nicht als Privateigentum zu gelten. Aber die Angelegenheit ist ein Indiz dafür, daß ihm Sensibilität und Flexibilität fehlen.

Sein Charakter prägt sich immer deutlicher aus. Er ist rigoros, von sich selbst absolut überzeugt, scharf in seinen Äußerungen, ist selbst nicht abgeneigt, die Vorteile von Patronage und Vorrechten hinzunehmen, verlangt aber von anderen äußerste Korrektheit.

Als er im Januar 1796 auf der *Victory* das Kommando über die Mittelmeerflotte übernimmt, sorgt er für rigorose Disziplin. Besuche von Schiff zu Schiff werden auf das dienstliche Minimum beschränkt. Die Seesoldaten, auf die er immer große Stücke hielt, werden zwischen Mannschafts- und Offiziersquartier einquartiert. Aber auch das Schiffshospital erhält einen besseren Platz im Vordeck. Die Atmosphäre in seinem Offizierskorps ist kühl, distanziert und korrekt.

Am 14. 2. 1797 trifft seine Flotte dann westlich von Kap St. Vincent auf die spanische Flotte. 15 britische Linienschiffe stehen 27 spanischen gegenüber. Aber das ficht St. Vincent nicht an, zum einen, weil er persönlich sehr tapfer ist, zum anderen, weil er den geringen Kampfwert der meist wenig geschulten spanischen Besatzungen kennt, während seine Besatzungen völlig austrainiert sind.

Der spanische Admiral ist auch nicht sehr am Kampf interessiert. Als die Linien sich mit entgegengesetztem Kurs auf weite Entfernung passiert haben, läßt St. Vincent Schiff nach Schiff wenden, um auf gleichem Kurs an den Gegner heranzugehen. Kommodore Nelson in der Nachhut erkennt, daß die spanische Flotte zu schnell segelt und sich mit anderen spanischen Schiffen vereinigen könne, bevor die britischen Linie sie erfaßt. Kurz entschlossen halst er und steuert sein Schiff zwischen die feindliche Linie, um ihren Kurs zu stören. Er gerät unter heftiges Feuer. Einige Briten folgen seinem Beispiel und eilen ihm zu Hilfe. Schließlich sind vier spanische Schiffe in der Hand der Briten. Zehn weiter sind stark beschädigt und froh davonzukommen.

Es war kein großer Sieg, aber er war nach Ängsten und Enttäuschungen in England sehr willkommen. Sir John verdankt ihn Nelson, der ohne auf Befehle zu achten, den Feind stoppte. Jervis' Flaggkapitän weist nachdrücklich auf den Ungehorsam hin, aber Sir John weiß, was er Nelson schuldet. Sir John wird Baron Jervis, Earl St. Vincent und erhält eine Jahrespension von 3 000 £. Er blockiert Cadiz, läßt drei Seeleute hängen, die das Gedankengut der Meuterer in England verbreiten wollen. Als er erkrankt, kehrt er am 18. 8. 1799 nach England zurück. Nach seiner Genesung kommandiert er ab Mai 1880 die Kanalflotte, bis er im Februar 1801 nach Pitts Rücktritt Erster Lord der Admiralität wird.

Nun beginnt die Zeit, die St. Vincents Bild ins Zwielicht rückt. Der neue Premierminister Addington will Frieden mit Frankreich, der am 27. 3. 1802 in Amiens auch abgeschlossen wird. St. Vincent baut auf eine lange Friedenszeit und will die Flotte grundlegend reformieren.

Wie viele Flottenoffiziere hält er nichts von der Verwaltung. Er hat die Verantwortlichen des Navy Board oft Verschwender und Betrüger genannt. Ohne politische Erfahrungen beginnt er drei Hauptziele in die Tat umzusetzen: Er will die Ausgaben für die Flotte verringern, er will die Arbeit in den Werften effizienter gestalten und er will die Flotte unabhängig von privaten Werften und Schiffsausstattern machen. Auch Kritiker St. Vincents geben zu, daß viele seiner Reformansätze nicht falsch waren, vorausgesetzt, man könne auf eine längere Friedenszeit bauen und man packe sie behutsam Zug um Zug an. Keine dieser Voraussetzungen war gegeben. Da Frankreich und England ihre Kriegsziele auch im Frieden nicht aufgeben, erklärt England bereits am 16. 5. 1803 wieder den Krieg. Und da St. Vincent mit den Werften umgeht wie mit den Seeleuten auf seinen Schiffen, provoziert er nur Widerstand und keine Mitarbeit.

John Jervis, Earl of St. Vincent, nach einem Bild aus seinen Memoiren

St. Vincent hört auf keinen Rat und will seine Pläne durchpeitschen. Die Folgen sind ein Desaster. Die Zahl der Werftarbeiter geht zurück, die Holzvorräte auf den Werften schrumpfen. Niemand will mehr Kontrakte vorfinanzieren. Der Bau kleinerer Schiffe auf privaten Werften stockt, Reparaturen können nicht ausgeführt werden. Die Flotte ist in ihrer Einsatzbereitschaft gefährdet, und die Feinde bereiten wieder eine Invasion Englands vor.

Als Pitt erneut die Regierung übernimmt, gibt er seinem Freund Henry Dundas die Stelle als Erster Lord der Admiralität. Aber St. Vincents Rache wirkt nach. Einer der von ihm angeregten Untersuchungsausschüsse wirft Dundas schwere finanzielle Manipulationen vor, und dieser muß nach einem Jahr Charles Middleton, Lord Barham, weichen.

Doch St. Vincents Zeit ist vorbei. Auch als sein politischer Gegner Pitt im Januar 1806 stirbt, wird er nicht wieder als Erster Lord berufen, sondern erhält das Kommando über die Kanalflotte. Aber auf ihn wartet nur noch Routinedienst. Nach Nelsons großem Sieg bei Trafalgar hat Napoleon seine Invasionspläne begraben. Im April 1807 tritt St. Vincent in den Ruhestand. Er wird 1814 zum General der Seesoldaten und 1821 zum Admiral der Flotte ernannt. Im März 1823 stirbt er kinderlos im Alter von 90 Jahren.

❋ 2.064 Horatio, Lord Nelson, Herzog von Brontë

Horatio Nelson wurde am 29. 9. 1758 als Sohn des Pfarrers Edmund Nelson und seiner Ehefrau Catherine in Norfolk geboren. Die väterliche Familie hatte früher stattliche Ländereien besessen, und die mütterliche Familie war mit den Walpoles verwandt, die 21 Jahre den Premierminister gestellt hatten. Bruder der Mutter war Maurice Suckling, Kapitän der Flotte, und später als

Vorsitzender des Navy Boards ein sehr einflußreicher Mann. Nelsons Mutter starb schon 1767, als Nelson neun Jahre alt war. Fünf Söhne und drei Töchter blieben in der Obhut des frommen und fürsorglichen Vaters.

Nelson besucht nacheinander die Mittelschule in Norwich, eine Schule in Downham Market und eine dritte in North Walsham. Aber schon im Alter von zwölf Jahren wird er als Midshipman in das Musterbuch der *Raisonnable* eingetragen, die sein Onkel kommandiert. Im März geht er dann an Bord, wird aber mit seinem Onkel nach Ende der Falkland-Krise auf ein Wachschiff vor Sheerness kommandiert. Der Onkel hält nichts von der Gammelei auf diesem vor Anker liegenden Schiff und verschafft Horatio für eine Reise eine Stelle auf einem Westindien-Segler.

Diese Reise bringt Horatio seemännische Erfahrung und eine Abneigung gegen die königliche Flotte. Zurück auf dem Wachschiff läßt ihn der Onkel mit dem Kutter des Schiffes Erfahrungen in den Gewässern der Themse sammeln. 1773 verschafft er ihm die Stelle als Bootsführer auf der *Carcass,* einem umgebauten Mörserschiff, das an einer Arktisexpedition teilnimmt.

Ein Beispiel für seinen Unternehmungsgeist und seinen Ungehorsam liefert der 14jährige, als er unerlaubt bei Nacht das Schiff verläßt, um einen Eisbären zu jagen, dessen Fell er seinem Vater schenken wollte. Die Muskete versagt, und Nelson wird nur gerettet, weil das Eis zwischen ihm und dem Bären aufspringt. Dennoch erringt er als Bootsführer den Respekt des Expeditionsleiters, des später einflußreichen Lord Mulgrave.

Nach Rückkehr der Expedition im Oktober 1773 verschafft ihm der Onkel eine Stelle auf der Fregatte *Dolphin*, die ein früherer Midshipman von ihm nach Ostindien führt. Nelson bleibt zwei Jahre auf der Fregatte, die zwischen dem Roten Meer und der Straße von Malakka kreuzt. Dann muß er nach fieberhaften Erkrankungen, wahrscheinlich Malaria, zurück nach England.

Nur zwei Tage nach der Rückkehr im September 1776 erhält er eine Stelle als diensttuender Leutnant auf einem 64-Kanonen-Linienschiff, das im nächsten Winter Konvois für den Krieg in Nordamerika geleitet und in der Nordsee patrouilliert. Am 9. April 1777 besteht er das Leutnantsexamen in London. Er ist noch nicht 19 Jahre alt, und die Vorschrift verlangt ein Alter von 20 Jahren. Sein Onkel leitet die Prüfung, gibt aber nicht zu erkennen, daß er den Kandidaten kennt. Am nächsten Tag erhält er die Stelle als Zweiter Leutnant auf der Fregatte *Lowestoffe*, die nach Westindien segelt.

In der Karibik kommandiert Nelson einen Schoner, den die Fregatte als Kaperschiff ausrüstet, und gewinnt seine erste Prise. Als Sir Peter Parker das Kommando in Westindien erhält, holt er Nelson 1778 als Dritten Leutnant auf sein Flaggschiff. Bald wird er Erster Leutnant und erhält das Kommando über eine Brigg. Ein Jahr nach dem Tod seines Onkels, im Juli 1779, wird Nelson im Alter von 20 Jahren (Post-) Kapitän. Er kommandiert zunächst eine Batterie in Kingston, bevor er 1770 mit einer Fregatte ein Landungsunternehmen zum San Juan-Fluß geleitet.

Nelson war nur 1,58 m groß, sehr schmal, feingliedrig, gesundheitlich anfällig und mit Neigung zur Hypochondrie. Aber ein lebhaftes Temperament, Ideenreichtum und Energie lassen ihn körperliche Nachteile überwinden.

Er begleitet die Landungstruppen den Fluß aufwärts, aber er erkrankt an Ruhr und muß schleunigst auf das Schiff zurückgebracht werden, dessen Kommando er Collingwood, später sein Zweitkommandierender bei Trafalgar, übergibt. Nelson muß zur Erholung zurück nach England, wo er in Bath zur Kur weilt. Im März 1781 erhält er das Kommando der Fregatte *Albemarle*, mit der er Konvois in die Ostsee und nach Amerika geleitet. Nelson will sich auszeichnen und greift eine französische Garnison auf der Turk-Insel südlich der Bahamas an. Wie auch bei seinen späteren Landungsunternehmen wird er verlustreich zurückgeschlagen. Aber Lord Hood, ein Freund seines verstorbenen Onkels, behandelt ihn wie einen Sohn und wählt ihn aus, Prinz William Henry, später König William IV., jetzt Midshipman der Flotte, nach Havanna zu begleiten.

Als die *Albemarle* nach Friedensschluß außer Dienst gestellt wird, verbringt Nelson mit einem Freund einige Wochen in der Normandie. Aber bereits im März 1784 wird im das Kommando über die Fregatte *Borea* übertragen, die nach Westindien segelt. Dort erwartet ihn eine schwierige Aufgabe. Vor der Unabhängigkeit hatten die amerikanischen Kolonien selbstverständlich regen Handel mit Baumwolle, Zucker und Tabak mit den westindischen Kolonien getrieben. Jetzt, da sie unabhängig waren, stand dem aber die Navigationsakte entgegen, die fremden Staaten den Handel mit britischen Kolonien verbot. Aller Handel hatte über das Mutterland zu gehen.

Nelson will dem Gesetz Geltung verschaffen, stößt aber auf den Widerstand der Inselgouverneure und der Bewohner. Nelson handelt undiplomatisch und bringt auch die Admiralität in eine schwierige Situation. Noch mehr schadet ihm aber, daß als ältester Flottenoffizier auf den Inseln Prinz William, der jetzt eine Fregatte kommandiert, gegen einen Leutnant und gegen Händler unterstützt, obwohl der Prinz im Unrecht ist. Aber Nelson liegt mehr an der Fürsprache des künftigen Monarchen. Admiralität und Navy Board müssen die Fälle unterdrücken oder reparieren.

Prinz William unterstützt Nelsons Werbung um eine Arztwitwe, Frances Nisbet, die er am 11. März 1787 heiratet. Seine Frau bringt ein Kind mit in die Ehe. Nelson selbst hat mit ihr zu seiner Enttäuschung kein Kind. Am 30. 11. 1787 wurde sein Schiff außer Dienst gestellt, und Nelson lebte mit Halbsold an Land. Dieses karge Einkommen wurde durch Verwandte aufgebessert, aber seine Frau vertrug das englische Klima nie und kränkelte immer. Nelson erwies sich als fürsorglicher und pflichtbewußter Ehemann, aber er empfand für Fanny nie Leidenschaft. Er lebte dann mit ihr im Pfarrhaus seines Vaters, betätigte sich im Garten, konnte aber nie Gefallen an der Landwirtschaft finden. Er sehnte sich nach einem Flottenkommando, aber bei der Admiralität war er in Ungnade gefallen.

Endlich, nach Ausbruch des Krieges mit Frankreich, rüstet die Flotte wieder auf, und Nelson erhält im Februar 1793 das Kommando über das 64-Kanonen-Linienschiff *Agamemnon*. Er segelt mit Lord Hoods Flotte ins Mittelmeer, wird nach Neapel entsandt, um Hilfstruppen für die Besatzung von Toulon anzufordern, und leitet schließlich die Belagerung und Eroberung von Bastia auf Korsika. Dort verliert er durch Steinsplitter die Sehkraft des rechten Auges. Hoods Bericht über die Eroberung enttäuscht ihn sehr, wie er einem Verwandten schreibt, denn seine Rolle wird nicht gewürdigt.

Als Hood nach England zurückkehrt, übernimmt Vizeadmiral Sir William Hotham die Mittelmeerflotte. Hotham traf zweimal auf die französische Flotte, konnte zwei Schiffe erobern, war aber gegen Nelsons Protest zu zaudernd für stärkeres Engagement. Nelson war nun 36 Jahre alt und seit fast 15 Jahren Kapitän, hatte aber noch nie ein bedeutendes Einzelgefecht gegen einen gleichwertigen Gegner ausgekämpft und noch nie an einer großen Seeschlacht teilgenommen. Er brannte vor Tatendrang und Ehrgeiz.

Im Dezember 1795 übernahm Sir John Jervis das Kommando der Mittelmeerflotte, und für Nelson begann das Jahrzehnt der Siege. Sir John ernannte ihn bald zum Kommodore und übertrug ihm den Befehl über eine kleine Einheit. Da die Franzosen Italien überrannt hatten, verlor Englands Flotte ihre dortigen Stützpunkte. Auch Korsika war nicht zu halten. Nelson organisierte die Evakuierung. Sir Johns Flotte stützte sich auf Gibraltar und blockierte die spanischen Atlantikhäfen.

Als die spanische Flotte von Cartagena nach Cadiz segeln wollte, kam es zur Schlacht bei Kap St Vincent, auf die schon bei Earl St. Vincent eingegangen wurde. Nelson bewies sein taktisches Gespür, als er sein Schiff ohne Befehl in die feindliche Linie einbrechen ließ, um ihre Pläne zu durchkreuzen. Er demonstrierte seinen Mut, als er beobachtete, wie die spanischen Schiffe *San Nicolas* (80) und *San Josef* (114) zusammenstießen. Er legte seinen beschädigten 74er neben die San Nicolas und führte persönlich die Entermannschaft über die *San Nicolas* auf die *San Josef*. In der Flotte sprach man nur noch respektvoll von »Nelsons Patentbrücke zur Enterung von Linienschiffen 1. Klasse«.

Nelson war schon zwei Wochen vor der Schlacht zum Konteradmiral ernannt worden, erfuhr es aber erst nach der Schlacht. Ihm wurde der Bath-Orden verliehen, der mit dem Titel »Sir« verbunden war. In den nächsten Monaten evakuiert er Elba, übernimmt ein Linienschiff, das an den Meutereien in der Heimat beteiligt gewesen war, und gewinnt die Besatzung durch seine Sorge um angemessene Verpflegung und Kleidung sowie durch seine persönliche Ausstrahlung. Nelson konnte außergewöhnlich charmant sein, und auch zu einfachen Seeleuten sprach er ohne Künstelei und Hochmut. Er hatte als Junge vor dem Mast gedient und kannte ihr Leben.

Im August 1797 führte Nelson ein Geschwader gegen Santa Cruz auf Teneriffa, wo ein großes spanisches Schatzschiff Zuflucht gesucht hatte. Er stürmte mit 1 100 Mann die Stadt, wurde dann aber selbst von 8 000 Spaniern eingeschlossen. Unter schweren Verlusten mußte Nelson aufgeben und konnte froh sein, daß die Spanier einen Vertrag schlossen, der den Engländern freien Abzug gewährte. Nelson selbst hatte eine Musketenkugel das rechte Armgelenk zerschmettert. Der Arm wurde ihm noch in der Nacht amputiert. Sein Stiefsohn hatte ihn als Leutnant beim Angriff begleitet.

Im Frühjahr 1798 ist Nelson wieder dienstfähig und segelt mit der *Vanguard* (74) zum Mittelmeergeschwader. Die Briten verfügen über Nachrichten, daß die Franzosen in Toulon und Genua zahlreiche Schiffe ausrüsten. Nelson soll mit drei Linienschiffen und fünf Fregatten aufklären. Am 20. Mai erreicht er die südfranzösische Küste, aber Bonapartes Hauptmacht hatte schon am 19. 5. Toulon verlassen. Ein furchtbarer Sturm entmastet Nelsons Flaggschiff und trennt ihn von seinen Fregatten, die nach Gibraltar zurückkehren. Nelson repariert vor der sardinischen Küste und blockiert dann wieder Toulon. Dort erreichen ihn zehn Linienschiffe und ein 50-Kanonen-Schiff als Verstärkung.

Nelson sucht die italienische Küste nach den Franzosen ab, erfährt, daß sie Malta angreifen wollen. Und nun beginnt eine fast zwei Monate dauernde Suche nach Napoleons Flotte bis ins östliche Mittelmeer und zurück. Nelson hatte keine Fregatten mehr zur Erkundung, und wenn Flotten sich damals in mondloser Nacht in wenigen Meilen Entfernung passierten, dann waren sie nicht zu entdecken.

Nelson hat die richtige Vermutung, daß Napoleon nach Ägypten wolle, aber als er ihn dort sucht, ist Napoleon, der den Umweg über die kretische Küste nahm, noch nicht dort. Nelson segelt zurück nach Sizilien und dann erneut nach Ägypten. Dort sichtet er die französische Kriegsflotte am 1. August 1798 um $14.^{30}$ Uhr vor Anker in der Bucht von Abukir. Die französische Flotte ist unvorbereitet. Ein Teil der Mannschaften ist an Land zum Wasserholen. Nur die Geschütze zur Seeseite sind feuerbereit, da die Franzosen nicht glauben, daß Schiffe zwischen ihrer Ankerlinie und dem Strand segeln könnten. Nelson gibt sofort den Befehl zum Angriff. Er hatte oft an Bord seines Schiffes mit seinen Kapitänen getafelt und ihnen seine Auffassungen erklärt. Sie waren ein »Bund von Brüdern«, wie oft gesagt wird.

Die Franzosen dachten, die Briten würden nicht in die Abenddämmerung hinein angreifen, aber die britische Flotte zögerte nicht. Einige Schiffe schoben sich zwischen Strand und französische Linie, die anderen griffen von der Seeseite an. Um 16.[30] Uhr begann die Kanonade, und die von beiden Seiten angegriffene französische Linie erlitt furchtbare Verluste. Ihr Flaggschiff, die *L'Orient* (120), explodierte spektakulär. Die britischen Schiffe griffen nun auch den hinteren Teil der französischen Linie an, der weiterhin vor Anker lag.

Nelson wird durch eine Kartätschenkugel an der Stirn verwundet. Im Krankenrevier empfängt er die Nachricht, daß sich ein französisches Schiff nach dem andern ergibt. Er wankt mit schwerer Gehirnerschütterung wieder an Deck und erkennt den Triumph: Von 13 Linienschiffen und vier Fregatten konnten nur zwei Linienschiffe und zwei Fregatten entkommen, der Rest war erbeutet oder zerstört. Die französische Armee war an Land, aber zur See herrschte England. Napoleons Traum vom Angriff auf Indien war gescheitert.

Als Nelsons Flaggschiff am 22. September 1798 schließlich, von einer Fregatte gezogen, in den Golf von Neapel einlief, brach der Triumph über Nelson herein, aber es begann auch eine Zeit, in der seine Handlungen die Freunde zweifeln und die Gegner jubeln ließen. England verlieh ihm die erbliche Baronie, 2 000 £ Jahrespension. Die Ostindische Kompanie schenkte 10 000 £, und Neapel lag ihm zu Füßen.

Auch Lady Hamilton, die Frau des britischen Gesandten, betet ihn an. Sie war die Tochter eines Schmieds, lebte in London sehr freizügig, wurde die Mätresse des Neffen von Sir Hamilton, der sie übernimmt, als seine erste Frau gestorben ist und der Neffe eine reiche Frau heiraten soll. Sir Hamilton ist Archäologe, Vulkanforscher und Liebhaber der schönen Künste, gebildet und tolerant. Er hat wohl immer eher die Schönheit seiner jungen Frau bewundert, als sich ihr in Leidenschaft genähert. Emma Hamilton tut alles, um Nelsons Schwäche, seiner Eitelkeit, zu schmeicheln. Schließlich verfällt er ihr und wird sich aus dieser Leidenschaft nicht mehr befreien können.

Politisch und militärisch agiert er kaum überlegter. Er bestärkt König Ferdinand, ein besonders abschreckendes Beispiel eines unwürdigen Herrschers, darin, Rom anzugreifen. Der Angriff gelingt mit Unterstützung der britischen Flotte. Aber bei dem kurz darauf erfolgenden Gegenangriff unterlegener französischer Truppen flüchten die Neapolitaner schneller, als ihnen jemand folgen konnte. Der Königshof wurde durch Nelson nach Palermo evakuiert. Die Franzosen besetzten schließlich im Januar 1799 Neapel.

Im Frühjahr 1799 erklärt Österreich Frankreich den Krieg, und die Lage in Italien wandelt sich entscheidend. Britische Schiffe blockieren Neapel, aber Nelson ist dem allen entrückt und lebt mit den Hamiltons in einer Villa in Palermo seinem Vergnügen. Troubridge, einer der fähigsten Kapitäne der britischen Flotte, bat ihn ergeben und dringend: »...Warum also solltet Ihr Eure Gesundheit, Euer Wohlbefinden, Euren Seelenfrieden und alles den Gewohnheiten eines Landes opfern, wo Eures Bleibens nicht lange sein kann?... Euer ist die Hälfte dessen, was geschieht, und das Gerede, das es nach sich zieht, unbekannt. Wenn Ihr wüßtet, was Eure Freunde um Euretwillen empfinden, so würdet Ihr, dessen bin ich gewiß, all die nächtlichen Gesellschaften aufgeben.« Es ist nicht bekannt, daß Nelson auf den Brief auch nur antwortete.

Im Juni eroberten neapolitanische Truppen, unterstützt durch Nelsons Schiffe, Neapel zurück. Ihr Befehlshaber handelt mit den Franzosen einen Vertrag aus, der diesen und ihren neapolitanischen Gesinnungsfreunden freien Abzug garantiert. Als Nelson ankommt, widerruft er den Vertrag, weil er nicht vom König gewollt sei. Nelson selbst treibt die Verurteilung und Strangulierung des Rädelsführers voran und setzt die harten Maßnahmen des Königs gegen den Willen neapolitanischer Generale durch. Viele Revolutionsfreunde werden von Anhängern König Ferdinands hingeschlachtet. Und Nelson schaut weg. Im Londoner Unterhaus weist Mr. Fox auf die Greuel hin, die sich in Neapel ereignet haben.

Schlimmer ist es in den Augen der Admiralität, daß Nelson seinem neuen Oberbefehlshaber Lord Keith zweimal den Befehl verweigert, als er Schiffe nach Menorca schicken soll. Lord Keith muß die Franzosen in den Atlantik verfolgen, und Nelson ist wieder ranghöchster Admiral im Mittelmeer. Er residiert jetzt meist in einem Palast in Palermo, wird zum Jahrestag der Schlacht bei Abukir überschwenglich gefeiert und erhält vom König beider Sizilien das Herzogtum Brontë.

Elfenbeinmedaillon mit dem Bildnis Nelsons im Holzrahmen

Zu Beginn des Jahres 1800 wird Nelson zu Keith nach Livorno zitiert, der sich dann selbst ein Bild von der Lage in Sizilien verschafft und darauf mit Nelson nach Malta segelt, um zu sehen, wie die Belagerung forciert werden kann. Für Nelson erweist es sich als Glück, daß er aus seinem Müßiggang herausgerissen wird. Er kann einen französischen Konvoi abfangen und ein Linienschiff erobern.

Sir Hamilton wird von seinem Posten als Gesandter abberufen, und Nelson reist nach einem Abstecher nach Syracus und Malta mit den Hamiltons über Wien in die Heimat, wo er im November 1800 ankam.

Das Volk jubelt Nelson zu, wo er sich zeigt, aber der König und die meisten Mitglieder der Gesellschaft sind entsetzt über seine skandalöse Beziehung zu Emma Hamilton. Nelson hat sich in den Augen vieler sehr verändert. Der angesehene General Moore schrieb bereits in Livorno in sein Tagebuch: »Lord Nelson begleitete Lady Hamilton. Er ist mit Sternen, Bändern und Medaillen bedeckt und gleicht mehr einem Fürsten aus der Oper als dem Sieger vom Nil. Es ist wirklich traurig, wenn man sieht, wie ein guter und tapferer Mann, der sich um sein Land verdient gemacht hat, eine so jämmerliche Figur abgibt.«

Nelson zieht kurz zu seiner Ehefrau Fanny, kann aber mit ihr keine Beziehung mehr aufnehmen und lebt ab Ende November mit den Hamiltons. Er sah Fanny noch einmal nach Weihnachten, aber als Emma von seiner Tochter Horatia entbunden wird, schickt er Fanny den Trennungsbrief, sorgt finanziell für sie, öffnet aber keinen ihrer Briefe mehr und läßt sich nicht sprechen. Die Tochter wird als adoptiertes Kind eines Seemannes ausgegeben. Nelson, ein liebevoller Vater, hat ihr später seinen Namen gegeben. Daß Emma ihre Mutter war, hat Horatia nie erfahren.

Im Januar 1801 wurde Nelson Vizeadmiral der blauen Flagge und Zweitkommandierender der Kanalflotte, bald aber dem Kommando von Vizeadmiral Sir Hyde Parker unterstellt, der die Dänen zur Abkehr vom Bündnis der »Bewaffneten Neutralität« bewegen soll. Parker ist dienstälter, aber Nelson unterstellt sich dem schlachtunerfahrenen Mann ungern. Er drängt den zögernden Parker zum baldigen Auslaufen.

Als die britische Flotte am 26. März in der Nähe Kopenhagens ankert, wird bekannt, daß die Dänen es ablehnen, sich vom Bündnis der »Bewaffneten Neutralität« zu lösen. Die dänische Flotte mit sieben Linienschiffen und elf schwimmenden Batterien war zu beiden Seiten der Festung Tekroner verankert und hatte eine sehr starke Stellung in den schwer zu befahrenden engen Gewässern. Nelson erhält elf Linienschiffe und sechs Fregatten und soll die Dänen angreifen, während Sir Parker nördlich der Stadt in Reserve verbleibt.

Nach sorgfältiger Erkundung beginnt Nelson am 2. April 1801 den Angriff, als ein südlicher Wind einsetzt. Ein stundenlanges heftiges Artillerieduell beginnt. Die Verluste waren auf beiden Seiten groß, aber die Dänen konnten sie von Land leichter ersetzen. Ein Angriff von beiden Seiten wie am Nil war hier nicht möglich. Zu dicht an den Untiefen lagen die dänischen Schiffe.

Um $13.^{15}$ Uhr setzte Admiral Parker, der beobachtete, wie schwer die britischen Schiffe bereits beschädigt waren, das Signal Nr. 39 »Angriff abbrechen!« Als Nelson darauf hingewiesen wird, setzt er das Teleskop an sein blindes Auge und sagt scherzend, er sehe nichts. Er läßt das Signal bestätigten, führt es aber nicht aus,

Emma Hamilton als »Circe«

denn er spürt, daß die Dänen nicht mehr lange durchhalten können.

Aber auch die Briten sind am Ende. Nelson schickt dem dänischen Kronprinzen ein Waffenstillstandsangebot und schreibt darin: »...wenn aber die dänische Seite das Feuer fortsetzt, ist Lord Nelson gezwungen, alle von England eroberten schwimmenden Batterien zu verbrennen, ohne eine Möglichkeit zu haben, die tapferen Dänen zu retten, die diese Batterien verteidigten.« Man kann das auch Geiselerpressung nennen.

Das Feuer wird nach Rückfragen eingestellt. Die Briten ziehen sich aus ihrer gefährdeten Stellung zurück. Verhandlungen beginnen. Die Briten richten sich darauf ein, die Stadt zu beschießen. Am 9. April wird ein Waffenstillstand unterzeichnet, der 14 Wochen gelten soll. Die Dänen wissen bei der Unterzeichnung bereits, daß Zar Paul ermordet war und daß die Liga der »Bewaffneten Neutralität« auseinanderbrechen wird. So gesehen, war die Schlacht von Kopenhagen überflüssig, denn ihr Ziel wäre auch ohne sie erreicht worden. Aber Dänemarks Flotte ist als Machtfaktor ausgeschaltet worden, und Nelsons Heldentum war bestätigt.

Am 5. Mai traf beim Ostseegeschwader die Nachricht ein, daß Nelson zum Viscount erhoben worden sei, daß er den Oberbefehl über die Ostseeflotte erhalte und Parker abberufen sei. Damit war der Stimmung im Volk Rechnung getragen. Bereits am 7. Mai segelt die Flotte nach Reval ab, wo sie am 12. Mai eintrifft. Aber Kampf ist nicht mehr gefragt. Die Russen lassen sich nicht unter Druck setzen, verhandeln mit Englands Diplomaten, nachdem die Flotte zurückgezogen wird, und kommen zu einer Übereinkunft, die das Bündnis der »Bewaffneten Neutralität« aufhebt. Nelson kehrt mit angegriffener Gesundheit nach England zurück.

Als erstes besucht er die Verwundeten von Kopenhagen im Hospital in Yarmouth. Er war nicht umsonst beliebt bei den Seeleuten. Dann lebt er mit den Hamiltons in einem Postgasthof in Surrey und plant sein künftiges Leben mit ihnen auf dem Lande. Aber schon am 20. Juni 1801 reißt ihn ein Befehl der Admiralität aus der ländlichen Idylle. Napoleon hat bei Boulogne eine Invasionsarmee zusammengezogen. Die Bedrohung ist ernst. England sammelt eine Flotte kleinerer Schiffe am Kanal. Nelson als ihr Oberkommandierender soll dem zusammengewürfelten Geschwader Gewicht verleihen und das Volk beruhigen.

Hier zeigt sich bei einem Angriff auf die Küste wieder einmal, daß Nelsons taktisches Genie ihn verließ, wenn es um Landangriffe ging. Am 15. 8. 1801 unternimmt er einen erfolglosen und verlustreichen Angriff auf den Hafen von Boulogne. Mehr ereignete sich in diesem Kommando nicht, denn der Friede wurde kurz darauf unterzeichnet.

Die Friedenszeit war vielleicht Nelsons glücklichste. Emma hatte in Surrey den kleinen Herrensitz Merton Place gefunden und ausgestattet. Kauf und Einrichtung überstiegen Nelsons Mittel, und er mußte sich Geld von seinem Prisenagenten leihen. Seine Einnahmen hielten nie Schritt mit Emmas Verschwendungsucht. Im April 1803 starb Sir Hamilton. Emma und Nelson standen an seinem Bett.

Im Mai 1803, England war wieder im Krieg mit Frankreich, erhält Nelson das Kommando über die Mittelmeerflotte und segelt nach Toulon. Napoleon hatte den Plan, daß die französische und spanische Flotte nach Westindien segeln und die Briten hinter sich her locken sollten. Dann müßten sie schnell zurück zum Kanal, dort die Seeherrschaft für kurze Zeit garantieren und der Invasionsflotte das Übersetzen nach England ermöglichen.

Der französischen Toulonflotte gelingt letzlich der Ausbruch. Nelson verfolgt sie nach Westindien, verfehlt sie immer knapp. Aber die Franzosen werden bei der Rückkehr zum Kanal von Admiral Calder aufgehalten, der jedoch nur zwei feindliche Schiffe kapern kann. Doch Napoleon gibt seine Invasionspläne auf. Im August ist Nelson zurück in England.

Auf die Nachricht hin, daß die vereinigte spanisch-französische Flotte in Cadiz liege, verläßt Nelson zum letzten Mal England und begibt sich zur Flotte. Die Flotte war durch Collingwoods rigide Disziplin, die auch Besuche zwischen den Schiffen verbot, in schlechter Stimmung.

Nelsons Ankunft beflügelt sie, und er lädt die Kommandanten wieder zu Mahlzeiten und langen Gesprächen ein. Er will die Feinde schlagen und erörtert seinen Plan, ihre Linie in Kolonnen zu durchbrechen.

Am 19. 10. 1805 beginnen die Alliierten, Anker zu lichten. Am 21. 10. sichten ihre 33 Linienschiffe Nelsons 27. Villeneuve, der französische Admiral, befiehlt Kursänderung, denn er wollte vor Cadiz kämpfen. Nelson steuert mit seiner Kolonne auf das Zentrum der feindlichen Flotte zu, Collingwood mit der anderen Kolonne auf das Ende. Bei der langsamen Annäherung im leichten Wind werden die britischen Schiffe erheblich beschädigt. Während sie sich dem Feind nähern, läßt Nelson sein berühmtes Signal setzen: »England erwartet, daß jeder Mann seine Pflicht tun wird!« *(vgl. Kapitel 7.03)*.

Die Kolonnen durchbrechen die feindliche Linie und kämpfen die spanischen und französischen Schiffe mit ihrer überlegenen Feuergeschwindigkeit nieder. Gegen 13 Uhr wird Nelson von einem Scharfschützen des französischen Schiffs *Redoutable* tödlich verwundet. Im Schiffslazarett erfuhr er noch, daß der Feind besiegt war und mit den verbliebenen Schiffen floh. Er starb gegen 16.^{00} Uhr und flehte die Anwesenden bis zuletzt an, für Emma und Horatia zu sorgen.

Die alliierte Flotte konnte mit 18 Schiffen fliehen. 15 hatten sich ergeben, aber nur vier konnten im aufkommenden Sturm gesichert werden. Es war ein bedeutender Sieg, der die letzte große Schlacht dieses Krieges abschloß. Aber die Landungspläne hatte Napoleon schon vorher aufgegeben. Nelson wurde nach England überführt, erhielt eine prunkvolle Trauerfeier und wurde in der St.-Pauls-Kathedrale bestattet.

Vor der Schlacht hatte Nelson ein Vermächtnis unterzeichnet, in dem er Emmas Verdienste um das Land schildert und schließt: »Ich hinterlasse also Emma Lady Hamilton meinem König und meinem Lande als Vermächtnis, ihr eine reichliche Versorgung zu geben, damit sie ihren Lebensstil beibehalten kann. Ich überlasse der Wohltätigkeit meines Landes ebenso meine Adoptivtochter Horatia Nelson Thompson, und ich wünsche, daß sie in Zukunft nur den Namen Nelson trägt.«

Nach Nelsons Tod wurden seinem Bruder als nächstem männlichen Anverwandten der Grafentitel und eine Rente von 5 000 £ verliehen. Er erhielt außerdem 90 000 £, um sich einen des Titels würdigen Landsitz zu kaufen. Nelsons Schwestern erhielten je 15 000 £, seine Frau Fanny eine Jahresrente von 2 000 £. Emma und Horatia erhielten nichts. Emma behielt ihren verschwenderischen Lebensstil trotz der geringen Mittel bei. Sie landete mehrfach im Schuldgefängnis, aus dem sie Freunde Nelsons befreiten. Schließlich flüchtete sie mit ihrer Tochter nach Frankreich, wo sie 1815 verarmt starb. Die Offiziere der vor Calais liegenden britischen Schiffe erwiesen der Geliebten ihres Helden die letzte Ehre, ungeachtet des Schweigens der Regierung. Nelsons Tochter heiratete einen Pfarrer und lebte auf dem Land wie Nelsons Eltern, bis sie mit 80 Jahren starb.

Keiner der Verwandten Nelsons hat irgendetwas Bedeutendes für sein Land geleistet. Alle Kraft dieser Familie scheint sich in diesem genialen Taktiker und charismatischen Menschenführer vereinigt zu haben.

⁂ 2.065 Admiral Sir Hyde Parker

Hyde Parker wurde 1739 als Sohn des Admirals Sir Hyde Parker geboren und wurde früh für die Laufbahn als Flottenoffizier bestimmt. Er stand schon in den Musterbüchern der Schiffe seines Vaters, bevor er in jungen Jahren tatsächlich als Midshipman auf den väterlichen Schiffen diente und bereits vor dem 20. Geburtstag am 25. 1. 1758 zum Leutnant befördert wurde. Er blieb bei seinem Vater, als dieser nach Ostindien versetzt wurde und nahm an der Expedition gegen Manila und der Eroberung eines spanischen Schatzschiffes teil.

Er hatte den Rang eines Commanders nur kurze Zeit inne und wurde bereits am 18. 7. 1763 zum (Post-) Kapitän befördert. Da kurz darauf Friede geschlossen wurde, war er bis 1770 ohne Kommando, bis er die Fregatte *Boston* erhielt. Als die Differenzen mit den amerikanischen Kolonien ihrem Höhepunkt zustrebten, wurde er Kapitän der 44-Kanonen-Fregatte *Phoenix*, mit der er 1775 zur Nordamerika-Station segelte.

Er hat sich in diesem Krieg nicht erwähnenswert hervorgetan. Er deckte mit seinem Schiff Landungsoperationen bei New York, Philadelphia und Georgia, beschoß feindliche Batterien, beseitigte Flußsperren, war aber nicht an Seekämpfen beteiligt. 1779 wurde die *Phoenix* zu Reparaturen nach England zurückverlegt. Hyde Parker wurde am 21.4.1779 die Ritterschaft, d. h. der nicht erbliche Titel »Sir« verliehen, ein Zeichen, über welchen Einfluß seine Familie verfügte.

Als die *Phoenix* repariert worden war, wurde sie für kurze Zeit der Kanalflotte zugeteilt. Dann aber geleitete sie unter Sir Hyde Parker einen Konvoi nach Jamaika. Parker blieb bis Oktober 1780 auf dieser Station, ohne sich irgendwie hervorzutun. Ein starker Hurrikan warf sein Schiff am 4. 10. 1780 an den Strand von Kuba. Bis auf 20 Männer konnte sich die Besatzung retten. Der Erste Leutnant holte mit einem Boot Hilfe, und die Überlebenden wurden von britischen Schiffen gerettet. In der obligatorischen Kriegsgerichtsverhandlung wurde Sir Hyde Parker von jeder Schuld am Verlust des Schiffes freigesprochen.

Bald nach seiner Rückkehr nach England erhielt er das Kommando über eine andere Fregatte und wurde der Flotte seines Vaters zugeteilt, die englische Handelsschiffe in der Nordsee gegen holländische Angriffe schützen sollte. Er selbst war nicht an der Schlacht bei der Doggerbank am 3. 8. 1781 beteiligt.

Nach dem kurzen Zwischenspiel in der Nordsee erhielt er das Kommando über die *Goliath*, ein Linienschiff mit 74 Kanonen. Im April 1782 nahm er unter Admiral Barrington am Angriff gegen einen feindlichen Konvoi teil und wurde dann unter Lord Howe zum Entsatz von Gibraltar im Oktober 1782 beordert. Parkers Schiff war in ein Kanonenduell auf große Entfernung mit spanischen Schiffen verwickelt und hatte einige Verluste. Aber die Spanier waren trotz Überzahl nicht zum Angriff bereit.

Nach dem Frieden von 1783 befehligte Sir Hyde Parker die *Goliath* für weitere drei Jahre als Wachtschiff. Danach war er bis auf zwei kurze Episoden an Land, wo ihm 1790 der Ehrenrang eines Obersten der Seesoldaten verliehen wurde. Im Februar 1793 wurde er Konteradmiral und bald darauf Lord Hood im Mittelmeer als Flaggkapitän zugeteilt. In dieser Funktion erlebte er die Übergabe von Toulon, die Räumung Korsikas und wurde am 4. 7. 1794 zum Vizeadmiral befördert. Als solcher nahm er am 14. März 1795 auf der Höhe von Genua an der zweitrangigen Schlacht gegen die französische Flotte teil. Sein Flaggschiff, die St. George (98), hatte vier Tote und zehn Verwundete.

Unmittelbar nach seiner Rückkehr nach England wurde ihm die begehrteste Flottenstation zugeteilt, die Jamaika-Station. Der Kommandierende Admiral konnte hier ein Vermögen erwerben, ohne daß er sein Zimmer verließ. Ein Achtel aller Prisengelder, die die Schiffe seiner Station aufbrachten, stand dem Admiral zu. Bei Sir Hyde Parker waren das während seiner Zeit auf Jamaika 200 000 £, eine Summe, die man mit sieben bis zehn multiplizieren muß, um ihren heutigen Wert zu ermessen.

Sir Hyde Parker scheint der legale Gewinn nicht ausgereicht zu haben. Er rüstete selbst ein Kaperschiff aus, und es hielten sich hartnäckig die Gerüchte, daß dessen Kapitän die Grenze zur Piraterie überschritten habe. Als Parker schließlich in routinemäßigem Turnus abberufen wurde, hat Lord Spencer dafür um sein Verständnis geworben. Als Sir Hyde Parker im September 1800 in die Heimat zurückkehrte, beschloß er, ein sechzigjähriger Witwer mit drei Söhnen, wieder zu heiraten. Seine Wahl fiel auf die Tochter von Admiral Onslow, die gerade ihr achtzehntes Lebensjahr vollendet hatte. Der Schwiegervater war elf Jahre jünger als der Schwiegersohn. Aber Sir Hyde Parker verfügte über ein unwiderstehliches Argument, seinen immensen Reichtum.

Nach kurzem Zwischenspiel als Kommandierender Admiral der Kanalflotte wurde Sir Hyde Parker der Oberbefehl über die Nordseeflotte übertragen, die den Konflikt mit den Anliegerstaaten der Ostsee lösen sollte. Diese wollten die willkürliche und demütigende Durchsuchung ihrer Schiffe durch die britische Flotte nicht länger dulden und hatten sich im Pakt der »Bewaffneten Neutralität« zusammengeschlossen. Zar Paul galt als treibende Kraft in diesem Bündnis.

Da die vereinten Flotten Dänemarks, Schwedens und Rußlands dem britischen Nordseegeschwader weit überlegen waren, galt es, die Verbündeten zu spalten, einzeln mit ihnen zu verhandeln oder sie nacheinander unter Druck zu setzen. Die Aufgabe hatte also auch erhebliche diplomatische Momente. Daher mag der Admiralität die Kombination von Sir Hyde Parker als Oberkommandierender und Lord Nelson als Zweitkommandiernder vorteilhaft erschienen sein. Nelson war am 1. Januar 1801 zum Vizeadmiral der blauen Flagge befördert worden.

Sein Verhältnis zu Hyde Parker war von Beginn an gespannt. Nelson schlug brüskierend eine Einladung zu einem Essen aus. Parker rächte sich, indem er Nelson von wichtigen Informationen fernhielt. Außerdem erfüllte seine junge Frau seine Gedanken. Sie wollte in Yarmouth noch einen großen Ball feiern, und Nelson drängte unentwegt auf schnelle Entscheidungen und Taten. Er bombardierte die Admiralität mit Briefen, was Hyde Parker nicht verborgen blieb. Die Stellung Parkers war prekär. Mochte die Gesellschaft Nelson auch wegen seiner Liebschaft schneiden, er blieb der Abgott des Volkes. Wenn es zur Seeschlacht kam, war Hyde Parker auf Nelson angewiesen. Jeder Mißerfolg mußte für den Oberkommandierenden tödlich sein, sofern er Nelson von der Entscheidungsgewalt ferngehalten hatte. Und Hyde Parker hatte weder das Selbstvertrauen noch die Durchsetzungskraft, den Konflikt mit allen Mitteln durchzufechten. Er hatte immer getan, was ihm gesagt worden war und was vorteilhaft erschien.

Nelson erreicht es, daß das Geschwader noch im März ausläuft. Während der Überfahrt verschwinden die Unstimmigkeiten zwischen Hyde Parker und Nelson. Nelson entwirft im Angesicht der verankerten dänischen Flotte einen Schlachtplan, der schließlich akzeptiert wird. Sir Hyde Parker unterstellt Nelson die erforderlichen Schiffe.

Als Nelsons Schiffe im dänischen Beschuß schwer beschädigt werden, gibt Hyde Parker den Rückzugsbefehl, den Nelson nicht befolgt. Die Kritiker Parkers übersehen oft, daß er als Oberkommandierender nicht vergessen durfte, daß noch eine schlagkräftige schwedische und eine mächtige russische Flotte gegen seine Schiffe antreten konnten. Mit beschädigten Schiffen hätten seine Chancen nicht gut gestanden.

Niemand konnte zu dem Zeitpunkt wissen, daß Zar Paul ermordet werden und sein Nachfolger England gegenüber einlenken würde. Nelson hatte bei seinem Hasardspiel Glück, aber kann ein Oberbefehlshaber Glück in seine Kalkulation einsetzen?

Parker sah die Fallstricke auch bei den Verhandlungen mit den Dänen vor sich und überließ daher Nelson ebenfalls den diplomatischen Part, der eigentlich seine Aufgabe gewesen wäre. Dafür tat er das, was immer seine Stärke war. Er besetzte freie Stellen mit seinen Günstlingen. Etwa 60 Offiziersstellen waren durch Tod oder Invalidität frei geworden, und Parker ließ sofort Listen erstellen und ignorierte jeden Wunsch, den Nelson für eine Stellenbesetzung vorbrachte.

Er machte sich bei den Besatzungen dadurch unbeliebt, daß er alle erbeuteten dänischen Schiffe bis auf ein Linienschiff verbrennen ließ. Das brachte Offiziere und Mannschaften um das Prisengeld, und auch Nelson hat sich darüber im Brief an die Admiralität beschwert. Aber Parker schmerzte der materielle Verlust nicht. Er fürchtete jedoch, daß die Schweden und Russen ihm vereint gegenübertreten könnten, und dann hätte er weder die Männer gehabt, die Prisen zu bemannen, noch hätte er sie zurücklassen können, damit die Dänen sie zurückeroberten.

Parker ließ sich auch von Nelson nicht drängen, sofort nach Reval vorzustoßen. Er erkundete sorgfältig alle Untiefen, die man auf der Fahrt passieren mußte. Dabei zeigte sich, daß einige Schiffe einen Teil der Kanonen vorübergehend entladen mußten, da ihr Tiefgang zu groß war. Getreu der methodischen Art Parkers wurde kein Geschwader vorausgeschickt, ehe nicht der Waffenstillstand durch die Dänen ratifiziert war und ehe nicht alle Schiffe die Untiefen passiert hatten. Nelson raste vor Ungeduld, aber Parker ließ sich nicht beirren.

Als die schwedische Flotte sich unter den Schutz ihrer Batterien in Karlskrona zurückgezogen hatte, wartete er dort und nahm Verhandlungen auf. Inzwischen aber hatte London zuungunsten Sir Hyde Parkers entschieden. Der Sieg von Kopenhagen war in der Regierung nicht sehr geschätzt worden. Man hatte gehofft, die Dänen ohne Kampf überzeugen zu können.

Sir Hyde Parker nach einem Bild im Naval Chronicle, Vol. 20, 1808

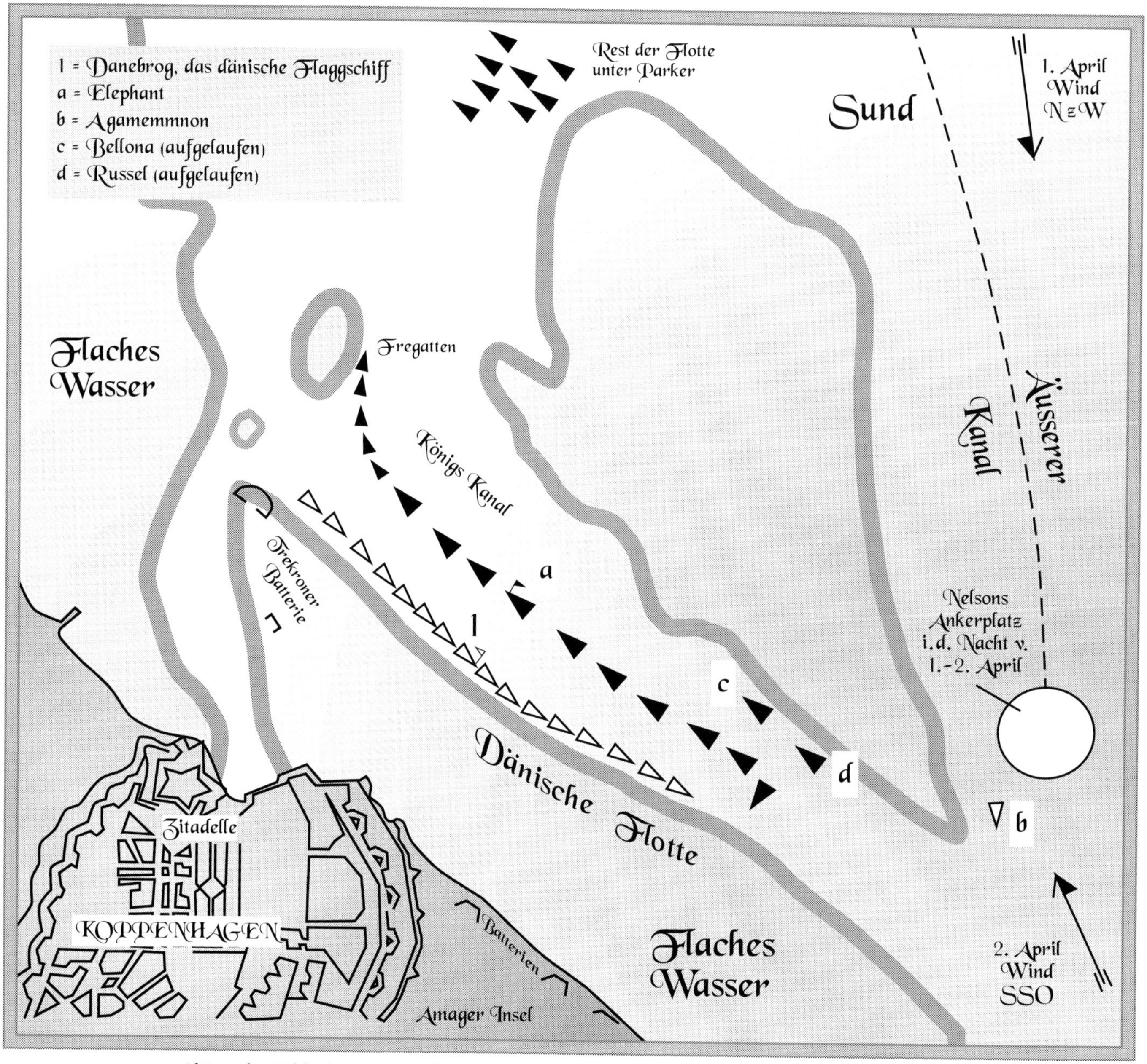

Skizze der Schlacht von Kopenhagen in Anlehnung an Böndel: Admiral Nelsons Epoche, S. 62

Daher fielen auch die Ehrungen im Vergleich zu anderen Siegen eher kümmerlich aus. Nelson wurde Viscount, Konteradmiral Graves erhielt den Bath-Orden, den ihm bezeichnenderweise Nelson überreichte. Sir Hyde Parker wurde nicht geehrt. Der König ließ keine Medaillen prägen. Die Stadt London stiftete keine Ehrengeschenke.

Parker war der ständigen Vorstellungen Nelsons leid, man möge ihn seiner angegriffenen Gesundheit wegen von seinem Posten entbinden. Er stellte ihm eine Fregatte für die Rückreise nach London zur Verfügung. Aber wenige Stunden vor ihrer Abfahrt erreichte die Flotte der Befehl der Admiralität, daß Sir Hyde Parker den Oberbefehl an Nelson zu übergeben und unverzüglich heimzukehren habe. Unnötig zu erwähnen, daß Nelson seine Krankheiten nicht hinderten, zwei Tage später mit der Flotte nach Reval zu segeln.

Admiral Parker erwartete in London ein schaler Empfang. Man war mit seinem zögernden und langsamen Vorgehen unzufrieden. Er erhielt nie mehr ein Kommando und starb am 16. März 1807.

Kapitel 3.00

Offiziere und Mannschaften

Illustration zu einer frühen Ausgabe eines Romans von Marryat »Seekadett Jack geht zur See«

3.01 *Die jungen Gentlemen auf dem Weg zum Leutnant*

Für Offiziersbewerber war die Karriereleiter bis zum Admiral oder gar bis zum Admiral der Flotte lang und dornig. Viele Hürden waren zu überwinden, und die erste Hürde bestand darin, daß man einen Befürworter brauchte, der dem jungen Mann zu einer Art »Lehrstelle« auf einem Schiff verhalf. Es gab keine Vorschriften, welche Vorkenntnisse man nachweisen mußte, wie man sich zu bewerben hatte, daß man eine Eingangsprüfung ablegen mußte. Man brauchte nur jemanden, der das Recht hatte, eine solche »Lehrstelle« zu besetzen. Und derjenige konnte nehmen, wen er wollte.

Dieses Recht war Teil des damals so verbreiteten Protektionssystems. Man konnte Vorteile der unterschiedlichsten Art erfahren, und es wurde erwartet, daß man sich dafür revanchierte. Auf diese Weise wurden mittellose Talente gefördert, aber es wurden auch in einem heute kaum vorstellbaren Beziehungsschacher Posten unter einflußreichen Familien verschoben. Die höheren Offiziersränge konnten mehr »Lehrstellen« vergeben, ein Admiral der Flotte z. B. 50, ein Konteradmiral noch 15, der Kapitän vier auf je 100 Besatzungsmitglieder und der Leutnant eine. Natürlich hatte der Kapitän das entscheidende Wort. Aber er würde sich einem Admiral kaum widersetzen. Doch wenn ein Leutnant jemanden benannte, mußte er sicher sein, daß der Kapitän den »Lehrling« auf seinem Achterdeck duldete und ihn unter seine Fittiche nahm. Er würde wahrscheinlich zustimmen, wenn es um den Sohn oder nahen Verwandten eines bewährten oder gefallenen Seeoffiziers ging. Aber er würde das Benehmen eines Gentleman und die Fähigkeit und den Willen voraussetzen, die vielfältigen Anforderungen für die Tätigkeit eines Seeoffiziers zu lernen.

Wenn ein junger Gentleman im Alter von elf bis sechzehn Jahren eine »Lehrstelle« gefunden hatte, begann er als »Servant«, meist »Captain's servant«. Nach zwei oder drei Jahren konnte er als Midshipman eingestuft werden. Ab 1794 wurde der »Servant« zum »Volunteer First Class« umbenannt.

Für den Kapitän war die Aufnahme von »servants« auch eine Einnahmequelle, denn für ihre Betreuung hatten die Eltern dem Kapitän eine Jahresgebühr, eine Art Lehrgeld, zu zahlen. Darüber hinaus mußten sie auch für die Uniform und Ausrüstung sorgen, und der Kapitän verwahrte für die Servants einen persönlichen Fonds, aus dem Extras und ein kleines Taschengeld gezahlt wurden. Ein häuslicher Zuschuß von 30 bis 40 Pfund im Jahr wurde erwartet, für Midshipmen von 15 Jahren und älter ein solcher von 70 bis 100 Pfund.

Die unterschiedliche Bedeutung von Flotte und Heer in England spiegelt sich ganz deutlich in den Eingangsvoraussetzungen für die Offizierslaufbahn wider. Während in der Armee Offiziersränge gekauft werden konnten und erst 1849 eine Ausbildung dafür nachgewiesen werden mußte, hat der berühmte Organisator der Flotte, der Erste Sekretär der Admiralität, Samuel Pepys, bereits 1678 ein Examen eingeführt, das bestehen mußte, wer Leutnant in der Flotte werden wollte.

Die gestiegene Bedeutung der Flotte und die Einführung eines Bildungsnachweises machten diese Institution in zunehmendem Maße attraktiv für die herrschenden Schichten des Adels und des gebildeten Bürgertums. Der Seeoffizier verlor im 18. Jahrhundert mehr und mehr den Geruch des rauhen Seebären zugunsten der Prägung als tatkräftiger und für seinen Beruf ausgebildeter Gentleman. So hat der spätere König William IV. von 1780-1785 auf verschiedenen Schiffen als Midshipman gedient und damit eine bis heute andauernde Tradition begründet. Er war wie viele Zeitgenossen der Meinung: »There is no place superior to the quarterdeck of a British man-of-war for the education of a gentleman« *(Sullivan 1976, S. 324)*.

Die Krone und die Admiralität hatten vor dem Leutnantsexamen nur geringen Einfluß auf die Auswahl der Aspiranten. Dieser Einfluß beschränkte sich früher auf die Erteilung des »King's Letter« an bestimmte Günstlinge. Der Kapitän war dann gezwungen, den Aspiranten als »Servant« aufzunehmen. Dieser seltene Weg wurde durch die Gründung der Royal Academy in Portsmouth ersetzt.

Diese Akademie, die 1733 ihre Lehrtätigkeit aufnahm, sollte vor Eintritt in den Borddienst eine theoretisch fundierte Grundbildung vermitteln. Sie war für vierzig Kandidaten der führenden Gesellschaftsschichten vorgesehen, hat aber in vielen Jahren weniger als zehn Schüler gehabt, auch nachdem sie für Söhne von Seeoffizieren geöffnet wurde.

Die Akademiegründung war wahrscheinlich durch die französischen »gardes de la marine« mit zuletzt drei Schulen in Brest, Toulon und Rochefort beeinflußt, die 1670 geschaffen und durch die Revolution aufgelöst wurden. Die Akademie in Portsmouth hat nie die Anerkennung ihrer französischen Vorbilder gewonnen und kümmerte bis zu ihrer Auflösung 1837 dahin.

Aber die erforderlichen Inhalte, die die Akademie vermitteln sollte, »Writing, arithmetic, drawing, navigation, gunnery, fortification, other useful parts of the mathematics, French, dancing, fencing and the exercise of the firelock« mußten ja auch in der Ausbildung an Bord vermittelt werden.

Lehrer waren in der Hauptsache die Seeoffiziere und ranghöhere Deckoffiziere, vor allem der Master. Aber auch »Schulmeister« gab es seit 1702 in der britischen Flotte, wenn auch selten und nur auf größeren Schiffen.

Der Kapitän hatte die Verantwortung für die Ausbildung der »Servants« und »Midshipmen«. Sein Ruf litt, wenn seine »Lehrlinge« nicht das Leutnantsexamen bestanden. Daher ließ er sich im allgemeinen die schriftlichen Ausarbeitungen der Midshipmen zeigen, erteilte selbst Instruktionen und delegierte andere. Navigation lehrte der Master.

Grundlegendere Kenntnisse, z. B. Rechtschreibung und Stil, Mathematik, Sprachen und Geographie, hat auch der Kaplan unterrichtet, sofern das Schiff einen an Bord hatte. Hier wurde aber im 18. Jahrhundert der professionelle Schulmeister wichtig. Bezeichnend ist, daß er ein Examen vor dem Trinity House abgelegt haben mußte wie der Master.

Die Servants oder Volunteers hatten vom ersten Tag an Bord das Recht, das Achterdeck zu betreten. Sie waren die »jungen Gentlemen«, und das sowie ihre Zukunftsaussichten unterschieden sie von den Deckoffizieren und der Mannschaft. Bevor sie jedoch eine Kommission, ein Offizierspatent der Admiralität, erhalten konnten, mußten sie ein Examen ablegen. Für die Zulassung zu diesem Examen war der Nachweis von sechs Jahren Borddienst, davon zwei als Midshipman, erforderlich, und der Kandidat mußte 20 Jahre (19 Jahre ab 1806) alt sein. Wir werden später sehen, daß für Günstlinge hochgestellter Personen diese Vorschriften umgangen wurden, indem man falsche Geburtsdaten in die Schiffsbücher eintrug und manchen Jungen schon dort aufführte, bevor er laufen konnte. Aber so hatte er später viele Bordjahre vorzuweisen. Das war illegal und nach den Kriegsartikeln strafbar, aber bei dieser Vetternwirtschaft gab es weder Kläger noch Richter.

Das Leutnantsexamen wurde in London abgenommen, später auch einmal im Monat in den großen Heimathäfen oder in Übersee auf Anordnung des Kommandierenden Admirals durch ein Gremium von drei Kapitänen. Ihnen blieb überlassen, was sie fragten, und mancher Zeitgenosse hat uns überliefert, daß er das Examen als Farce empfand, denn alte Freunde seines Vaters meinten es gut mit ihm. Andere hielten die Prüfung für schwierig. Der rastlose Charles Middleton entwarf 1790 dreißig Fragen, durch die geprüft werden sollte, ob die Kandidaten sich genügend in Seemannschaft, Navigation, Schiffs- und Waffenkunde auskannten, aber die Fragen wurden nie verbindlich.

Alltagsuniform eines Midshipman ab 1795 mit Zylinder.
Andere Kopfbedeckungen waren möglich.

Es ist erstaunlich, wieviel gut ausgebildete Seeoffiziere dieses wild gewachsene System hervorgebracht hat. Aber die jungen Burschen waren den verschiedenen Offizieren als »Assistenten« zugeteilt, und die Offiziere konnten nur entlastet werden, wenn die jungen Gentlemen sich auskannten. Also hatten viele ein Interesse, daß sie etwas lernten. Und da sie die Stationen tauschten, mal für die Signale zuständig waren, mal beim Geschützdrill Aufsicht führen mußten und auch kleinere Prisen zu kommandieren hatten, genossen sie eine praxisnahe, vielfältige Ausbildung.

Neben den Jungen aus Mittel- und Oberschicht gab es auch verdiente Maate, denen in höherem Alter ein Seiteneinstieg geöffnet wurde. Die Midshipmen konnten demnach elf, aber auch 40 und mehr Jahre alt sein. Das ergab sich auch daher, daß nicht jeder Midshipman, der das Leutnantsexamen bestanden hatte, auch befördert wurde. Wenn die Stellen knapp waren und er keine Protektion hatte, blieb der Kandidat ein sogenannter »passed midshipman«. 1804 wurde dafür die Rangstufe eines »sublieutenants« eingeführt.

Die Midshipmen wurden schon in der ersten Uniformregelung der Admiralität von 1748 erwähnt. Aber damals hieß es nur allgemein, daß sie einen marineblauen Rock in der Art tragen sollten, daß man ihre Stellung als junge Gentlemen erkennen könne. Viel hat sich nicht auch nicht durch die Uniformregelung von 1795 geändert. Die Midshipmen trugen einen einreihigen, navyblauen Rock mit Stehkragen, auf dem zwei weiße Kragenspiegel mit je einem Messingknopf am Außenende aufgenäht waren. Auch an den blauen Manschetten trugen sie drei Messingknöpfe. Zur Ausgangsuniform wurde ein kleiner Zierdegen getragen. Weißes Hemd und Breeches waren üblich. Neben dem vorgeschriebenen Zweispitz waren auch Zylinder weit verbreitet, wie viele Gemälde zeigen.

Die Unterkunft der Servants oder Midshipmen hing vom Schiffstyp ab und wird im nächsten Kapitel beschrieben. Sie war immer eng und kaum zu lüften, wie auf Kriegsschiffen üblich. Der älteste Midshipman führte das Kommando in der Messe seiner Kameraden.

Die jüngeren Servants waren meist dem Stückmeister anvertraut und wurden von seiner Frau, der einzigen Frau, die legal an Bord war, etwas bemuttert. Offiziersbewerber konnten auch körperlich, aber nicht vor der Mannschaft bestraft werden. Sie wurden über ein Kanonenrohr gelegt und erhielten Stockhiebe vom Bootsmann.

Ihre Verpflegung war die gleiche wie die der Mannschaft. Oft schickte ein Kapitän Überschuß von seiner Tafel zu den jungen Burschen. Mitunter konnten sie auch von ihrem Geld etwas dazukaufen. Manchmal wird in Biographien berichtet, daß die Servants die Ratten an Bord jagten und gebraten aßen. Das wirkt zwar spektakulär, war aber auf seltene Fälle beschränkt.

Ob das Leben der jungen Gentlemen eine harte, aber abenteuerliche und mitunter fröhliche Lehrzeit war oder ein Martyrium, hing, wie fast alles an Bord, vor allem vom Kapitän ab. Er bestimmte den Geist, der an Bord herrschte, und da die meisten Kapitäne fähig und menschlich waren, hatten viele Seeoffiziere gute Erinnerungen an ihre Zeit als junge Gentlemen.

Stark idealisiertes Bild einer Seekadettenmesse. Die Midshipmen sind bei verschiedenen Freizeitbeschäftigungen zu sehen.

3.02 Die Leutnants

Die Gruppe der Leutnants war die unterste der »commissioned officers«, der Seeoffiziere mit einer Bestallungsurkunde der Admiralität im Namen des Königs. Die Kommission oder die Urkunde wurde immer für ein bestimmtes Schiff oder einen anderen Posten, z.B. eine Signalstation, ausgestellt. Man wurde nicht Leutnant ohne Posten. Dann blieb man »passed midshipman«. (Es gab allerdings die sehr seltene Ausnahme der Heldenbeförderung, der »hero's commission«.) Das Datum der Ernennungsurkunde war wichtig, denn es entschied, an welcher Stelle der Leutnantshierarchie man an Bord eingestuft wurde. Ein Dreidecker hatte acht Leutnants, ein Linienschiff mit 74 Kanonen fünf, eine kleinere Fregatte drei und eine Sloop einen Leutnant.

Der Erste Leutnant war die rechte Hand des Kapitäns und sein Vertreter, wenn der Kapitän ausfiel und kein anderer Kapitän als zeitweiliger Ersatz zur Verfügung stand. Dieser Erste Offizier war dem Kapitän für den gesamten Dienstablauf verantwortlich und führte eigentlich – im Namen des Kapitäns – das Schiff. Er war zu keiner Wache eingeteilt, hatte aber an Deck zu sein, wann immer es notwendig war. Im Gefecht war er an der Seite des Kapitäns auf dem Achterdeck. Ein guter Erster bedeutete für ein Schiff sehr viel und konnte manchem unerfahrenen und schwachen Kapitän eine Stütze sein. Er konnte den anderen Leutnants Befehle erteilen, aber auch er hatte sich den Befehlen des Kapitäns bedingungslos unterzuordnen.

Alle anderen Leutnants waren zu den Wachen eingeteilt. Zwischen ihnen bestand nur bei bestimmten Aufträgen eine Befehlshierarchie. Der Zweite Leutnant konnte bei normalem Schiffsbetrieb dem Dritten nicht befehlen, daß er für ihn etwas erledigen oder die Arbeit mit der ihm zugewiesenen Matrosendivision anders ausführen solle. Das konnten nur Kapitän und Erster Leutnant. Aber wenn der Zweite Leutnant eine Bootsaktion zu kommandieren hatte und der Dritte Leutnant ihm zugeteilt war, dann hatte der Zweite auch die Befehlsgewalt.

Den Leutnants wurden verschiedene Aufgabenbereiche zugewiesen, z.B. das Kommando über Schiffsbatterien oder das Signalwesen auf einem Flaggschiff. Außerdem hatte jeder Leutnant auch die Verantwortung für einen Teil der Besatzung, die Divisionen. Er hatte ihre Sauberkeit und ihre Disziplin zu überwachen, aber auch ihre Sorgen anzuhören. Wenn ein ranghöherer Leutnant ausfiel, rückten automatisch alle anderen nach. Rivalität der Leutnants untereinander war nicht selten.

In der Uniform gab es keinen Unterschied zwischen den verschiedenen Leutnantspositionen. Zwischen den Uniformregulationen von 1787 und 1795 gab es für Leutnants wenig Änderungen. Seit 1787 wurde wieder eine Paradeuniform (full dress) und eine Alltagsuniform (undress) unterschieden. Die Uniformjacke war in beiden Fällen marineblau mit Stehkragen. Bei der Paradeuniform waren die Aufschläge oder Revers sowie die Armmanschetten weiß. Die Revers waren mit neun

Messingknöpfen verziert, die wie bei den Kapitänen Anker zeigten. Die weißen Armmanschetten waren mit je drei Messingknöpfen verziert. Die Jackentaschen waren nicht verziert und hatten nur drei Messingknöpfe. Dazu trugen die Leutnants eine weiße Weste, weiße Bundhosen, weiße Strümpfe und schwarze Schnallenschuhe.

Die Alltagsuniform unterschied sich vor allem dadurch, daß die weißen Aufschläge und Manschetten durch blaues Tuch, eingefaßt mit weißer Paspelierung, ersetzt wurden. Beliebt waren alltags auch die sogenannten hessischen Stiefel, schwarze kniehohe Stiefel, anstelle der weißen Strümpfe mit Schnallenschuhen.

Der Zweispitz war aus schwarzem Filz mit goldfarbener Quaste an beiden Enden. Die Degen sollten an einem Hänger unter der Weste befestigt werden. Häufig sah man aber auch Ledergürtel, die über der rechten Schulter getragen wurden in Anlehnung an Armeeuniformen.

Die Bilder zeigen einen Leutnant in der Ausgangsuniform mit weißen Revers und einen in der Alltagsuniform, bei der die Revers nur weiß eingefaßt sind.

Leutnants hatten eine soziale Absicherung, da sie Halbsold erhielten, wenn sie keinen Posten hatten oder dienstunfähig waren. Sie konnten auch kleinere Schiffe, z. B. einen Kutter oder Transportschiffe, kommandieren. Dann waren sie Vorgesetzter anderer Leutnants an Bord des Schiffes und wurden höflichkeitshalber als Kapitän angeredet.

Die Leutnants lebten in der Offiziersmesse, dem wardroom. Ein Teil schlief auch hier in winzigen Kabinen, die vom Messeraum abgetrennt waren, teilweise nur durch Leinenvorhänge. Aber das variierte nach Größe des Schiffes (*vgl. Kapitel 6.03*). Zur Offiziersmesse hatten auch die Offiziere der Seesoldaten und bestimmte Deckoffiziere Zugang, die später noch erwähnt werden. Die Leutnants hatten ihren eignen Burschen, der sie auch beim gemeinsamen Essen bediente. Das Essen wurde mit gewisser Formalität eingenommen. Der Erste präsidierte der Tafel, und man trank Wein zum Essen. Die Offiziersmesse verfügte auf größeren Schiffen über einen eigenen Koch und leistete sich auf eigene Kosten Ergänzungen der Verpflegung. Von Zeit zu Zeit war es auch üblich, den Kapitän zum Essen in die Offiziersmesse einzuladen, wie auch er von Zeit zu Zeit Offiziere, Deckoffiziere und Midshipmen zu seiner Tafel bat.

3.03 *Die Commander*

Leutnants wurden nur dann zu höherem Rang befördert, wenn sie sich durch besondere Leistungen hervortaten oder gute Beziehungen hatten. Es gab für sie keine Beförderung nach Seniorität, und daher sind die meisten Leutnants auch mit diesem Rang aus Altersgründen ausgeschieden. Eine mögliche, aber nicht notwendige Beförderungsstufe für Leutnants war die des Commanders. Sie war insofern nicht notwendig, als auch Beförderungen vom Leutnant zum Kapitän möglich waren, vor allem als Auszeichnungen und bei sehr guten Beziehungen.

Kleinere Schiffe, die aber mehr als einen Offizier erforderten, wurden von einem Commander geführt. Das waren Schiffe, die unter der sechsten Klasse eingestuft waren, wie in Kapitel 4 erläutert wird. Dazu gehörten Sloops und Briggs mit 10 bis 18 Kanonen. Nach alter Tradition wurde erwartet, daß der Commander das Schiff auch navigieren konnte, und so lautete der Titel bis 1794 »Master and Commander«. Aber man hatte schon lange vorher dem Commander einen »Second Master« beigegeben, damit man sich auf die Navigation verlassen konnte. So lautete die Bestallung später nur noch auf »Commander«. Seine Uniform unterschied sich vor allem dadurch, daß sie blaue Revers und Manschetten mit goldener Einfassung vorsah. Als nach 1795 Epauletten für die Kapitänsuniform eingeführt wurden, stand ihm nur eine Epaulette auf der linken Schulter zu. Er wurde zwar als Kapitän angeredet, aber das war nur eine Höflichkeitsformel. Auch für ihn gab es kein automatisches, altersbedingtes Aufrücken vom Commander zum Kapitän. Hier war eine individuelle Beförderung notwendig. Sic konnte von der Admiralität oder Kommandierenden Admiralen in Übersee ausgesprochen werden, deren Beförderung aber von der Admiralität bestätigt werden mußte.

Das Bild zeigt einen Commander
in der bis 1795 üblichen Ausgehuniform.
Er trägt in dieser Zeit noch
keine Epaulette.

1812 standen 586 Commanders in den Listen der Flotte. Aber nur 168 Sloops und Briggs existierten, die sie kommandieren konnten. Dazu war es gekommen, weil viele Leutnants wegen Tapferkeit zum Commander befördert worden waren. Sie mußten mit Halbsold an Land warten.

Die soziale Herkunft der Seeoffiziere

Sozialschicht, Beruf	Zahl	Prozentanteil	Admiral	Vizeadmiral	Konter admiral	Kapitän	Commander	Leutnant
Hochadel	131	7,3	18	15	24	57	12	3
Barone	85	4,7	18	4	7	36	14	5
Landadel	494	27,4	24	29	49	142	102	123
Akademiker	899	50,0	62	49	81	305	189	172
Geschäftsleute	7	3,9	3	6	4	20	16	20
Handwerker	120	6,7	0	0	3	16	16	62
Gesamt	**1800**	**100,0**	**125**	**103**	**168**	**576**	**349**	**385**

(Lewis, M. 1960, S.31)

Lewis konnte von 1800 Offiziersbewerbern, die zwischen 1793 und 1815 in die Flotte eingetreten waren, die Berufe der Eltern oder ihren Adelsstand ermitteln. Er setzte ihn in der hier angeführten Tabelle in Beziehung zu dem Rang, den diese Bewerber 1849 erreicht hatten. Man kann eine deutliche Beziehung zwischen sozialer Herkunft und erreichtem Rang erkennen. Je höher die Herkunft, desto höher der Anteil an höheren Rängen. Aber andererseits sind auch Söhne von Geschäftsleuten bis zum Admiral aufgestiegen. Das hängt natürlich damit zusammen, daß die Beförderung nach der Ernennung zum Kapitän strikt nach Seniorität erfolgte. Die Liste läßt auch nicht erkennen, welcher Admiral tatsächlich ein Flottenkommando innehatte.

3.04 Die Kapitäne

Der wichtigste Schritt in der Laufbahn eines Seeoffiziers war die Beförderung zum Kapitän, genauer zum »Post Captain«. Post Captain wurde man, wenn einem das reguläre (nicht nur kurzzeitige oder vertretungsweise) Kommando über ein »post ship« übertragen wurde. Solch ein Vollschiff war ein in die sechs Klassen (*siehe Kapitel 4*) eingestuftes Kriegsschiff, also mindestens eine Fregatte. Auch ein Post Captain konnte bei Sondereinsätzen zeitweilig kleinere Schiffe führen, durfte aber nicht auf einem Schiff unterhalb der sechsten Klasse befördert werden. Es gab noch seltene andere Möglichkeiten, zum Kapitän befördert zu werden, z. B. bei der Rekrutierungsbehörde, die in jedem großen Hafen von einem Kapitän geleitet wurde.

Wer einmal Kapitän war, mußte nur lange genug leben, dann erreichte er automatisch mit dem Alterszuwachs den Rang eines Admirals. Hier entschied also die Seniorität. Darum war die Position, die man in der Liste der Kapitäne einnahm, auch so wichtig. Aber auf ein »post ship« wurde man zwar bei der Ernennung kommandiert, ob man jedoch jemals ein weiteres Kommando erhielt, wenn dieses Schiff außer Dienst gestellt oder versenkt wurde, das war eine ganz andere Frage. Pope (*1981, S. 79*) berichtet von George V. Jackson, der 1801 in die Flotte eintrat, 1812 zum Leutnant befördert wurde, 1818 das Kommando über ein Schiff als Kapitän erhielt, das 1828 außer Dienst gestellt wurde. Von da an war Jackson auf Halbsold und erhielt nie wieder ein Kommando. Aber da er langlebig war und andere früher starben, stieg er in der Senioritätsliste immer weiter auf, wurde mit 75 zum Konteradmiral, mit achtzig zum Vizeadmiral und mit 88 Jahren zum Admiral befördert. Das einzige, was sich außer der Uniform für ihn änderte, war der Halbsold, der dem Rang angepaßt wurde.

Die Admiralität war an die Liste gebunden. Niemand konnte außerhalb der Reihenfolge befördert werden. Wenn sie einen besonders verdienten Kapitän vorzeitig zum Konteradmiral befördern wollte, um ihm ein Flottenkommando anzuvertrauen, mußte sie die in der Liste vor ihm stehenden Kapitäne auch befördern, mußte ihnen aber kein Flottenkommando anvertrauen.

Der Kapitän war auf seinem Schiff absoluter Monarch, der »master next god«. Niemand durfte seine Entscheidungen anzweifeln, wenn er sich nicht der Verschwörung schuldig machen wollte. Er konnte mit der Besatzung nahezu alles anstellen (*vgl. Kapitel 6*). Die Todesstrafe konnte er nicht verhängen, nur Auspeitschungen. Aber er konnte Matrosen unter Vorwänden so schikanieren, daß ihnen der Tod als besseres Los erschien. Er durfte Auspeitschungen offiziell nur bis zu zwölf Schlägen (ab 1806 dann 48) anordnen, was oft genug übertreten wurde und in den Logbüchern, die der Admiralität eingereicht werden mußten, nachgelesen werden konnte. Aber die Admiralität unternahm nichts dagegen. Von einem sadistischen, geisteskranken Kapitän konnte das Schiff nur durch ein ärztliches Attest über seine Dienstunfähigkeit befreit werden.

Doch nur in seltenen Ausnahmefällen konnte das Offizierskorps geschlossen den Schiffsarzt dazu bewegen und mußte sich dann dafür verantworten. Jeder Schritt in diese Richtung konnte als Aufwiegelung zur Meuterei mit dem Tod bestraft werden. Darum war ein Kapitän praktisch nur absetzbar, wenn sehr einflußreiche Persönlichkeiten derartige Bemühungen unterstützten.

Der unbegrenzten Macht entsprach die unbegrenzte Verantwortung. Der Kapitän war ein einsamer Mann. Wenn sein Schiff Schaden nahm oder nicht erfolgreich war, konnte es ihn Karriere und sogar den Kopf kosten, sofern er nicht einflußreiche Freunde hatte. Der Kapitän hatte auf dem Schiff am Ende des Quarterdecks einen Speiseraum, einen Salon und einen oder mehrere Schlafräume. Das entsprach oft dem Platz, den sich 50 Matrosen teilen mußten (*siehe Kapitel 4*). Vor dem Eingang zu diesen Räumen stand Tag und Nacht ein Seesoldat Wache. Der Kapitän speiste allein, sofern er nicht Offiziere einlud oder Gast der Offiziersmesse

Die Ausgehuniform eines Kapitäns vor und nach 1795

war. Manchen Kapitän haben Verantwortung und Einsamkeit zum Trinker werden lassen.

Der Kapitän ging keine Wache, aber es wurde erwartet, daß er an Deck war, wenn die Umstände es erforderten, und das konnten oft mehrere Tage hintereinander sein. Mit seinem Sekretär hatte er zahlreiche Bücher zu führen, Befehle auszufertigen usw. Wenn er auf dem Achterdeck erschien, stand ihm die dem Wind zugewandte Seite, die Luvseite, allein zu. Betrat oder verließ er das Schiff, so wurde »Seite gepfiffen«, die Seesoldatenwache präsentierte, der wachhabende Offizier und die Midshipmen salutierten.

Die wichtigste Uniformänderung war 1795 der Wegfall der weißen Jackenrevers und der weißen Manschetten (sie blieben bei der Leutnantsuniform erhalten) sowie die Einführung von Epauletten. Diese Schulterstücke waren nach dem Vorbild der Armee und der Seesoldaten auch vorher schon von einigen getragen worden, wie überhaupt viele Seeoffiziere die Uniformen der Armee für beeindruckender hielten und Teile davon adoptierten.

Ein Kapitän trug in den ersten drei Dienstjahren nur eine Epaulette auf der rechten Schulter, erst danach auf beiden Schultern. (Ab 1812 trugen alle Kapitäne und Commander zwei Epauletten und die Leutnants eine auf der rechten Schulter.)

Vor Einführung der Epauletten konnte man Kapitäne mit mehr oder weniger als drei Jahren Dienstzeit an der Stellung der Knöpfe am Revers erkennen. Der ältere Kapitän trug die zwölf Knöpfe in Dreiergruppen, der jüngere in Zweiergruppen.

Ein Kapitän begann seine Laufbahn im allgemeinen auf Fregatten und erhielt mit zunehmendem Alter und Erfahrung größere Schiffe. Er konnte auch Flaggkapitän werden, wenn er das Admiralsschiff befehligte. Aber das war kein Rang, sondern eine Dienstbezeichnung für ein zeitweiliges Kommando wie die Bezeichnung »Kommodore« für den Führer einer kleinen Flottille. War das Kommando beendet, waren der Kommodore oder der Flaggkapitän wieder normale Kapitäne. Auch an der Uniform ließ sich das zeitweilige Kommando nicht erkennen.

Die Rangstufen der Seeoffiziere

Admiral der Flotte
Admiral der roten Flagge
Admiral der weißen Flagge
Admiral der blauen Flagge
Vizeadmiral der roten Flagge
Vizeadmiral der weißen Flagge
Vizeadmiral der blauen Flagge
Konteradmiral der roten Flagge
Konteradmiral der weißen Flagge
Konteradmiral der blauen Flagge
Kapitän
Commander
Leutnant

3.05 Die Admirale

Die höchstrangigen Offiziere, die Flaggoffiziere, waren die Admirale. An ihrer Spitze stand der »Admiral of the Fleet«. Dies war mehr ein Ehrenrang für verdiente, sehr alte Admirale, aber kein reales Flottenkommando. Dieser Rang wurde bis 1815 nur an eine Person vergeben, während alle anderen Admiralsränge ab 1743 zur gleichen Zeit vielfach besetzt waren. Von 1799 bis 1811 war Sir Peter Parker Admiral der Flotte. Ihm folgte Prinz William Henry, Duke of Clarence, später König William IV., der als Seeoffizier nie eine Flotte kommandiert hatte. Nach 1811 wurde der Titel häufiger an königliche Prinzen vergeben.

Danach kamen die Admirale, die Vizeadmirale und die Rear (Konter-) Admirale. Nach alter Tradition aus den großen Seekriegen mit den Holländern waren sie nach drei Farben geordnet, die damals Bedeutung als Kennzeichen der drei Geschwader einer großen Flotte gehabt hatten. Es gab also einen Admiralsrang der roten (of the Red), der weißen (of the White) und der blauen Flagge (of the Blue), und zwar in dieser hierarchischen Ordnung. Vom Rear Admiral of the Blue bis zum Admiral of the Red (den es aus Gründen, die hier nicht erklärt werden müssen, erst ab 1805 gab) konnte man sich neun Admiralsränge hinaufdienen (eigentlich hinaufaltern). Die Flaggenfarben hatten keine reale Bedeutung mehr. Aber erst 1864 verschwanden sie aus den Titeln.

Admiral in der Ausgehuniform von 1812.

Das Bild auf Seite 172 zeigt Flaggschiffe mit verschiedenen Admiralsflaggen. Wo die Flaggen gezeigt wurden, wird in Kapitel 7 beschrieben.

Der Aufstieg in der Liste der Flaggoffiziere regelte sich streng nach Dienstalter (wie in der Liste der Kapitäne). In der Reihenfolge konnte sich nur durch den Tod etwas ändern. Die Admiralität mußte aber nicht den ältesten Admiralen mit dem höchsten Rang ein Flottenkommando geben. Nelson war bei Trafalgar Vizeadmiral der weißen Flagge und kommandierte eine der wichtigsten Flotten. Er hat die fünf Stufen bis zum Flottenadmiral nicht mehr erlebt, aber er hatte bei seinem Tode das bedeutendste Kommando. Die meisten Admirale waren ohne Kommando und mit Halbsold in Wartestellung. 1814 gab es 168 Admirale, aber nur 43 kommandierten eine Flotte oder ein Geschwader.

Wenn ein Admiral ein Flottenkommando innehatte, brachte ihm seine Stellung nicht nur Macht und Verantwortung, sondern auch die Chance auf Reichtum. Von allen Prisen, die Schiffe seiner Flotte kaperten, bekam er bis 1808 12,5% (ein Achtel), danach 8,3%. Auf »reichen« Stationen wie Westindien haben Admirale 200 000 Pfund und mehr gewonnen, eine riesige Summe für diese Zeiten.

Auch die Admirale trugen marineblaue Jacken. Aber sie waren reich mit Gold verziert. So hatte der Stehkragen eine breite Einfassung in Gold und Goldstreifen. Auch die breiten Revers und die Manschetten waren in der Paradeuniform mit Goldstreifen verziert. Die Admirale trugen ab 1795 zwei Epauletten mit zwanzig herunterhängenden Goldkordeln. Auf dem Schulterstück der Epaulette waren die Admiralsränge zu unterscheiden. Der Admiral trug drei Sterne, der Vizeadmiral zwei und der Konteradmiral einen. Die Alltagsuniform zeigte nicht die reichen Goldverzierungen an Revers, Manschetten und Taschen, aber die Epauletten gehörten auch zu ihr. Westen, Hosen und Schuhe wurden wie bei Kapitänen getragen.

Der Hut der Admirale war reich mit Gold eingefaßt. Um 1800 wurde der frühere Dreispitz durch einen Zweispitz abgelöst. Nun wurde es das Vorrecht der Admirale, ihn »quer« zu tragen, so daß die Spitzen nach rechts und links zeigten. Die anderen Offiziere trugen den Zweispitz dann mit den Spitzen nach vorn und hinten.

3.06 Die Vetternwirtschaft im Offizierskorps

Die britische Flotte war wie auch das sonstige Leben in dieser Zeit mit Korruption und Vetternwirtschaft durchsetzt. Es ist kaum zu beurteilen, ob Patronage oder Vetternwirtschaft damals verbreiteter waren als die Parteibuchwirtschaft heute, beides mit den geltenden Gesetzen oder Vorschriften unvereinbar. Damals wie heute wußte fast jeder davon, aber niemand hat die Verstöße geahndet. Der Chronist der Admiralität, Rodger (*1979, S. 56*), schreibt: »Zwangsläufig war die Flotte in die Welt der Patronage verwikkelt und damit auch in die Politik« (Übersetzung vom Verfasser).

Einige krasse Beispiele mögen das verdeutlichen. Admiral Rodney, Sieger der Mondscheinschlacht und später der Schlacht bei den Saints, brachte seinen Sohn mit vierzehneinhalb Jahren zur Flotte, ernannte ihn mit 15 ³/₄ zum Leutnant, beförderte ihn fünf Wochen später, am gleichen 14.10.1780, zum Commander und zum Kapitän. Als Kommandierender Admiral in Übersee besaß er die Vollmacht zu solchen Beförderungen – natürlich nur ihm Rahmen der Altersgrenzen (20 Jahre Mindestalter für Leutnants) und vorgeschriebenen Dienstzeiten. Trotz der ins Auge fallenden Verstöße bestätigte die Admiralität diese Beförderungen. Rodneys Sohn war unbedeutend. Er brach sich das Bein, das amputiert werden mußte. Ein Kriegsgericht entfernte ihn aus dem Dienst. Obwohl er später rehabilitiert wurde, erreichte er nicht das Alter, um zum Konteradmiral befördert zu werden. Für diese Beförderung galt nur die Seniorität, nicht die Beziehung. Vielleicht ist das ein Grund, warum man an diesem uns wenig sinnvoll erscheinenden Prinzip der Senioritätsbeförderung lange festhielt.

Lewis (*1960, S. 212 f.*), von dem auch das eben erwähnte Beispiel stammt, stellte fest, daß einige Familien die Vetternwirtschaft besonders intensiv betrieben, darunter die Parkers. Besonders erwähnt er Sir Peter Parker, zuletzt Admiral der Flotte, den er auch als »Jobber« und »lebenslangen Manipulator« bezeichnet. Seinen Neffen George beförderte er mit 13 Jahren zum Leutnant und seinen Sohn Christoph mit 17 zum Kapitän.

Eine andere Familie, bekannt für Vetternwirtschaft, waren die Cochranes. Thomas Cochrane, Cousin des berühmten Earl of Dundonald, ging 1796 mit sieben Jahren auf dem Schiff seines Vaters zur See, wurde mit 16 Jahren Leutnant und im gleichen Alter Commander. Als er gerade 17 Jahre alt war, beförderte man ihn zum Kapitän, und er lebte lange genug, um zum Admiral der Flotte aufzusteigen.

Auch Horatio Nelson profitierte von der Vetternwirtschaft. Er wurde von seinem Onkel, Kapitän Maurice Suckling, ein Jahr früher zur Flotte genommen als erlaubt, und er legte sein Leutnantsexamen 1777 mit 18 Jahren ab statt der vorgeschriebenen 20. Sein Onkel hatte von 1775 bis 1778 das wichtige Amt eines Controllers, des Vorsitzenden des Navy Board (*vgl. Kapitel 2*) inne, und sein Einfluß war es, der Sir Peter Parker veranlaßte, ihn 1778 zum Commander auf einer Brigg zu befördern. 1779 wurde er mit noch nicht 21 Jahren bereits zum Kapitän befördert, aber da war der

Onkel schon tot, und mehr als die Nachwirkungen von dessen Patronage haben die hohe Sterblichkeitsquote unter älteren Offizieren auf der Jamaikastation sowie Sir Peter Parkers Erkenntnis, daß er in Nelson einen besonders fähigen Offizier vor sich hatte, zu der Beförderung beigetragen.

Es gibt manches Beispiel dafür, daß Vetternwirtschaft den richtigen Leuten half. Es sind auch Gegenbeispiele bekannt. Aber niemand weiß, wieviel Leutnants Nelsons Größe erreicht hätten, wären sie nicht ohne jede Beziehung im jahrzehntelangen Dienst als Leutnant alt und bitter geworden.

3.07 Die Deckoffiziere

Deckoffiziere (warrant officers) erhielten ihr Patent (warrant) nicht im Namen des Königs von der Admiralität, sondern fast alle vom Navy Board. In früheren Jahrhunderten gehörten Deckoffiziere gewissermaßen zum Schiff. Auch wenn es für längere Zeit aus dem aktiven Dienst gezogen, aufgelegt oder – nach dem heutigen Wort – »eingemottet« wurde, blieben sie an Bord (dann meist mit ihren Familien) und erhielten ihren vollen Sold. Das traf in unserer Zeit nur noch für die drei etatmäßigen Deckoffiziere zu, den Bootsmann, den Stückmeister und den Schiffszimmermann. Alle anderen wurden auch auf andere Schiffe kommandiert, wenn sie auch seltener wechselten als die Leutnants.

Die Deckoffiziere wurden danach unterschieden, ob sie Zugang zur Offiziersmesse hatten oder nicht. Zur ersten Gruppe gehörten der Master, der Proviant- und Zahlmeister (purser), der Schiffsarzt und – soweit vorhanden – der Schiffspfarrer.

Die andere Gruppe bildeten der Stück- oder Geschützmeister (gunner), der Bootsmann (bosun, boatswain), der Schiffszimmermann (carpenter) als die wichtigsten, sowie der Segelmacher, der Kalfaterer (caulker), der Koch, der Profoß (master-at-arms) und andere. Deckoffiziere stiegen selten in die Klasse der Seeoffiziere auf. Ihre Beförderung war die Versetzung auf ein größeres Schiff, die mit höherem Sold verbunden war. Wie die Besoldungstabelle in Kapitel 3.10 zeigt, verdiente der Master auf einem Linienschiff der 1. Klasse mehr als doppelt soviel wie der Master auf einer Fregatte.

Uniform eines Deckoffiziers von 1787 – 1807

Ab 1787 trugen die Deckoffiziere als Uniform eine blaue Jacke mit weißem Futter, Umschlagkragen ohne Verzierung, blaue Revers mit je acht Messingknöpfen, Manschetten und Taschen mit je drei Knöpfen, weiße Weste und Breeches und glatte Zweispitze.

Das große Reservoir erprobter Deckoffiziere unterschied die britische Flotte am deutlichsten von anderen europäischen Flotten. Handels- und Fischereiflotte stellten in Kriegszeiten eine große Zahl von Seeleuten als Maate bereit, die erfahren und kompetent waren.

Deckoffiziere mit Zugang zur Offiziersmesse

Für Master, Schiffsarzt und Zahlmeister bedeutete der Zugang zur Offiziersmesse und zum Achterdeck vor allem eine Heraushebung in der Schiffshierarchie. Sie aßen mit den Seeoffizieren und den Offizieren der Seesoldaten in der Messe, verbrachten auch dort einen Teil ihrer Freizeit, hatten aber ihr Schlafquartier meist nicht dort, sondern in der Nähe ihres Arbeitsbereiches. Da die Unterkünfte auf Schiffen verschiedener Größe sehr unterschiedlich angeordnet waren, werden sie in Kapitel 4 bei den Schiffstypen erwähnt.

Der herausgehobenste Deckoffizier war der Master. Man läßt die Bezeichnung am besten unübersetzt, denn »Navigator« oder gar »Segel- oder Schiffsmeister« erfassen seinen Aufgabenbereich nicht oder sind ungewöhnlich. Er hatte nicht nur das Schiff zu navigieren, für Seekarten zu sorgen, seine eigenen nautischen Instrumente mitzubringen, die notwendige Besegelung zu beurteilen, sondern auch das Verstauen der Ladung und damit den Trimm zu überwachen. Er war verantwortlich für den Raum mit alkoholischen Getränken, kontrollierte täglich den Wasservorrat und hatte die Berichte des Bootsmanns und Zimmermanns zu prüfen. Er unterstand nur dem Kapitän, und auch dieser wußte, wenn er bei der Festlegung des Kurses oder der Besegelung die Warnungen des Masters mißachtete, daß er dann der Admiralität gegenüber gute Argumente haben mußte, falls das Schiff Schaden nahm. Der Master hatte alle Beobachtungen über unbekannte Küsten, neue Untiefen usw. in sein Journal einzutragen und der Admiralität zuzusenden. Er unterrichtete die Midshipmen.

Sein eigener Ausbildungsweg führte über die Station des Steuermannsmaates und ein Examen vor dem Trinity House, jener Institution, die für die Vermessung der englischen Schiffahrtswege und ihre Kennzeichnung zuständig war. Der Sold des Masters entsprach seiner Bedeutung und war auf Schiffen oberhalb der fünften Klasse höher als der eines Leutnants.

Der Proviant- und Zahlmeister war ein Ziviloffizier. In gewisser Weise war er Geschäftsmann auf eigenes Risiko an Bord eines Kriegsschiffes. Er hatte dem Navy Board eine Kaution für die Gelder zu hinterlegen, die er verwaltete. Das waren 1808 z. B. 1 200 Pfund für einen Dreidecker und 600 Pfund für eine Fregatte. Sein Sold entsprach dem eines Zimmermannes. Sein Gewinn erwuchs aus prozentualer Beteiligung. An allem Proviant hatte er einen Gewinnanteil von 12,5% (des Pursers Achtel), an Kleidung von 5% und an Tabak von 10% des Wertes. Damit sollte er einen Ausgleich erhalten für den Schwund (Rattenfraß, Vertrocknen, Schimmeln usw.), den er zu ersetzen hatte. Das war zu damaliger Zeit für ihn ein gewaltiges Risiko. Um dem besser gewachsen zu sein, hatte sich die – illegale, aber allgemein übliche – Praxis eingebürgert, daß der Proviantmeister nur 14 Unzen ausgab, wenn den Seeleuten ein pound, also 16 Unzen, zustand. Bei den großen Meutereien stand die Forderung nach Ausgabe von 16 Unzen für ein pound an erster Stelle.

Eine wichtige Aufgabe war auch die Verwaltung der Kleider- und Bettzeugkammer (slop room). In der Zeit der Kriege gegen Frankreich wurden viele Besatzungsmitglieder von der Straße oder aus Gefängnissen zwangsweise direkt auf die Schiffe verbracht. Sie mußten dann mit Vorschuß auf die Heuer eingekleidet und mit Laken und Decken für die Hängematten ausgerüstet werden. Das oblag dem Zahlmeister, und auch daran verdiente er.

Der Zahlmeister mußte vorher als Sekretär des Kapitäns gedient haben, und oft war er auch ein Protegé des Kapitäns, wenn nicht sogar ein naher Verwandter. Viele Zahlmeister standen im Ruf, sich rücksichtslos auf Kosten der Mannschaft zu bereichern. Aber das konnten sie natürlich nur, wenn der Kapitän das nicht verhinderte.

Auch der Schiffsarzt (surgeon) war Ziviloffizier. Er sollte gleichzeitig die Funktion eines Arztes (physician), eines Chirurgen (surgeon) und eines Apothekers wahrnehmen. Er hatte den Medizinkasten aus eigener Tasche zu bezahlen und den Instrumentenkasten, für den er einen Grundbetrag erhielt, inspizieren zu lassen. Über die medizinische Versorgung wird in Kapitel 6 mehr berichtet. Hier sei nur gesagt, daß auch die Schiffshygiene vom Schiffsarzt zu überwachen war. Die Decks wurden in regelmäßigen Abständen mit Schwefel und Essig desinfiziert, und neue Mannschaften mußten sich abseifen und ihre Kleider auskochen lassen, bevor sie in ihre Quartiere durften.

Sein Examen hatte der Schiffsarzt vor der Surgeon's Company abzulegen, und er wurde von dem Sick and Hurt Board (ab 1806 dem Transport Board) bestellt. Schiffsärzte waren selten so zahlreich vorhanden, daß man ungeeignete hätte abweisen können. Viele Quacksalber waren unter ihnen, und manche tranken viel. In der ersten offiziellen Flottenliste von 1814 werden 14 Flottenärzte (Absolventen eines medizinischen Universitätsstudiums), 850 Schiffsärzte, 500 Assistenzärzte (früher surgeon's mate), 25 Apothekergehilfen und 50 Hospitalgehilfen für eine Flottenstärke von 130 000 Mann aufgeführt.

Über den Schiffspfarrer ist nicht viel zu sagen. Viele Kapitäne wollten keinen an Bord haben, und sie wurden auch fast nur auf größeren Schiffen eingesetzt. Nach der Flottenliste von 1814 taten nur 51 Pfarrer auf Schiffen Dienst. Erst 1812 wurde der Status des Kaplans deutlich aufgewertet, und ihm wurde nun bei Dienstunfähigkeit auch Halbsold zugewiesen. Der Pfarrer hatte die sonntäglichen Andachten abzuhalten, und im Falle eines Gefechtes im Hospital zu helfen, vor allem die Verwundeten und Sterbenden zu trösten. Oft versah der Pfarrer auch die Aufgaben eines Schulmeisters, wenn er dafür vom Trinity House zugelassen war.

Aber es gab auch eigene Schulmeister. Sie hatten keinen Zugang zur Offiziersmesse. Ihr Prestige hing ausschließlich von der Unterstützung durch den Kapitän ab, der sie eingestellt hatte. Sie waren wie ihre Schüler als Midshipman eingestuft, erhielten aber zusätzlich 20 Pfund Gehalt im Jahr. Sullivan (1976) vermutet, daß mehr Schulmeister tätig waren als jene 394, die für die Jahre 1712 bis 1824 aus den Akten zu identifizieren sind. Aber auch dann bleiben sie eine seltene Erscheinung auf den vielen Schiffen der Flotte in diesen 113 Jahren.

Deckoffiziere ohne Zugang zur Offiziersmesse

Von den Deckoffizieren, die nicht in der Offiziersmesse speisten, waren einige für das Schiff nicht weniger wichtig als die, denen dieses Privileg zustand. Das waren die »ständigen« (standing) oder etatmäßigen Deckoffiziere, der Stückmeister (gunner), der Bootsmann (boatswain, bosun) und der Zimmermann (carpenter).

Der Bootsmann war nach dem Master der wichtigste Mann für den seemännischen Dienst. Segel, Tauwerk, Anker und Boote unterstanden seiner Aufsicht, und er mußte ihren ordnungsgemäßen Zustand täglich überprüfen und dem Ersten Leutnant melden. Er hatte mit seinen Maaten dafür zu sorgen, daß die Wachen aufzogen und daß Befehle an Bord sachgemäß ausgeführt wurden. Seine Pfeifensignale waren unüberhörbar, und das Tauende oder der Rohrstock, der »starter«, mit dem seine Maate den Befehlen Nachdruck verliehen, war gefürchtet, bevor ihn die Admiralität 1809 verbot. Im Gefecht kommandierte der Bootsmann den vordersten Teil des Decks. Er und seine Maate spürten auch jedem Tropfen Alkohol nach, der unerlaubt an Bord geschmuggelt werden sollte. Bevor man das Patent als Bootsmann erhielt, mußte man mindestens ein Jahr als Bootsmannsmaat gedient haben, und dazu wurden im allgemeinen nur die besten Seeleute befördert. Disziplin und Geist der Mannschaft hingen neben dem Ersten Leutnant mit am meisten vom Bootsmann ab.

Der Stückmeister war für den Zustand der Geschütze und Munition verantwortlich. Er mußte kontrollieren, ob sie richtig an Deck befestigt waren, ob die Geräte zu ihrer Bedienung an Ort und Stelle waren. Er mußte das Pulvermagazin verwalten, Kartuschen füllen und ausgeben. Wenn er unvorsichtig war, konnte er das ganze Schiff in die Luft jagen. Die Admiralität zeigte durch die Zahl ihrer Anweisungen, daß sie diese Bedeutung erkannte. Für den Stückmeister hatte sie 33 Regulationen erlassen, nur fünf weniger als für den Master, aber dreimal so viel wie für den Bootsmann. Außerdem war dem Stückmeister auch die Aufsicht über die jüngeren Offiziersanwärter, die Youngsters, übertragen, die im Gunroom, der Kadettenmesse, lebten. Ihm unterstanden der Waffenschmied und ein oder mehrere Unteroffiziere. Er selbst mußte mindestens ein Jahr als Unteroffizier gedient und ein Examen abgelegt haben.

Der Zimmermann hatte täglich Masten und Schiffsrumpf auf morsches und faulendes Holz zu inspizieren. Im Gefecht mußte er Schäden am Rumpf und den Masten reparieren und besonders Schußlöcher unter der Wasserlinie sofort abdichten. Von den etatmäßigen Deckoffizieren hatte der Schiffszimmermann als einziger eine Lehre an Land, und zwar in einer Werft nachzuweisen. Außerdem mußte er ein halbes Jahr als Zimmermannsmaat Erfahrungen gesammelt haben. Auch die Pumpen, die eingedrungenes Wasser außenbords entleeren sollten, waren ihm anvertraut. Oft genug sollte er auch für Offiziere Möbel schreinern. Die meisten Schiffszimmermänner waren Meister mit Axt und Säge.

Die Zeichnung zeigt einen Zimmermann bei der Arbeit mit der Breitaxt. Andere Zimmermannswerkzeuge sind in Kapitel 4 abgebildet.

Unter diesen etatmäßigen Deckoffizieren im Feldwebelrang, wie heute in der Armee gesagt werden würde, stand eine Gruppe von Deckoffizieren, die auch ein Patent vorweisen konnten, aber dennoch nur wie Unteroffiziere angesehen wurden.

✳ Deckoffiziere mit Unteroffiziersstatus

Auch diese Deckoffiziere mußten wie alle anderen lesen und schreiben und ein wenig rechnen können, um ihre Berichte und Meldungen abzufassen. Zu dieser Gruppe gehörten vor allem der Kalfaterer (caulker), Waffenschmied (armourer), Profoß (master-at-arms), Segelmacher (sailmaker) und der Koch.

Der Profoß war Chef der Schiffspolizei, verantwortlich für alle Wachposten, wenn das Schiff keine Seesoldaten hatte, und für die Überwachung von Feuer und Licht und ursprünglich auch zuständig für das Training der Maate und Mannschaften mit Musketen und Pistolen. Der Profoß diente auf manchen Schiffen als Spitzel der Offiziere, der die Stimmung im Unterdeck erkunden sollte. Er war selten beliebt, da es zu seinen Aufgaben gehörte, ständig das Schiff abzupatrouillieren und auf Verstöße gegen die Schiffsordnung zu achten. Dazu gehörten auch Trunkenheit oder Glücksspiel.

Kalfaterer, Waffenschmied und Segelmacher waren Handwerker, aber der Koch verdient besondere Erwähnung. Er benötigte keinerlei gastronomische Kenntnisse, er mußte nur Pension aus dem Fonds in Greenwich beziehen. Das bedeutete in den meisten Fällen, daß er ein invalider Seemann war. Nur dann erteilte ihm der Navy Board das Patent. Nun wurde vom Schiffskoch auch nicht erwartet, daß er kochen konnte. Wie im Kapitel 6 über das Leben an Bord beschrieben wird, hatte er nur die Aufgabe, das Fleisch zu wässern, um ihm etwas Salz zu entziehen, und es zu erhitzen. Selbstverständlich wurden dem Kapitän diese Kochkünste nicht zugemutet. Er hatte seinen eigenen Koch.

✳ Maate oder Unteroffiziere

Die meisten der eben genannten Deckoffiziere hatten einen oder mehrere Maate, die der Kapitän ernennen und absetzen konnte. Am meisten Maate hatte der Stückmeister, aber auch dem Bootsmann und dem Zimmermann waren auf größeren Schiffen mehrere Maate zugeordnet. Erwähnt werden muß auch der Steuermann, der mit seinen Männern das Ruder bediente.

Für die großen Stauräume, in denen Material zum Betrieb des Schiffes und der Waffen gestaut wurden, waren Magazinverwalter (yeomen) verantwortlich. Sie waren ebenso hervorgehoben wie die »Kapitäne« der Masten, die anfangs allerdings auch keine besondere Bezahlung erhielten. Aber sie durften ihre Hängematten an bevorzugten Schlafplätzen aufhängen und hatten dann mehr Raum.

Es war der Vorteil der britischen Flotte, daß sie ein großes Reservoir erfahrener Maate hatte. In Kriegszeiten wurden viele Seeleute aus der Handelsflotte in die Kriegsflotte überstellt, und sie formten mit ihrer Erfahrung und ihrem Vorbild aus den zusammengewürfelten Mannschaften erst die Besatzungen, die fast allen Gegnern überlegen waren.

3.08 *Die Mannschaften*

Lavery (*1989, S. 133*) charakterisiert die Anforderungen an einen Seemann folgendermaßen: »Die Fertigkeiten eines Seemannes waren beachtlich und konnten nur nach jahrelanger Erfahrung erworben werden. Er verfügte über ein Vokabular von einigen hundert Spezialausdrücken, die einem Landbewohner unverständlich waren. Ein Segelschiff dieser Zeit hatte viele Meilen an Tauen aufgetakelt, und von einem guten Seemann wurde erwartet, daß sie ihm so vertraut waren, daß er das richtige Tau bei Dunkelheit fand, im Sturm oder im Regen. Er konnte ohne zu zögern zwanzig oder dreißig verschiedene Knoten knüpfen und auf verschiedene Arten spleißen (Tauenden ineinanderflechten). Er konnte Taue bearbeiten, indem er sie drehte, teilte und ummantelte. Er kannte sich aus mit Zurren, Zugleinen, Ahlen, Seisingen, Seilschonern, einem türkischen Bund und einem Dutzend anderer Arten, Tauwerk zu bearbeiten. Er konnte mehr als dreißig Meter die Webeleinen auf Befehl des Offiziers aufentern und dann hinaus zum Ende der Rah steigen mit nur einem daumendicken Tau als Fußstütze zwischen sich und dem Tod. Er konnte die halbe Zeit seiner Wache dort oben zubringen, während das Schiff von den Wellen des Meeres umhergeschleudert wurde. Er konnte mit einem windgepeitschten Segel kämpfen, um es einzurollen oder zu reffen, wenn ein Sturm drohte. Wenn er aus der Takelage herunterkam, mußte er Decks scheuern, sich gegen die Handspaken der Ankerwinde stemmen, die Boote des Schiffs rudern, alle Arten von Taljen oder Flaschenzügen ziehen, um Lasten zu heben oder den Anker einzuholen oder auszubringen. Er mußte Entbehrungen erdulden, während das Schiff tagelang dem Sturm trotzte und die Pumpen ununterbrochen bedient werden mußten. Er hatte sich damit abzufinden, daß die Lebensmittel auf einer langen Reise knapp wurden. Im Kampf mußte er helfen, die Geschütze zu bedienen, sie zu laden und auszurennen, alles nur mit der Kraft seiner Muskeln.« (Übersetzung vom Verfasser)

Wir werden noch lesen, daß die Toppsgasten, jene Matrosen, die die obersten Segel bedienen, wahre Akrobaten sein mußten. Solche Fertigkeiten konnten nicht von jedem Besatzungsmitglied erwartet werden, vor allem nicht in Kriegszeiten, wenn die Flotte für ihre Aufrüstung jeden Mann brauchte und nicht auswählen konnte. Wie dramatisch der Menschenbedarf war, zeigt die folgende Tabelle:

Jahr	Zahl der vom Parlament bewilligten Mannschaften
1792	16 000
1793	45 000
1795	85 000
1801 (Maximum)	135 000
(Bevölkerungszahl etwa neun Millionen)	

Bei dieser Zunahme der Flotte war nahezu jedes Mittel recht, um Männer für die Schiffe zu bekommen. Wenn wir die verschiedenen Methoden der Rekrutierung betrachten, wird am ehesten klar, mit welchem Grad an Professionalität die Schiffsführung rechnen konnte.

Die Methoden der Rekrutierung während der Kriege gegen Frankreich

• ***Freiwillige***

Jeder Kapitän war für die Bemannung seines Schiffes verantwortlich. Wenn er es nicht schaffte, die Besatzung zu vervollständigen, konnte ihm im Extremfall wieder das Kommando entzogen werden. Natürlich wurden alle Schiffe – innerhalb gewisser Variationen durch Vetternwirtschaft – von der Rekrutierungsbehörde gleich bedient, aber diese Zuteilungen reichten kaum aus. So hat jeder Kapitän, besonders zu Kriegsbeginn, wenn noch nicht alle Kneipen leergefegt waren, versucht, Freiwillige anzuwerben. Er ließ Poster anschlagen, in denen er auf seine früheren Siege hinwies, auf das Prisengeld, das seine Leute erworben hatten, und in denen Handgeld und ferne Küsten versprochen wurden. Auch die Regierung und einzelne Magistrate setzten ein Handgeld aus, wenn sich Freiwillige anwerben ließen. 1795 war dieses Handgeld in einigen Städten bis auf 30 £ angestiegen. Da aber auch die Handelsmarine im Krieg kaum weniger Seeleute brauchte, war dieses Personalreservoir bald erschöpft.

• ***Die Anwerbung durch die Marine Society***

Die Marine Society war 1756 als eine Art gemeinnützige Gesellschaft gegründet worden. Sie führte Kinder und Männer, die ihr Leben nicht selbst gestalten konnten, nach einer gewissen Grundausbildung der Handels- oder Kriegsmarine zu. Bei den Minderjährigen handelte es sich meist um Waisen oder ausgesetzte Knaben. Bei den Männern waren es oft entlassene Strafgefangene, die keinen Wohnsitz oder Beruf mehr fanden, oder Landstreicher, denen sonst eine Verurteilung drohte und ähnlich hilfsbedürftige Personen. Die Marine Society hat während dieser Kriege nicht weniger als fast 23 000 Leute der Flotte zugeführt, die als Jungen oder Landmänner eingestuft wurden und bei Bewährung aufsteigen konnten. Sie galten als Freiwillige. Wenn alle Möglichkeiten, Freiwillige zu gewinnen, erschöpft waren, dann griffen die Preßgesetze.

• ***Gepreßte Mannschaften***

Die Preßgesetze erlaubten es der Rekrutierungsbehörde, nach Kriegsausbruch in den Küstenstädten und

Ein Preßkommando schleppt einen Mann weg. Bild nach einer Zinnfigurengruppe aus der Sammlung Peter Tamm

-dörfern alle Seeleute im Alter von 18 bis 55 Jahren zwangsweise der Kriegsflotte zuzuführen. Das Wort »Impress service« ist eine Verballhornung des ursprünglich zutreffenden Wortes »imprest«, das bedeutete, einem Mann Werbegeld zu geben. Die Anwerber arbeiteten mit allen Tricks, steckten Männern heimlich den Schilling in die Tasche und behaupten dann, diese hätten das Handgeld genommen und seien legal angeworben. In der Zeit nach 1793 griff man nicht mehr zu solchen Tricks. Ein Trupp von Seeleuten unter Führung eines Offiziers wurde ausgesandt, um Seeleute aufzugreifen. Wen der Trupp fand, der wurde mit Gewalt auf das Schiff gezwungen und konnte froh sein, wenn er nach Jahren die Heimat wiedersah.

Die »press gangs«, die Rekrutierungstrupps, waren nicht zimperlich. Sie beschränkten sich nicht auf Seeleute, sondern griffen, wer ihnen kräftig genug schien, und rissen ihn oft genug von Frau und Kindern fort. Sie enterten einlaufende Handelsschiffe und nahmen alle Seeleute fort bis auf die wenigen, die das Schiff zum Ankerplatz bringen konnten. Es gab gesetzliche Anforderungen an die Rekrutierungskommandos. Der Offizier mußte die schriftliche Erlaubnis für die Maßnahme haben. Die Bewohner der Küste hatten auch Rechte. Alle, die auf Werften oder in der wichtigen Küstenschiffahrt arbeiteten, hatten Befreiungsurkunden. Aber sie wurden nicht immer respektiert. Und bis der Protest eines zu Unrecht gepreßten Mannes die Admiralität erreichte, waren Monate vergangen und das Schiff irgendwo in der Welt. Nur »Gentlemen« wurden von den Rekrutierungskommandos nicht belästigt.

Die Küstenregionen litten unter dieser Art Menschenraub, und die Magistrate suchten den Mißbrauch einzudämmen. Lavery (1989) berichtet z. B. von einem Fall, bei dem der Maat eines Handelsschiffes getötet wurde, als ein Preßkommando Seeleute seines Schiffes entführen wollte. Der Magistrat erhob sofort Anklage beim Zivilrichter gegen den zuständigen Kapitän wegen Mordes, aber die Admiralität beorderte diesen umgehend nach Westindien, um ihn dem Zugriff der zivilen Gerichtsbarkeit zu entziehen. Es war in der Tat eine Art Krieg zwischen Flotte und Küstenregionen, in dem alle Mittel recht waren.

- ***Quota-Männer***

1795 brachte die Regierung die Quota-Gesetze durch, nach denen nicht nur jeder Seehafen, sondern auch jeder Inlandbezirk in Großbritannien eine bestimmte Zahl von Männern für die Flotte zu stellen hatte. Es darf daran erinnert werden, daß das Land keine allgemeine Wehrpflicht kannte. Die Quote der zu stellenden Rekruten richtete sich nach der Größe des Bezirks. Yorkshire mußte z. B. 1 081 Mann stellen, Rutland 23 und London 5 704. Es wurde erwartet, daß die Bezirke durch Werbegelder Männer anreizten. Aber die Bezirke versuchten vor allem, Landstreicher und kleine Gauner loszuwerden. Und eine Gruppe war froh über die Chance: die Schuldner im Schuldgefängnis.

Wer weniger als 20 £ Schulden hatte, konnte sich zur Flotte melden und blieb frei von Verfolgung. Durch die Quota-Gesetze kamen auch Männer mit einer Bildung in die Flotte, die unter Seeleuten unbekannt war. Man konnte, wenn man zur Quote gehörte, auch einen Vertreter kaufen. Handgeld und Freikauf betrugen etwa 70 £. Das war ein Vielfaches der Summe, die Freiwilligen bei Kriegsausbruch geboten worden war. Diese Differenz verstärkte die Abneigung der Seeleute gegen Quota-Männer, wie auch in den Berichten in Kapitel 6 zu lesen ist. Eine typische Schiffsbesatzung um 1812 setzte sich aus folgenden Anteilen zusammen:

Zusammensetzung einer durchschnittlichen Schiffsbesatzung um 1812

Gruppen	Anteil an der Besatzung	Davon:	
		Seeleute	Nicht-Seeleute
Freiwillige (Jungen)	8 %	8 %	0 %
Freiwillige (Männer)	15 %	10 %	5 %
Gepreßte Briten	50 %	45 %	5 %
Ausländer	15 %	12 %	3 %
Quota-Männer	12 %	0 %	12 %
Summen	100 %	75 %	25 %

(Die Jungen werden als Seeleute geführt, da hier sowohl Midshipmen als auch die Jungen von der Marine Society zusammengefaßt sind.)

Ausländer gab es in allen Flotten. Sie waren z. T. mehr oder weniger freiwillig von Prisen übernommen worden, z. T. hatten sie sich aber auch in fremden Häfen anwerben lassen. Lewis (*1960, S. 129*) gibt für ein Schiff folgende Nationalitätenverteilung an:

Unter den Briten waren allein 130 Iren, die vor Not und Armut in ihrem Land Zuflucht in der Flotte suchten. Die Ausländer konnten anfangs nicht die englischen Befehle verstehen und waren daher nur begrenzt einsetzbar.

Gesamtbesatzung	**563 Mann**	**100 %**
Briten	**483 Mann**	**86 %**
US-Amerikaner	28 Mann	
Skandinavier	15 Mann	
Deutsche	11 Mann	
Westinder	10 Mann	
Mittelmeerländer	7 Mann	
Portugiesen	5 Mann	
Inder	2 Mann	
Brasilianer	1 Mann	
Holländer	1 Mann	
Ausländer insgesamt	**80 Mann**	**14 %**

- ***Seeleute und Landleute***

Mit fortschreitender Dauer des Krieges wurde der Anteil der Seeleute, die noch aufgegriffen werden konnten geringer, der Anteil der Landbewohner oder Landleute stieg. Die Unterscheidung zwischen See- und Landleuten war eine Möglichkeit, zwischen Fachleuten und Laien zu unterscheiden. Aber kräftige, junge Landleute wurden bereits nach kurzer Zeit zum Anlernen mit in die Takelage genommen, und man kannte einen weiteren Begriff, um jene zu kennzeichnen, die nur zu den einfachsten Hilfsarbeiten herangezogen werden konnten, den des *waisters.* Die waist ist die Kuhl, jener Teil des Mitteldecks, der nur an den Bordwänden mit Laufgängen überdeckt ist. Dort war das Vieh untergebracht, das in den ersten Wochen der Seefahrt für Frischfleisch in der Offiziersmesse sorgen sollte. Dort war auch die Hauptstation der »Waister«, die nur von Deck aus an einigen Tauen ziehen konnten, um die unteren Segel zu bedienen, die die Decks schrubben konnten, die Pumpenschwengel heben und senken, die Toiletten reinigen, den Mist des Viehs wegräumen, kurz: alle einfache Drecksarbeit verrichten mußten. »Was nicht gut genug ist für irgend jemand anders, ist gut genug für einen >Waister<« pflegte man zu sagen. Das waren fast alles Landleute, aber auch einige Seeleute waren darunter, die sich um den Verstand getrunken oder durch eine Kopfverletzung geistig behindert waren.

- ***Wachgänger und Freischläfer***

Näher an den Dienstpflichten orientiert ist die Unterscheidung zwischen jenen, die sich Tag und Nacht bei einer der meist zwei Wachen abwechseln mußten, und jenen, die ihren Dienst am Tag zu versehen hatten und nachts schlafen konnten.

Zu den *Freischläfern*, die nachts nur bei Gefahr für das Schiff an Deck gerufen wurden, gehörten:

Profoß mit seinen Korporalen (auf größeren Schiffen)
Waffenmeister mit Maaten
Segelmacher mit Maaten
Stauer für die Schiffsmagazine
Küfer
Magazinverwalter
Aufklarer der Kadettenmesse (Lady of the gunroom)
Aufklarer des Kapitäns
Kapitänsdiener und -koch
Wache für das Schiffshospital und Sanitäter
Diener und Schreiber des Ersten Leutnants
Stewards und Koch der Offiziersmesse
Frisöre
Barbiere
Anstreicher
Kalfaterer
Metzger
Schneider
Diener und Assistent des Zahlmeisters
»Captain of the head« (Aufseher der Schiffstoiletten am Bug)
Schiffskoch und Helfer
Viehpfleger

Auf einem großen Dreidecker waren etwa sieben Prozent der Besatzung Freischläfer, auf einer kleineren Fregatte etwa zehn Prozent. Natürlich waren auch der Kapitän, der Erste Leutnant, der Schiffsarzt, der Kaplan und der Schulmeister nicht zu Wachen eingeteilt, aber zu den Freischläfern zählte man im allgemeinen nur Unteroffiziere und Mannschaften.

Ein Wort muß noch zur Anführung der Frisöre und Barbiere gesagt werden. Die Seeleute der britischen Flotte dieser Zeit trugen keine Bärte, sondern rasierten sich und wurden rasiert. Sie trugen andererseits einen geflochtenen und gestärkten Zopf, der ebenso fachmännische Pflege erforderte wie die Perücken und Frisuren der Offiziere. Allerdings kamen Perücken in der hier geschilderten Zeit fast ganz aus der Mode.

Die Seeleute waren durch ihren Zopf und ihre Kopfbedeckungen leicht zu erkennen. Sie trugen entweder eine Art kurzer Zylinder aus Segeltuch, der mit Öl oder

Bilder von Seeleuten von Atkinson. (National Maritime Museum)

Sailor's Farewell aus Robinson 1909 nach einem Bild von 1791

Teer wasserdicht gemacht worden war, oder bei Kälte und Arbeit in den Masten eine Wollmütze.

Die Zeichnungen von Atkinson sind einigermaßen realistisch, aber in den zeitgenössischen Publikationen waren auch Abbildungen sehr häufig, die ein romantisch verklärtes Bild des Seemannes zeigten. Beliebt waren zahllose Variationen des Themas »Der Seemann nimmt Abschied«. Auf der vorigen Seite sieht man ein Bild aus Robinson 1909, das den Abschied an Bord zeigt. Auf solchen Abbildungen sind Matrosen meist wie Zöglinge vornehmer Internate angezogen, und die Seemannsbräute tragen Ballkleidung. Diese Bilder sind etwa so realistisch, wie die Kleidung der Farmersfrauen in manchen Western.

- ***Einteilung der Wachgänger***

Für den normalen Segeldienst waren die Wachgänger nach Stationen eingeteilt, die nach dem Teil des Schiffes benannt waren, auf dem der Dienst abgeleistet wurde.

Man unterschied:	
Vordeckmänner	**forecastlemen**
Focktoppsgasten	**foretopmen**
Großtoppsgasten	**maintopmen**
Kreuztoppsgasten	**mizentopmen**
Achterdeckmänner	**afterguard**
Kuhlmannschaft	**waisters**

Die *Vordeckmänner* waren erfahrene, ältere Seeleute, die die Anker, das Bugspriet und die unteren Segel des Fockmastes versorgten. Sie waren nicht mehr beweglich genug, um hoch in die Masten zu steigen, aber sie waren zuverlässig. Wenn das Vordeck blitzsauber war, die Taue sorgfältig eingerollt, die Anker gut festgezurrt, die Hängematten sauber verstaut, dann, so sagte man, war das Schiff in Ordnung.

Die *Toppsgasten* der drei großen Masten bedienten die Segel oberhalb der unteren Segel. Hierfür konnten nur die geschicktesten Männer ausgesucht werden, die nach drei oder vier Jahren erfahren genug waren, bei Wind und Wetter hoch aufzuentern und die Segel zu setzen, zu reffen oder einzuholen. Ein Schiff wurde oft danach beurteilt, wie schnell die Toppsgasten ihre Manöver ausführten. Sie wurden immer wieder im Wettkampf Mast gegen Mast gedrillt, um größtmöglichste Schnelligkeit und Exaktheit zu erzielen.

Die Achterdeckmänner waren weniger angesehen und weniger kompetent. Sie bedienten die hinteren Brassen, den Spanker, das Großsegel und die unteren Stagsegel. Dafür mußte man nur wissen, welche Taue an Deck zu ziehen waren, und daher genügten für diese Aufgaben Landleute und weniger geschickte Seeleute. Und sie mußten das Achterdeck säubern.

Über die waisters, die Kuhlmannschaft, wurde oben schon gesagt, daß sie die inkompetensten Männer an Bord vereinigte, die neben den Reinigungsarbeiten nur die unteren Segel an Fock und Großmast zu bedienen hatten.

Lewis (*1960, S. 272*) stellte die Wacheinteilung für verschiedene Schiffstypen zusammen. Wir entnehmen dieser Aufstellung die Wacheinteilung für ein Linienschiff mit 74 Kanonen und für eine Fregatte mit 32 Kanonen.

Wacheinteilung

	Linienschiff	Fregatte
Zahl der Kanonen	74	32
Gesamtbesatzung	590	254
Vordeckmänner	45	18
Focktoppsgasten	45	21
Großtoppsgasten	51	24
Kreuztoppsgasten	18	9
Achterdeckmänner	60	36
Kuhlmannschaft	115	22
Steuermänner	9	5
Geschützmaate	19	9
Zimmermannstrupp	8	5
Bootsmannsmaate	6	3
Wachgänger insgesamt	**376**	**152**
Offiziere, Seesoldaten, Diener, Freischläfer	**214**	**102**

- ***Gefechtsstationen***

Bei Gefahr waren alle Sonderrechte für Freischläfer aufgehoben. Alle Besatzungsmitglieder hatten bei Gefechtsbereitschaft ihren vorbestimmten Platz einzunehmen. Lewis (*1960, S. 277*) führt die Verteilung auf Gefechtsstationen für einen großen Dreidecker an, die mit einigen Änderungen hier übernommen wird.

Gefechtsstationen auf einem Dreidecker

Achterdeckshütte:
Kapitän der Seesoldaten, seine drei Leutnants und 12 Seesoldaten

Vordeck:
Neunter Leutnant, Bootsmann, ein Maat, ein Midshipman und 20 Seeleute

Achterdeck:
Kapitän, Erster Leutnant, Master, Sekretär, 5 Midshipmen und 55 Seeleute. Außerdem Signalgruppe mit dem Fünften Leutnant, einem Maat und drei Midshipmen

Hauptdeck:
Vierter und Achter Leutnant, ein Maat, vier Midshipmen und 150 Seeleute und Seesoldaten

Mitteldeck:
Dritter und Siebenter Leutnant, ein Maat, fünf Midshipmen und 180 Seeleute und Seesoldaten

Unterdeck:
Zweiter und Sechster Leutnant, zwei Maate, sechs Midshipmen und 225 Seeleute und Seesoldaten

Schiffslazarett:
Schiffsarzt, seine Maate, Kaplan und vier Helfer

Vorratsräume:
Vier Magazinverwalter

Pulvermagazin:
Stückmeister, seine Maate und 20 Seeleute

Pulvertransport:
Zahlmeister und 42 Pulverjungen

Mastplattformen:
9 Seeleute und Seesoldaten

Daß auf den unteren Decks mehr Besatzungsmitglieder kämpften, hing damit zusammen, daß hier die schwereren Kanonen standen, die mehr Leute zur Bedienung erforderten.

Die hier dargestellten Gefechtsstationen darf man nicht zu statisch sehen. Jeder Mann war noch für zusätzliche Stationen eingeteilt, die er in bestimmten Fällen einzunehmen hatte. Wenn die Pumpen bemannt werden mußten, hatte ein Teil der Mannschaft seine ursprüngliche Station zu verlassen und die Pumpen zu bedienen. Für Enterangriffe, das Aussetzen von Booten, das Löschen von Bränden usw. waren Seeleute eingeteilt, die bei dem betreffenden Signal aktiv werden mußten.

Da für die Geschützbedienungen am meisten Leute eingeteilt waren, schwächte natürlich jeder Sondereinsatz die Mannschaften an den Kanonen, die ihre Feuergeschwindigkeit dann stark verringern mußten. Außerdem darf nicht vergessen werden, daß die Schiffe in Kriegszeiten fast nie ihre Sollstärke erreichten. Kapitän und Erster Leutnant mußten immer wieder versuchen, die Lücken durch neue Einteilungen erträglich zu halten.

• *Die Einteilung in Divisionen*

Die seemännische Besatzung, nicht die Seesoldaten, war außerdem noch in Divisionen eingeteilt. Es gab soviel Divisionen, wie das Schiff Leutnants hatte. Den Leutnants wurden Bootsmannsmaate und Midshipmen zugeteilt, damit die Divisionen in überschaubare Untergruppen aufgeteilt werden konnten. In den Divisionen wurden Seeleute von verschiedenen Wachabteilungen und auch Freischläfer vereinigt. Es war eine Einteilung, die sich von den anderen abhob und vor allem dazu diente, sich um die Kleidung, das Verhalten, die Stimmung und die Sorgen der Männer zu kümmern.

Am Sonntagvormittag traten die Divisionen zur Inspektion an. Jeder Leutnant hatte sich von der Sauberkeit, der glatten Rasur und der ordentlichen Kleidung seiner Leute überzeugt und meldete sie dem Kapitän. War ein Mann der Division zur Bestrafung gemeldet, dann konnte sein Leutnant zu seinen Gunsten sprechen. Im Hafen wurde die Anwesenheit der Mitglieder einer Division an jedem Abend kontrolliert.

• *Die Hierarchie in der Besatzung*

Die Besatzung wurde in

Vollmatrosen,

Leichtmatrosen,

Landleute und

Schiffsjungen

unterteilt, wenn man die Handwerker außer Betracht läßt.

In der britischen Flotte benutzte man den Begriff »able seaman« für den erfahrenen und am höchsten eingestuften Matrosen, den Vollmatrosen. Bobrik in seinem Wörterbuch von 1858 wendet für diese Gruppe den Begriff »befahrene Matrosen« an und beschreibt sie als Seeleute, »welche alles verstehen, was die Zurüstung und Bewegung des Schiffs betrifft, und alle Arten von Schiffsarbeiten verrichten; das Schiff bemasten; Wanten und Stage anlegen; alle Arten Splissungen, Stiche, Schläge, Knoten machen; Blöcke stroppen und annähen, Segel anschlagen und mit ihrem Tauwerk versehen; dieselben regieren und handhaben; die Anker aus- und einbringen; steuern, rudern, loten, loggen und endlich das Geschütz bedienen.« Aus der Reihe dieser erfahrenen Seeleute wurde ein Teil als Maate im Unteroffiziersrang eingestuft. Die kompetentesten und zuverlässigsten dieser Maate stiegen dann schließlich in die Ränge der Deckoffiziere auf.

Für die Leichtmatrosen kennt Bobrik auch bereits diesen Begriff und kennzeichnet damit eine Gruppe von Seeleuten, die die oben geschilderten Tätigkeiten zwar ausführt, aber noch nicht mit der Erfahrung der befahrenen Matrosen beherrscht.

Die Bezeichnung »Landleute« oder »Landmann« führt Bobrik nicht an. Er ist auch für Kriegsschiffe in Zeiten knappen Personals vorbehalten, als man auch erwachsene Männer ohne jede Schulung einsetzen mußte. In normalen Friedenszeiten hat man den Nachwuchs ja in jungen Jahren als Schiffsjungen an Bord genommen und angelernt. Diese Stufen unterschieden sich auch in der Heuer, wie in Kapitel 3.10 angeführt werden wird. Seeleute waren eine besondere Spezies Mensch in den Augen der Landbewohner. Dies ist hier bei der Beschreibung ihrer Funktionen an Bord noch nicht deutlich geworden. Ihr Bild wird deutlicher werden, wenn in Kapitel 6 über das Leben an Bord berichtet wird.

3.09 Die Seesoldaten

In Kapitel 1 war dargestellt worden, daß zu Beginn der Neuzeit Schiffe dadurch zu Kriegsschiffen wurden, daß man Soldaten an Deck nahm, die mit ihren Waffen den Gegner bekämpften. Soldaten haben also eine lange Tradition an Bord von Schiffen. Dennoch feiern die britischen Seesoldaten ein jüngeres Datum als ihr »Geburtsdatum«, nämlich den 28. Oktober 1664. An diesem Tag wurde in London das »The Duke of York and Albany's Maritime Regiment of Foot« aufgestellt, auch bekannt als Admirals Regiment. Das war zu Beginn des Zweiten Holländischen Krieges, und 1689 wurde das Regiment nach ruhmvoller Teilnahme an Seeschlachten wieder aufgelöst.

Aber als 1690 der Krieg der Augsburger Liga ausbrach, wurden zwei neue Regimenter aufgestellt, die »First and Second Marines«, 1698 sogar zu vier erweitert, aber 1699 im Frieden wieder aufgelöst. 1702 brach dann der Spanische Erbfolgekrieg aus, und sechs Seesoldatenregimenter wurden gebildet. Sie eroberten und verteidigten Gibraltar, und die Erinnerung an diese ruhmreiche Verteidigung markiert noch immer ihre Flagge. Als der Krieg 1713 beendet wurde, blieben die Seesoldaten als Teil der Flotte bestehen und wurden vom Board der Admiralität bezahlt. Das Jahr 1702 wäre daher eher als Geburtsdatum geeignet.

Offizier der Seesoldaten um 1796.

Die Aufgaben der Seesoldaten werden oft zusammengefaßt unter den Schlagworten: Verhinderung von Meutereien, Durchführung von Landungsoperationen, Scharfschützen im Seegefecht, Bemannung der Geschütze. Mehr als 200 Seesoldaten begleiteten Anson bei seiner Weltumsegelung, und er setzte es 1755 durch, daß ihre Bataillonsgliederung zugunsten einer Gliederung von der Schiffsgröße angepaßten Abteilungen geändert wurde. Wenn das Schiff außer Dienst gestellt wurde, so blieben die Seesoldaten in Kasernen in Chatham, Portsmouth und Plymouth im Dienst.

1802 erreichte es Lord St. Vincent als Erster Lord der Admiralität, daß Georg III. ihnen den Titel »Royal Marines« verlieh. Lord St. Vincent teilte die Ehrung mit den Worten mit: »Ich kenne keinen Appell an ihre Ehre, ihren Mut oder ihre Loyalität, bei dessen Erfüllung sie nicht meine höchsten Erwartungen übertrafen. Wenn je die Stunde höchster Gefahr für England käme, würde man in ihnen Englands letzte Rettung erkennen.« Lord St.Vincent machte auch eine vorher schon geübte Praxis zur Regel, daß die Seesoldaten ihr Quartier zwischen Mannschaften und Offizieren einnahmen und so Meutereien schon im Keim ersticken konnten.

Die Bilder zeigen die Uniformen der Seesoldatenoffiziere um 1796 und um 1805. Sie trugen auch 1790 schon Epauletten. Die auffallendste Änderung ist der Wegfall der weißen Revers.

1804 erhielten die Seesoldaten eine vierte Division in Woolwich, die Artilleristen der Seesoldaten. Auf den Mörserschiffen der Flotte waren vorher Kanoniere der Königlichen Artillerie stationiert, die nicht der strikten Flottendisziplin unterstanden. Da das zu Unruhe und Irritation führte, wurde die Marineartillerie geschaffen, die blaue Uniformröcke trug. 1855 kam es schließlich zu einer Aufteilung in die blauen Seesoldaten, die Königliche Marineartillerie, und die roten Seesoldaten, die Royal Marine Light Infantry.

Offizier der Seesoldaten um 1805.

Seesoldaten waren von den größten Schiffen bis hinunter zu Sloops mit 14 Kanonen stationiert. Aus einer Aufstellung bei Rodger (*1986, S. 348f.*) führen wir unten einige Kontingente an.

Der »Captain« der Seesoldaten sollte mit »Hauptmann« übersetzt werden, denn er stand im Rang deutlich unter dem Kapitän und wurde mit dem Rang eines Leutnants der Flotte verglichen. Die Leutnants der Seesoldaten waren in der Hierarchie unter den Flottenoffizieren eingestuft, aber sie

Schiff		Hauptmann	1. Leutnant	2. Leutnant	Sergeant	Korporal	Soldaten
Dreidecker	100 Kanonen	1	1	1	3	3	102
Zweidecker	74 Kanonen	1	1	1	3	2	91
Linienschiff	64 Kanonen	1	–	1	2	2	71
Fregatte	32 Kanonen	–	1	–	1	2	40
Sloop	18 Kanonen	–	–	1	1	1	25

hatten den gleichen Zugang zu Messe und Achterdeck wie diese.

Die Seesoldaten gingen keine Wache, ausgenommen ihre Posten vor der Kajüte des Kapitäns, vor dem Magazin und vor der Schiffsküche, während Mahlzeiten gekocht wurden. Im Kampf bezogen sie auch Posten an den Niedergängen, um zu verhindern, daß Seeleute sich ohne

Seesoldat um 1805

ernsthafte Verletzung unter die Wasserlinie flüchteten. Die meisten Seesoldaten waren im Gefecht auf die Kanonen verteilt. Einige nahmen Posten als Scharfschützen auf den Mastplattformen und an anderen Stellen ein.

Die Seesoldaten konnten nicht gezwungen werden, in der Takelage Dienst zu tun. Sie exerzierten an Deck unter Aufsicht ihrer Sergeanten und Korporale. Ihre Uniformen hoben sie deutlich von den Matrosen ab. Sie trugen scharlachrote Jacken mit blauem Kragen und Goldrand, blaue Manschetten mit drei vergoldeten Knöpfen und Goldlitzen, zwölf Jackenknöpfe mit verzierten Knopfleisten, weiße Schultergurte mit schwarzer Patronentasche, weiße Hosen, schwarze knielange Stiefel und einen schwarzen Hut mit kleinem Federbusch.

Die roten Jacken führten zu ihrem Spitznamen »Hummer« (lobster), der von den Matrosen meist nicht scherzhaft gemeint war, denn die Rivalität zwischen Seesoldaten und Matrosen wurde von den Offizieren oft noch geschürt.

Die Seesoldaten unterlagen nicht den Preßgesetzen der Seeleute. Sie waren meist Freiwillige, die sich aus Landbezirken meldeten, oft gegen Handgeld, das im Verlauf des Krieges auf 30 £ anstieg, ein kleines Vermögen.

Als der Bedarf der Flotte immer mehr wuchs, ab 1805 waren 30 000 Seesoldaten bewilligt, wurde auch in Milizregimentern ein gewisser Zwang ausgeübt, und sogar Ausländer wurden angeworben.

Aber wenn für die Flotte insgesamt vom Parlament auch in den Jahren 1810–1812 die Mittel für 145 000 Mann bewilligt wurden, das Maximum in diesem Krieg, so konnten doch nie alle Stellen besetzt werden. Wahrscheinlich waren es nie mehr als 130 000 Seemänner und Seesoldaten, die auf allen Meeren Englands Interessen wahrten und zwischen Napoleon und der Weltherrschaft standen.

3.10 Heuer und Prisengeld

Die folgende Tabelle gibt eine Übersicht über den Sold bzw. die Heuer einiger Offiziere und Mannschaften. In der Tabelle sind Pfund, Shilling und Pence durch Striche getrennt (1 Pfund = 20 Shilling, 1 Shilling = 12 Pence). Aus der Tabelle ist noch einmal zu ersehen, daß bei Kapitänen und Deckoffizieren die Bezahlung nach der Größe des Schiffes variierte, während bei Leutnants und Mannschaften die Bezahlung davon unabhängig war. Deckoffiziere erhielten Sold, auch wenn ihr Schiff nicht im Dienst stand. Wenn ihnen durch den Arzt Dienstunfähigkeit bescheinigt wurde, erhielten sie Pension. Flaggoffiziere, Kapitäne, Master, Leutnants und Schiffsärzte erhielten Halbsold, der in den meisten Fällen mehr als die Hälfte des Soldes ausmachte.

Bei diesen Angaben darf nicht übersehen werden, daß sie für den Mondmonat zu 28 Tagen galten. Es ist also unzulässig, diese Zahlen mit zwölf zu multiplizieren, um die Jahresheuer zu errechnen. Die oben genannten Zahlen sind auch Bruttowerte. Den Mannschaften wurden Abgaben für einen »Rentenfonds« abgezogen, wie wir heute sagen würden.

1588, unter der Regierung Elisabeth I., wurde der sogenannte Chatham Chest eingeführt, benannt nach dem Hospital im bekannten Kriegshafen. Im Mondmonat wurden den Seeleuten Sixpence, das war ein halber Shilling, von der Heuer abgezogen und in den Fonds eingezahlt, um eine Rücklage für verwundete und dienstunfähige Seeleute zu bilden. 1695 und 1697 wurde dieser Abzug auch für das neue Greenwich-Hospital eingeführt. 1803 wurde beides zum Chest at Greenwich zusammengefaßt, und bei der Umwandlung des Fondsvermögens von Grundbesitz in Wertpapiere ergaben sich über 1,3 Millionen Pfund, die die hohen Ausgaben für die Verluste der Napoleonischen Kriege decken halfen.

Die tatsächlichen Abzüge für Seeleute betrugen: Sixpence für Chatham, Sixpence für Greenwich, vier Pence für den Kaplan und zwei Pence für den Schiffsarzt, so daß die Abzüge sich zu anderthalb Shilling summierten.

Dem Matrosen an Bord eines Kriegsschiffes wurden von der Heuer noch die Ausgaben für seine Kleidung abgezogen. In der Kleiderkammer konnte der Seemann eine Wolljacke für 19 Shilling kaufen, eine Weste für sechs Shilling acht Pence, Hosen für fünf Shilling, achteinhalb Pence, wachsversiegelte Lederschuhe für vier Shilling, dreieinhalb Pence. Die Beträge wurden von der Heuerliste abgebucht, aber der Seemann durfte nicht mehr als erstmalig eine Monatsheuer und danach nicht mehr als zehn Shilling für zwei Monate ausgeben.

Die Offiziere mußten ihre Kleidung selbst beschaffen. Sie und die Deckoffiziere hatten auch Abzüge, z.B. drei Pence je Pfund für den Witwenfonds, ein Shilling pro Monat für den Chatham Chest, Sixpence für den Greenwich Chest .

Wenn die Offiziere und Deckoffiziere dienstunfähig wurden oder nicht auf ein Schiff kommandiert waren,

Die Bezüge pro Monat (Mondmonat zu 28 Tagen) in Pfund, Shilling und Pence

	1793 Schiff der 1.Klasse	1793 Schiff der 6. Klasse und darunter	1815 Schiff der 1. Klasse	1815 Schiff der 6. Klasse und darunter	Halbsold vor 1814	Halbsold nach 1814
Kapitän	28-0-0	8-8-0	33-4-0	16-16-0	16-8-0	20-8-0
Master	9-2-0	4-0-0	12-12-0	7-7-0	8-4-0	9-8-0
Leutnant (nicht auf Flaggschiffen)	5-12-0	dasselbe	8-8-0	dasselbe	5-6-0	7-0-0
Schiffsarzt	5-0-0	dasselbe	14- 0 bis 25-4-0 (auf allen Schiffen je nach Seniorität)		8-4-0	14-0-0
Bootsmann, Geschütz-, Proviantmeister	4-0-0	2-0-0	4-16-0	3-1-0		
Profoß	2-5-0	1-10-0	2-15-6	2-0-6		
Bootsmanns- u. Geschützmaat	1-15-0	1-6-0	2-5-6	1-16-6		
Midshipman	1-4-0	dasselbe	1-13-6	dasselbe		
Vollmatrose	1-4-0	dasselbe	1-13-6	dasselbe		
Leichtmatrose	0-19-0	dasselbe	1-5-6	dasselbe		

erhielten sie »Halbsold«. Das war nicht mathematisch die Hälfte ihres Soldes, denn der Halbsold hing vom Dienstalter ab. Die nach Altersliste ersten 300 Leutnants erhielten z. B. den maximalen Halbsold, die nächsten 700 einen mittleren Betrag und der Rest das Minimum. Der aktuelle Halbsold war immer etwas höher als die Hälfte des Solds und wurde vor 1814 alle Halbjahr ausbezahlt, danach alle Vierteljahr. Einmalige Beträge gab es für schwere Verwundungen und den Verlust von Gliedmaßen. Witwen konnten einen Jahressold als Pension erhalten, Waisen ein Drittel davon.

Die Heuer der Seeleute war vor 1797 seit Jahrzehnten nicht erhöht worden, wohl aber der Sold in der Armee.

In der Handelsmarine wurde in Kriegszeiten je nach Zielhafen und Geschäftslage das Zwei- bis Vierfache dieser Heuer gezahlt.

Die Heuer wurde ausgezahlt, bevor die Schiffe segelten und schon auf Reede lagen. In Heimatgewässern wurde die Heuer alle Halbjahr ausgezahlt, sobald das Schiff einen Heimathafen anlief. Schiffe in Übersee wurden nur in englischen Häfen ausbezahlt, nicht im Ausland. Die Männer bekamen in englischen Häfen innerhalb von zwei Monaten den oft jahrelang ausstehenden Sold, bis auf einen Halbjahressold, der einbehalten wurde, bis das Schiff außer Dienst gestellt war. Im Ausland konnte die Seeleute Vorschüsse vom Zahlmeister leihen.

Für ihre Heuer bekamen die Seeleute in England »tickets«, die nur dort eingelöst wurden, wo das Schiff in Dienst gestellt worden war. Befanden sie sich in einem anderen Hafen, dann mußten sie die Tickets bei Geldverleihern eintauschen, die erhebliche Gebühren dafür nahmen. Die Admiralität hat verschiedene Maßnahmen gegen die »Geldhaie« ergriffen, doch sie mußten unwirksam bleiben, solange die Mannschaften nicht regelmäßig ihre Heuer voll ausbezahlt bekamen und solange der Zahl-und Proviantmeister für alle Extras kaum überprüfbare Beträge abziehen konnte. Seit 1758 durften Seeleute auch einen Teil der Heuer an ihre Familien auszahlen lassen, aber nur wenige machten Gebrauch davon. Die verschleppte und unzureichende Zahlung der Heuer war neben der »Gefangenschaft im Hafen« ein Hauptgrund für die großen Meutereien des Jahres 1797.

Eine weitere Forderung war die gleichmäßigere Verteilung der Prisengelder. Wie Prisengelder verteilt wurden, zeigt die folgende Tabelle.

Anteile am Prisengeld

<table>
<tr><th></th><th>vor 1808</th><th>nach 1808</th></tr>
<tr><td>Kapitän</td><td>3/8</td><td>2/8</td></tr>
<tr><td>Hauptleute der Seesoldaten, Leutnants, Master und Flottenarzt teilen sich</td><td>1/8</td><td>1/8</td></tr>
<tr><td>Leutnants der Seesoldaten, Admiralssekretär, Deckoffiziere (Offiziersmesse), Gehilfe des Masters, Pfarrer teilen sich</td><td>1/8</td><td>1/8</td></tr>
<tr><td>Midshipmen, untere Deckoffiziere, Gehilfen, Sergeanten der Seesoldaten teilen sich</td><td>1/8</td><td rowspan="2">4/8</td></tr>
<tr><td>Die restliche Mannschaft teilt sich</td><td>2/8</td></tr>
</table>

Selbst wenn man bedenkt, daß der Kapitän, sofern er einem Admiral unterstellt war, diesem 33% seines Anteils abgeben mußte, so war die Verteilung doch höchst ungerecht. Prisengeld fiel an, wenn ein erbeutetes Schiff und seine Ladung angekauft wurden. Handelsschiffe waren wegen ihrer Ladung lohnendere Prisen. Ein versenktes Handelsschiff brachte nichts. Damit auch die Vernichtung eines feindlichen Kriegsschiffes belohnt wurde, waren dafür Kopf- und Kanonengelder vorgesehen, die allerdings zu gleichen Anteilen an jedes Besatzungsmitglied gezahlt wurden.

Wenn sich bei dem Gefecht ein anderes britisches Schiff in Sicht befand, so mußte das Prisengeld mit ihm geteilt werden, ob es nun am Kampf teilgenommen hatte oder nicht.

Prisengelder waren ein wichtiges Motiv, sich für den Dienst in der Flotte freiwillig zu melden. Kapitäne von Fregatten und Commander von Sloops wiesen auf ihren Werbeplakaten auf ihre Prisen hin, um Freiwillige anzulocken. In Zeitungen und durch Erzählungen wurden immer wieder die Abenteuer wachgehalten, bei denen aus dem Rahmen fallendes Prisengeld gezahlt wurde.

Die Kaperung der spanischen Schatzfregatte *Hermione* 1762 brachte für jeden Seemann die Rekordsumme von 485 £. Einige Matrosen sollen vor Übermut goldene Uhren wie Spiegeleier in der Pfanne gebraten haben, um mit ihrem Reichtum zu protzen. 1799 erhielt jeder Seemann nach der Aufbringung spanischer Schatzschiffe 182 £. Die Kaperung eines französischen Ostindienseglers konnte einem Seemann 40 £ einbringen. Natürlich strichen die Offiziere und vor allem der Kapitän den Löwenanteil ein. Oft war ihnen die Jagd auf Prisen wichtiger als die Befolgung weniger einträglicher Befehle, und darum wurde die Prisenordnung von manchen Admiralen auch heftig kritisiert.

Erbeutete Handelsschiffe wurden durch Prisenagenten an Prisenbehörden verkauft. Die Korruption unterschied sich bei ihnen nicht von anderen Flotteninstanzen. Es ist bekannt, daß Prisenagenten in einem Fall das Geld 28 Jahre zurückhielten. Mit unter stiegen Gerichtsgebühren und Agentenanteile bis zu einem Drittel des Prisenwertes an. Auch dies trug dazu bei, das Gefühl der Rechtlosigkeit bei den Mannschaften zu verstärken.

Kapitel 4.00
Die Schiffe

Das Bild zeigt zeitgenössische Schiffszeichnungen aus »The Maritime Compendium«

4.01 *Die hölzernen Mauern*

Während der großen Kriege gegen Frankreich wurden die britischen Schiffe oft als die hölzernen Mauern der Insel bezeichnet, die den Feind abhielten. Um hölzerne Mauern zu bauen, braucht man zunächst einmal Holz, und damit beginnt Englands großes Rüstungsproblem. Für den Bau der Schiffe bevorzugte man englische Eiche, vor allem aus den Forsten von Surrey, Kent, Hampshire und Sussex, wobei das Holz aus Sussex als das beste galt. Diese Eiche war fest, haltbar und widerstandsfähig gegen Trockenfäule.

1608 hatte eine Bestandsaufnahme in den Forsten ergeben, daß 330 000 m^3 vorhanden waren. 1783 ergab eine neue Bestandsaufnahme nur noch 71 000 m^3. Den Bedarf schätzte man damals auf etwa 71 000 m^3 pro Jahr. Tatsächlich benötigte man jedoch 1791 240 000 m^3 für die Handelsmarine und 310 000 m^3 für die Kriegsflotte.

Der Fehlbedarf war also dramatisch. Wie sollte er gedeckt werden? Zunächst wurden kleinere Forsten in England abgesucht, aber die Ausbeute war begrenzt und hing auch davon ab, daß die Stämme in der Nähe von Flüssen oder Straßen lagen. Dann versuchte man es mit Eichenholz aus Kanada oder Amerika, aber die Schiffsbauer reklamierten, daß es zu schnell verrotte. Eichenholz von der Adria wurde dagegen bevorzugt, weil es auch häufig in den Krümmungen wuchs, die man brauchte. Vor allem aber wurde Holz, auch weicheres für die Planken und harte Kiefern für die Masten, aus den baltischen Ländern über Danzig und aus Holstein in großen Mengen eingeführt. Dafür und für die Einfuhr von Teer, Hanf für die Taue und Segeltuch mußte die Ostsee für englische Konvois mit bis zu 1000 Schiffen freigehalten werden. Das erklärt die harten Maßnahmen gegen Dänemark, das den Zugang zur Ostsee kontrollierte.

Gegen Ende des Krieges hat man auch Kriegsschiffe in Indien aus Teakholz bauen lassen, das härter und widerstandsfähiger war. Aber seine Splitter führten fast immer zu gefährlichen Entzündungen, und Splitterwunden waren bei Schiffskämpfen die häufigsten Verletzungen.

Pope (1981) schildert anschaulich, daß ein Linienschiff mit 74 Kanonen, die *Bellerophon*, 2 000 Eichenbäume für seinen Bau erforderte. Außerdem brauchte man 100 britische Tonnen an Eisenmaterial, 20 Tonnen Kupferbolzen und etwa 30 000 hölzerne Nägel, die aus besonderem Holz angefertigt wurden und die Planken zusammenhielten. Dazu kamen dann etwa 4 000 Kupferbleche, mit denen der Rumpf bekleidet wurde, um ihn vor allem vor dem Teredowurm zu schützen, der in südlichen Gewässern das Holz zerfraß. Nicht zu vergessen sind mehr als 60 Tonnen Holz für Masten und Rahen, 26 Tonnen für das Tauwerk des stehenden Gutes, 17 Tonnen für die beweglichen Taue und Seile sowie 9 100 Meter Segeltuch der Standardbreite von 61 cm. Das waren 5 551 m^2 Segelfläche, und die Hälfte dieser Menge wurde noch einmal als Reserve mitgeführt. Dieses Material mußte erst einmal beschafft und antransportiert werden, ehe ein so kunstvolles Bauwerk entstehen konnte, wie es ein Linienschiff dieser Zeit war. Aber gutes Eichenholz war und blieb der entscheidende Engpaß. Man brauchte nicht nur Stämme, die in vielen Jahrzehnten herangewachsen waren, man benötigte sie auch in verschiedenen Längen, Dicken und Krümmungen. Ein großer Dreidecker erforderte längere Balken und Planken als ein Kutter. Für die Biegungen des Rumpfes, für die Verbindung von Deck- und Rumpfplanken benötigte man krummes Holz, und daher band man junge Bäume mitunter so, daß sie gekrümmt wuchsen. Die folgende Abbildung zeigt aus dem Buch von Körth 1826 über Schiffsbaukunst das Gerippe eines Schiffes ohne Beplankung. Man erkennt unschwer, wieviel gekrümmtes Holz die Schiffsbauer brauchten.

Kreidezeichnungen wurden in großen Sälen nach den im Verhältnis 1:48 verkleinerten Plänen in voller Größe angefertigt. Von diesen Zeichnungen wurden Scha-

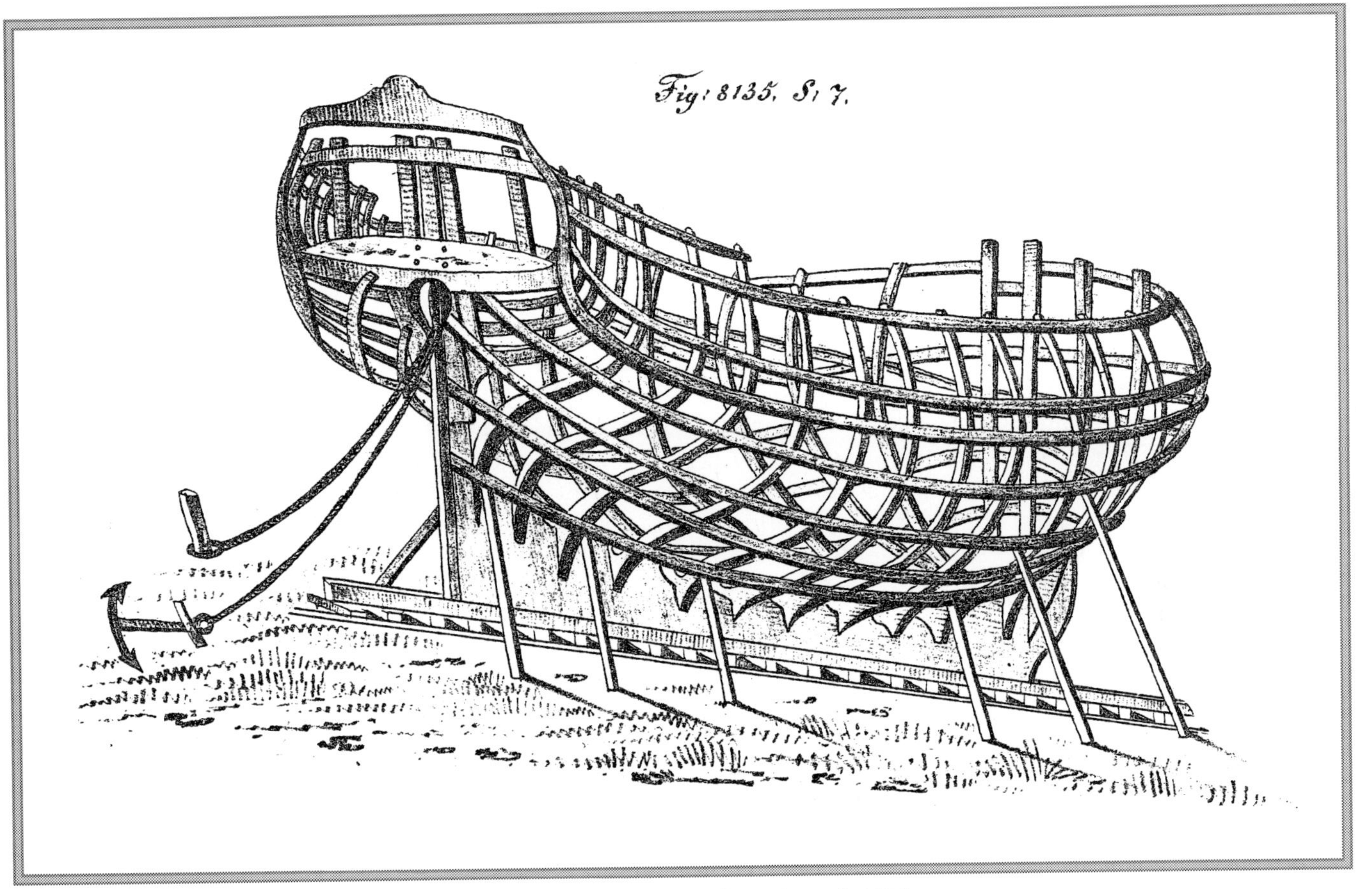

Das »Gerippe« eines Schiffs nach Körth 1826

blonen aus dünnem Holz und Latten abgenommen. Die benötigten Bauteile wurden nach diesen Schablonen im Freien angefertigt. Der ganze Vorgang ähnelte im Prinzip dem, nach dem früher Hausfrauen sich Schnittmuster anfertigten oder Kinder Laubsägearbeiten ausführten. Vom Kiel an wuchs das Schiff. Nur die großen Linienschiffe entstanden im Trockendock. Bei kleineren wurde der Rumpf durch starke Balken davor bewahrt, daß er umkippte. Das obere Bild zeigt, wie sogar ein Dreidecker um 1810 nur mit Balken beim Bau abgestützt wurde. Die links erkennbare schräge Auffahrt erleichtert den Transport schwerer Bauteile.

Die Planken wurden durch in Teer getauchtes Werg abgedichtet. Das Holz wurde mit Öl imprägniert, und dann kam noch der Anstrich mit Ölfarben. Innen herrschte die Farbe Rot vor. Außen hing der Anstrich sehr vom Geschmack des Kapitäns ab. Im Verlauf des Krieges wurde dann »Nelsons Schachmuster« immer populärer. Es wurde den Schiffen nachgebildet, die bei Abukir gekämpft hatten. Rumpf und Geschützluken wurden schwarz gestrichen, gelbe Streifen markierten die Geschützdecks. Wenn der Rumpf fertig und das Schiff vom Stapel gelaufen war, mußten die Masten eingesetzt und die Rahen angeschlagen werden. Die Masten wurden oft von einem ausgemusterten Schiff, der Masthulk, mit verstärkten Taljen und Flaschenzügen längsseits gebracht und eingesetzt. Dabei und bei der Anbringung der Takelage war die künftige Stammbesatzung schon beteiligt. Und dann folgte die Innenausrüstung mit Waffen, Vorräten und all den Materialien, die man zum Leben auf einem Schiff brauchte.

Dem Schiff wurde eine durchschnittliche »Lebenszeit« von zehn Jahren zugebilligt. Dann waren gründliche Reparaturen unvermeidbar, die oft mehr kosteten als der Bau. Pope (1981) führt Beispiele an, die zeigen, wie die Baupreise von 1793, dem Jahr des Kriegsausbruchs, von etwas über zwölf £ je Tonne bis 1 800 auf 20 £ je Tonne stiegen.

Ein Dreidecker im Bau nach einer Zeichnung aus Compendium Maritime

Das obenstehende Bild zeigt eine Masthulk, die vom Betrachter aus gesehen hinter dem Dreidecker liegt und diesem gerade den mittleren Mast einsetzt.

4.02 *Die Schiffsbauer*

Mitglieder des Navy Boards, jener Behörde, die Ausrüstung und Unterhalt der Flotte organisierte *(vgl. Kap. 2.03)*, waren auch ehemalige Schiffsbauer, die jetzt als Aufseher (surveyor) den Schiffbau überwachten. Für die königlichen Werften war jeweils ein Regierungskommissar bestimmt, der die Arbeit kontrollieren, über sie berichten, Rat und Warnungen erteilen, aber keine Anweisungen geben konnte. Die kamen direkt vom Navy Board und mußten drei Unterschriften tragen.

Die leitenden Beamten der Werft waren: der Schiffsbaumeister, der Assistent des Meisters, der Verwalter der Vorräte und Geräte, der Budgetverwalter und der Meister der Reepschläger, die das Tauwerk anfertigten.

Das System funktionierte recht gut, wenn Navy Board, Regierungskommissar und Werftbeamten zusammenarbeiteten. Aber die britische Schiffbauleitung stand in dem Ruf, sehr schwerfällig zu sein und Neuerungen in langwierigen Entscheidungsprozessen zu verwässern. Die Schiffe galten auch bei Flottenoffizieren als solider Durchschnitt, dem aber mitunter die Genialität französischer Konstruktionen fehlte.

Im März 1796 wurde das Amt eines Generalinspekteurs der Flottenarbeiten eingeführt und mit Samuel Bentham besetzt, einem ehemaligen Schiffsbauer, der in der russischen Marine zum General aufgestiegen war *(Morris 1981)*. Er hielt den Navy Board für inkompetent, zeigte das und geriet immer mehr in Konflikte zu dieser Behörde. Er hielt die Mehrheitsentscheidungen in Schiffbaufragen für unsinnig und wollte die ungeteilte Verantwortung für einen Planer. Die Arbeit auf den Werften war ihm zu schlecht organisiert. Er führte Baggerschiffe und maschinelle Hilfen zur Herstellung von Rollen ein, wollte die Lehrlinge von den einzelnen Beamten unabhängiger machen und Schulen einrichten. Gemeinsam mit dem Sekretär der Admiralität, Neapan, verfaßte er einen Bericht, der 1801 angenommen wurde und der Holzverschwendung auf den Werften Einhalt gebieten sollte.

Aber gegenüber der riesigen Bürokratie der Marineverwaltung konnte sich Bentham letztlich nicht durchsetzen. Seine berechtigten Maßnahmen gegen die Holzverschwendung führten nur zu übermäßigem Verwaltungsaufwand, und seine Versuche zur Reform der Lehrlingsausbildung verunsicherten junge Anwärter und resultierten in bedrohlichem Nachwuchsmangel. Bentham scheiterte an einer Reform der Werften ebenso wie Lord St. Vincent als Erster Lord der Admiralität, der die Schiffsbauer öffentlich als Bande von Betrügern und Dieben beschimpft hatte, die man allesamt davonjagen sollte.

Unbeeinflußt von den Machtkämpfen in der Verwaltung arbeiteten Tausende von Handwerkern in den königlichen Werften. Von 1783 - 1789 waren es durchschnittlich 3 117 je Jahr (Webb 1977). 1814 waren es über 15 000. Die Handwerker in den königlichen Werften wurden ursprünglich nach Zeitlohn bezahlt und erhielten 1793 vier Shilling und zwei Pences pro Tag. Das mag in Friedenszeiten, als ein Pfund Fleisch durchschnittlich dreieinhalb Pences kostete, ausgereicht haben, aber mit den massiven Preissteigerungen in den ersten Kriegsjahren, wo sich die Brotpreise verdoppelten, konnten die Handwerker nicht mehr leben.

Auf der anderen Seite kamen auf die Regierung riesige Ausgaben zu, und die Erhöhung der Löhne paßte gar nicht in ihr Konzept. Politiker verwiesen auf das Beispiel der privaten Werften, die nach einer Art Akkordlohn für Arbeitsergebnisse zahlten. Die Handwerker selbst konnten auf privaten Werften dennoch mehr verdienen, was nicht gerade für die optimale Organisation der königlichen Werften spricht. Die Handwerker der königlichen Werften waren gut organisiert, fast möchte man von Gewerkschaften sprechen. Es kam zu Arbeitsniederlegungen und Aufständen, z. B. 1801 in Plymouth und Sheerness. Am Ende wurde die Arbeit in Teilprodukte aufgeteilt und die Fertigstellung für Arbeitsgruppen der königlichen Werftarbeiter bezahlt.

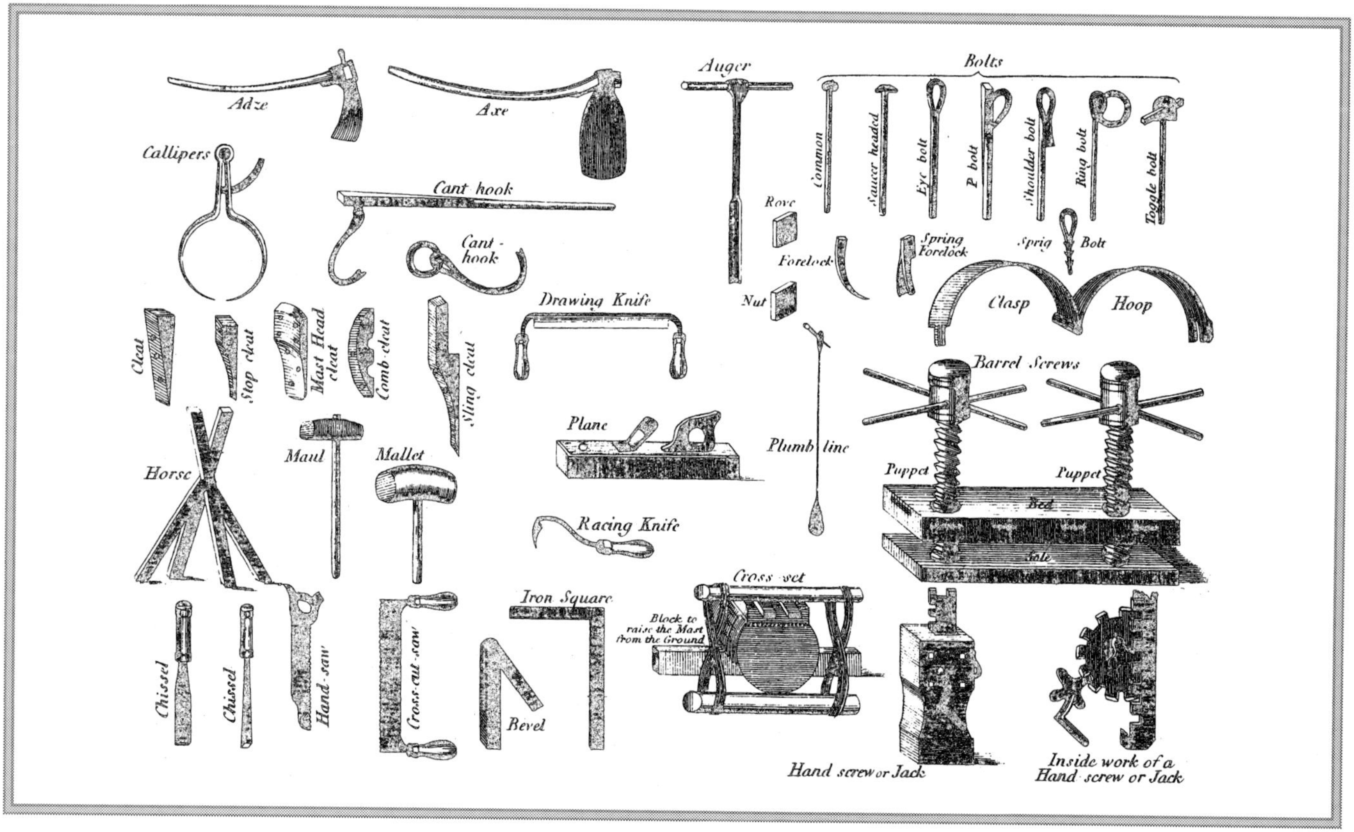

Die Abbildung zeigt eine zeitgenössische Aufstellung der Handwerkszeuge eines Zimmermanns

Aber die privaten Werften zogen einen immer größeren Teil des Schiffsbaus an sich. Von den Schiffen der vierten bis sechsten Klasse, kleiner als die Linienschiffe mit 74 und mehr Kanonen also, wurden in der Zeit von 1793 bis 1815 nur 78 in königlichen Werften gebaut, aber 627 in privaten Werften.

Natürlich wurde die Arbeit in den privaten Werften kontrolliert. Den Werften wurden auch die genauen Pläne vorgegeben, und ein Aufseher von der königlichen Werft war ständig anwesend und überwachte die Ausführung der Arbeiten. Selbstverständlich bot das keine Sicherheit gegen Bestechung und Betrug, aber es verhinderte das Schlimmste. Und man darf auch nicht vergessen, daß von einem bestimmten Baustadium ab ein Teil des künftigen Stammpersonals schon mitwirkte. Und diese Leute mußten auf den Schiffen leben und kämpfen und achteten auf Qualität. Im England der damaligen Zeit existierten – anders als in Frankreich – keine Schulen für Schiffsbau. Das Handwerk lernte man als Lehrling in der Praxis. Aber da gab es wie in der Laufbahn des seemännischen Personals entscheidende Unterschiede. Man konnte Lehrling beim Schiffsbaumeister werden oder bei einem Zimmermann, der Planken schnitt und Holznägel einschlug. Der eine war für Entwurf und Leitung bestimmt, der andere für gediegene Handarbeit. Und der Aufstieg vom Handarbeiter zum Schiffsarchitekten war sehr selten.

Werkzeuge der Handwerker waren vor allem die große, von zwei Männer zu bedienende Säge, wobei einer oberhalb, der andere unterhalb des Holzstückes stand, der Drillbohrer, die Axt und das scharfe Breitbeil, mit dem die Bretter fast so geglättet wurden wie heute mit elektrischen Schleifmaschinen, wie man auf den Museumsschiffen aus dieser Zeit heute noch fühlen kann.

4.03 Die Einteilung der Schiffe in Klassen

Admiralität und Navy Board waren seit Samuel Pepys *(vgl. Kapitel 2.01)* bemüht, den Schiffsbau zu standardisieren, damit die königlichen Werften nur genormte Segel, Seile, Masten usw. für Reparaturen bereithalten mußten. Verschiedene Festlegungen (establishments), zuletzt eine von 1745, bestimmten, welche Größe und Ausrüstung die in sechs Klassen eingeteilten Schiffe haben sollten. Diese Klassifizierung und Normierung betraf aber nur die großen Schiffe bis zur Fregatte, die sogenannten Post-Schiffe, deren Kommando mit dem Titel eines post captains oder Voll-Kapitäns verbunden war *(vgl. Kap 3.04)*. Sloops, Briggs, Mörserschiffe usw. waren nicht klassifiziert (rated), sie brachten ihren Kommandanten auch nicht den Kapitänsrang ein.

Die Wahl des Begriffs »Klasse« für die Gruppe von Schiffen etwa gleicher Größe und Kanonenzahl ist nicht unproblematisch. Die Briten sprachen von »first rate« usw., aber bei uns passen »Klasse« und »klassifizieren« besser. Wenn innerhalb einer Klasse dann von Schiffen die Rede ist, die nach dem gleichen Bauplan gebaut wurden, dann sprechen wir von »Typengruppe«.

Wie man sie nun auch benennen mag, diese Standardisierung hatte nur begrenzte Wirksamkeit, denn die vielen eroberten Schiffe ließen sich nur mit Mühe einordnen. Sie wurden andererseits oft Vorbild für ganze Typengruppen von Schiffen. Alle Schiffe der sechs Klassen hatten drei Masten und Rahsegel.

Die Einteilung der Kriegsschiffe in sechs Klassen ist in der nebenstehenden Abbildung (*in Anlehnung an Adam 1989*) veranschaulicht. Sie gibt einen Eindruck von den durchschnittlichen Größen, Besatzungs- und Kanonenzahlen. Kriegsschiffe hatten viel größere Besatzungen als Handelsschiffe mit gleicher Tonnage, weil Geschütze bedient, Enterangriffe ausgeführt oder abgewehrt und Segelmanöver meist sehr schnell ausgeführt werden mußten. Kriegsschiffe waren daher immer überfüllt, obwohl die vorgesehenen Besatzungsstärken in späteren Kriegsjahren nicht mehr erreicht wurden.

Auf eine Inkonsequenz der Klassifizierung soll noch verwiesen werden. Die Geschützzahlen beziehen sich nur auf die amtlich vorgesehenen Kanonen auf den regulären Batteriedecks. Tatsächlich hatten aber fast alle Schiffe mehr Geschütze. Die Karronaden z. B. *(vgl. Kap. 5)* tauchen in der offiziellen Klassifikation gar nicht auf. Dabei war auch die Zahl der zusätzlichen Karronaden durch Verordnung der Admiralität vom 13.6.1779 festgelegt und betrug z.B. für einen Dreidecker mit 100 »offiziellen« Geschützen zwei auf dem Vordeck und acht auf dem Poopdeck, so daß das Schiff 110 Geschütze trug. Ein 74er hatte 82 große Geschütze (Drehbassen [swivels] wurden nie mitgezählt), und bei kleineren Schiffen war das Mißverhältnis noch stärker. Eine Fregatte mit 38 Kanonen führte 48 Geschütze, eine Sloop mit 14 Kanonen deren 22. Die angegebenen Geschoßgewichte der Breitseiten wurden also fast immer deutlich überschritten. Ein Grund für diese »doppelte Buchführung« lag daran, daß die Einstufung der Schiffe und damit z.T. die Besol-

	Besatzung	Anzahl der Geschütze	Geschoßgewicht der Breitseite
1. Klasse (Dreidecker) 2000-2600 Brit. Tonnen Deckslänge ca.: 58m – 63m Decksbreite: 14m – 17m	850 – 950	100 und mehr	1134 – 1157 kg
2. Klasse (Dreidecker) 2000 Brit. Tonnen Deckslänge ca.: 55m – 58m Decksbreite: 13m – 16m	750	90 oder 98	930 – 1043 kg
3. Klasse (Zweidecker) 1300 – 2000 Brit. Tonnen Deckslänge ca.: 49m – 54m Decksbreite: 12m – 15m	490 – 720	64, 74 oder 80	544 – 893 kg
4. Klasse (Zweidecker) 1100 Brit. Tonnen Deckslänge ca.: 46m Decksbreite: 12m – 13m	350	50 oder 60	363 kg
5. Klasse (Eindecker-Fregatte) 700 - 1050 Brit. Tonnen Deckslänge ca.: 39m – 46m Decksbreite: 10m – 12m	215 – 320	32, 36, 38, 40 oder 44	158 – 420 kg
6. Klasse (Eindecker, Kleine Fregatte) 550 – 650 Brit. Tonnen Deckslänge ca.: 36m – 39m Decksbreite: 9m – 11m	160 – 200	20, 24 oder 28	82 – 113 kg

dung der Offiziere und Deckoffiziere an die Zahl der offiziellen Kanonen gebunden war. Die Admiralität war also daran interessiert, diese Zahlen niedrig zu halten.

Unterhalb dieser sechs Klassen gab es eine Vielfalt kleinerer Schiffe. 1793 begann die britische Flotte den Krieg mit 129 Linienschiffen der ersten drei Klassen, 146 Schiffen der vierten bis sechsten Klasse und 52 kleineren oder nicht klassifizierten Schiffen (unrated vessels). 1814 war die Zahl der kleineren Schiffe bereits auf 340 angestiegen. Die Typen der kleineren Schiffe werden hier nur tabellarisch angeführt. Im übrigen wird auf die Beschreibung in Kapitel 4.06 verwiesen.

Auch damit sind noch nicht alle Schiffe erfaßt, denn in kleiner Zahl waren noch Jachten, Brander und Experimentierschiffe im Dienst. Auch spezielle Transporter waren teilweise von Seeleuten der Flotte bemannt und wurden von Flottenoffizieren befehligt.

Kleinere Schiffe unter dem Befehl eines Commanders:

a. Sloops mit drei Masten und 8–14 Kanonen

b. Sloops mit zwei Masten oder Briggs mit 8–10 Kanonen

c. Bomben-Ketsch mit 6–8 kleineren Kanonen und zwei schweren Mörsern

Kleinere Schiffe unter dem Kommando eines Leutnants:

d. Kanonen-Briggs mit 10–14 Kanonen

e. Kutter und Schoner mit 4–14 Kanonen

4.04 Die Linienschiffe

Das Aufkommen der Schlachtlinie hängt eng mit der Konstruktion spezieller Kriegsschiffe zusammen. Als die Engländer nicht mehr Handelsschiffe vorübergehend für den Krieg armierten, sondern ihre Flotte aus speziellen Kriegsschiffen mit mehreren Geschützdecks zusammensetzten, kamen sie zwangsläufig darauf, diese Schiffe hintereinander segeln und mit ihren Breitseiten den Gegner beschießen zu lassen. Dadurch hatten sie im ersten britisch-holländischen Krieg erhebliche Vorteile.

Die Schiffe, die damals in der Linie kämpften, hatten noch deutlich weniger Kanonen als später. Howard (*1979, S. 91*) schreibt: »Das 17. Jahrhundert kann als Zeitalter der ‚Prestigeschiffe' bezeichnet werden, denn in dieser Zeit erreichte der Bau großer, schwer bewaffneter und reich dekorierter Schiffe seinen Höhepunkt.« Meyer und Acerra nennen diese großen Schiffe auch »Seeungeheuer«. In unserer Zeit würde man von Dinosauriern sprechen. Wie sehr sich das Prestigebedürfnis in der Heckverzierung auslebte, ist auf vielen zeitgenössischen Bildern zu erkennen.

Linienschiffe der 1. Klasse

Diese riesigen Dreidecker definierten nun die erste Klasse neu, die bis 1655 für Schiffe von 44–55 Kanonen vorbehalten war. Die Riesenschiffe sollten das Prestige ihrer Könige erhöhen. Christian IV. von Dänemark ließ bereits anfangs des Jahrhunderts die *tre Kroner* bauen. Gustav Adolfs von Schweden unglückliches Prestigeschiff *Wasa* lief 1628 vom Stapel, die britische *Sovereign of the Seas* 1637 und die französische *La Couronne* 1638.

Der erste britische Dreidecker, die *Prince Royal*, hatte einen Kiel von 35 m Länge, die *Sovereign of the Seas* von 38,40 m und Nelsons *Victory* schließlich einen von 45,72 m. Die Prestigeschiffe wurden also immer größer. Vielleicht noch wichtiger als die Veränderung in der Größe war, daß der Stern, das Heck, bei den Engländern unterhalb der Wasserlinie abgerundet war und damit einen strömungsgünstigeren Verlauf hatte als ein Heck, das gerade und rechtwinklig unter die Wasserlinie ragte.

Diese großen Dreidecker mit 100 und mehr Kanonen waren oft schlechte Segler. Eine der wenigen Ausnahmen war die *Victory*. Sie waren auch teuer zu bauen, pro Tonne kosteten sie vier £ mehr als ein Linienschiff der 3. Klasse. Aber sie hatten eine gewaltige Feuerkraft, denn sie trugen auf den unteren Decks Kanonen mit 32 Pfund Geschoßgewicht, auf den mittleren Decks noch mit 24 Pfund und auf den oberen Decks mit 18 Pfund, der schwersten Kanonenklasse, die 1793 auf Fregatten existierte. Die Schiffe der 1. Klasse waren typische Admiralsschiffe, denn ihr drittes Deck garantierte große und repräsentative Räume für einen Admiral. Der Aufriß der *Victory* zeigt nicht nur das, sondern auch, daß ein so großes Schiff eine schwimmende Welt für sich war, so groß und beeindruckend für die Zeitgenossen, wie heute ein atomgetriebener Flugzeugträger für uns.

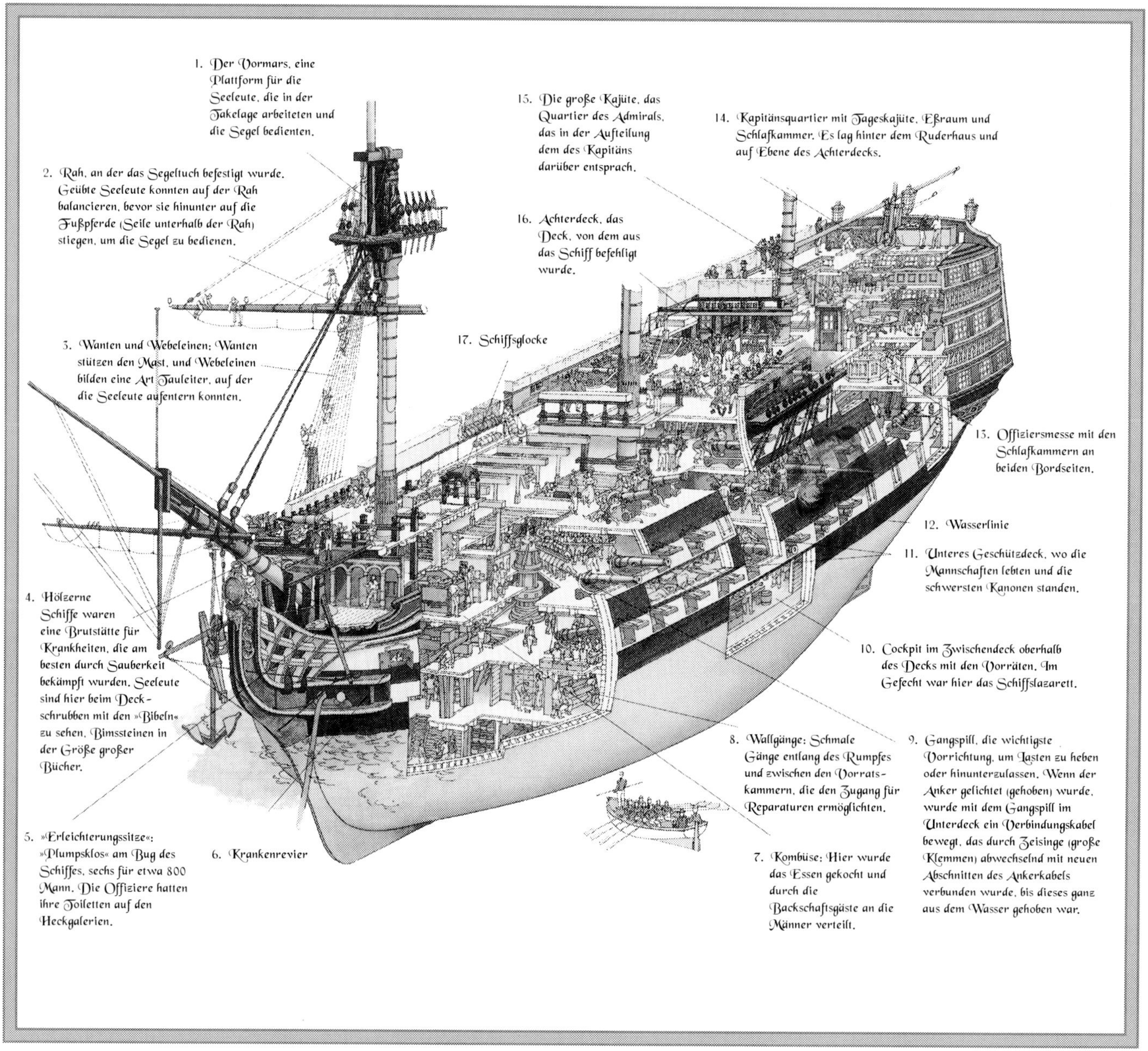

Aufriß der Victory, eines Flaggschiffs mit drei Geschützdecks. Vizeadmiral Nelson führte sie in der Schlacht von Trafalgar und starb auf ihr.

In geringerem Maße gelten die im Aufriß erkennbaren Raumverteilungen auch für die anderen Linienschiffe der 1. Klasse, die mit der britischen *Caledonia* 120 Kanonen erreichten. Sie waren natürlich extrem teuer und auch schwer zu bauen. Frankreich stellte von 1730 bis 1763 den Bau dieser Prestigeschiffe aus Kostengründen ein. Die Spanier verführte ihr Prestigebedürfnis 1769 noch zum Bau der *Santissima Trinidad*, später auf vier Decks aufgestockt und 144 Kanonen tragend. Sie war das berühmteste Kriegsschiff der Segelschiffsära.

Modell eines Dreideckers mit 108 Kanonen aus der Sammlung von Peter Tamm

❋ Linienschiffe der 2. Klasse

Kleinere Dreidecker wurden aus Kostengründen ab etwa 1670 gebaut. 1793 waren in der britischen Flotte verschiedene Dreidecker mit 90 Kanonen, die vor 1771 gebaut worden waren, im Dienst. Sie trugen auf dem Achterdeck keine Kanonen, und ein 98-Kanonen-Schiff wurde dadurch aus diesem Typ, daß acht Kanonen auf dem Achterdeck plaziert wurden. Diese Dreidecker waren keine guten Segler, weil sie für ihre Länge zu hoch gebaut waren. Viele plädierten dafür, daß Schiffe dieser zweiten Klasse eine Notlösung seien und nicht durch Neubauten ergänzt werden sollten. Dennoch waren 1793 noch 21 Schiffe dieser Klasse im Dienst der britischen Flotte. Nur neun Schiffe mit 98 Kanonen wurden während der Revolutionskriege bestellt, nur eins nach 1801. 1812 existierten noch siebzehn in der Flottenliste. Die Armierung dieser Klasse war leichter als die der ersten Klasse. Sie hatte zwar auf dem Unterdeck auch überwiegend 32-Pfünder, aber auf dem Mitteldeck nur 18-Pfünder und auf dem Oberdeck 12-Pfünder.

❋ Linienschiffe der 3. Klasse

Frankreich konzentrierte sich nach 1730, als es den Bau von Dreideckern aufgab, ganz auf die Konstruktion von Zweideckern mit 64, 74 und 80 Kanonen. Jeder dieser Typen hatte Vorläufer, aber sie wurden jetzt mit stärkeren Kanonen versehen. Wir wollen uns auf den 74er konzentrieren, das Standard-Linienschiff der künftigen Flotte. Das erste Schiff der neuen Typengruppe war die *Terrible*, die 28 36-Pfünder auf dem Unterdeck trug. Sie war etwas länger als ältere 74er, aber noch kein völliger Erfolg. Die nächsten Schiffe wurden nochmals um mehr als drei Meter verlängert und verbanden nun gute Segeleigenschaften mit Feuerkraft. 15 dieser Schiffe wurden zwischen 1749 und 1756 gebaut. Die britische Entwicklung stagnierte in dieser Zeit, denn die Surveyors des Navy Board waren damals starr und unfähig. Erst als Lord Anson Thomas Slade und William Bately gemeinsam als Surveyor berief, wurde Englands Schiffbau wieder kreativ. Slade begann sofort mit der Konstruktion neuer 74er, deren erstes Schiff die *Dublin* war. Aber mit den vier Schiffen dieser Typengruppe war man noch nicht völlig zufrieden. Erst mit der *Bellona* gelang der große Wurf. Lavery (1985) hat dieser Typengruppe ein eigenes Buch gewidmet.

Modell eines Zweideckers mit 74 Kanonen aus der Sammlung Peter Tamm

Querschnitt und Aufriss eines 74-Kanonen-Linienschiffs

Die Abbildungen stammen aus Korth »Die Schiffsbaukunst« von 1826. Sie waren für Schiffsbaumeister und Seeoffiziere gedacht. Um die Authentizität zu wahren, wurden sie mit allen Zahlen, die auf die minutiösen Erläuterungen verweisen, wiedergegeben. Um aber zu überschaubaren Erläuterungen zu gelangen, wurden Groß-und Kleinbuchstaben eingefügt.

- A Vorderdeck
- B Poopdeck, Hütte
- C Back
- D Achterdeck
- E Oberes Geschützdeck
- F Unteres Geschützdeck
- G Zwischendeck, Orlopdeck
- H Laderaum
- I Kiel

- a Brotkammer
- b Pulvermagazin
- c Vorratsräume
- d Kabelraum
- e Geschoßlast
- f Wasserfässer
- g Segelkammer

- h Vorderes Magazin
- i Fähnrichsmesse
- k Deckoffizierskammern
- l Ruderpinne
- m Hauptgangspill
- n Pumpen
- o Vorderes Gangspill

- p Kombüse
- q Niedergänge
- r Offiziersunterkünfte
- s Kapitänskajüte
- t Ruderrad und Kompaß
- u Finknetzkästen

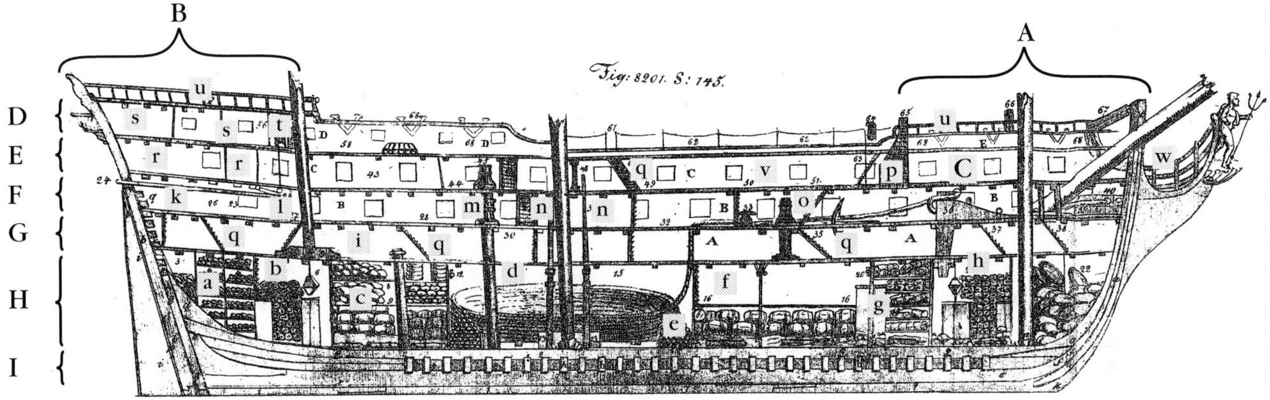

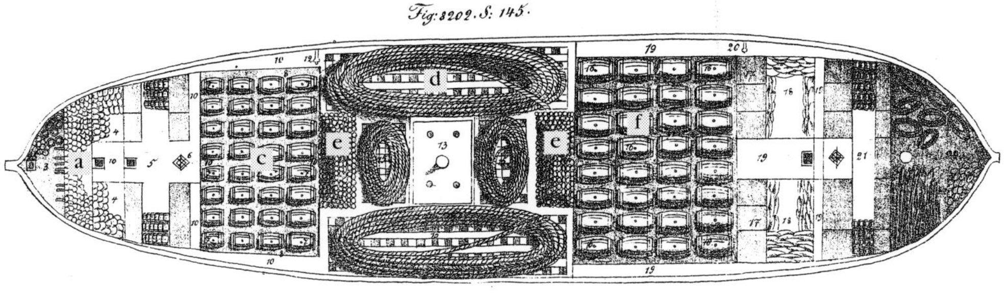

Die *Bellona* hatte eine Länge von etwas über 51 m auf dem Geschützdeck , ein Volumen von 1615 Tonnen und trug 32-Pfünder auf dem unteren Deck. Slade variierte seine Entwürfe in der Folgezeit etwas, aber über 50 Schiffe wurden nach diesen ähnlichen Entwürfen gebaut, das letzte 1789. Danach konstruierte man vorübergehend längere 74er, bis man sich um 1800 auf eine Länge von knapp 54 m auf dem Geschützdeck einpendelte. Die Verbreitung, die diese Linienschiffe mit 74 Kanonen in fast allen Flotten fanden, erklärt sich aus dem optimalen Kompromiß zwischen verschiedenen Anforderungen. Sie waren kostengünstig. Ihr Bau erforderte 1789 1,3 Millionen Pfund anstatt der zwei Millionen für einen Dreidecker. Sie hatten recht gute Segeleigenschaften, waren mit ihrer Bewaffnung in der Lage, in der Schlachtlinie auch Dreideckern gefährlich zu werden, konnten genügend Vorräte für lange Seeaufenthalte laden und erforderten nicht zuviel Besatzung.

Zu den Abbildungen sollen noch einige Bemerkungen angefügt werden. Über dem Kiel (34) befinden sich zunächst die Laderäume, die unter der Wasserlinie besonders geschützt waren. Hier war auch der Platz für die vorderen und hinteren Magazine (b und h). Die Laternen, durch die die Magazine erhellt wurden, standen in mit Wasser gefüllten Bleischüsseln. Die Scheiben waren aus Horn und vorn und hinten mit Drahtgeflechten aus Messing geschützt. Die Größe des Kabelraumes (d) erkennt man erst, wenn man den Aufriß betrachtet. Schiffe mußten damals riesige Kabel mitführen, um sicher ankern zu können. Auch Vorrats- und Wasserfässer nehmen einen großen Raum ein und mußten sicher und fest verstaut werden.

Das nächsthöhere Deck (G) – mit verringerter Höhe – war das Zwischendeck. Darüber befand sich das untere Geschützdeck mit den schweren Kanonen (F). Das höchste durchlaufende Deck war das obere Geschützdeck mit den leichteren Kanonen, den Offiziersunterkünften und der Messe (E). Hier befand sich auch die Kombüse (o), deren Wände durch Mauerwerk und Eisenplatten gegen Brand geschützt waren. Das Vorderdeck (A) trug einige Karronaden.

Im Achterdeck (D) befanden sich die Kapitänsräume. Zwischen Vorder- und Achterdeck gab es kein durchlaufendes Deck, sondern eine Art Laufsteg (gangway). In der Höhe dieser Seitendecks lagerten in der Schiffsmitte – der Kuhl – Reserverahen und -stengen sowie Beiboote, sofern sie nicht nachgeschleppt wurden. Dort war auch das Lebendvieh untergebracht. Als Reling dienten Finknetzkästen (u), eiserne Gatterkästen, in denen tagsüber die Hängematten verstaut und mit Segeltuch abgedeckt wurden. Das höchste Deck war das Poopdeck (B), auch Hütte oder Kampanje genannt, hinter dem Achterdeck. Auch hier waren Karronaden aufgestellt. Die beiden Geschützdecks waren gleichzeitig Schlaf- und Eßraum für die Mannschaften. Auf die drangvolle Enge wird in Kapitel 6 eingegangen. Hier sei noch erwähnt, daß sich die Mannschaftstoiletten (3) rechts und links neben dem Bugspriet befanden, wo er am Vorsteven verankert war. Diese auch »Schiffsgärten« genannten Latrinen waren offene Röhren, die ins Meer führten. Die Offiziere hatten ihre Latrinen am Heckspiegel des Schiffes.

Man kann mit diesem Schema die schöne Seitenaufsicht der *Victory* vergleichen, die einige Seiten früher angeführt wurde. Der Dreidecker hat ein durchgehendes Geschützdeck mehr, aber sonst sind viele Übereinstimmungen zu erkennen. Das Verhältnis von Achterdeck zu Hütte wird bei der Seitenansicht noch deutlicher. Die Niedergänge, die Holztreppen zwischen den Decks, sind dagegen im Längsschnitt besser zu erkennen.

Zur dritten Klasse gehörten auch noch die Linienschiffe mit 64 Kanonen. Sie hatten ein Geschützdeck von knapp 49 m, und eine Wasserverdrängung von 1350 Tonnen. Sie wurden als Sparversion der 74er angesehen und waren wegen nicht sehr guter Segeleigenschaften wenig geschätzt. Aber Nelsons *Agamemnon*, die er im Februar 1793 bei Kriegsausbruch übernahm, galt als schneller Segler, und er hat sie zu beachtlichen Erfolgen geführt. 1793 hatte die Flotte 39 Linienschiffe mit 64 Kanonen. Während des Krieges erbeutete sie mehr, als sie verlor, baute auch Handelsschiffe der Ostindischen Kompanie zu 64ern um und besaß 1812 noch 41 Schiffe dieser Größe.

Schiffe der vierten Klasse

Für diese Klasse wird der Begriff »Linienschiff« nicht mehr benutzt. 1793 existierte zwar noch ein altes Schiff mit 60 Kanonen, das als Linienschiff galt, aber den 50-Kanonen-Schiffen mutete man einen Kampf in der Linie nicht mehr zu. Dazu war ihre Bewaffnung zu schwach. Sie trugen nur 24-Pfünder auf dem Unterdeck und 12-Pfünder auf dem Oberdeck. Dennoch focht noch ein Schiff dieses Typs in der Schlachtlinie bei Abukir mit, wie die britischen Historiker immer betonen. Aber generell wurde das 50-Kanonen-Schiff mit seinen etwa 1050 Tonnen Wasserverdrängung meist als Flaggschiff für kleinere Geschwader und kleinere Überseestationen eingesetzt. 1793 wurden 19 Schiffe dieser Art in der Flottenliste geführt. 1812 waren es 14. Die Bewaffnung der Schiffe der ersten vier Klassen im Jahre 1793 – ohne die später auf Vor- und Achterdeck zusätzlich mitgeführten großen Karronaden – zeigt die folgende Tabelle :

Die Tabelle läßt die durchschnittliche Bewaffnung erkennen. Es gab, mit Erlaubnis der Admiralität, immer wieder Abweichungen.

Kanonen	Unterdeck	Mitteldeck	Oberdeck	Achterdeck	Vordeck
1.Klasse	**32-Pfd.**	**24-Pfd.**	**18-Pfd.**	**12-Pfd.**	**12-Pfd.**
112	30	32	32	14	4
	32-Pfd.	**24-Pfd.**	**12-Pfd.**	**12-Pfd.**	**12-Pfd.**
100	28	28	28	12	4
2.Klasse	**32-Pfd.**	**18-Pfd.**	**18-Pfd.**	**12-Pfd.**	**12-Pfd.**
98	28	30	30	8	2
3.Klasse	**32-Pfd.**		**24-Pfd.**	**12-Pfd.**	**12-Pfd.**
74	28	—	30	14	2
	24-Pfd.		**18-Pfd.**	**12-Pfd.**	**12-Pfd.**
64	26	—	24	10	2
4.Klasse	**24-Pfd.**		**12-Pfd.**	**6-Pfd.**	**6-Pfd.**
50	22	—	22	4	2

4.05 Die Fregatten

Lavery (*1989, S. 49*) bezeichnet Fregatten als den »most glamorous« Schiffstyp in der Flotte. Fregatten umgibt der Hauch der Freiheit, Unabhängigkeit, Prisenjagd, Entdeckung neuer Welten, des Einzelkampfes Schiff gegen Schiff. Das waren alles Aufgaben der Fregatten, die seit Nelson auch die »Augen der Flotte« genannt wurden. Aber daneben gehörte auch der langweilige Konvoidienst zum Alltag der Fregatten, die vorgeschobene Patrouille bei der Blockade fremder Häfen, die Überbringung wichtiger Depeschen.

Dennoch waren Fregatten für unternehmungslustige Kapitäne der bevorzugte Schiffstyp. Viel öfter als Linienschiffe segelten sie allein oder im kleinen Fregattenverband. Sie waren mehr Jäger als Wächter. Sie waren schnell genug, um größeren Schiffen zu entkommen, obwohl es auch Linienschiffe gab, die in schwerer See so schnell waren wie Fregatten. Und ihre Bewaffnung war stark genug, um Kaperschiffe und schnellere Kriegsschiffe zu besiegen. Wie sehr Schiffe der 5. und 6. Klasse an Bedeutung gewannen, soll eine Aufstellung zeigen, die einer Tabelle bei Gardiner (*1992, S. 28*) entnommen wurde.

Die Fregatten als leichtere Schiffe haben eine Geschichte, die ins Mittelalter zurückreicht. Gardiner (1992) informiert kurz darüber und über die Änderungen in den »Konstruktionsphilosopien«. Hier kann nur auf die Fregatten von 1793 bis 1815 und ihre Vorgänger nach 1750 eingegangen werden. Diese Fregatten unterlagen dem gleichen Trend wie auch die anderen Schiffe: Sie wurden größer und stärker armiert. In der britischen Flotte waren Fregatten in die 5. und 6. Klas-

Jahr	**Schiffszahl 1.–4. Kl.**	**:**	**Schiffszahl 5. u. 6. Kl.**	**Anteil der Fregatten %**
1702	130	:	45	26 %
1753	132	:	78	37 %
1783	197	:	175	47 %
1805	199	:	222	53 %

se eingestuft. Sie werden auch hier so angeführt, wobei jeweils mit den leichteren Typgruppen begonnen wird, um die historische Entwicklung besser abzubilden.

Fregatten der 5. Klasse

Fregatten der 5. Klasse waren bei Kriegsbeginn meist 12-Pfünder-Fregatten. Zuerst konstruierten die Franzosen mit der *Hermione* 1748 den Prototyp ihrer 12-Pfünder-Fregatten, von dem bis 1797 über 100 gebaut wurden.

Die Briten begannen 1757 mit dem *Southhampton*-Typ, einer Fregatte mit 26 Zwölfpfündern und sechs Sechspfündern. Diese Fregatten wurden für etwa 30 Jahre der britische Standardtyp. Anfangs hatten sie 680, später 720 Tonnen Wasserverdrängung. Bei den steigenden Möglichkeiten, die der Handelskrieg in fernen Meeren bot, begnügte man sich nicht lange mit den Zwölfpfünder-Fregatten. Bereits 1762 wurde in Frankreich vorgeschlagen, Fregatten mit einer Batterie von Achtzehnpfündern zu bauen, die die unmodern gewordenen 40-Kanonen-Zweidecker ersetzen konnten. Der Vorschlag setzte sich nicht durch. England jedoch baute 1778 die ersten 18-Pfünder-Fregatten, nämlich den *Flora*-Typ und den *Perseverance*-Typ mit je 36 Kanonen sowie den *Minerva*-Typ mit 38 Kanonen.

Es war einige Jahre nicht entschieden, ob die Achtzehnpfünder-Fregatten mit 32 oder 36–38 Kanonen sich durchsetzen würden. Die erste Fregatte mit 32 Achtzehnpfündern wurde 1790 in England gebaut, die Pallas. Dann folgte der Cerberus-Typ mit sechs Schiffen 1793. Diese Schiffe hatten zunächst 800, später 900 Tonnen. Aber die Fregatten mit 32 Kanonen behaupteten sich nicht, da Frankreich und Amerika bald größere Fregatten bauten. Der Flora-Typ wurde häufig nachgebaut, und nach 1798 folgte der Apollo/Euryalus-Typ mit 26 Schiffen. Die meisten Fregatten dieser Art

Die Abbildung zeigt eine britische Fregatte der 5. Klasse. Eine Fregatte ist auch auf dem Bild von Pocock zu sehen, das auf Seite 179 wiedergegeben ist.

hatten um 950 Tonnen. 1813 gab es 63 Fregatten mit 36 Achtzehnpfündern in der Flottenliste. Aber auch mit einer Bestückung von Achtzehnpfündern hatte die Fregatte noch nicht ihre schwerste Bewaffnung in diesem Krieg erreicht. 1794 eroberten die Briten die französische Pomone mit Vierundzwanzigpfünder-Kanonen. Im gleichen Jahr bauten die Amerikaner ihre berühmten Fregatten Constitution, United States und President mit Vierundzwanzigpfündern. Die unmittelbare britische Antwort waren die »Razees«, drei um ein Deck »abgeschnittene« 64er-Linienschiffe, die mit verstärkter Besegelung als schwere Fregatten mit 38 bis 40 Vierundzwanzigpfündern eingesetzt wurden. Sie hatten den Nachteil, daß ihre Geschützluken viel tiefer lagen als bei genuinen Fregatten, da sie ja vorher das unterste Geschützdeck bildeten. Bei schwerer See bestand immer die Gefahr, daß Wasser durch die tiefliegenden Luken einströmte. Dennoch ist ein »Razee«, die Indefatigable, unter dem berühmten Fregattenkapitän Edward Pellew bekannt geworden, als sie ein neues französisches Linienschiff nach heftigem Kampf auf eine Sandbank trieb. Aber grundsätzlich gingen die Briten für ihre Fregatten noch nicht zu schwererer Bewaffnung über. Die Admiralität hielt die Fregatten mit 38 Achtzehnpfündern für ausreichend, um jeder Herausforderung durch feindlichen Fregatten gewachsen zu sein. Zu Beginn des Krieges hatte sie bereits eine Anzahl gekaperter Schiffe dieser Größe im Dienst, und sie ließ nach den Plänen der gekaperten Hebé 49 Fregatten des Leda-Typs mit 1070 Tonnen bauen. Da dies auch der Standard-Typ der französischen Flotten war, standen sich auf beiden Seiten praktisch Schwesterschiffe gegenüber.

Die Franzosen experimentierten schon 1793-1799 mit Vierundzwanzigpfünder-Fregatten, ohne sie in größerer Zahl einzuführen. Erst das Jahr 1812 schockte England, als im gerade ausgebrochenen Krieg mit den Vereinigten Staaten neben anderen Schiffen drei britische 38-Kanonen-Fregatten von den großen amerikanischen Fregatten mit ihren 30 Vierundzwanzig-Pfündern und 20 Karronaden in Einzelgefechten niedergekämpft wurden.

Die schnelle Antwort war der Bau von fünf Fregatten mit je 28 Vierundzwanzigpfündern aus billigem weichem Holz nach vorliegenden Plänen der *Endymion*. Sie waren Mitte 1813 einsatzbereit. Die Engländer hatten schon vorher mit Kiefernholz experimentiert und dabei eine kürzere Lebensdauer der Schiffe bei dem billigeren Preis in Kauf genommen. Sie konstru-

Bewaffnung britischer Fregatten 1780 – 1815

(Karronaden = kursiv)

Schiffstyp	Jahr	Hauptdeck	Achterdeck	Vorderdeck
28-Kan.-Freg.	1793	24x9-Pfd.	4x6-Pfd., *4x18-Pfd.-Karr.*	*2x18-Pfd.-Karr.*
32-Kan.-Freg.	1780	26x12-Pfd.	4x6-Pfd.,*6x18-Pfd.-Karr.*	2x6-Pfd., *2x18-Pfd.-Karr.*
„ „ „	1793	26x12-Pfd.	4x6-Pfd.,*4x24-Pfd.-Karr.*	2x6-Pfd., *2x24-Pfd.-Karr.*
36- Kan.-Freg.	1782	26x18-Pfd.	8x9-Pfd., *4x18-Pfd.-Karr.*	2x9-Pfd., *4x18-Pfd.-Karr.*
„ „ „	1799	26x18-Pfd.	*14x32-Pfd.-Karr.*	2x9-Pfd., *2x32-Pfd.-Karr.*
38- Kan.-Freg.	1780	28x18-Pfd.	8x9-Pfd.,*6x18-Pfd.-Karr.*	2x9-Pfd., *4x18-Pfd.-Karr.*

ierten auch zwei noch größere Fregatten mit 32 Vierundzwanzigpfündern sowie 26 Zweiundvierzig-Pfünder-Karronaden, die Ende 1813 einsatzbereit waren. Und sie »schnitten« wieder drei 74er um ein Deck herunter, so daß sie als schwere Fregatten mit Zweiunddreißig-Pfünder-Kanonen in den Kampf gehen konnten. Aber nur die *Endymion* erlebte tatsächlich einen Einsatz. Die schwersten Fregatten der 5. Klasse, die in den Kriegen von 1793-1815 eine wichtige Rolle spielten, waren die Fregatten mit 38 Achtzehnpfündern. Von den 185 britischen Fregatten der 5. Klasse im Jahr 1813 waren allein 80 von diesem Typ. Aber es kündigte sich schon an, daß die Zukunft noch schwereren Fregatten mit Vierundzwanzigpfündern gehören würde. Die typische Bewaffnung britischer Fregatten unter Einschluß der Karronaden zeigt die Tabelle auf Seite 146, die nach Angaben bei Howard (1979) und Gardiner (1992) zusammengestellt wurde.

Die Aufstellung läßt erkennen, daß sich an der Hauptbewaffnung des gleichen Typs über fast zwei Jahrzehnte nichts ändert. Die Änderungen finden sich bei der Hinzufügung von Karronaden. Hier ist ein klarer Trend zu immer größeren Karronaden zu beobachten. Auf dem Achterdeck verdrängen sie die Langkanonen völlig, während auf dem Vorderdeck für Verfolgungen noch weiterreichende Langkanonen beibehalten werden.

Diese Karronaden lassen nicht nur die Richtzahl der Typen illusorisch werden, denn eine 38-Kanonen-Fregatte hat nun 46 Geschütze. Auch das Gewicht der Breitseite ändert sich. Eine 28-Neunpfünder-Fregatte mit Karronaden hat das gleiche Geschoßgewicht der Breitseite wie eine 32-Achtzehnpfünder-Fregatte ohne Karronaden. Das Geschoßgewicht einer 32-Kanonen-Fregatte erhöht sich von 1780 bis 1799 von 252 auf 421 Pfund. Die Kampfkraft wächst also beachtlich, aber nur bis zur Reichweite von 250 m. Darüber ließen Genauigkeit und Durchschlagskraft der Karronaden viel stärker nach als die der Langgeschütze *(vgl. Kapitel 5)*.

Fregatten der 6. Klasse

Auch in dieser Klasse gaben die Franzosen das Tempo an. Ollivier konstruierte seine leichte Fregatte *Medée* bereits 1741 in Brest. Diese Fregatte wurde für die französische Flotte bis 1774 mit 26 Achtpfünder-Kanonen gebaut. Der Prototyp fiel bereits 1744 in die Hände der Briten. Aber erst 1747 setzte sich der Wille nach einer leichten Fregatte für den Handelskrieg durch, und die Admiralität orderte zwei 24-Kanonen-Fregatten nach dem Muster des erbeuteten französischen Kaperschiffes *Tygre*. Nach diesen Prototypen wurden etwa 50 Schiffe bis 1783 gebaut und mit 28 Neunpfündern bestückt. Das bedeutete im Vergleich zur französischen Fregatte nicht unbedingt eine Verstärkung, denn das britische Pfund wog weniger als das französische.

Aber die leichte Fregatte war 1793 schon ein Auslaufmodell. In diesem Jahr waren noch 41 im Dienst. Da Prisen dieses Typs erbeutet wurden, stieg die Zahl auch ohne Neubauten bis 1813 auf 51. Doch die Zeit der leichten Fregatten war vorbei, obwohl während des Krieges auch ein Typ mit 22 Kanonen in kleiner Zahl gebaut wurde. Die Aufgabe der leichten Fregatten übernahmen die Sloops und Briggs, und für die brauchte man keinen Kapitän, sondern nur einen Commander.

4.06 Die kleineren Kriegsschiffe

Die Schiffe unterhalb der 6. Klasse waren nicht klassifiziert (unrated), und ihr Kommandant wurde nicht Kapitän, wenn er ein solches Schiff erhielt. Damit endet schon fast die Gemeinsamkeit dieser kleineren Schiffe. Sie waren viel unterschiedlicher als die Schiffe der sechs Klassen. Einige hatten drei Masten, andere zwei, wieder andere einen. Wieder andere führten Rahsegel *(vgl. Kapitel 4.08)* wie alle Schiffe der sechs Klassen, während viele Schratsegel trugen. Sie hatten aber noch eine Gemeinsamkeit: Ihre Größe erlaubte ihnen nicht die Mitnahme von so viel Munition und Proviant, daß z. B. bis Indien segeln konnten, ohne Häfen anzulaufen. Daher blieben diese kleineren Schiffe meist in einem Gebiet, wurden oft auch von regionalen Schiffsbauern konstruiert, wie z. B. die Bermuda-Schoner.

Vollgetakelte Sloops

Die größten der kleineren Kriegsschiffe waren die Sloops mit drei Masten und Rahsegeln (ship-sloop). Statt Sloop kann man auch Korvette sagen, wenn dadurch auch die Unterschiede zur französischen Flotte verwischt werden. Aber die Begriffe »Schaluppe« oder »Schlup«, die sich in einigen Übersetzungen finden, sind irreführend und sollten für Beiboote (shallop, yawl) reserviert bleiben, die im nächsten Kapitel beschrieben werden. Die vollgetakelte Sloop war eine kleine Fregatte, besonders dann, wenn sie Achterdeck und Vorderdeck und nicht nur ein Glattdeck aufwies. Die Sloops erlebten wie die meisten anderen Schiffe auch den Trend zu immer größeren Typen. Noch gravierender war für die kleinen Schiffe aber die Einführung der Karronaden. Da einige Typen ihre kleinkalibrigen Kanonen fast völlig gegen großkalibrige Karronaden tauschten, vervielfachte sich das Geschoßgewicht ihrer Breitseite und machte sie auf kürzere Distanz auch für größere Schiffe zu einem gefährlichen Gegner.

Sloops wurden immer dann in größerer Zahl gebraucht, wenn lange Küsten überwacht werden sollten. Das war während des Amerikanischen Unabhängigkeitskrieges und während der Napoleonischen Kontinentalsperre der Fall. Im amerikanischen Krieg reagierte die britische Admiralität, indem sie die 14-Kanonen-Sloop *Swan* mit 300 Tonnen bis 1779 in 26 Exemplaren nachbauen ließ. Einige erhielten 16 Kanonen, auch ein 18-Kanonen-Typ wurde konstruiert, aber die meisten waren 14-Kanonen-Sloops mit drei Masten. 1793 begann die britische Flotte den Krieg mit 39 Schiffen dieses Typs. Nach Kriegsbeginn wurden neue Sloops entworfen, z.B. die 419-Tonnen-Sloop *Termagants*, von der sechs Einheiten gebaut wurden. Aber der vorherrschende Typ war die 422-Tonnen-Sloop *Cormoran*, von der 23 bis 1805 gebaut wurden. Führten die Sloops früher auf Achterdeck und Vorderdeck kleinere Drehbassen, so wurden diese nun durch 12-Pfünder-Karronaden ersetzt.

Nach 1800 wurde auch die Hauptbatterie häufig durch Karronaden ausgetauscht. Die Sloops des *Conway*-Typs führten 18 32-Pfünder-Karronaden auf dem Hauptdeck, sechs 12-Pfünder-Karronaden auf dem Achterdeck, zwei lange Sechspfünder-Kanonen und zwei 12-Pfünder-Karronaden auf dem Vorderdeck. Das gab ihnen eine Feuerkraft, die früher nicht einmal Fregatten aufwiesen. Als im Krieg von 1812–1814 gegen die USA die Amerikaner mit großen Glattdecksloops mit 20 32-Pfünder-Karronaden auftauchten, legten auch die Briten noch einmal zu und bauten u.a. den *Levant*-Typ in 16 Exemplaren mit der gleichen Karronaden-Bestückung wie die amerikanischen Sloops. Glattdeck-Sloops, deren Segeleigenschaften höher eingeschätzt wurden, blieben dennoch in der britischen Flotte in der Minderzahl. Während 1814 57 Sloops mit Achter- und Vorderdeck im Dienst waren, zählte man nur 20 Glattdecksloops.

Sloops mit zwei Masten oder Brigg-Sloops

Die Brigg trug zwei Masten mit Rahsegeln, hatte fast immer ein Glattdeck und wurde als sehr handlicher Segler gerühmt. Sie brauchte weniger Besatzung als die vollgetakelte Sloop und konnte dennoch die gleiche Bewaffnung tragen. Der häufigste Typ war der *Cruizer*-Typ mit 335 Tonnen und 18 32-Pfünder-Karronaden. 1796 entworfen, wurde dieser Typ in über 100 Exemplaren gebaut und ist damit der Segelschiffstyp mit der höchsten Produktionszahl. England begann den Krieg mit 11 Brigg-Sloops und zählte 1814 181 Schiffe dieser Art in seiner Flotte, ein Beweis, wie gut und vielfältig sie einzusetzen waren. Der berühmteste Kommandant einer Brigg-Sloop war Lord Thomas Cochrane, der mit seiner 150-Tonnen Sloop *Speedy* mit 14 Vierpfündern 1800 und 1801 nahezu unglaubliche Erfolge erzielte und sie zum gefürchtetsten Schiff vor der spanischen Mittelmeerküste machte.

Modell einer französischen Korvette mit 16 Kanonen aus der Sammlung Peter Tamm. Britische Sloops dieser Größe waren fast baugleich.

Zeichnung einer Brigg aus dem Standardwerk von Steel 1794

❋ Mörser-Schiffe

Mörser-Schiffe waren die am meisten spezialisierten Schiffe der Flotte. Sie waren für die Beschießung von Befestigungen konstruiert, und jeder andere Einsatz war nur ein Notbehelf. Die meisten trugen zwei Mörser, einen mit 33 cm Durchmesser, den anderen mit knapp 28 cm. Um Platz für diese Steilfeuergeschütze zu schaffen, hatte man zunächst auf den vorderen Mast verzichtet.

Wenn die Segel eingeholt wurden, konnte ein solches Mörserschiff nach vorne feuern. Gezielt werden mußte dabei mit dem ganzen Schiff, da die Mörser fest eingebaut waren. Dieser Typ von Mörserschiffen hatte aber sehr schlechte Segeleigenschaften, und man konstruierte später Mörserschiffe mit drei Masten, die seitwärts feuerten. Mörsergranaten waren die einzigen Explosivgeschosse, die in der damaligen britischen Flotte benutzt wurden.

Größere Beachtung fand der Einsatz von Mörserschiffen eigentlich nur bei zwei Gelegenheiten, bei der Bombardierung Kopenhagens 1801 und 1807 und bei arktischen Expeditionen. Den Einsatz bei arktischen Expeditionen verdanken die Mörserschiffe ihrer sehr stabilen Bauart, die erforderlich war, um den gewaltigen Rückstoß dieser fest eingebauten großen Geschütze auszuhalten. Das machte sie auch gegen Eisdruck widerstandsfähig.

❋ Kanonenbriggs, Kutter und Schoner

So unterschiedlich diese sehr kleinen Kriegsschiffe auch waren, allen war gemeinsam, daß sie von einem Leutnant kommandiert wurden. Kanonenbriggs existierten in der britischen Flotte fast nur in der Version mit 12 Geschützen. Waren es ursprünglich Vierpfünder-Kanonen, so wurden sie bald ersetzt durch 18-Pfünder-Karronaden. Sie verdrängten 150–180 Tonnen und hatten eine Besatzung von etwa 50 Mann. Ihr Haupteinsatzgebiet waren Küstengewässer, aber die Briten setzten diesen Schiffstyp auch als Geleit für baltische Konvois ein. Gegen Ende des Krieges waren 71 Schiffe dieses Typs in der britischen Flotte.

Der Kutter war ein genuin britischer Schiffstyp, entwickelt für südenglische Schmuggler, dann vom Zoll und später auch von der Flotte adoptiert. Der typische Kutter hatte einen hohen Mast, der eine große Takelage trug,

Die Abbildung zeigt die Zeichnung eines Kutters nach Steel 1794.
Man beachte, daß er Schratsegel führt
mit Ausnahme des Toppsegels, das als Rahsegel gestaltet ist.

weil der Kutter ein auf Schnelligkeit konstruiertes Schiff war. Seine Größe lag meist zwischen 150 und 259 Tonnen, obwohl die Franzosen auch größere Kutter bauten. Die Bewaffnung variierte zwischen acht und zwölf Kanonen. Am häufigsten waren die Kutter mit 10 Kanonen.

Die Hauptaufgabe der Kutter war die schnelle Nachrichtenübermittlung. Sie wurden auch für Erkundungen benutzt, aber da setzte ihre Bewaffnung Grenzen. Da sie großen Tiefgang hatten, waren sie für flache Küstengewässer ungeeignet.

Die Zeichnung zeigt einen Schoner aus dem Standardwerk von Steel 1794

Der Übergang zu den zweimastigen Schonern war fließend, denn auch in der britischen Flotte gab es Kutter mit Schonertakelung. Der Schoner wurde nach dem Vorbild bekannter Jachten konstruiert und erst relativ spät als Kriegsschiff eingesetzt.

Das erste Kriegsschiff der amerikanischen Revolutionäre war der kleine Schoner *Hannah*. Schoner hatten meist eine Größe von 70 bis 150 Tonnen, obwohl auch einzelne große Schoner mit 300 Tonnen konstruiert wurden. Die häufigste Verwendung fanden Schoner als Kaperschiffe. Mit Karronaden und Jagdgeschützen bestückt, konnten sie bei ihrer Geschwindigkeit einzelnen Handelsschiffen sehr gefährlich werden.

Die britische Flotte setzte sie vorwiegend wie die Kutter zur Nachrichtenübermittlung ein. Sie kaufte sie eher, als daß sie selbst bauen ließ. Aber den *Ballahoo*-Typ mit 16 Schonern ließ sie auf den Bermudas aus Zedernholz bauen und bestückte sie mit vier bis sechs 12-Pfünder-Karronaden. Das war eine recht schwache Bewaffnung, und der folgende *Adonis*-Typ war mit 18-Pfünder-Karronaden armiert.

Gegen Ende des Krieges hatte die britische Flotte elf dieser kleinen Schoner im Dienst. James Cook hat übrigens mit einem dieser kleinen Schoner die kanadische Küste vermessen und seinen Ruf als Kartograph und Navigator begründet.

4.07 Die Beiboote

Die Beiboote der Segelkriegsschiffe waren nicht in erster Linie als Rettungsboote gedacht, wie heute die Boote der Passagierdampfer. Sie hatten Männer und Proviant zu transportieren, da die größeren Segelschiffe selten am Kai anlegten, sondern meist auf Reede ankerten. Mit Beibooten wurde rund um das Schiff Wache gerudert, um feindliche Enterangriffe oder die Desertion eigener Seeleute zu verhindern. Mit Beibooten wurden oft Anker in Position gebracht. Bei Flaute mußten die Beiboote mitunter das eigene Schiff ziehen, eine mörderische Anstrengung. Oder die Beiboote mußten bei der Flaute den Bug des Schiffes herumholen, damit es die Breitseite einsetzen konnte. Für Enterangriffe waren die Beiboote unentbehrlich, ebenso auch für Landungsaktionen an der feindlichen Küste. Beiboote ruderten dem Schiff bei der Annäherung an eine fremde und nicht vermessene Küste voraus und loteten die Tiefe.

Die meisten Beiboote trugen Segel und Ruder. Sie hatten verschiedene Größen, je nachdem, ob sie für den Lastentransport oder für die Beförderung von Offizieren zum Flaggschiff oder zum Kai gedacht waren. Die Bezeichnungen wechselten im Lauf der Zeit. Vor 1780 wurde meist vom Langboot gesprochen. Wir geben in Anlehnung an Howard (*1979, S. 225*) die Bezeichnungen an, die im Reglement über die

Beibootreglement 1781 für verschiedene Schiffstypen

Linienschiff mit 74 Kanonen	Fregatte mit 36 oder 32 Kanonen	Sloop mit 18 Kanonen
1 Barkasse, 9,45 m, hinten fast so breit wie vorn	1 Barkasse, 7,32 m lang	1 Barkasse, 5,80 m lang
2 Pinassen, knapp 10 m und 8,53 m lang, weniger breit als die Barkasse	1 Pinasse, 9,14 m lang	1 Pinasse, 7,92 m lang
2 Kutter mit 7,72 m Länge 1 Kutter mit 5,49 m Länge.	2 Kutter mit 7,32 m Länge, 1 Kutter mit 5,49 m Länge.	1 Kutter, 5,49 m lang

vorgeschrieben Zahl der Beiboote für verschiedene Schiffstypen angeführt werden.

Die großen Beiboote hatten zwei, die kleineren einen umlegbaren Mast. Die großen Barkassen wurden von 14 Mann gerudert. Für den kleinsten Kutter wurden auch eine Jolle oder eine Gig eingesetzt, die vorwiegend für den Kapitän benutzt wurde. Die Boote wurden über der Kuhl auf Balken gestaut. Im Gefecht wurden sie hinter den Schiffen hergeschleppt, um die Gefahr durch Splitter zu verringern, die umherflogen, wenn die Boote eventuell getroffen wurden. Sie waren so auch leichter im Notfall heranzuholen und zu bemannen.

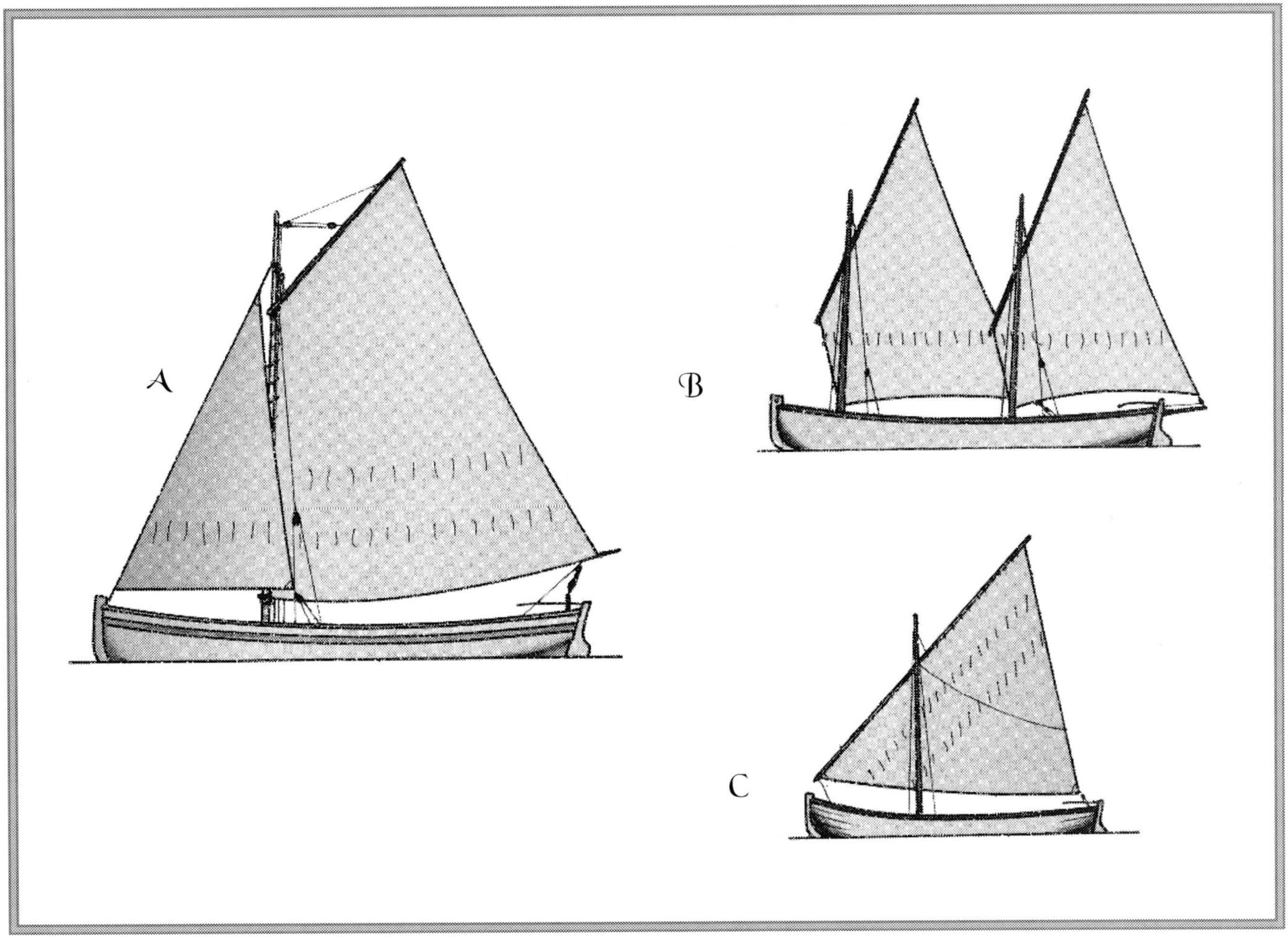

Die Zeichnungen zeigen: A eine Barkasse, B einen Kutter mit Luggersegeln, C einen kleinen Kutter mit Lateinsegel

4.08 Die Takelage

Takelage ist ein Sammelbegriff für die Masten, Stengen und Rahen, also die vertikalen und horizontalen Rundhölzer, die über den Schiffsrumpf hinausragen, sowie für das stehende und laufende Gut, also jenes Tauwerk, das an den Rundhölzern angebracht wird, um sie einerseits zu stabilisieren (stehendes Gut) und sie andererseits so zu bewegen, daß man die Segel dem Wind entsprechend ausrichten kann (laufendes Gut). Hier steht die Takelage von Rahseglern im Vordergrund, denn alle britischen Schiffe der sechs Klassen und die Sloops waren Rahsegler. Ihre Hauptsegel standen quer zum Rumpf, weswegen man auch von Quersegeln spricht. Diese Art von Segeln ist die ältere. Segel, die längs zum Rumpf stehen, die Schratsegel, kamen erst später auf.

Masten und Stengen

Masten sind die großen Rundhölzer, die vertikal aus dem Schiffsrumpf emporragen. Sie können aus einem Stück Holz sein, die Pfahlmasten, oder aus mehreren Stücken zusammengesetzt sein, die gebauten Masten. Die unteren Teile der Masten bestanden nie aus einem Stück. Man hätte so große Bäume kaum gefunden. Die Masten der Kriegsschiffe waren meist aus drei Teilen zusammengesetzt. Dabei wurde nur der untere Teil als Mast im eigentlichen Sinne bezeichnet. Auf ihn folgten die Marsstenge und die Bramstenge. Um 1779 wurde an Fock- und Großmast noch eine weitere Stenge hinzugefügt, die Royalstenge.

Der eigentliche Mast wies schon gewaltige Maße auf. Beim Großmast eines 74er Linienschiffs war er knapp 34m hoch und am unteren Ende 0,92 m dick. Der gebaute Mast hatte einen Kern, eine Zunge oder Spindel. In ihm waren zwei Langhölzer ineinander verfugt und mit Bolzen miteinander verbunden. Um den Kern legten sich sechs Wangen, die man sich wie große Holzschalen denken kann, die wiederum mit dem Mastkern verbolzt werden. Auf diesen so zusammengefügten Mast wurden riesige Eisenringe geschoben, so daß das Gebilde eine Festigkeit hatte, die ein gewachsener Mast kaum aufweisen konnte. Zum Bau wurde Fichtenholz aus den USA oder aus dem Baltikum genommen.

Schiffe im engeren Sinne führten alle drei Masten, den Fockmast, den Großmast und den Besan- oder Kreuzmast (von vorn nach hinten). Die Bezeichnung Besanmast wird meist nur benutzt, wenn am hinteren Mast ausschließlich ein Längs- oder Schratsegel geführt wird. Wenn der hintere Mast sowohl Rah- als auch Schratsegel trägt, was bei britischen Dreimastern die Regel war, so spricht man eher von Kreuzmast.

Wo die Masten durch die Decks führten, waren sie durch Querhölzer mit den Deckplanken verbunden. Die Masten wurden von den Schiffsbauern in einem ganz bestimmten Verhältnis zur Größe des Schiffes konstruiert, wobei sich Variationen zwischen den Schiffsbauern und zwischen den Schiffstypen ergaben. Man kann aber sagen, daß sich die Höhe des Großmastes etwa ergab, wenn man die Schiffsbreite

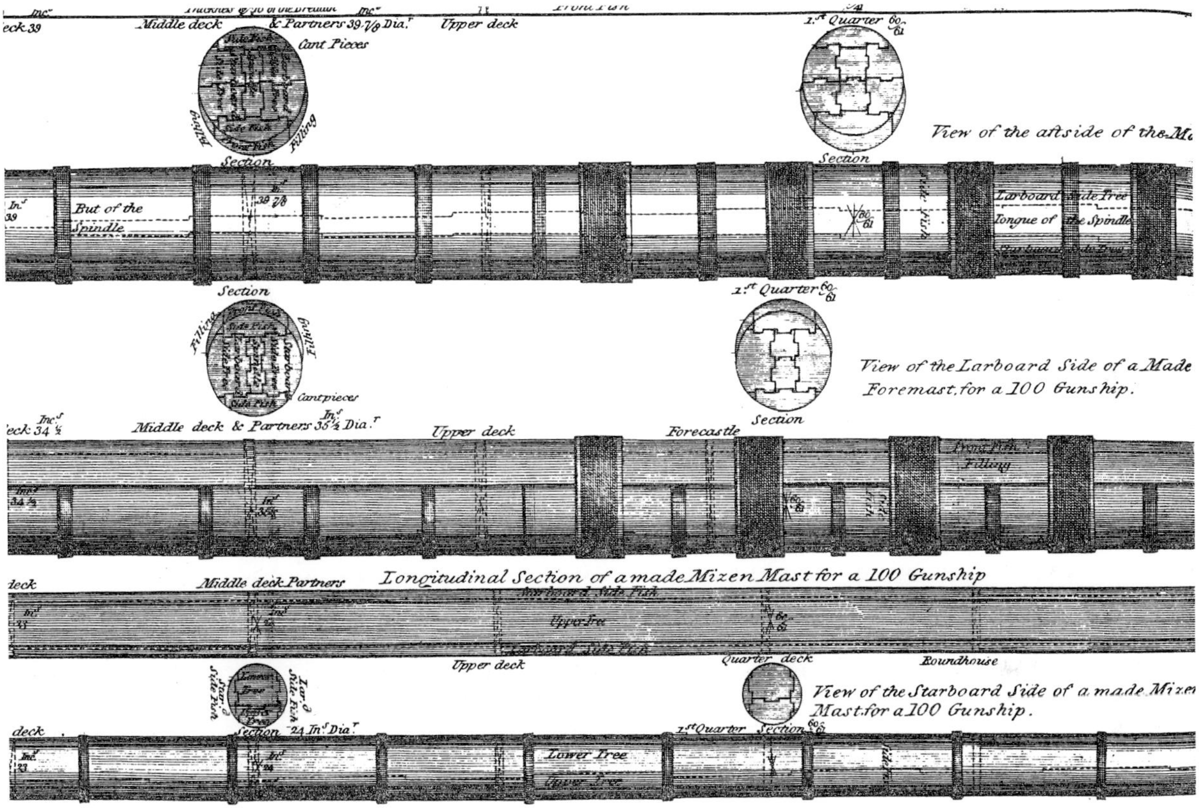

A

B

C

Die Abbildung zeigt Ausschnitte aus einer Zeichnung von Steel 1784,
in der zusammengesetzte Masten eines 100-Kanonen-Schiffes dargestellt wurden.

A = Großmast von hinten gesehen
B = Fockmast von der Steuerbordseite aus
C = Kreuzmast

Die Masten sind in Aufsicht und im Querschnitt dargestellt. Sie haben z.T. noch keine Eisenbänder zur Verstärkung, sondern Tauringe, die sogenannten Wuhlings.

mit 2,30 multiplizierte. Der Fockmast sollte nach Meinung der meisten Konstrukteure acht Neuntel der Länge des Großmastes aufweisen, der Besanmast nur sechs Siebentel. Auch die Position der Masten im Schiffsrumpf war festgelegt. Die Relationen und Maße finden sich in der Spezialliteratur, z. B. bei Howard 1979 und Marquardt 1986.

Auch die oberen Teile der Masten, die Maststengen, folgten bestimmten Proportionen. An Fock- und Großmast hatten die Marsstengen 60% der Länge des Untermasts, die Bramstenge 50% der Marsstenge und die Royalstenge 70% der Bramstenge. Der (oder: das) Bugspriet wies eine Länge von 60% des Großmasts auf. Die Länge der einzelnen Mastteile kann man auf Bildern leicht dadurch erkennen, daß sie durch größere oder kleinere »Plattformen« abgeschlossen wurden, von denen die untersten als Gefechtsstationen für Scharfschützen, die obersten als Ausguckstationen dienten.

Die »Plattformen« kann man sich am einfachsten dadurch erklären, daß man zwei massive Querhölzer brauchte, um zwei Mastteile fest miteinander zu verbinden. Das Prinzip ist der Befestigung eines Bajonetts nicht unähnlich.

Auf der Abbildung ist als vereinfachtes Schema die untere Plattform zu sehen, die »Mars« genannt wurde. Nr. 1 bezeichnet die Marsplattform, Nr. 2 das »Eselshaupt« (cap). Am Eselshaupt ist das Grundprinzip am deutlichsten zu erkennen: Der Untermast, am oberen Ende rechteckig abgeplattet, endet im Querholz. Die Marsstenge führt hindurch und endet dann mit dem ebenfalls rechteckigen unteren Ende im Mars.

Da der Mars mehrere Funktionen zu erfüllen hatte, ist sein Aufbau etwas komplizierter. Die Plattform war zu dieser Zeit meist vorn abgerundet, an den Seiten gerade, damit die Wanten für die Marsstenge angebracht werden konnten, und hinten rechteckig. Die Marsplattformen wurden später mehr nach hinten verlängert. Diese Plattform wurde durch Längssalings (Nr. 3) gehalten, die ihrerseits durch Mastbacken (Nr. 4) gestützt wurden. Die Querverbindung wurde durch Dwars- oder Quersalings (Nr. 5) stabilisiert. Die höheren Toppen waren sehr ähnlich aufgebaut. Sie hatten zwar keine Plattform, aber mehr Quersalings zur Abstützung von Wanten.

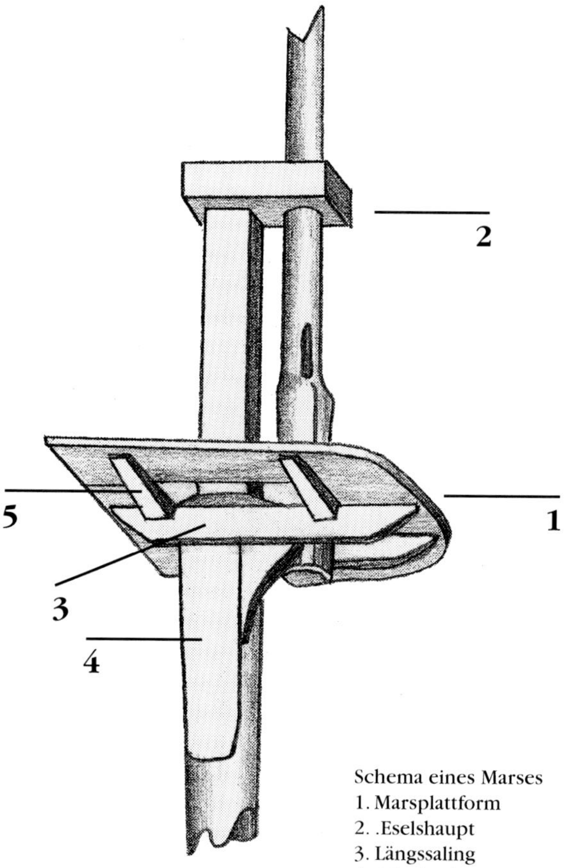

Schema eines Marses
1. Marsplattform
2. .Eselshaupt
3. Längssaling
4. Mastbacken
5. Quersalings

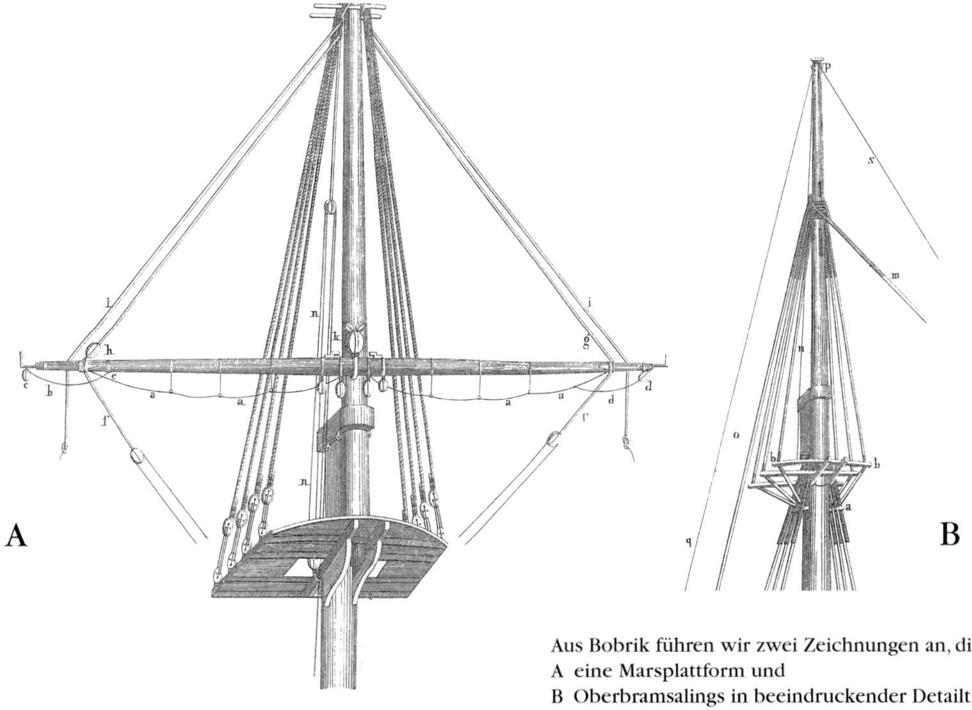

Aus Bobrik führen wir zwei Zeichnungen an, die
A eine Marsplattform und
B Oberbramsalings in beeindruckender Detailtreue zeigen.

Die Schiffbauer bevorzugten Maststengen aus einem Stück. Nach dem Amerikanischen Unabhängigkeitskrieg wurde es jedoch immer schwieriger, die Bäume für die unteren Stengen zu erhalten. Die Werften entwickelten verschiedene Methoden, sie aus mehreren Bäumen so zusammenzufügen, daß sich ein Höchstmaß an Festigkeit ergab.

Eine Spiere (Sammelbegriff für alle Rundhölzer) besonderer Art war der Bugspriet. Sein unteres Ende war in einem großen Holzblock im oberen Deck verankert, der rechteckig zum Bugspriet stand. Wie der Mast durch eine Stenge, so wurde der Bugspriet durch einen Klüverbaum verlängert. Vor 1715 war am Ende des Bugspriets noch ein aufrechtstehender Mast üblich, die Bugsprietstenge, die ebenfalls ein Segel trug. Danach wurde hier nur noch ein Flaggenstock angebracht.

Royal- und Bramstenge wurden bei schweren Stürmen »eingeholt« (gestrichen). Wenn das Schiff außer Dienst und im Hafen »eingemottet« war, wurden auch die Marsstengen mit den entsprechenden Rahen und Wanten abgetakelt. Das Einholen und Anbringen der Royal- und Bramstenge ist ein schwieriges Manöver. Nur bei gutem Ausbildungsstand der Mannschaft war die Arbeit mit Taljen (= Flaschenzügen) schnell und sicher zu bewältigen. Bei plötzlich aufkommenden Stürmen oder Beschädigungen im Gefecht konnten diese Arbeiten für das Schiff entscheidend sein.

❋ Rahen

Rahen sind die Rundhölzer, die waagerecht am Mast befestigt werden und an denen die Segel angebracht werden. Jeder Mast und jede Stenge hatten eine eigene Rah und an dieser ein eigenes Segel. So gab es z.B. die Großrah mit dem Großsegel, darauf folgte die Großmarsrah mit dem Großmarssegel. Das untenstehende Schema verdeutlicht noch einmal die Bezeichnungen der Masten und Rahen.

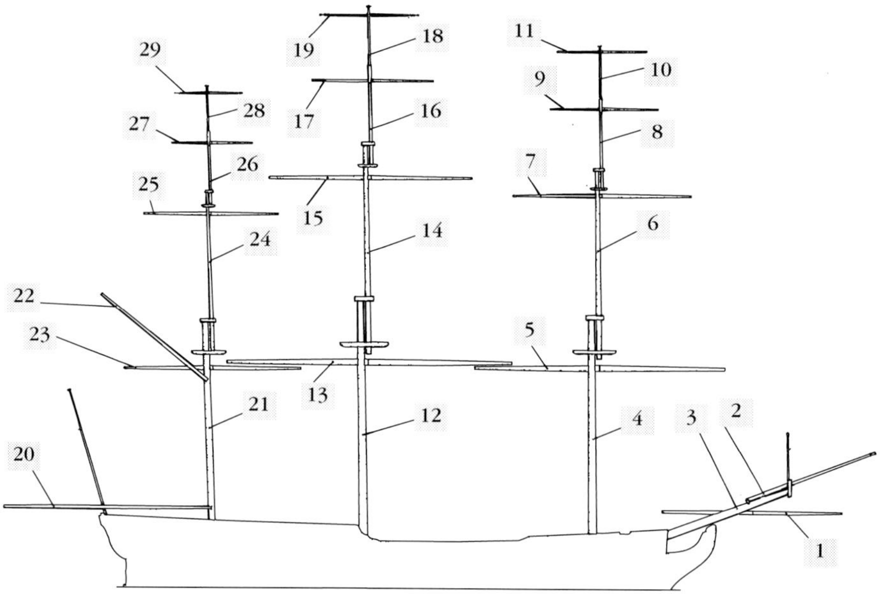

Schema der Masten und Rahen eines britischen Dreimasters

Legende: Die Rahen, die quer zur Längsachse des Schiffes stehen, sind hier zur besseren Veranschaulichung herumgeschwenkt.

1. Blinderah
2. Klüverbaum
3. Bugspriet
4. Fockuntermast
5. Fockrah
6. Vormarsstenge
7. Vormarsrah
8. Vorbramstenge
9. Vorbramrah
10. Vorroyalstenge
11. Vorroyalrah
12. Großuntermast
13. Großrah
14. Großmarsstenge
15. Großmarsrah
16. Großbramstenge
17. Großbramrah
18. Großroyalstenge
19. Großroyalrah
20. Besanbaum
21. Kreuzuntermast
22. Besangaffel
23. Kreuzrah
24. Kreuzmarsstenge
25. Kreuzmarsrah
26. Kreuzbramstenge
27. Kreuzbramrah
28. Kreuzroyalstenge
29. Kreuzroyalrah

Man kann sich die Bezeichnungen vielleicht leichter merken, wenn man sich veranschaulicht, daß sich die Bezeichnungen für die einzelnen Ebenen immer wiederholen. Die Untermasten tragen die Bezeichnungen des ganzen Mastes, also (von vorn): Fockuntermast, Großuntermast und Kreuzuntermast. Die nächsthöhere Ebene hat an allen Masten die Bezeichnung »Mars« mit den entsprechenden Zusätzen Vormarsstenge usw. Die nächsthöhere Ebene führt wiederum an allen Masten die Bezeichnung »Bram«, also z. B. Großbramstenge usw. Darauf folgt »Oberbram« oder »Royal«.

Die Großrah, die unterste Rah am mittleren Mast, hatte bei einem Linienschiff der 1. Klasse eine Länge von etwa 34 m und einen größten Durchmesser von etwa 60 cm. Auch diese Rah wurde nach 1779 meist aus mehreren Bäumen zusammengefügt. Alle unteren Rahen waren um diese Zeit mit Kettenstropps am Mast befestigt und wurden nur in ganz seltenen Ausnahmefällen niedergeholt. Die oberen Rahen waren durch ein System von Blöcken und Tauen so am Mast befestigt, daß sie nicht nur fast längs zur Schiffsrichtung gedreht, sondern auch in der Höhenstellung verändert werden konnten. Vor 1720 waren die oberen Rahen deutlich kürzer als die unteren. Nach dieser Zeit verlängerten sich die oberen Rahen auf 72% der unteren. Damit wurde eine Vergrößerung der Segelfläche ermöglicht.

Auch die Rahen an Fock- und Großmast konnten verlängert werden. Um bei leichten Winden höhere Geschwindigkeit zu erzielen, wurden am Außenende der Rahen Leesegelbäume durch Eisenringe aufgesteckt und befestigt. Sie trugen die Leesegel. Das sieht man deutlich auf der Zeichnung auf Seite 167 sowie auf vielen Marinegemälden.

Das äußerste Ende der Rah, die Rahnock, hat eine makabre Bedeutung dadurch, daß an ihr die zum Tode verurteilten Seeleute erhängt wurden.

Stehendes Gut

Ein Zweidecker brauchte mehr als 15 km Tauwerk, um die Masten und Rahen zu stützen oder zu bewegen. Das Tauwerk, das die Masten hielt, blieb praktisch unverändert in seiner Stellung und war geteert, um es gegen die Witterung zu schützen. Es wird Stehendes Gut genannt. Das Laufende Gut hielt und bewegte die Rahen und Segel. Es blieb ungeteert, da es gut beweglich sein mußte.

Jeder Mast wurde durch ein dreischenkliges System des Stehenden Gutes gestützt:

- **durch die Stage, die von jedem Mast nach vorn liefen, und**
- **durch die Wanten, die ihn 2. nach beiden Seiten und 3. nach hinten abstützten.**

Die Stage der Untermasten gingen direkt zum Deck davor bzw. zum Bugspriet. Diese Stage waren oft die dicksten Taue im stehenden Gut. Sie waren mit einem etwas dünneren, parallel laufenden Stag, dem Schutzstag verbunden. Die Stage der Mars- und Bramstengen liefen diagonal abwärts zu einem Topp oder Block am Mast davor. An diesen Tauen konnten Segel geführt werden, die Stagsegel (*vgl. den nächsten Abschnitt*).

Dem größten Druck waren Masten und Stengen durch den von achtern oder seitlich einfallenden Wind ausgesetzt. Hier stützten die Wanten und Pardunen. Ein 74er hatte neun Wanten an jeder Seite des Fock- und des Großmasts und sieben am Kreuzmast. Die Wanten waren durch dünnere Webeleinen waagerecht miteinander verbunden, so daß eine Art Gitter zum Aufentern entstand. Unterhalb des Marses gingen Püttingswanten schräg nach oben. Wer an ihnen aufenterte, hing nach hinten über. Wer weniger geschickt war, konnte durch eine Öffnung im Mars leichter nach oben steigen, das

»Soldatenloch«, im Englischen »lubber's hole«. Von der Marssaling gingen Wanten aus, die die Marsstenge stützten, und von der Bramsaling solche, die die Bramstenge stützten. Die Zahl und Stärke der Wanten nahm von den unteren zu den oberen Mastteilen ab. Um das zu veranschaulichen, geben wir zunächst für einen Mast eine Erläuterung des Stehenden Gutes, wobei der Mast einmal von der Seite und einmal von achtern gezeigt wird. Marsstenge, Bramstenge und Royalstenge wurden auch direkt vom oberen Deck aus durch Pardunen (backstays) gestützt. So ergibt sich bei aller Vereinfachung ein für den Laien zunächst verwirrendes Netz. Die Abbildung auf Seite 161 zeigt das Stehende Gut eines Dreimastseglers nach Steel 1794. Zur Vereinfachung wurden nur die wichtigsten Bestandteile benannt.

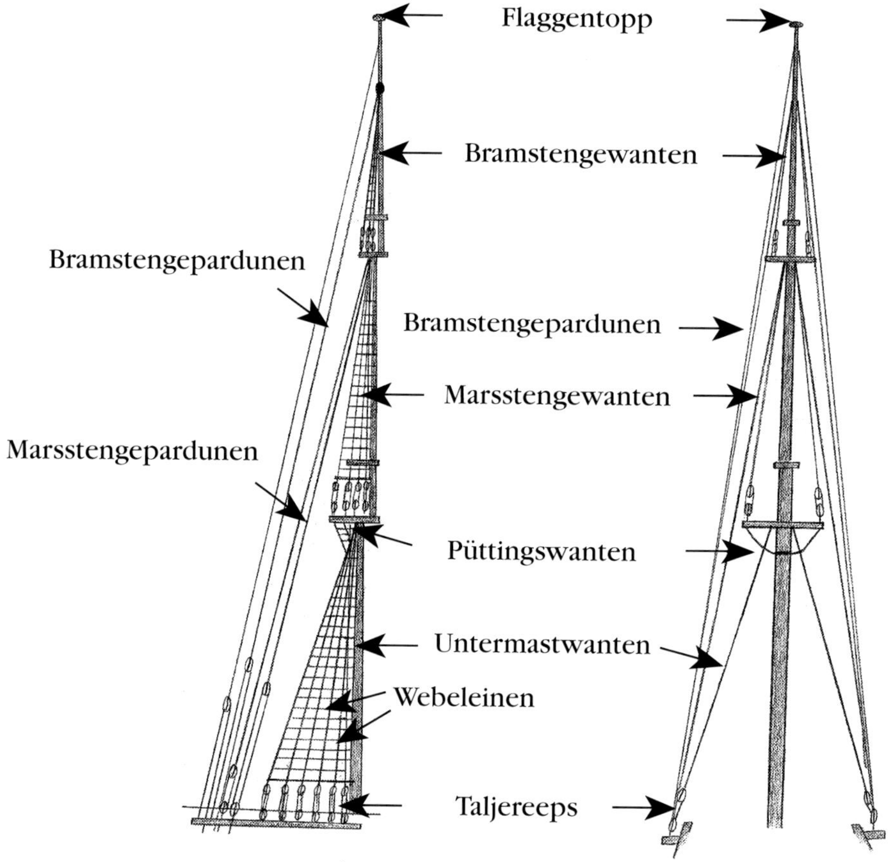

Mastschema (ohne Royalstenge) von der Seite (links) und von achtern (rechts)

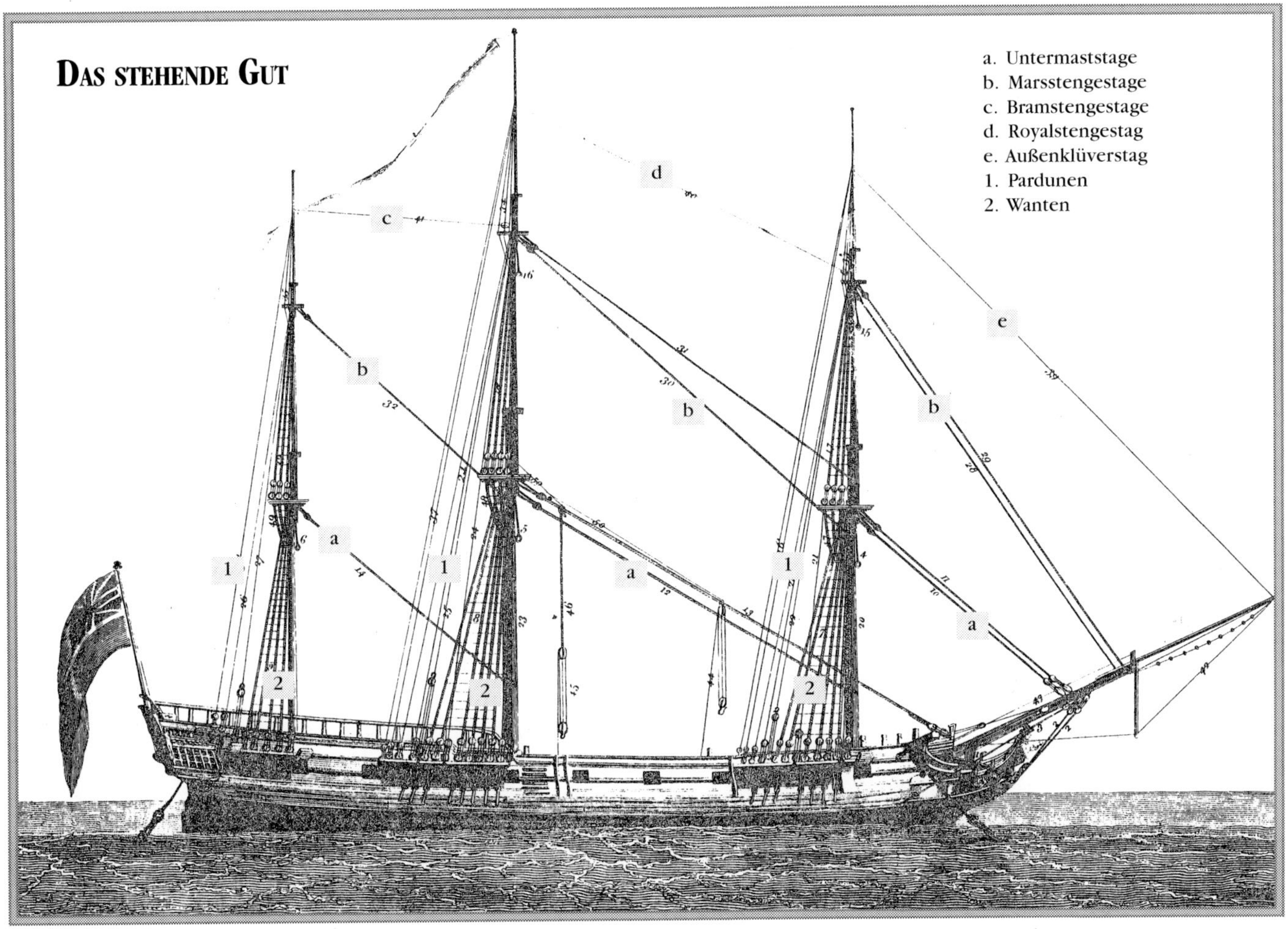

Laufendes Gut

Das laufende, bewegliche, nicht geteerte Tauwerk hatte zwei Hauptaufgaben:

1. die Rahen in der Höhe zu bewegen (zu heißen oder zu fieren) und

2. die Rahen um die Mastachse zu drehen.

Ältere und kleinere Schiffe hatten Drehreeps und Fallen, um die Rahen zu heißen, größere Schiffe hatten Rahtakel. Im Prinzip handelt es sich immer um ein System von Tauen und Blöcken. Zum Blockwerk gehören beim laufenden Gut einfache Rollen in einem hölzernen Gehäuse, über die Taue liefen, sowie die ein- oder mehrscheibigen Blöcke. Man rechnet aber auch Flaschenzüge für leichtere Lasten, sogenannte Taljen, oder für schwerere Lasten, Takel und Gien, dazu. Ein 74er brauchte für alle diese Zwecke etwa 920 Blöcke. Das mag einen Eindruck von der kunstvollen »Maschinerie« des Laufenden Gutes geben

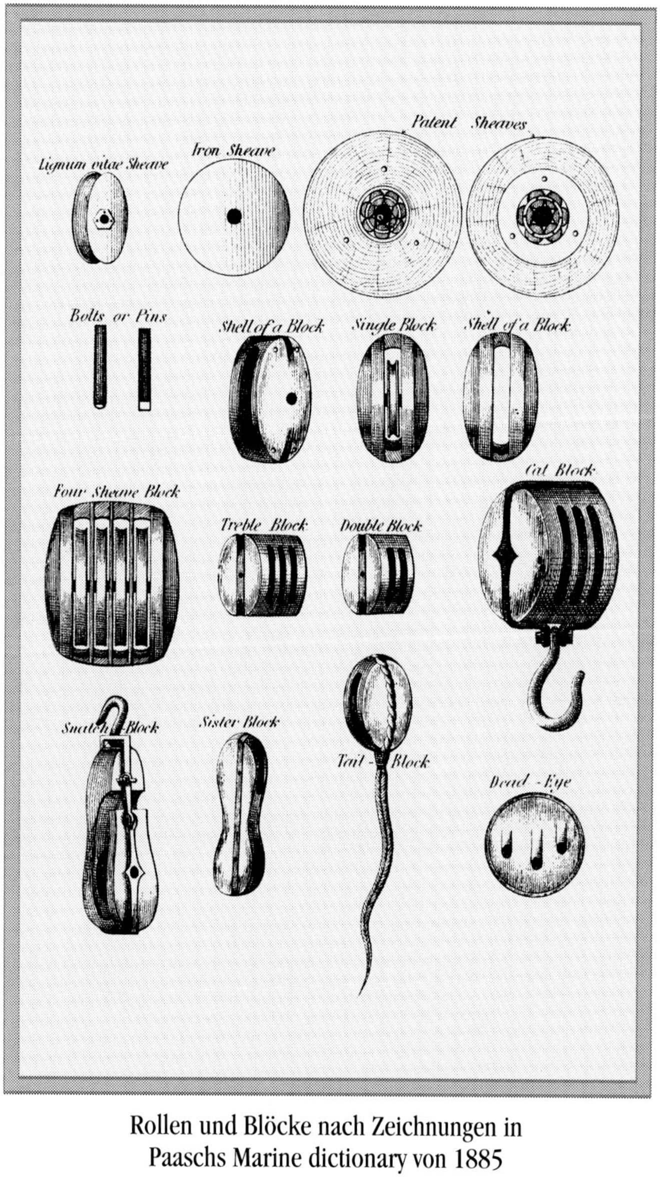

Rollen und Blöcke nach Zeichnungen in Paaschs Marine dictionary von 1885

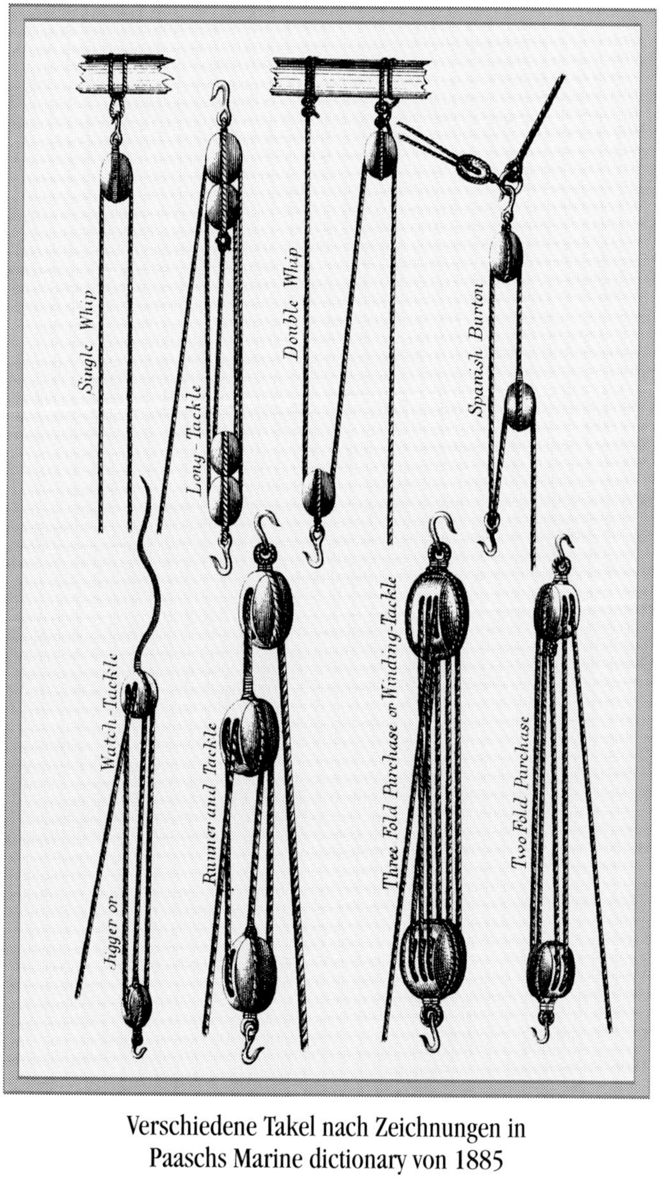

Verschiedene Takel nach Zeichnungen in Paaschs Marine dictionary von 1885

Schema der Brassen, Fallen und Toppants

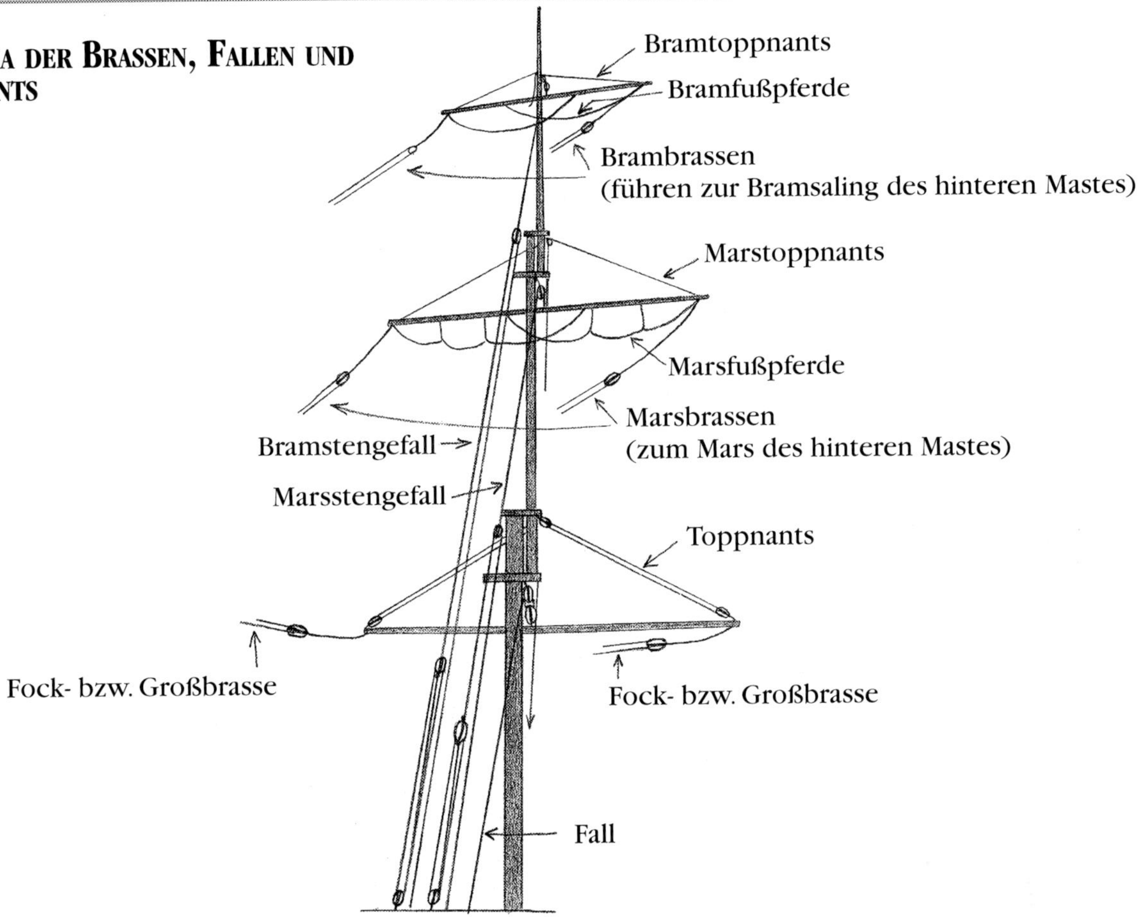

Hier werden in der obenstehende Abbildung die Brassen und Toppnants nur für einen Mast benannt, um den Betrachter nicht zu sehr zu verwirren.

Jede Rah hatte zwei Brassen (braces), eine an Back- und eine an Steuerbord, durch die sie geschwenkt werden konnte. Die Brassen wurden nach den Segeln benannt, die durch ihre Bedienung bewegt wurden, z. B. Brambrassen. Man konnte sie ferner nach Backbord- oder Steuerbordbrassen oder nach Lee- oder Luvbrassen unterscheiden. Die Brassen waren an den Enden der Rahen (beim Übergang zur Rahnock) befestigt und führten nach hinten zum Mars oder zur Saling des nächsten Mastes oder an Deck für die unteren Rahen. Die Brassen des Kreuzmasts führten nach vorn. Die Brassen der unteren Rahen konnten auch von Seesoldaten oder gerade gepreßten Landleuten bedient werden. Sie wurden an die Brassen geführt und muß-

Das laufende Gut

ten auf Kommando ziehen. Die Toppnants führten vom Mast oder einer Stenge zur Nock einer Rah. Sie hielten die Rahen waagrecht. Auch sie führten den Namen des Segels, das durch sie bewegt wurde, z. B. Vormarstoppnant.

Nach unten wurden die Rahen durch Taljen gehalten, damit sie beim Rollen des Schiffes nicht auf und ab schlugen. In der Abbildung auf Seite 163 wurden an der Marsrah auch die Marsfußpferde eingezeichnet. Auf diesen Tauen stützten sich die Seeleute beim Bedienen der Segel ab. Geübte Seeleute liefen bei nicht zu schwerer See auch auf den Rahen bis zu ihrem »Arbeitsplatz«, wo sie sich dann auf den Fußpferden abstützten.

Um nur einen Eindruck von der Vielfalt des Laufenden Gutes zu geben, zeigen wir oben eine Zeichnung von Steel 1794, ohne aber die einzelnen Taue zu benennen.

4.09 Die Segel

Segel sind recht- oder dreieckige Tuchflächen, früher aus Flachs oder Baumwolle gewebt und mit Tauwerk verstärkt, die die Windkraft in Vortrieb umsetzen helfen. Die Segel der Kriegsschiffe waren aus Grobleinen, das in Ballen von 36,58 m (40 yards) Länge und 61 cm Breite geliefert wurde. Es wurde in acht Stärken gewebt, von Nr. 1 für die unteren großen Segel bis Nr. 8 für die Leesegel und Royals. Ein Ballen Nr. 1 war so fest und dicht gewebt, daß er knapp 21 kg wog. Mit jeder höheren Nummer nahm das Ballengewicht um 1,36 kg ab (das leichte Segeltuch Nr. 8 wurde auch für Kleidung verarbeitet). Segelmacher fertigten in den Werften die Segel an und besserten sie auf den Schiffen aus. Strenge Vorschriften und hohe Strafen sorgten dafür, daß nur englisches Segeltuch bestimmter Qualität verwendet werden durfte. Auch die Mischung zum Wachsen der Garne war genau vorgeschrieben. Bei dem Bedarf der Schiffe war die Anfertigung von Segeln ein großer Zweig des heimischen Handwerkes. Die *Victory* als Linienschiff der 1. Klasse z. B. konnte 36 Segel mit insgesamt 16 000 qm Segeltuch setzen.

Die meisten Segel der dreimastigen Kriegsschiffe waren Rahsegel, die quer zur Längsachse des Schiffes standen. Weiter unten werden auch die Schratsegel erwähnt, die längsstehenden Segel.

Die Segeltücher waren an den Enden mehrfach umgeschlagen, mit Tauwerk (Lieks) verstärkt und mit Ösen versehen. Die Segel hatten außerdem Reffbahnen, an denen die Reffbändsel angebracht waren, um das Segel zu reffen, d.h. die Segelfläche zu verkleinern. Am Segel befestigte Taue - Gordinge - konnten es nach vorn spannen. Mit den Geitauen wurden die Segel aufgegeit, d.h. in Buchten unter der Rah hochgezogen, um daran befestigt zu werden. Dieses Einschlagen des Segels, die Befestigung an der Rah, mußte direkt mit der Kraft der Arme und Hände vorgenommen werden, wobei die Seeleute in den Fußpferden (*vgl. die Abbildung auf Seite 163*) standen. Dies war bei Dunkelheit, Sturm und schwerer See immer ein lebensgefährliches Manöver.

Die nachstehende Abbildung zeigt das Großsegel eines 20-Kanonen-Schiffs aus Steel 1794. Deutlich sind die Reffbändsel und die Ösen für die Gordings zu sehen.

Das Bild auf S. 167 zeigt eine britische Sloop aus Steel 1794 mit allen Rahsegeln, einschließlich der Leesegel. Der Besan ist zusätzlich eingezeichnet. Zur Vereinfachung haben wir wieder nur die wichtigsten Segel numeriert und bezeichnet.

Im Gefecht wurden die unteren Segel eingeholt (z. B. Fock und Großsegel), um die Sicht für Geschützbedienungen und Scharfschützen zu verbessern und um die Gefahr zu verringern, daß das Segeltuch in Brand geriet. Viel jüngeren Datums als die Rahsegel sind in der Geschichte der Seefahrt die Schratsegel. Sie stehen in Ruhestellung in Längsrichtung des Schiffes. Heute sind sie in der Sportsegelei die vorherrschenden Segel. Ein Grund dafür liegt darin, daß man das

Ein Gross-segel

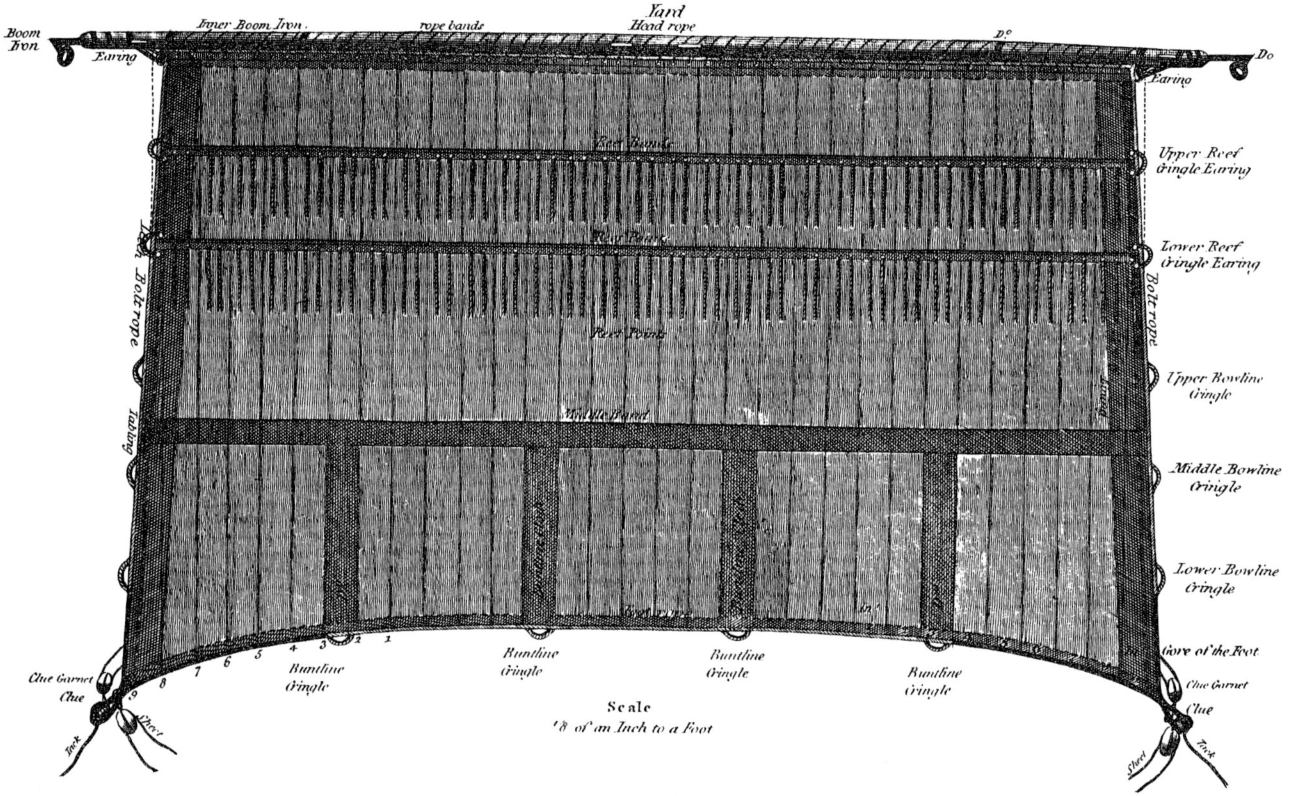

Schratsegel so herumziehen, »dichtholen«, kann, daß es mit der Längsachse des Schiffes einen viel spitzeren Winkel bildet, als es einem Rahsegel möglich ist. Das Rahsegel ist gut für achterliche Winde, also von hinten einfallende. Aber es kann einen seitlichen Wind nur bis zu einem gewissen Grad nutzen. Das Schratsegel kann das besser. Man kann dichter am Wind segeln und daher leichter gegen den Wind ankreuzen.

Auch der Besan am hinteren Mast war ein Schratsegel, das von einem Besanbaum unten und einer Besangaffel begrenzt wurde. Der Vergleich mit der Abbildung auf Seite 167 zeigt, daß darüber am hinteren Mast Rahsegel geführt wurden. Im Deutschen sollte man dann »mizzen« mit Kreuzmast übersetzen, da der reine Besanmast kein Rahsegel trug. Aber verschiedene Autoren nehmen diese Unterscheidung nicht vor.

1. Blinde, 2. Oberblinde, 3. Fock, 4. Vormarssegel, 5. Vorbramsegel, 6. Vorroyalsegel, 7. Großsegel, 8. Großmarssegel, 9. Großbramsegel, 10. Großroyalsegel, 11. Kreuzmarssegel, 12. Kreuzbramsegel, 13. Kreuzroyalsegel, 14. Besan, 15. Groß-Leesegel, 16. Großmars-Leesegel, 17. Großbram-Leesegel, 18. Fock-Leesegel, 19. Vormars-Leesegel, 20. Vorbram-Leesegel

Die kleineren Schiffe, z.B. Schoner und Kutter, führten vorwiegend Schratsegel. Die Beiboote der großen Schiffe trugen meist Lateinersegel, bei denen der kurze Mast und die im Winkel von etwa 45° aufgehängte Stenge leicht niederzulegen waren. (*Vgl. die Abbildung auf Seite 153*) Diese Segel waren für leichte Winde sehr gut geeignet und wurden außerhalb der britischen Flotte auch von größeren Schiffen geführt. Besonders beliebt waren sie im Mittelmeer, z.B. auf Schebecken.

Sloop mit Rahsegeln und Besan

Die Abbildung zeigt die Schratsegel einer britischen Sloop mit 20 Kanonen (Steel 1794)
1. Klüver, 2. Vorstengestagsegel, 3. Vorstagsegel, 4. Großstagsegel, 5. Großmarsstengestagsegel, 6. Mittelstagsegel, 7. Großbramstagsegel, 8. Kreuzstagsegel, 9. Kreuzstengestagsegel, 10. Kreuzbramstagsegel, 11. Besan

Wer als seemännischer Laie die hier angeführten, sehr vereinfachten Abbildungen und Erklärungen studiert hat und wer heute Schiffe des späten 18. Jahrhunderts besichtigt und sich etwas mit ihrer Konstruktion und ihrer Bedienung beschäftigt, wird kaum sein Erstaunen und seine Bewunderung verbergen können. Die Segelschiffe dieser Zeit waren die kompliziertesten und perfektesten Bauwerke der vorindustriellen Zeit. Wer sie sicher durch alle Wetter führen wollte, mußte Einsicht, Erfahrung, Intelligenz und Entschlußkraft im gleichen Maße einsetzen wie jemand, der heute einen Jumbojet steuert.

Richard Beechey: Die Schlacht am »Glorreichen Ersten Juni« 1794.
Im Vordergrund ist das britische 74-Kanonen-Schiff *Defence* zu sehen, das seine Masten verloren hat.

Samuel Drummond: Admiral Duncan empfängt nach der Schlacht von Camperdown 1797 das Schwert des holländischen Admirals de Winter als Zeichen der Übergabe.

Lemuel Francis Abbott: Sir Horatio Nelson
als Konteradmiral im Jahre 1797

Peter Monamy: Die Flaggen der Admirale um 1740. Der Admiral der Flotte führt die Union-Flagge in der Fassung vor 1801 am Hauptmast des Dreideckers in der Bildmitte. Links davon zeigt ein Vizeadmiral der Roten Flagge seine Flagge am Fockmast, rechts davon weht die Flagge eines Konteradmirals der Blauen Flagge am Kreuzmast. Die gestreifte Flagge am Heck des Dreideckers gibt das Zeichen zum Ankern.

Antonio Canaletto:
Greenwich Hospital vom Nordufer der Themse
aus um 1750

John Cleveley: Ein Schiff der sechsten Klasse (kleine Fregatte) vor dem Stapellauf

Julius C. Ibbetson: Seeleute zechen in einem Gasthaus in Portsmouth

Georg Cruikshank: Eine Frage der Ehre. Ein Seemann ist zur Auspeitschung an eine Gräting angebunden. Die Seesoldaten sind auf der Achterdeckshütte angetreten. Die Offiziere stehen links im Bild bereit, die Mannschaft rechts. Da tritt der wahre Übeltäter vor und bekennt seine Schuld, um den Kameraden zu retten.

Henry Redmore: Kriegsschiffe vor Anker in ruhiger See.
Links vorn liegt ein Dreidecker, dahinter halb verdeckt ein Zweidecker, beide mit aufgegeiten Segeln. Rechts vorn zieht ein Küstensegler seinen Weg.

Antoine Roux: Brigg: Diese französische Zweimastbrigg war mit vielen britischen Kanonenbriggs baugleich.

Nicholas Pocock: Fregatte: Links von der Fregatte in der Bildmitte
ist eine weitere Fregatte, rechts davon ein Kutter.

Dominic R.A. Serres: Kriegsschiffe am Abend. Fünf Kriegsschiffe des Blauen Geschwaders sind versammelt. In der Mitte ein Dreidecker als Flaggschiff und links und rechts am Bildrand je ein Zweidecker, zwischen Flaggschiff und Zweideckern sieht man zwei Fregatten, von denen die eine halb verdeckt ist.

Derek G.M. Gardner:
Linienschiff *Foudroyant*. Das 80-Kanonen-Schiff diente
Nelson 1799 als Flaggschiff.

William Elliot: Sir John Jervis und sein Geschwader verlassen im Jahr 1794 Spithead, Jervis segelte nach Westindien. Sein Flaggschiff, der Dreidecker in der Bildmitte, ist die *Victory*.

Thomas Luny: Das Gefecht am 6. Oktober 1779 zwischen der britischen Fregatte *Quebec* (links) und der französischen Fregatte *Surveillante*. Die *Quebec* explodierte und versank.

John Thomas Serres: Schiffsverkehr vor dem Eddystone Leuchtturm. Im Vordergrund segelt ein britisches Linienschiff mit roter Flagge am Fahnenmast.

Bildnachweise für den Farbteil

Seite 169: Richard Beechey
Sammlung Peter Tamm, Hamburg

Seite 170: Samuel Drummond
National Maritime Museum. BHC0506.

Seite 171: Lemuel Francis Abbott
National Maritime Museum. BHC2887

Seite 172: Peter Monamy
National Maritime Museum. BHC1005

Seite 173: Antonio Canaletto
National Maritime Museum. BHC1827

Seite 174: John Cleveley
National Maritime Museum. BHC1045

Seite 175: Julius C. Ibbetson
National Maritime Museum. BHC1090

Seite 176: George Cruikshank
National Maritime Museum. 2032

Seite 177: Henry Redmore
Sammlung Peter Tamm, Hamburg.

Seite 178: Antoine Roux
Sammlung Peter Tamm, Hamburg

Seite 179: Nicholas Pocock
Sammlung Peter Tamm, Hamburg

Seite 180: Dominic R.A. Serres
Sammlung Peter Tamm, Hamburg

Seite 181: Derek G.M. Gardner
Sammlung Peter Tamm, Hamburg

Seite 182: William Elliot
Sammlung Peter Tamm, Hamburg

Seite 183: Thomas Luny
Sammlung Peter Tamm, Hamburg

Seite 184: John Thomas Serres
Sammlung Peter Tamm, Hamburg

Kapitel 5.00

Die Waffen

Geschützdeck eines Linienschiffes

5.01 Die Kanonen

Die Entwicklung der Kriegsschiffe, die in früheren Jahrhunderten *(vgl. Kapitel 1)* vor allem Soldaten an das feindliche Schiff heran transportieren sollten, damit diese es dann entern konnten, bis hin zu den schwimmenden Batterien, die das feindliche Schiff aus der Entfernung vernichten sollten, hatte Konsequenzen nicht nur im Schiffsbau, sondern auch auf die Kanonen, die das Schiff führte.

Früher trugen die Schiffe eine Vielzahl unterschiedlicher Kanonen meist leichten Kalibers, die jene Feinde ausschalten sollten, die den Enterangriff abwehren wollten. Die Namen dieser Kanonen, Karthaunen, Kulverinen, Terassenbüchsen, Falken u. a., wirken auf uns exotisch und waren auch im 18. Jahrhundert nicht mehr in Gebrauch.

Um 1790 waren die Geschützdecks mit so schweren Kanonen einheitlichen Kalibers bestückt, wie das Schiff tragen konnte. Die Kanonen waren Vorderlader mit glattem Lauf, überwiegend aus Eisen. Sie wurden in eine Form gegossen, wobei eine Tube das Rohr aussparte. Dann wurde dieses Rohr durch langwieriges und aufwendiges Bohren auf das gewünschte Kaliber gebracht.

1715 entstand in der Schweiz die Technik, das Bohrgerät fest einzustellen und den Kanonenrohling durch Wasser- oder Pferdekraft so zu drehen, daß der Bohrer sich hineinfraß. Mit den damaligen Möglichkeiten konnte man durch diese Technik glatter und genauer bohren.

Sie kam auf dem Umweg über die Niederlande 1780 nach England. John Wilkinson vervollkommnete sie und meldete sie 1774 zum Patent an. Im königlichen Arsenal in Woolwich stand die damals modernste Anlage zur Geschützfertigung. Die Qualität der Kanonen, ihre Sicherheit gegen Bersten, hing von der Qualität des Metalls und der Sorgfalt der Herstellung ab. Und auf diesen Gebieten hatte England bereits am Vorabend der Industriellen Revolution deutliche Vorteile vor seinen Konkurrenten.

In den Eisengießereien in Schottland und Nordengland wurde gute Qualität produziert. Eisen hatte sich gegenüber Messing oder Bronze, die leichter waren, durchgesetzt, weil es sich langsamer erhitzte und die Kanonen daher länger schießen konnten. Nur kleinere Kriegsschiffe und Handelsschiffe führten mitunter noch Kanonen aus Messing. Die nebenstehende Schemazeichnung zeigt vereinfacht ein Kanonenrohr und seine Schiffslafette. An dem Ring am hinteren Ende des Rohrs, Auge oder Broktauring genannt, kann man erkennen, daß es sich um eine neuere Version der Kanone handelte, die sich nach 1780 durchsetzte, den Blomefield-Typ. Das Auge diente der leichteren Befestigung eines Taus, um den Rückstoß zu bremsen.

Es ist deutlich zu erkennen, daß das Rohr von hinten nach vorn schlanker wird. Hinten im Bodenstück wird in der Bohrung, die damals die Seele der Kanone hieß, das Pulver gezündet. Dieser Teil muß den stärksten Druck aushalten und ist daher am massivsten. Über das Zapfenstück, das die beiden Schildzapfen trägt, mit

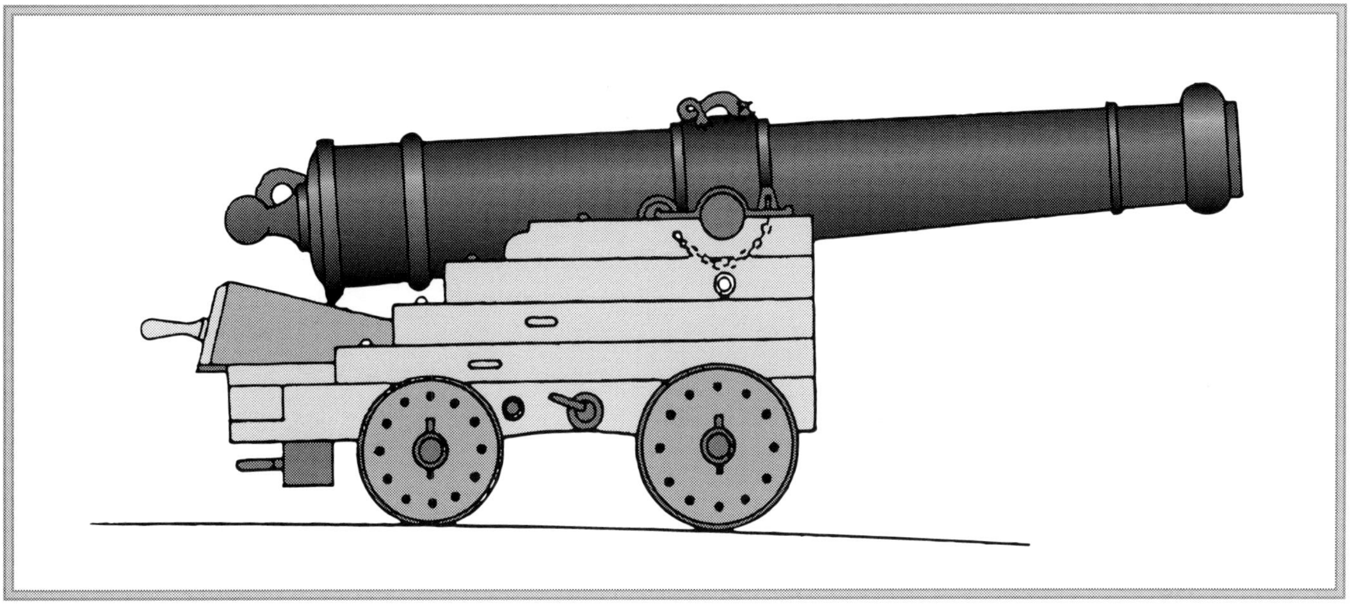

Schemazeichnung einer Schiffskanone mit Lafette

denen die Kanone auf der Lafette lagert, bis zum Mundstück nimmt der Umfang des Rohres ab. Um es gegen Bersten zu sichern, ist das Rohr noch mit dickeren Ringen, den Friesen, und dünneren, den Bändern, gesichert. Diese Ringe waren früher reich verziert.

Die zwei Halterungen, die man an der Oberseite der Rohre erkennt, wurden Delphine genannt, da sie früher zur Verzierung oft in der Form von Delphinen gegossen wurden. In diese Halterungen werden die Flaschenzüge eingehakt, um das Kanonenrohr auf die Lafette zu heben.

Vom Zündfeld aus wurde das Zündloch in die Kammer gebohrt, in der das Pulver gezündet wurde. Vor 1780 stieß der Geschützführer mit dem Zündlochbohrer die Kartusche an, füllte das Loch mit Pulver auf und zündete es mit der Lunte. Nach 1780 stach man mit einem Gänsekiel, der mit einem Zündgemisch aus feinem Pulver gefüllt und in Weingeist getränkt war, durch das Zündloch, füllte Pulver auf die Pfanne des Steinschlosses und riß die Abzugsleine. Glühende Lunten lagen zur Reserve aber immer noch bereit.

Diese Kanonen waren schwere, unhandliche Waffen. die nur durch neun bis 14 Männer schnell bedient werden konnten. Sie wurden nach dem Geschoßgewicht der Vollkugeln eingeteilt. Ein 24-Pfünder wog mit 2250 kg Gesamtgewicht etwa doppelt soviel wie ein heutiges Stadtauto. Die Pulverladung, die die Kanonenkugel aus dem Rohr trieb - die Kartusche -, hatte früher eine Pergamenthülle. Aber das Kartuschenende am Rohrende verbrannte oft nicht, und mehrere solcher Rückstände konnten das Zündloch verstopfen. Darum war seit 1770 die Flanellkartusche allgemein üblich.

Die folgenden Abbildungen aus Mondfeld u.a. (1988) zeigen das Rohr und die Lafette eines Schiffsgeschützes gegen Ende des 18. Jahrhunderts mit den Bezeichnungen der Teile. Dabei sollte beachtet werden, daß diese Bezeichnungen variieren können. So wird z.B. der Brooktauring auch oft Auge genannt.

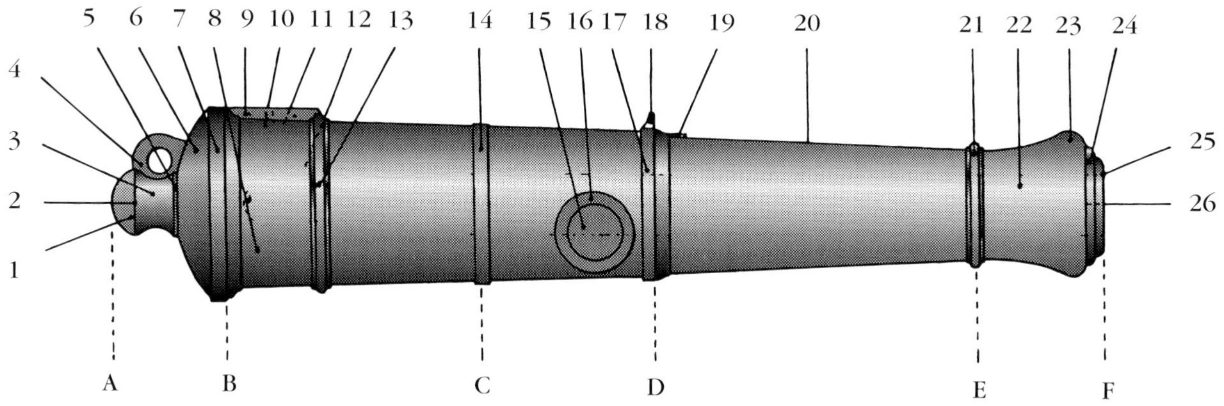

Teile eines Rohres:

A – B: Bodenstück
B – C: Hinterstück oder Erste Verstärkung
C – D: Mittelstück oder Zweite Verstärkung
D – E: Vorderstück oder Langfeld
E – F: Mündungsstück oder Kopf

1 Traube
2 Traubenband
3 Traubenhals
4 Brooktauring
5 Traubenansatz
6 Stoßboden
7 Stoßplatte
8 Zündfeld
9 Zündpfanne mit Schloßbefestigung
10 Seelenboden
11 Zündkanal
12 Kammer
13 Kammerband
14 Erstes Verstärkungsband
15 Schildzapfen
16 Angußscheibe
17 Zweites Verstärkungsband
18 Visier
19 Quadrantauflage
20 Seele
21 Halsband
22 Hals
23 Mündungskopf oder Mündungskranz
24 Mündungsfriese
25 Mündungsfläche
26 Mündungsschlund

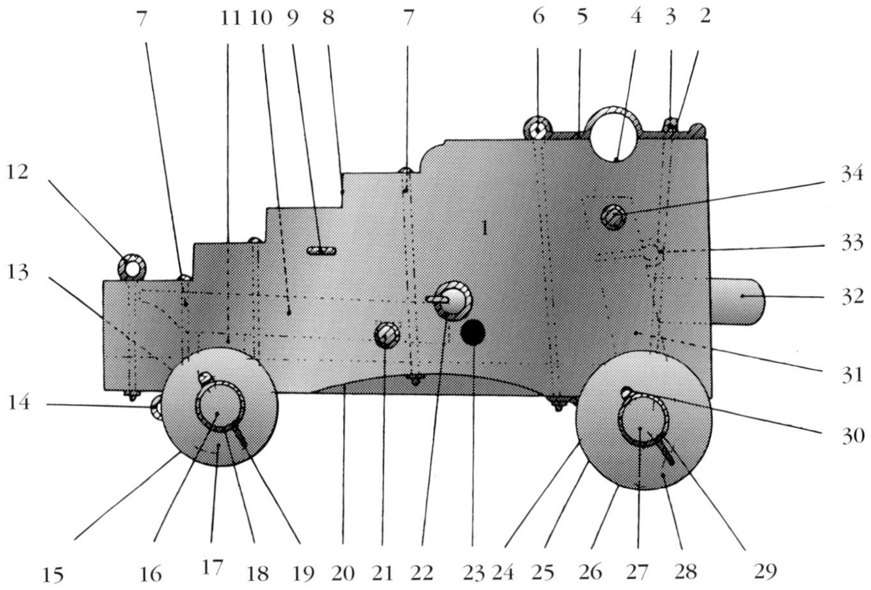

Teile einer Lafette:

1 Lafettenwand
2 Splintbolzen
3 Splint, oft an einem Kettchen
4 Schildzapfenlager
5 Schildzapfenlagerdeckel
6 Gurthaken oder Gurtringbolzen
7 Stehende Bolzen
8 Stellpallen
9 Seitentaljenringe
10 Richtsohle
11 Richtsohlenunterlage
12 Seitentaljenringe
13 Hinterachse
14 Einholring
15 Baksschiene
16 Hinterachsschenkel
17 Blockrad
18 Achsstengelring
19 Lehnnagel oder Lünsen
20 Richtsohle
21 Richtsohlenbolzen
22 Brooktauring
23 Brooktaugat
24 Vorderachse
25 Achshalterung
26 Baksschiene
27 Vorderachsschenkel
28 Blockrad
29 Achsstengelring
30 Lehnagel oder Lünsen
31 Stirnriegel
32 Baksklampe
33 Stirnriegelring
34 Stirnriegelbolzen

Die einzelnen Bezeichnungen interessieren heute nur noch Spezialisten. Der Leser sollte an sie denken, wenn in Kapitel 6 die Rede von den vielen Fachausdrücken ist, die der Seemann sich einprägen mußte.

Die Kanonen lösten beim Abfeuern natürlich einen gewaltigen Rückstoß aus, der abgefangen werden mußte. Man hatte damals noch keine Zylindersysteme, in denen Luft oder Öl zusammengedrückt den Rückstoß abfedern konnten. Die Lafette rollte zurück und mußte mit Tauen ausgebremst und wieder zurückgeholt werden.

Wenn keine Gefechtsbereitschaft bestand, mußten die Kanonen festgezurrt werden. Das geschah an der Bordwand, wobei die Geschützluken natürlich verschlossen waren. Wenn ein Sturm drohte, wurde diese Befestigung verstärkt und dauernd kontrolliert. Augenzeugen berichten immer wieder, welche Gefahr von einem tonnenschweren Geschütz ausgehen konnte, das sich losriß und an Deck hin und herschleuderte. Die Befestigung wird nach einer Abbildung aus Mondfeld u. a. (1988) veranschaulicht.

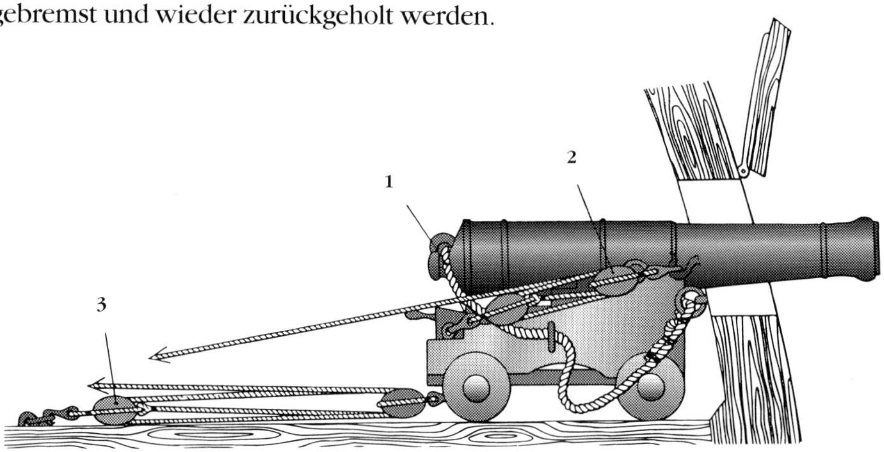

Das System der Taue wird wieder mit einer Abbildung aus Mondfeld u.a. (1988) veranschaulicht.

1 = Brooktau,
2 = Seitentaljen,
3 = Rückholtakel

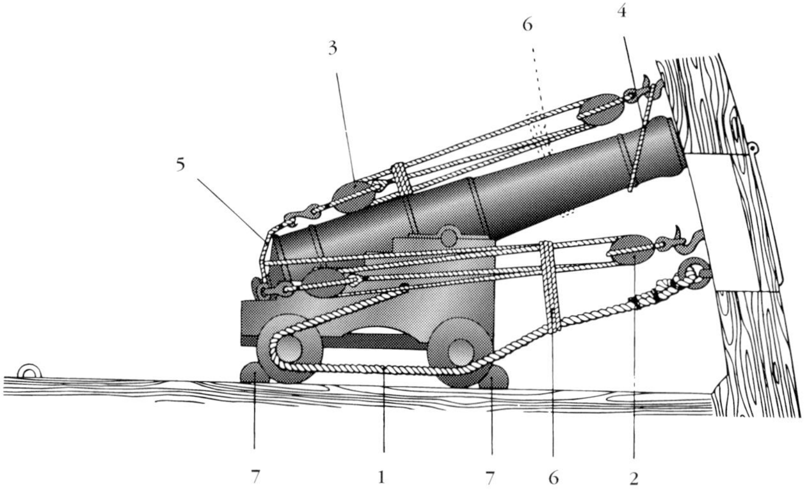

In Ruhestellung festgezurrtes Geschütz

5.02 Die Karronaden

Die großen Kanonen waren sehr schwerfällig und bedienungsintensiv. Insofern sprach manches für Neuerungen. Warum es jedoch um 1775 zur Erfindung der leichteren, kürzeren und durch weniger Männer zu bedienenden Karronaden kam, ist nicht ganz klar. Man findet in verschiedenen Büchern unterschiedliche Erklärungen. Gardiner schreibt, daß die Carron Iron Company in Schottland zu dieser Zeit von Militärlieferungen wegen verschiedener Fehler bei der Kanonenproduktion ausgeschlossen wurde. Daher habe man sich nach Alternativen umgesehen, leichten, handlichen und billigeren Kanonen für die Handelsmarine. Talbott (1989) fügt hinzu, daß die Neukonstruktion nur möglich wurde, weil die Carron Company bereits eine Bohrmaschine nach Wilkinson besaß.

Melville, Gascoigne und Miller werden einzeln oder gemeinsam als Erfinder genannt. Wie dem auch sei, die Karronade war die wirkungsvollste Neuerung im Geschützwesen dieses Jahrhunderts. Mit wesentlich verkürztem Lauf und dadurch erheblich geringerem Gewicht konnte die Karronade mit kleinerer Pulverladung ein gleich großes Geschoß abfeuern, wenn auch weniger weit. Durch das niedrigere Gewicht konnte dieses Geschütz von weniger als der Hälfte der üblichen Mannschaft bedient werden, und die Reichweite genügte für Nahgefechte allemal.

Eine 32-Pfünder-Karronade war nur 1,2 m lang, kürzer als eine Vier-Pfünder-Kanone. Eine lange 32-Pfünder-Kanone hatte ein Gewicht von etwa 2500 kg und war fast 3 m lang. Die Karronade des gleichen Kalibers wog nur 864 kg, etwas mehr als ein Viertel. Ihre effektivste Schußweite lag bei 260 m, während die Kanone auf 320 m kam. Aber die maximale Schußweite war bei der 32-Pfünder-Kanone mit 2600 m etwa dreimal so groß wie bei der Karronade. Doch auf diese Entfernung waren Treffer schon reine Glückssache.

Die Karronaden glichen ihre kürzere Rohrlänge teilweise durch die genauere Bohrung aus. Bei den Kanonen war es üblich, die Bohrung weiter als den Kugeldurchmesser zu machen, damit Ungenauigkeiten in der Kugel, Farbanstrich und Rost nicht das Laden verhinderten. Dadurch entwich immer Explosionsdruck seitlich an der Kugel vorbei. Die 32er-Kanone hatte 7,5 mm mehr Bohrung, die Karronade nur 3,7 mm bei einem Kugeldurchmesser von rund 156 mm. Mußte bei den Kanonen über die Mündung visiert oder mit selbst angebrachten Visieren gearbeitet werden, so war bei der Karronade ein Visierstück in der Mitte des Rohres bereits eingegossen. Mußte bei der Kanone die Höhenrichtung mit Stangen und Keilen vorgenommen werden, so hatte die Karronade dafür eine Schraubenspindel. Wie aus der folgenden Abbildung ersichtlich ist, hatte die Karronade auch eine andere Lafette. Sie wurde später als Schlitten bezeichnet, war an der Bordwand mit einem Bolzen verankert und nur seitwärts schwenkbar. Das Auffangen des Rückstoßes war bei den Karronaden noch lange nicht befriedigend gelöst und führte zu Unfällen. Später wurden die Rückhaltetaue verdoppelt.

Die untenstehende Abbildung zeigt eine Kanone und eine Karronade des gleichen Kalibers im gleichen Maßstab zum Größenvergleich. Die dann folgende Tabelle ermöglicht den Vergleich von Kanonen und Karronaden hinsichtlich ihrer wichtigsten Daten. Eine Vier-Pfünder-Kanone konnte man auf Schonern, Kuttern, allenfalls auf kleinen Sloops finden. Aber selbst diese »Spielzeugkanone«, wie sie mitunter verspottet wurde, war fast zwei Meter lang und wog halb soviel wie ein Mittelklassewagen. Und sie mußte auf schwankenden Decks von vier bis sechs Metern Breite bedient werden. Ein 74er-Linienschiff führte 28 Zweiunddreißig-Pfünder auf dem unteren und 30 Vierundzwanzig-Pfünder auf dem oberen Batteriedeck und 16 Zwölf-Pfünder auf Vor-und Achterdeck. Fregatten mit 36 Kanonen hatten Achtzehn-Pfünder als schwerste Geschütze, bei Fregatten mit 32 Geschützen begnügte man sich im allgemeinen mit Zwölf-Pfündern *(vgl. die Aufstellungen in Kapitel 4).*

Obwohl die Karronade bei der Einführung in die Flotte manche Hindernisse zu überwinden hatte, waren 1782 in der Flotte 157 Schiffe zusätzlich mit Karronaden ausgerüstet. Die Karronaden gaben den Briten für Jahrzehnte einen großen Vorteil im Nahgefecht, denn die anderen Nationen – außer den USA – sträubten sich lange gegen die Einführung der neuen Waffe.

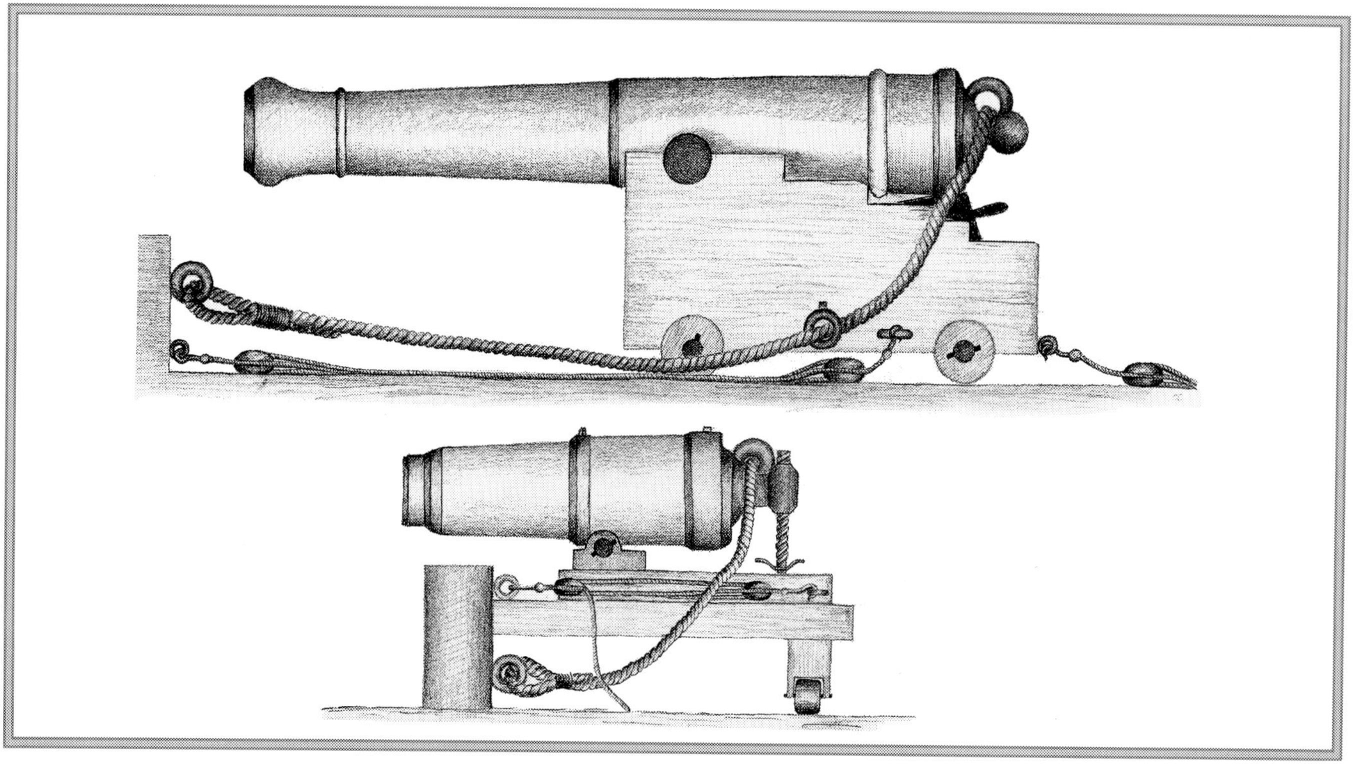

Eine Kanone und eine Karronade des gleichen Kalibers im gleichen Maßstab zum Größenvergleich.

Angesichts der Tatsache, daß die schwereren, unhandlichen Kanonen neun bis 14 Mann zu ihrer Bedienung erforderten und viel Platz einnahmen, kann man verstehen, daß die leichten Karronaden, die mit drei bis vier Mann auskamen und außerdem noch schwerere Kaliber verschossen, sich bald großer Beliebtheit erfreuten. Da die britische Marine den Nahkampf auf Entfernungen von 20 bis 100 m suchte, schien die geringere Reichweite der Karronaden ebensowenig eine Rolle zu spielen wie die Tatsache, daß die Karronaden auf größeren Entfernungen sehr streuten. Solange die Devise galt, beim Gegner längsseits zu gehen und mit größter Geschwindigkeit das höchstmögliche Geschoßgewicht in seinen Rumpf zu jagen, solange war die Karronade unschlagbar. Aber sie war ein Irrweg, denn sie führte dazu, daß die Verbesserung der Treffgenauigkeit auf größere Entfernungen jahrzehntelang ebenso vernachlässigt wurde wie eine Kampftaktik, in der Manövrierkunst und Treffgenauigkeit kombiniert wurden. Für die britische Kriegsmarine und Öffentlichkeit gab es ein böses Erwachen, als im Krieg mit den USA von 1812-1814 mehrere britische Fregatten in Einzelgefechten von der überlegenen Treffsicherheit der amerikanischen Langrohrgeschütze besiegt wurden (*vgl. Kapitel 1.04*).

Kanonen und Karronaden der wichtigsten Kaliber im Vergleich

Geschützklasse	Länge	Gewicht	Kaliber	Effektivste Reichweite	Max. Reichweite bei 10 % Erhöhung
68-Pfd.-Karronade	2,03 – 1,22 m	1400 – 1800 kg	20,4 cm	400 m	ca. 1100 m
32-Pfd.-Kanone, lang	2,90 m	2700 kg	16,3 cm	320 m	2600 m
32-Pfd.-Kanone, kurz	2,44 m	2200 kg	16,3 cm	320 m	2200 m
32-Pfd.-Karronade	1,23 m	870 kg	15,9 cm	300 m	995 m
24-Pfd.-Kanone, lang	2,90 m	2250 kg	14,8 cm	265 m	2550 m
24-Pfd.-Karronade	1,10 m	660 kg	14,4 cm	250 m	960 m
12-Pfd.-Kanone, lang	2,74 m	1450 kg	11,8 cm	270 m	1650 m
12-Pfd.-Karronade	0,67 m	292 kg	11,5 cm	210 m	800 m
9-Pfd.-Karronade, lang	2,74 m	1300 kg	10,7 cm	270 m	1650 m
4-Pfd.-Karronade	1,83 m	544 kg	8,2 cm	200 m	1300 m

5.03 *Die Drehbassen und Mörser*

An der Reling, in den Toppen der Masten und in Beibooten waren oft kleinkalibrige Geschütze fest auf drehbaren Zapfen verankert. Sie wurden »swivel guns« genannt, was man mit Dreh- oder Schwenkgeschütz übersetzen kann. Hier wird die überlieferte Bezeichnung »Drehbasse« benutzt. Das Kaliber dieser Drehbassen variierte meist von einem halben englischen Pfund, bevorzugt in der britischen Marine, bis zu zwei Pfund in der französischen. Diese Waffen waren für den Nahkampf gegen die feindliche Besatzung gedacht. Sie konnten Vollkugeln verschießen, wurden aber oft mit Kartätschen eingesetzt, wobei ihre Wirkung gegen Enterer nicht zu unterschätzen war. Die untenstehende Abbildung zeigt einige Variationen der Drehbasse.

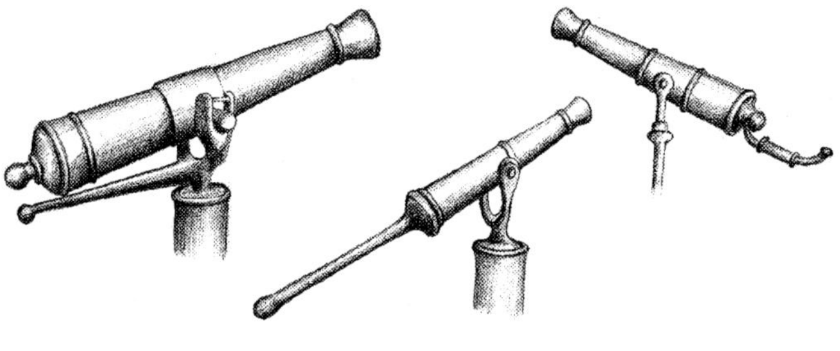

Mörser haben mit Drehbassen keinerlei Gemeinsamkeit und werden hier nur im gleichen Teilkapitel zusammengefaßt, weil keines dieser Geschütze für die Flotte eine Bedeutung hatte, die ein eignes Kapitel rechtfertigen würde.

Mörser waren kurzrohrige Steilfeuergeschütze, die Explosivgranaten verschossen. Sie wurden nicht gegen feindliche Schiffe, sondern gegen Landbefestigungen eingesetzt. Die britischen Mörser hatten meist ein Kaliber von 13 oder 10 inches (33,02 oder 25,4 cm). Bei Mörsern wurde das Kaliber nach dem Durchmesser, nicht nach dem Geschoßgewicht bestimmt. Die Rohrlänge betrug das zwei- bis vierfache des Rohrdurchmessers, und diese kurzen, plumpen Geschütze waren meist in einem Winkel von 45° fest in ihre Bettung eingelassen. Diese Bettung mußte den Rückstoß auffangen und gab dem Mörserschiff eine besonders stabile Konstruktion, auf die in Kapitel 4 schon eingegangen wurde. Die Schußweite wurde durch die Pulvermenge der Kartusche bestimmt. Damit das Explosivgeschoß nicht schon während des Fluges explodierte, mußte eine Lunte auf die richtige Länge zurechtgeschnitten werden. So häufig Drehbassen vor Einführung der Karronaden in der Flotte anzutreffen waren, so selten fand man Mörser, und diese nur auf wenigen, spezialisierten Schiffen.

Die obenstehende Abbildung zeigt einen Mörser.

5.04 Die Raketen

Im Orient waren Pulverraketen seit Jahrhunderten zur Illumination bekannt. In Indien sollen sie nach 1750 auch als Kampfwaffe gegen die Ostindische Kompanie eingesetzt worden sein. Aber die Nachrichten darüber sind widersprüchlich, und in England lagen dazu keine genauen Beschreibungen oder Modelle vor.

Die Entwicklung der Pulverrakete als Kampfrakete und Geschützersatz ist trotz dieser Vorläufer eindeutig das Verdienst von William Congreve. Auch er konnte das nur, weil die Pulverqualität 1787 durch Richard Watson, Bischof von Llandaff, entscheidend verbessert worden war. Er hatte die Methode eingeführt, die Holzkohle in Eisenzylindern verkohlen zu lassen. Die neue Holzkohle als Beimischung zum Pulver steigerte dessen Explosivkraft um 40 %.

Mit diesem sogenannten Zylinder-Pulver experimentierte ab 1804 der einfallsreiche junge William Congreve, nachdem Feuerwerksraketen seinen Vorstellungen nicht entsprochen hatten. Der junge Mann besaß den Vorteil, daß sein Vater ein bekannter Artillerist war, bald General wurde und nicht nur die entscheidenden Leute am Arsenal von Woolwich kannte, sondern auch die Unterstützung des Premierministers Pitt und des Prinzen von Wales vermitteln konnte.

Dadurch gewann Congreve die materielle und personelle Unterstützung für seine Experimente in Woolwich. Er konnte im Sommer 1805 neben einer Einpfünder-Rakete, die als zu leicht verworfen wurde, eine Dreipfünder-Rakete mit einer Reichweite von 1645 m und eine Sechspfünder-Rakete mit einer Reichweite von 2100 m einsatzbereit melden. Die Raketen hatten einen Holzstab, der in einem bestimmten Winkel verankert werden konnte, und an seinem vorderen Ende einen Eisenzylinder mit dem Antriebspulver und dem Geschoß trug. Sie waren also den heutigen Silvesterraketen nicht unähnlich.

Die britische Regierung, in Sorge wegen der Invasionsdrohungen Napoleons, ordnete den ersten Einsatz der Raketen schon für den Herbst 1805 an. Die französischen Landungsschiffe, die bei Boulogne zusammengezogen wurden, sollten mit Raketen angegriffen werden. Die Flotteneinheit kommandierte Sir Sydney Smith. Congreve begleitete die Expedition und betreute die 3000 Sechs- und Achtpfünderraketen. Der Versuch wurde ein völliger Fehlschlag. Rauhe See verhinderte jeden gezielten Abschuß, und die abgefeuerten Raketen gefährdeten die eigenen Schiffe mehr als den gegnerischen Hafen.

Congreve ließ sich nicht abschrecken und behielt auch die Unterstützung seiner Förderer. Er entwickelte die 32-Pfünder-Rakete (14,5 kg), die 2750 m weit fliegen konnte. Es war ihm möglich, den Führungsstock, der die Ausrichtung ermöglichte und den Flug stabilisierte, auf 4,5 m zu reduzieren. Die Raketen trugen Explosiv- oder Brandsätze. Sie wurden mit einer Lunte gezündet und aus Gestellen abgefeuert, die den heutigen Raketenwerfern nicht allzu unähnlich sind. Man brauchte auch damals Röhren, in die die Führungsstöcke in bestimmtem Winkel gesteckt werden konnten. Neben einem kleinen erfolgreichen Angriff in der Nähe von Neapel erlebten die Raketen ihren Triumph beim erneuten Angriff auf Boulogne am 8. Oktober 1806. Über 200 Raketen wurden gefeuert, und Augenzeugen berichteten, daß weite Teile der Stadt in der Nähe des Hafens brannten. Den Landungsschiffen geschah wenig.

Das ist kennzeichnend für die Möglichkeiten der damaligen Raketen. Sie waren leicht zu transportieren, mußten nicht gegen Rückstoß gesichert werden, aber sie waren nur gegen großflächige Ziele geeignet, und zwar vor allem, um sie in Brand zu setzen. Raketen waren viel zu ungenau, um von Schiffen gegen Schiffe eingesetzt zu werden. Sie benötigten auch spezielle Vorrichtungen vorzugsweise auf flachen Schiffen, um nicht die Segel des eigenen Schiffes in Brand zu setzen. Der nächste große Einsatz bestätigte das nachdrücklich. Als die britische Marine 1807 die Wohnviertel von Kopenhagen bombardierte, um die Auslieferung der dänischen Flotte zu erzwingen, wurden etwa 300 Raketen gefeuert und setzten viele Häuser in Brand.

Ihr heulendes Geräusch während des Fluges wirkte auch demoralisierend. Darauf ist ihr größter Erfolg während eines Landeinsatzes in der Schlacht bei Leipzig 1813 eher zurückzuführen als auf die Wirkung ihrer Explosivgeschosse. Eine französische Infanterieeinheit mit 2 500 Mann ergab sich nach dem Beschuß durch Raketen. Der Einsatz von Raketen hatte in der Flotte ebenso viele Befürworter wie Gegner. Sie haben sich als Schiffswaffe erst in der zweiten Hälfte unseres Jahrhunderts durchsetzen können.

5.05 Der Geschützdrill

Als guter Standard der Feuergeschwindigkeit wurden in der britischen Marine drei Breitseiten in fünf Minuten angesehen. Collingwood soll auf seinem Schiff drei Breitseiten in dreieinhalb Minuten abgeschossen und bei Einzelfeuer ein Tempo von einer Minute erreicht haben. Tatsächlich hat sich die Feuergeschwindigkeit von 1793 bis 1815 durch das Steinschloß und die Zündtube deutlich gesteigert.

Um diese Zeiten zu erreichen, vielleicht zu übertreffen, um auf schwankenden Decks und unter Einfluß des gegnerischen Feuers die Geschwindigkeit beizubehalten, mußten die Bedienungsabläufe so automatisiert und eingeschliffen werden, daß sie in allen nur denkbaren Situationen »wie im Schlaf« ausgeführt werden konnten. Daher wurde an den Geschützen exerziert, wann immer das möglich war. Oft wurde das Abfeuern nur simuliert, da die Admiralität für das Training kaum Pulver bewilligte.Aber da die meisten Kapitäne durch Falschbuchungen oder nicht gemeldete Beute einen »schwarzen« Vorrat hatten, eventuell aus der eigenen Tasche auch etwas zukauften, wurde oft genug Schießen auf leere Fässer und Kisten geübt.

Für den Ablauf des Ladens und Feuerns gab es vor 1817 keine bindenden Vorschriften der Admiralität. Aber in Handbüchern waren Kommandos und Exerzierabläufe beschrieben, die mit gewissen Variationen von allen Kapitänen eingehalten wurden. Die Kanonen waren, sofern die Gefahr ständiger Feindberührung bestand, auch im Ruhezustand geladen, mit Mündungspfropfen versehen und – wie oben beschrieben – mit Tauen fest an die Bordwand gezurrt. Dann ergab sich folgender Ablauf (*in Anlehnung an Falconer 1769*):

1. Alarm und Aufstellung am Geschütz.

2. Geschütze lösen!
Die Zusatztaue, die die Geschützmündung an der Bordwand festhalten, werden abgenommen. Das Brooktau oder Bremstau, das dicke Tau, das in der Abbildung durch das Auge oder den Brooktauring am Rohrende geführt und in der Bordwand verankert war, und die Seitentaljen zum Ausrennen der Geschütze werden gelokkert. „Wurm“, Wischer, Rammer, Handspaken werden bereitgelegt. Die Geschützpforten werden hochgeklappt.

3. Geschütz ausrichten!
Während der festgezurrten Marschstellung befand sich die Mündung in erhöhter Position. Jetzt wird das Bodenstück durch Keile so angehoben, daß das Rohr waagrecht liegt.

4. Mündung frei!
Die hölzernen Mündungspfropfen werden herausgezogen.

5. Geschütze ausrennen!
Mit den Zugseilen wird das Geschütz nach vorne gezogen, bis die Mündung aus der Geschützluke ragt (vgl.Abb.).

6. Ladung scharf machen!
Das Zündrohr wird durch das Zündloch in die Kartusche gestoßen, das Steinschloß mit Zündpulver versehen. (Bei Verwendung einer Lunte sticht der Geschützführer die Kartusche mit dem Zündlochbohrer an und füllt das Zündloch mit Pulver auf.)

7. Ziel auffassen!
Der Geschützführer peilt über den Lauf das Ziel an und gibt Anweisung, wie durch Versetzen des Keiles die Höhenrichtung und mit Handspaken die Seitenrichtung des Geschützes verändert werden soll.

8. Feuer!
Der Geschützführer reißt die Abzugsleine, und das Steinschloß zündet. (Oder er führt die Lunte zur Pfanne am Zündloch.)

9. Reinigen und auswischen!
Nachdem die Kanone durch den Rückstoß zurückgerollt ist und durch das Bremstau gestoppt wurde, wird eine Stange ins Rohr geführt. An ihrem vorderen Ende sind ein bis zwei Eisenspiralen angebracht, die sich wie Würmer umeinander winden und in Spitzen enden. Sie gaben dem Gerät den Namen »Wurm« (worm). »Worm out« heißt, mit dem »Wurm« Rückstände – besonders bei Pergamentkartuschen – aus dem Rohr entfernen. Danach wird der Wischer eingeführt, eine Holzstange mit einem feuchten Wischer an der Spitze, meist aus Schaffell. Damit werden Pulverrückstände und Glut entfernt.

10. Kartusche laden!
Die Kartusche wird ins Rohr geschoben und mit dem »Rammer«, einer Holzstange mit Aufsatz etwa in Kaliberbreite, bis an das Ende der Bohrung gestoßen. Auf die Kartusche kommt ein Pfropf aus Filz oder Wolle.

11. Kugeln (oder andere Munition) laden!
Die Kugel wird in den Lauf geführt und erneut ein Pfropf aufgesetzt. Diese Ladung wird mit dem Rammer fest bis zur Kartusche ins Rohr gestoßen.

Danach kann der Vorgang mit Schritt 7 neu beginnen, oder die Geschütze werden wieder mit Mündungspfropfen versehen und festgezurrt. Man kann sich den Vorgang auch mit der folgenden Abbildung veranschaulichen, die sich an einer 18-Pfünder-Kanone orientiert, für die zehn Kanoniere vorgesehen waren. Ein 24-Pfünder hatte eine Mannschaft von zwölf, ein 34-Pfünder eine solche von 14 Kanonieren. Diese Bedienungen mußten aber auch die entsprechende Kanone an der anderen Seite des Schiffes bedienen. Sollte also das Schiff einmal beidseits feuern, stand nur die halbe Mannschaft zur Verfügung, was die Abläufe sehr verlangsamte. Außerdem ist zu beachten, daß in Kriegszeiten selten alle Stationen besetzt werden konnten.

Das linke Teilbild zeigt die Kanone in der Stellung zum Laden. Das Bremstau ist gespannt. Beim mittleren Teilbild ist die Kanone mit den Zugseilen, an denen die Kanoniere 3, 5, 9, 7 und 4, 6, 8 stehen, ausgerannt. Im rechten Teilbild rollt sie nach dem Abfeuern zurück.

Der Geschützführer (1) und sein Vertreter (2) haben sich so weit zurückgestellt, daß der Rücklauf vorher durch die Brooktaue aufgefangen wird. Nicht eingezeichnet sind der Pulverjunge, der ein bis zwei Geschütze mit Kartuschen aus dem Magazin zu versorgen hat, und ein Sicherheitstau, das vom hinteren Lafettenende nach hinten lief und dort im Geschützdeck verankert war. Dieses Tau verhinderte, daß die Kanone unbeabsichtigt zur Geschützpforte rollte, wenn das Deck sich neigte. Neben dem Geschützführer (1) und seinem Vertreter (2) waren noch die Ladekanoniere (3) und (4) besonders wichtig, während die anderen vor allem das Geschütz auszurennen und Ladungen zuzureichen hatten. Aber bei einer gut trainierten Geschützmannschaft mußte jeder jede Position einnehmen können. Die häufigsten Unfälle beim Training kamen vor, wenn ein Kanonier nicht rechtzeitig dem zurückrollenden Geschütz auswich. Mindestens Arme oder Beine, wenn nicht der ganze Mensch wurden zerquetscht. Furchtbar war es auch, wenn ein Tau riß oder sich aus der Verankerung löste. Ein frei rollendes Geschütz konnte Decks und den Schiffsboden durchschlagen und Menschen zerschmettern. Es war ein lebensgefährliches Unterfangen, ein losgebrochenes Geschütz mit Netzen, Tauen und Stangen wieder zu bändigen. Wie Abbildung und Beschreibung zeigen, war die Möglichkeit, die Kanone anders als rechtwinklig zum Rumpf zu richten, begrenzt. Aber interessierte und einfallsreiche Kapitäne haben auch hier durch andere Befestigungen und zusätzliche Taue Erstaunliches erreicht. Besonders verbessert wurde die Schiffsartillerie durch Charles Douglas und Philip Broke.

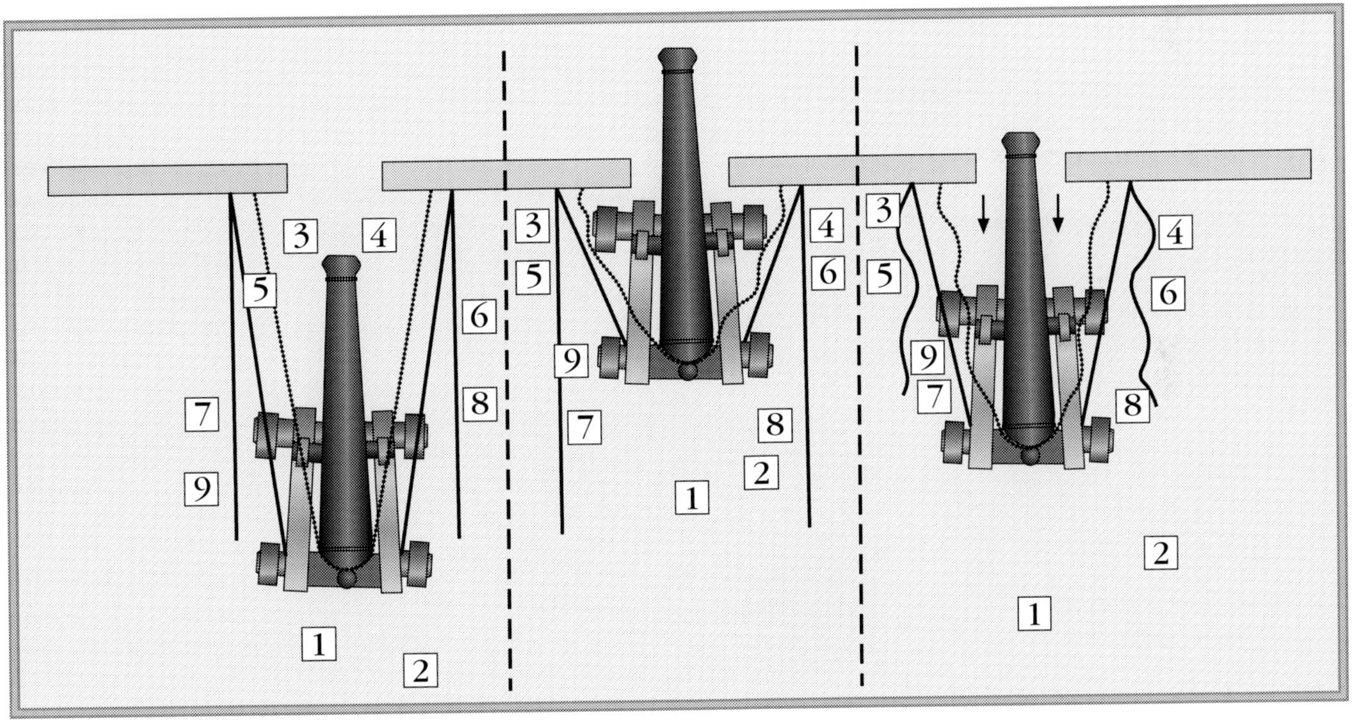

5.06 Die Munition

In der damaligen Zeit waren die Kartusche mit der Treibladung und das Geschoß, das nur beim Mörser ein Explosivgeschoß war, getrennt. Das Pulver, das die Geschosse antrieb, war eine Mischung aus meist 75% Salpeter, 10% Schwefel und 15% Holzkohle. Während der Herstellung in den Pulvermühlen wurde es gekörnt, so daß es nicht wie Mehl, sondern wie grober Zucker wirkte. Pulver war an Bord des Schiffes gefährdet und gefährlich zugleich. Gefährdet war es, weil es Feuchtigkeit anzog und dann weniger Druckwirkung erzeugte und im Extremfall überhaupt nicht mehr zündete. Man schützte das Pulver gegen Feuchtigkeit, indem es in großen Kupferbehältern aufbewahrt wurde, die mit Bienenwachs luftdicht verschlossen waren (Douglas 1820). Zusätzlich stellte man Behälter mit Holzkohle auf, die die Feuchtigkeit absorbieren sollte.

Pulver war gefährlich, weil der kleinste Funke es entzünden und das ganze Schiff in die Luft sprengen konnte. Daher lag das Magazin stets unter der Wasserlinie, durfte nur mit Filzschuhen und ohne Metallwerkzeug vom Stückmeister und wenigen Gehilfen betreten werden. Durch feuchte Vorhänge wurde es im Gefecht abgeschirmt. Licht, das im Nebenraum brannte, schien nur durch dickes Glas hinein.

Das Pulver war von unterschiedlicher Qualität. Weniger gutes Pulver wurde zum Übungsschießen benutzt. Auch dem französischen Pulver wurde eine mindere Qualität zugeschrieben. Oben wurde schon erwähnt, daß 1787 die Fertigung der Holzkohle in Eisenzylindern zu einer deutlichen Verbesserung der Explosionskraft des Pulvers führte. Dieses Pulver wurde in Behältern mit roter Aufschrift gelagert, damit es nicht mit dem anderen verwechselt wurde und es dadurch nicht zur Überladung der Kanonen kam.

Kanonen und Karronaden verfeuerten vor allem eiserne Vollkugeln. Wenn die Eisenkugeln den Rumpf unterhalb der Wasserlinie durchschlugen, gab es ein Leck, das manchmal nicht unter Kontrolle gebracht werden konnte. Eine 18-Pfünder-Vollkugel durchschlug im Nahgefecht Eichenplanken bis zu 82 cm! Besonders gefährlich waren die Eisenkugeln auch dadurch, daß sie einen Hagel von Holzsplittern verursachten, wenn sie Planken oder Spieren zerschmetterten. Diese Holzsplitter waren mit die häufigsten Verletzungsursachen, schwer zu entfernen und oft Auslöser von Infektionen.

Nach einigen Experimenten hatte man es aufgegeben, diese Eisenkugeln an Bord von Schiffen glühend zu erhitzen, um die gegnerischen Schiffe in Brand zu setzen. Für das eigene Schiff war dieser Vorgang feuergefährlicher als für den Gegner. Glühende Kugeln wurden nur von Landbatterien verschossen. An Bord der Schiffe standen immer hölzerne Eimer mit Seewasser bereit, um jeder Feuersgefahr zu begegnen.

Daneben gab es noch Spezialmunition für verschiedene Zwecke. Wenn man die Takelage des Gegners zerstören wollte, um ihn in seiner Manövrierfähigkeit zu behindern, dann setzte man Kettenkugeln ein, bei denen zwei Voll- oder Halbkugeln durch eine Kette verbunden waren. Da die beiden Kugelteile sich im Flug trennten, spannten sie die Kette, die dadurch mehr Taue durchschlagen konnte als eine Kugel. Dieselbe Wirkung

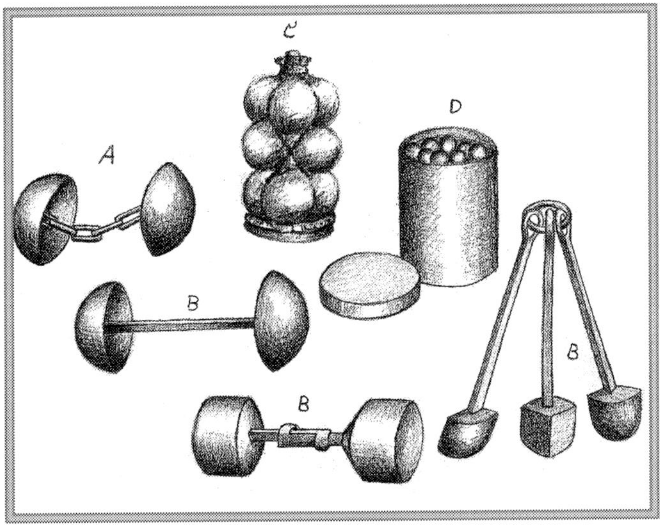

Kettenkugeln (A), Stangenkugeln (B), Traubengeschosse (C) und Kartätschen (D)

wollte man mit Stangenkugeln erreichen. Auch hier waren zwei Kugeln, Halbkugeln oder Platten durch Stangen verbunden. Man hat auch mehrere Stangen mit Kugelteilen kombiniert oder zwei Stangen mit Schubringen so verbunden, daß sie sich während des Fluges ausdehnten. Ziel war immer, die Aufschlagfläche so zu vergrößern, daß möglichst viel Takelage durchschlagen werden konnte. Besonders die französischen Schiffe schossen bevorzugt auf die Takelage, während die Briten lieber auf den Rumpf zielten.

Gegen Takelage und Mannschaft des Feindes gleichermaßen wurden Traubengeschosse, eine Art großer Kartätsche, eingesetzt. 900 g (zwei engl. Pf.) schwere Rundkugeln wurden in Segeltuch zylindrisch so verschnürt, daß sie in das Geschützrohr paßten. Für den 32-Pfünder wurden 16 Kugeln verpackt, zwölf für den 24-Pfünder usw. Nach dem Abfeuern streuten die Kugeln und fegten hinweg, was im Wege stand. Auf 250 m konnten sie noch 10 cm starke Eichenplanken durchschlagen.

Kartätschen wirkten noch verheerender gegen die feindliche Mannschaft. In Zinnzylinder vom Kaliber der Kanone waren Musketenkugeln oder Eisennägel gefüllt, die nach dem Abfeuern einen Eisenhagel verstreuten. Natürlich waren Kartätschen nur auf kurze Entfernungen einsetzbar.

Häufig wurden gerade bei der ersten Breitseite doppelte Ladungen verschossen, z. B. Traubengeschosse auf der Kugel. Das Gewicht der Munition und des Pulvers, das ein Schiff lud, überstieg oft das Gesamtgewicht aller Geschütze und betrug mehr als ein Zehntel der gesamten Zuladung einschließlich Wasser, Segel usw.

Die Wahl der Munition hing von der angestrebten Taktik ab, die der Kapitän verfolgte. Hatte er eine starke Mannschaft und wollte den Feind entern, dann schoß er ihn mit Kettenkugeln möglichst bewegungsunfähig. Das war die bevorzugte Taktik der Kaperschiffe. War das Schiff unterbemannt, und der Kapitän wollte die feindliche Mannschaft treffen und ihr Feuer zum Schweigen bringen, dann setzte er auf weitere Entfernung Vollkugeln, bei Annäherung Traubengeschosse und Kartätschen ein.

5.07 Gewehre und Pistolen

An Bord der Kriegsschiffe waren alle Seesoldaten mit Gewehren ausgerüstet. Matrosen erhielten sie nur für besondere Aufgaben, z. B. für Landungsoperationen. Die Gewehre oder Musketen waren Vorderlader mit glattem Lauf und Steinschloß. Es gab im allgemeinen ein Modell mit langem Lauf (94 cm), die Waffe der Seesoldaten, und eines mit kurzem Lauf (66 cm). Auf beide Gewehre konnte ein Bajonett aufgesteckt werden, was eigentlich nur bei Landungsunternehmen geschah, und sie verschossen Kugeln von 30 bis etwa 60 Gramm Gewicht und 1,905 cm Kaliber. Das lange Modell konnte maximal 400 m weit schießen, aber die Reichweite, in der Treffer mit Wirkung erzielt werden konnten, ging nicht über 80-100 m hinaus. Wer auf diese Entfernung einen Menschen traf, galt als Scharfschütze.

Neben diesen Standardgewehren rüsteten einige Kapitäne ihre Scharfschützen mit den Büchsen (rifles) aus, die sie bei amerikanischen Milizen fürchten gelernt hatten. Rifles waren Waffen, die mit extrem langem,

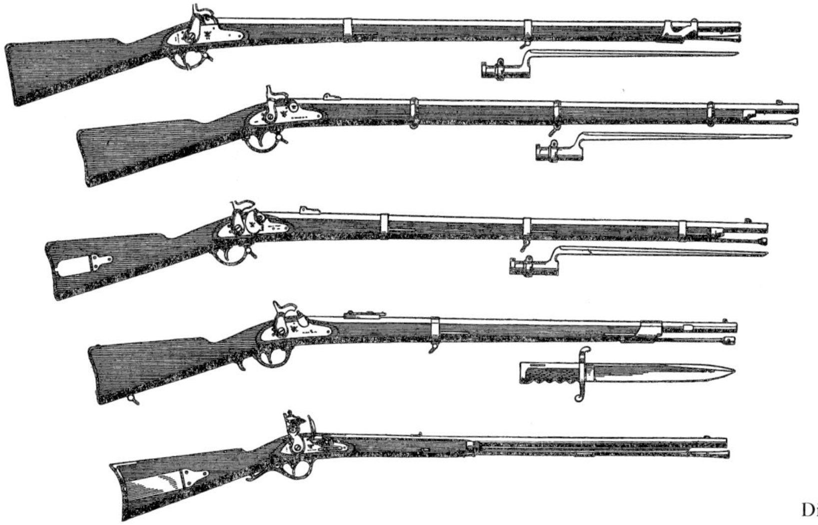

Die Abbildung zeigt Rifles (oben) und Musketen (unten)

gezogenem Lauf auf weitere Entfernung eine höhere Treffsicherheit hatten. Um 1770 entwickelte der britische Hauptmann Ferguson eine besonders effektive Rifle mit 1,25 m Länge, einem Lauf von 87 cm und einem Kaliber von 1,65 cm. Mit ihr konnten fünf Schüsse pro Minute gefeuert werden statt der zwei oder drei, die mit amerikanischen Büchsen zu erreichen waren. Mit dieser Waffe konnte man bis zu 240–280 m treffen.

Im Seegefecht waren die Masttoppen bevorzugter Standort der Scharfschützen, die vor allem das feindliche Achterdeck mit den Rudergängern und Offizieren unter Feuer nahmen. Zur Abwehr von Enterern gab es kurzläufige Musketen (ca. 1,05 m) mit großem Kaliber (fast 4 cm), z.T. mit trichterförmig erweitertem Lauf, die »Blunderbüchsen« (blunderbuss), die gehacktes Blei im Gewicht von rund 200 g verschießen konnten. Sie wogen etwas über dreieinhalb Kilo und hatten auf kurze Entfernung (5–10 m) etwa die Wirkung einer abgesägten Flinte, aus der grobes Schrot verfeuert wird.

Die Standardpistolen, mit denen die Matrosen zum Entern ausgerüstet wurden, waren robuste Waffen mit einem Lauf von 30,5 cm oder 22,9 cm Länge. Das Gewicht lag um 1,5 kg, und sie hatten ein Kaliber von etwa 150 mm. Sie waren nur für den Nahkampf gedacht und erzielten über 20 m höchstens Zufallstreffer mit sehr geringer Durchschlagskraft. Da Gewehre und Pistolen Vorderlader waren, wurden sie im Prinzip wie die Geschütze geladen. Das Pulver mußte in den Lauf gerammt werden, die in braunes Papier gehüllte Kugel hinterher, die Pfanne mußte Zündpulver haben usw. Das bedeutete, daß die Pistole im Nahgefecht einmal abgefeuert und dann als Wurfgeschoß oder Schlagwaffe benutzt wurde. Natürlich hatten die Offiziere oft ihre eigenen Pistolen, die ihnen Büchsenmacher meist mit zwei Läufen kunstvoll anfertigten. Sie waren im allgemeinen etwas leichter und treffgenauer, aber nicht schneller zu laden.

Gebräuchlich waren in der Flotte auch Handgranaten, obwohl einige Kapitäne in ihrer Aufbewahrung und Handhabung Gefahren sahen. Die Handgranaten waren kleine Eisenbomben mit 7–10 cm Durchmesser. Sie wurden durch eine Brandröhre gezündet. Vor dem Wurf verhinderte ein Zapfen, daß Pulver oder Feuer in die Brandröhre geriet. Vorwiegend Seesoldaten wurden in der Handhabung dieser Waffen trainiert. Ihre Wirkung bestand im Explosionsdruck und den Eisensplittern.

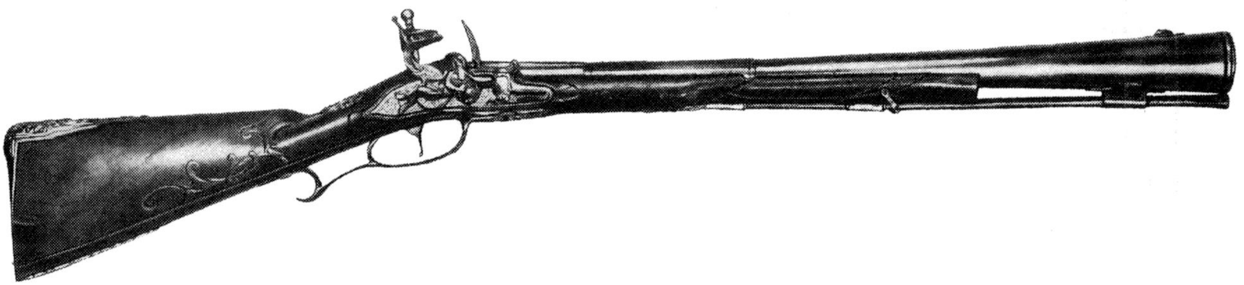

Blunderbüchse um 1700

5.08 Hieb- und Stichwaffen

Die Seeleute waren je nach ihrer Aufgabe mit Entermessern, Piken oder Schlagäxten ausgerüstet. Das Enter- »Messer« war ein schwerer, gerader Säbel, dessen Klinge 70 cm und länger war. Er hatte einen Eisengriff und einen eisernen, korbförmigen Schutz für die Schwerthand. Mit diesem Säbel war kein kunstvolles Florettfechten möglich, aber man konnte schwere Hiebe austeilen. Dieser Schiffssäbel wurde an einem Lederband getragen, das von der Schulter diagonal über der Brust hing.

Die Pike war aus Esche mit einer scharfen Stahlspitze. In ihrer langen Ausführung konnte sie fast 3 m lang sein, um feindliche Enterer abzuwehren. Daneben gab es die Halbpike mit etwa 1,50 m Länge für den Nahkampf.

Die Schlagaxt oder der Tomahawk hatte eine gekrümmte Axtschneide und eine scharfe Spitze. Dadurch war die Waffe als Hieb- oder Stichwaffe verwendbar. Sie konnte aber auch benutzt werden, um Taue und Enternetze durchzuschlagen oder um den Schaft wie einen Tritt in die feindliche Bordwand zu rammen.

Piken und Schlagäxte standen im Gefecht oft in Behältern um die Masten oder in Fässern auf den Geschützdecks, um bei Bedarf schnell greifbar zu sein. Die Offiziere hatte je nach persönlicher Vorliebe eigene Säbel, mitunter in der Art der Kavalleriesäbel. Die Fähnriche waren mit leichten Degen ausgerüstet, die wenig zum Kampf taugten. Es war keine Seltenheit, daß auch Offiziere lieber zum schweren Entersäbel griffen.

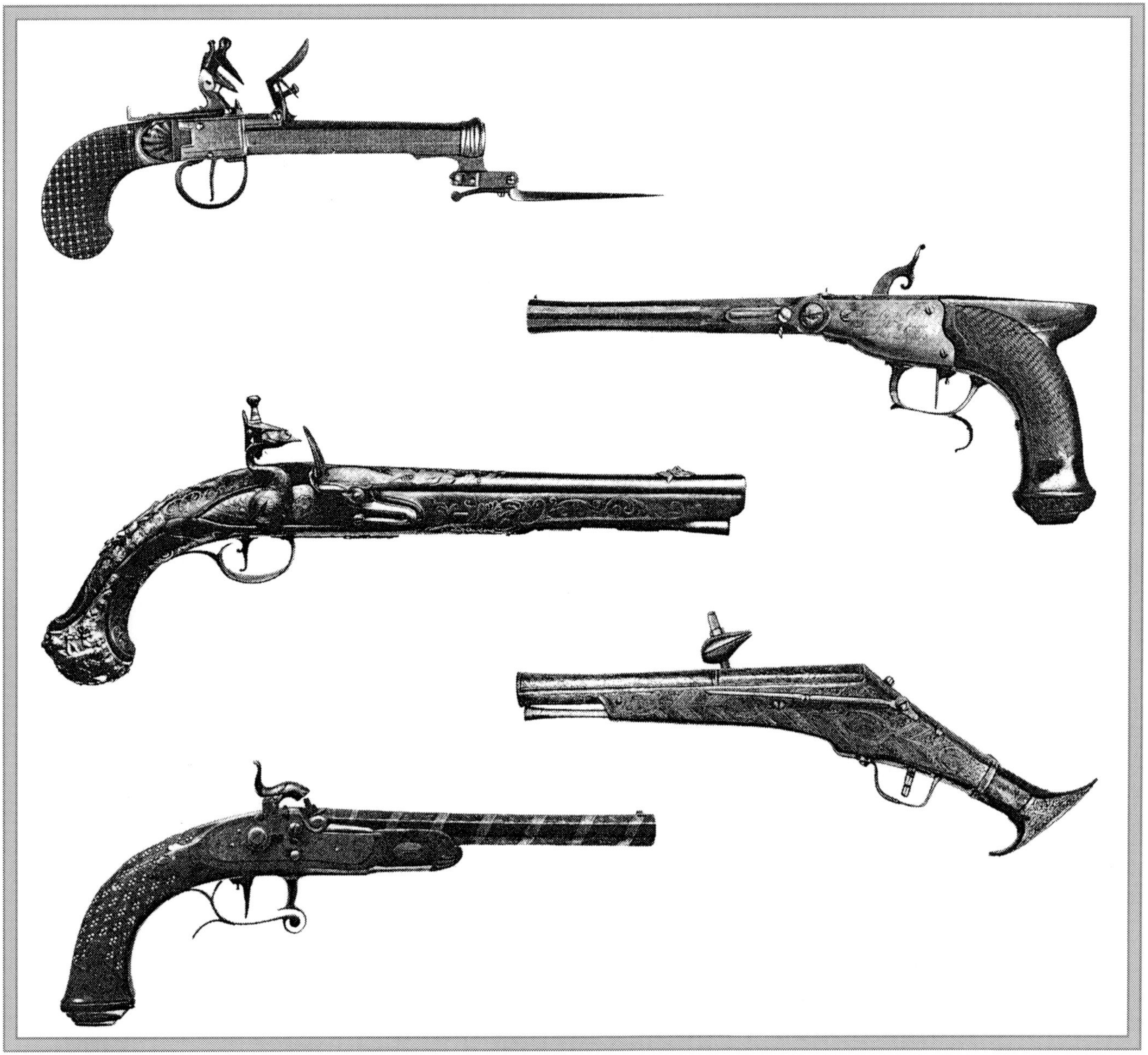

Verschiedene Waffen

Kapitel 6.00

Leben an Bord

Die Abbildung zeigt eine Szene auf dem Hauptdeck im Hafen nach einer Zeichnung von de Berenger. Sie zeigt Seeleute und Besucher, die Karten spielen, lesen und tanzen. Die Szene gibt ein »entschärftes« Bild der wirklichen Situation, sonst hätte es damals nicht veröffentlicht werden können.

6.01 Die Härten der Seefahrt

In der Zeit der Segelschiffe war jede Schiffsreise gefährlich. Unbekannte Riffe, plötzlich aufziehende Stürme, ja selbst unter der Oberfläche treibende Wracks konnten ein schönes Schiff von einem Augenblick zum anderen in einen Trümmerhaufen verwandeln. Die Geschichte dieser Zeit ist vor allem eine Geschichte der Schiffbrüche, viel seltener eine Geschichte der Seekämpfe.

Diese Gefahren der See lauerten auf Handelsschiffe und Kriegsschiffe gleichermaßen. »Dieses verdammte Meer ist für Fische geschaffen, nicht für Menschen!« pflegten Handels- und Kriegsmatrosen übereinstimmend zu schimpfen, wenn sie tagelang einem Sturm trotzen mußten, ohne eine warme Mahlzeit zu erhalten oder einen trockenen Faden am Körper zu spüren. Und dennoch werden sehr unterschiedliche Auffassungen geäußert, ob das Leben auf Handels- oder Kriegsschiffen härter war, wenn man von den Naturgewalten absieht, die beide trafen.

Israel und Gebauer (*1982, S. 75*) schreiben, daß das Leben auf Kriegsschiffen »noch wesentlich härter (war) als auf den Kauffahrteiseglern.« Rodger (*1986, S. 116*) stellt dagegen fest: »Ob im Krieg oder im Frieden, die Kriegsflotte war der Platz für einen Seemann, der ein relativ leichtes Leben haben wollte.« Er verweist zur Begründung dieses Urteils vor allem darauf, daß auf Handelsschiffen ein Schiff viel weniger Seeleute hatte als ein Kriegsschiff vergleichbarer Größe. Auf jeden Handelsmatrosen entfielen also mehr Tonnen Schiffsraum als auf einen Seemann auf einem Kriegsschiff. Er nimmt das als Maß für die Arbeitsbeanspruchung und meint auch, daß durch die Ladung den Handelsmatrosen weniger Platz zur Verfügung stand als jenen auf Kriegsschiffen, wo nur Geschütze die Decks füllten.

Gegen diese problematische Rechnung stehen überzeugendere Zahlen: die Fülle der Desertionen aus der Flotte. Kemp (*1970, S. 139*) führt eine amtliche Statistik aus der Zeit des Amerikanischen Unabhängigkeitskrieges an.

Von 1774 bis 1780 wurden 175 990 Männer für die Flotte geworben oder gepreßt.

Von diesen Männern

starben im Kampf	1 243,
starben durch Krankheit oder Unfall	18 541,
es desertierten aber	42 069.

Jeder Deserteur wußte, daß die Flotte nie aufhören würde, ihn zu suchen, und daß ihn der Tod durch Erhängen oder, wenn das Gericht gnädig war, 250 Peitschenhiebe erwarteten, die kaum einer lebend überstand. Warum desertierten so viele Seeleute trotz aller Wachen und Drohungen?

Man kann darauf verweisen, daß die Heuer auf Kauffahrteischiffen wesentlich höher war, mitunter doppelt so hoch. Man kann auch anführen, daß im Amerikanischen Unabhängigkeitskrieg selten spektakuläre Prisen anfielen, die Seeleute so reich machten wie uns heute ein Lottogewinn und die auch ähnlich immer die Hoffnung auf eine finanzielle Verbesserung wachhielten. Aber deswegen riskieren doch nicht so viele Seeleute so furchtbare Strafen, wenn das Leben in der Flotte relativ leicht gewesen sein sollte. Und andererseits hätten sich auf Handelsschiffen die Matrosen wohl kaum mit allen Tricks versteckt, um den Suchkommandos der Flotte zu entgehen, die jedes Schiff anhielten, um Deserteure zu suchen oder Seeleute zum Dienst zu pressen.

Nein! Der Dienst in der Flotte war härter, oft auch grausamer, und man konnte ihm nicht entrinnen, solange der Krieg anhielt. Es gab kein Abmustern, wenn eine Reise vorbei war. Erst das Kriegsende brachte die Erlösung, sofern man es erlebte. Auf Menschen, die als Landbewohner der Flotte überstellt wurden, muß der Dienst anfangs furchtbar gewirkt haben. Die Schilderung eines Seemanns, der unter dem Pseudonym Jack Nastyface schrieb, mag dies verdeutlichen:

Was immer auch über dieses stolze Land der Freiheit gesagt werden mag, jeder junge Mann muß die Freiheit zu sprechen und zu handeln vergessen, sobald er auf einem Empfangsschiff der Flotte Zuflucht und Gastlichkeit gesucht hat. Er darf noch denken, aber er muß seine Gedanken für sich behalten, darf ihnen niemals Ausdruck verleihen.

Nachdem ich auf das Empfangsschiff gesandt worden war, begann ich zum ersten Mal den überstürzten Entschluß zu bereuen, den ich gefaßt hatte. Aber das half nun nichts. Unterwerfung unter mein Schicksal war meine einzige Alternative. Murren oder Protestieren würde unsinnig sein. Nachdem mich der Doktor untersucht und für seetauglich befunden hatte, wurde ich ins Unterdeck befohlen, wo ich mit meinen Leidensgefährten die ganze Nacht in Verzweiflung verbrachte, während zahllose Ratten über uns hinwegliefen.

Als wir rausdurften, wurden wir in einen Admiralitätstender befohlen, der uns zum Ankergrund Nore bringen sollte. Dort wurden wir namentlich aufgerufen, etwa 200, darunter eine Anzahl von Quota- oder Bürgermeister-Männern. So nannte man jene, die sich zur Flotte verpflichtet hatten, um öffentlicher Strafe zu entgehen, und die von irgendeinem Magistrat an Bord der Schiffe gesandt wurden wegen eines Unsinns auf der Straße oder einer nächtlichen Straftat. Diese armen Kerle hatten eine schreckliche Zeit vor sich. Sie wurden zum Gespött der alten und erfahrenen Seeleute, die ihnen die Schöße von ihren Fracks abschnitten und sie auf jede Weise ärgerten und lächerlich machten.

Nachdem wir an Bord des Tenders gegangen waren, wurden wir wieder unter Deck befohlen, und die Luken wurden geschlossen. Eine Wache der Seesoldaten stand mit geladenen Musketen und aufgepflanzten Bajonetten am Aufgang, als ob wir zur Höchststrafe Verurteilte oder Kapitalverbrecher wären. In diesem Raum verbrachten wir den Tag und die folgende Nacht, aneinandergedrängt, denn es war kein Platz, um zu sitzen oder zu stehen, ohne andere zu berühren. Wir waren wirklich in einer bedauernswerten Lage, denn viele von uns waren seekrank, einige mußten sich übergeben, während andere rauchten und wieder andere so überwältigt vom Gestank waren, daß sie vom Mangel an frischer Luft ohnmächtig wurden. Sobald ein Offizier an

Deck bemerkte, daß die Männer unter Deck ohnmächtig wurden von der verpesteten Luft, befahl er, die Luken zu öffnen. Als das Tageslicht uns erreichte, boten wir einen schrecklichen Eindruck, denn kaum jemand von uns war frei von Dreck und Ungeziefer.

In Kapitel 3.08 wurden die verschiedenen Wege beschrieben, auf denen die Flotte zu ihren Besatzungen kam. Nachdem Freiwilligenmeldungen, Anwerbungen durch die Marine Society und die Preßgesetze nicht ausreichten, die Flotte zu bemannen, wurden ab 1795 die Grafschaften in England und Wales verpflichtet, entsprechend ihrer Einwohnerzahl eine bestimmte Quote an Männer für die Flotte abzustellen. Das erbrachte fast 10 000 Mann. Kurz darauf wurde diese Regelung auch auf die Seestädte ausgedehnt und führte der Flotte weitere 20 000 Mann zu. Wie bereits in Kapitel 3.08 ausgeführt worden war, haben die Grafschaften und Städte mit Hilfe dieser Gesetze in erster Linie die Landstreicher, Taugenichtse und kleinen Gauner abgeschoben. Die früheren Freiwilligen, inzwischen bewährte Seemänner, erlebten nun diese Außenseiter und Ausgestoßenen, verlaust und dreckig, aber mit bis zu 70 £ Handgeld in der Tasche, während sie selbst damals nur 5 £ erhalten hatten. Das führte zu Abneigung und Neid, und die Spannungen verstärkten sich noch, weil mancher Taugenichts auch an Bord nicht vom Stehlen ließ und die rauhe Selbstjustiz des Vorschiffs erfahren mußte.

Das »Empfangsschiff«, von dem Nastyface erzählte, kann man getrost als Gefängnisschiff ansehen. »Receiving ships« waren nicht mehr seetaugliche, alte Linienschiffe, aus denen man die Waffen, die oberen Masten und die Segel entfernt hatte und auf denen nun mit etlichen zusätzlichen Bretterverschlägen an Deck so viel Männer untergebracht wurden wie möglich. Diese Hulks lagen auf Reede, und ein Wachboot ruderte die Runde, um Desertionen zu verhindern. Auch Seeleute von Schiffen, die ins Dock mußten, wurden im Verlauf des Krieges auf solchen Schiffen verwahrt, auf denen furchtbare Zustände herrschten.

Das Klima an Bord nach 1795 war mit dem der ersten Kriegszeit nicht vergleichbar. Die Mehrzahl der Besatzungsmitglieder war unfreiwillig und unwillig an Bord gekommen. Viele waren für den Dienst unfähig, manche unbelehrbar und nicht bereit, sich einzuordnen. Die Disziplin wurde von Offizieren und Deckoffizieren mit aller Härte durchgesetzt. Aber die harten Körperstrafen konnten nur abschrecken, nicht überzeugen und motivieren. Und daher ist es fast unbegreiflich, daß diese in die Flotte gepreßten und dort gequälten Männer so oft eines Patriotismus' und Heldentums fähig waren, daß sie sich Übermachten entgegenwarfen und todesmutig Gefahren und Strapazen ertrugen. Gewiß, der Haß auf den Erbfeind, auf die Franzosen, wurde planmäßig geschürt. Aber das erklärt nicht alles. Es muß genügend Vorgesetzte gegeben haben, die auch von diesen Männern so sehr als Vorbild anerkannt wurden, daß sie sich von ihnen in die schwersten Kämpfe führen ließen.

Diese erfahrenen Offiziere und Deckoffiziere, hart, gerecht und bereit, das selbst zu opfern, was sie als Opfer forderten, haben die Britische Flotte dieser Zeit geprägt, nicht die unmenschlichen Sadisten, die es auch gab, aber nur in geringer Zahl, und die von ihren meuternden Mannschaften manchmal so spektakulär ermordet wurden, wie Kapitän Hugh Pigot 1797 auf der *Hermione*, sofern nicht ein Kriegsgericht ihnen vorher das Kommando entzog.

6.02 *Der Tag auf See*

Der nautische Tag begann (bis 1805), wenn die Sonne am höchsten stand und das Besteck genommen wurde, d. h. der Breitengrad bestimmt wurde, auf dem sich das Schiff befand. An Land bedeutete das zwölf Uhr mittags, und der nautische Tag endete am nächsten Mittag, wenn wieder »die Sonne geschossen wurde« (*vgl. Kap.* 7). Der Tagesablauf war in folgende Wachen eingeteilt:

12.^{00} - 16.^{00} Uhr	Nachmittagswache (afternoon watch)
16.^{00} - 20.^{00} Uhr	Dog watch (Verstümmelung von »docked« oder verkürzt), da hier zwei verkürzte Wachen von 16.^{00}-18.^{00} Uhr und von 18.^{00}-20.^{00} Uhr dauerten, damit die Crew nicht alle Tage gleiche Wachzeiten hatte.
20.^{00} - 24.^{00} Uhr	Erste Wache (first watch)
0.^{00} - 4.^{00} Uhr	Hundewache (middle watch)
4.^{00} - 8.^{00} Uhr	Morgenwache (morning watch)
8.^{00} - 12.^{00} Uhr	Vormittagswache (forenoon watch)

Dies ist zunächst eine ganz formale Einteilung, mit der sich auf den meisten Schiffen Back- und Steuerbordwache abwechselten. Zu den Wachen gehörten die Seeleute, die für den normalen Segelbetrieb des Schiffes unentbehrlich waren. Rudergänger mußten steuern, Ausgucke spähen, die Segel mußten nachgetrimmt, der Kurs überwacht werden. Jede halbe Stunde läutete die Schiffsglocke, was in der Seemannssprache »glasen« heißt. In der Nachmittagswache war

ein Glasen = 12.^{30} Uhr

sieben Glasen = 15.^{30} Uhr.

Nach acht Glasen war die Wache vorbei, und die Zählung begann erneut.

Die Erste Wache wurde so genannt, weil sie die erste Wache während der Zeit war, in der die Freigänger schliefen. Die Wachen während der Nacht wurden als ermüdend angesehen, weil die Abwechslung der Tagesroutine fehlte. Darum schob man auch zwischen 16.^{00} und 20.^{00} Uhr zwei verkürzte Wachen ein, damit sich die Wacheinteilung immer wieder veränderte und nicht nur die einen die unangenehmen Wachen übernehmen mußten.

Wie sich der Dienst für die gestaltete, die nicht Wache hatten, hing von der Jahreszeit, dem Seegebiet, den Wetterverhältnissen, dem Zustand des Schiffes und anderen Faktoren ab. Im Winter in der Arktis wurden die Seeleute z. B. später aus den Hängematten geholt als im Tropensommer, wo man lieber mittags die Ruhezeit verlängerte.

Ein durchschnittlicher Tagesablauf konnte so aussehen:

6.^{00} Uhr früh:	Die Bootsmannsmaate weckten die Freiwache und die Freischläfer, damit sie ihre Hängematten verstauten und das Deck reinigten.
7.^{15} bis 8.^{00} Uhr:	Frühstück
8.^{00} bis 12.^{00} Uhr:	Geschütz- oder Segeldrill, Ausbildung an Handwaffen oder Bootsdrill
12.^{00} bis 13.^{00} oder 13.^{30} Uhr:	Mittagessen und erster Grogempfang
13.^{30} bis 17.^{30} Uhr:	Drill oder Pflege der Waffen, des Tauwerks usw.
17.^{30} bis 18.^{30} Uhr:	Abendessen und zweiter Grogempfang
Ab *20.^{00} Uhr* Schlafenszeit:	Alles Licht wird gelöscht.

Auch das gibt nur ein Gerüst, zeigt aber nicht das individuelle Bordleben. Das konnte von Tag zu Tag vom Kapitän angeordnet werden, oder er hatte einen gewissen Wochenplan. An einem Tag mußte der Kapitän Zeit für das Waschen der Wäsche vorsehen. An einem anderen Tag sollten die Hängematten und das Bettzeug gereinigt werden. Wieder an einem anderen Tag mußten die Bootssegel gewaschen oder die Wasserpumpen erprobt werden.

Es blieb nicht viel Freizeit. Man ließ sich Zeit für die Mahlzeiten, die nur im äußersten Notfall gestört wurden. Und dann blieb zwischen Abendbrot und dem Schlafengehen meist noch Zeit für das, was die Seeleute gern taten. Wenn das Wetter gut war, sangen und tanzten sie an Deck zu den Klängen einer Fiedel. Andere schnitzten, wieder andere angelten. Aber das alles variierte von Schiff zu Schiff. Und wenn ein Sturm aufzog oder der Feind in Sicht war, dann waren alle Pläne vergessen. Dann mußten alle zupacken, auch die Freischläfer. Das waren meist die Handwerker, die nicht zu den Wachen eingeteilt wurden und am Tag ihrem Handwerk nachgingen, also zimmerten, Waffen reparierten, Segel ausbesserten usw..

Morgens wurde zunächst das Deck gereinigt. Wie das geschah, hing vom Kommandanten und vom Klima ab. Normalerweise wurde das Oberdeck täglich vor Anbruch der Morgendämmerung aufgewischt und donnerstags und sonntags gescheuert. Die unteren Decks wurden täglich gefegt, mittwochs gewischt und samstags gescheuert, sofern sicher war, daß sie trocknen konnten, denn Feuchtigkeit im Schiff war schädlich für die Gesundheit, die Waffen und die Verpflegung.

Wie die Reinigung vorgenommen wurde, schildert anschaulich Bill Truck, ein Zeitgenosse (*übersetzt vom Verfasser nach dem Abdruck in Parkinson 1948, S. 78f.*):

Zunächst wurden die oberen Decks gut mit Wasser aus der See abgespült und mit Sand bestreut. Dann wurden die »holy-stones«, die Scheuersteine, gebracht, große flache Steine, um 110 Pfund schwer, mit glatter, weicherer Unterfläche und zwei Eisenringen in der Oberfläche, durch die zwei Handtaue gezogen waren. Die Seeleute zogen sie daran von einem zum anderen, wie man eine Säge hin- und herzieht. Das gab dem

Deck eine Glätte und Weiße, die man auch beim eifrigsten Schrubben nicht erreicht hätte. Kleinere Scheuersteine wurden für die Ecken benutzt, wo man mit den großen nicht hinlangen konnte. Dabei mußte man sich in die Nässe und den Schmutz knien und scheuern. Daher haben die kleinen Steine seit langem den Namen »Bibeln«.... Wenn die Decks gescheuert sind, werden sie mit einer Flut aus Wassereimern abgespült, um den Sand zu entfernen, und sorgfältig mit Scheuerlappen getrocknet. Dann endlich ist das Werk vollendet.

Die Bezeichnung »Bibel« oder »Gebetbuch« für die kleineren Steine hängt auch damit zusammen, daß sie etwa Buchgröße hatten.

Die Reinigung der Decks variierte auch sehr nach Klima und Jahreszeit. Aber britische Schiffe galten im Urteil der Zeitgenossen als sauber, während die französischen und spanischen Schiffe als schmutzig angesehen wurden. Die französische Flotte hatte auch höhere Krankheitsraten als die britische.

Sonntags inspizierte der Kommandant das ganze Schiff, hielt selbst Gottesdienst, wenn kein Geistlicher an Bord war, oder verlas die Kriegsartikel. Der Nachmittag war frei, sofern das Wetter es erlaubte. Aber auch an diesem Tag mußten für die Mannschaft um 20 Uhr Licht und Feuer gelöscht werden. Der Profoß überwachte die Einhaltung dieses Befehls. Die Offiziere hatten bis 22 Uhr Kerzenlicht, dann war auch in ihrer Messe das Ende des Tages.

Diese Routine war gewissen Variationen unterworfen. In feindlichen Gewässern wurde die Besatzung vor der Morgendämmerung zu den Waffen gerufen und erst zur Routinearbeit entlassen, wenn es hell genug für die Feststellung war, daß sich kein Feind in Sicht befand.

6.03 *Die Unterkünfte an Bord*

Offiziere einerseits und Deckoffiziere sowie Mannschaften andererseits waren an Bord der Schiffe sehr verschieden untergebracht. Der knappe Raum zwang zu Beschränkungen, aber diese trafen Offiziere und Mannschaften extrem unterschiedlich.

Der hervorgehobenen Stellung des Kapitäns entsprach sein Quartier. Seine Kajüten nahmen immer den oberen Teil des Hecks ein. Sie erstreckten sich über die gesamte Breite des Hecks und über einen beträchtlichen Teil des hinteren Decks. Nach heutigen Maßen entsprach die Größe seines Quartiers etwa 70 m^2 bei Fregatten bis zu 120 m^2 bei großen Linienschiffen.

Dieser Raum war im allgemeinen in die große Tageskajüte, in die Schlafkajüte und den Eßraum geteilt. In der großen Kajüte empfing der Kapitän Gäste zu festlichen Essen. In der Schlafkajüte war meist ein »hängendes Bett« angebracht, eine Art flacher Kiste mit der Matratze, die mit vier Seilen am oberen Deck befestigt war. Im Eßraum erledigten viele Kapitäne auch ihre Schreibarbeiten, andere zogen die große Kajüte dafür vor. Von der großen Kajüte aus hatte der Kapitän Zugang zur Heckgalerie, sofern das Schiff eine besaß, was bei großen Linienschiffen die Regel war. Hier befand sich auch seine eigene Toilette.

Die obenstehende Zeichnung von Turner aus der Sammlung Tamm zeigt den Tagesraum eines Kapitäns, in dem er am Tisch sitzt. Der Boden ist im damals beliebten Schachbrettmuster mit Segeltuch belegt. Daneben ist die Schlafkajüte mit dem hängenden Bett zu sehen.

Unter dem Quartier des Kapitäns befanden sich bei Flaggschiffen, meist Linienschiffe der 1. oder 2. Klasse, die Räume des Admirals. Da der Rumpf nach unten ausladend gestaltet war, hatte der Admiral noch etwas mehr Raum. Die Aufteilung in Kajüten war der des Kapitäns vergleichbar.

In kleineren Linienschiffen oder Fregatten befanden sich unter dem Quartier des Kapitäns die Räume für die Offiziere. Nehmen wir als Beispiel eine 38-Kanonen-Fregatte. Den Raum, den ein Deck höher der Kapitän allein bewohnte, teilten sich hier zwölf Offiziere und Deckoffiziere. Im mittschiffs gelegenen Teil des hinteren Decks befand sich die Offiziersmesse, in der die Offiziere speisten und ihre Freizeit verbrachten.

Von dieser Messe gingen ihre Schlafplätze ab. Sie waren durch Vorhänge oder auf großen Schiffen auch durch Türen von der Messe getrennt. Ein Teil des Vorhangs konnte nach oben gezogen werden. Der Erste Leutnant war insofern bevorzugt, als er auf Schiffen mit Heckgalerie Zugang zu einem Teil dieser Galerie besaß. Neben seiner Kajüte lagen auf einer Fregatte die Kojen der anderen Offiziere: des Zweiten und Dritten Leutnants, des Leutnants der Seesoldaten, des Masters, des Schiffsarztes, des Zahlmeisters, des Bootsmannes, des Stückmeisters, des Zimmermanns und des Kapitänsschreibers.

Zeichnung einer Offiziersmesse von Turner aus der Sammlung Tamm. Rechts sind die Türen zu den Schlafkojen der Offiziere zu erkennen.

Bei Gefechtsbereitschaft wurden alle Trennwände zwischen den Kojen und auch zwischen den Kajüten des Kapitäns entfernt und mit dem gesamten Mobiliar im untersten Teil des Schiffes verstaut. Im Gefecht mußte das gesamte Deck überschaubar und zugänglich sein. Wände, die die Befehlsweitergabe erschweren oder bei Treffern Splitter verstreuen konnten, waren nicht zulässig.

Die Aufteilung war auf verschiedenen Schiffen unterschiedlich. Mitunter war auch die Koje des Ersten Leutnants durch Holzwände abgetrennt. Oft schliefen die Deckoffiziere mit Zugang zur Messe auch an anderen Stellen. Aber immer war der Raum für die Kojen sehr beengt, etwa anderthalb mal zwei Meter, und bot außer dem Raum für das Bett nur Platz für die wichtigste persönliche Habe. Doch es war ein kleiner Raum, in den man sich zurückziehen konnte.

Diese Möglichkeit gab es für Deckoffiziere ohne Zugang zur Messe, für Unteroffiziere und Mannschaften nicht. Jedem Seemann stand für seine Hängematte ein Raum von 35,56 cm zu, jedem Unteroffizier 71 cm. Natürlich konnte man ausgewachsene Männer nicht auf 35 cm Schulterbreite zusammendrücken, aber da meist ein Teil der Seemänner auf Wache war, vergrößerte sich der Raum. Dennoch schliefen sie wie die Sardinen in der Dose. Niemand fand im Schlaf etwas Privatraum. Jeder erlebte alles mit.

Die Hängematten wurden zur Nacht unter dem Deck aufgehängt. Der Erste Leutnant mußte einen sorgfältigen Plan ausarbeiten, damit die Männer, die am selben Platz Dienst taten, z. B. auf dem Vordeck, auch ihre Hängematten am gleichen Ort hatten, damit sie im Notfall geschlossen verfügbar waren. Auf der anderen Seite sollten die Hängematten von Seeleuten, die zur Steuerbordwache eingeteilt waren, sich mit denen der Backbordwache abwechseln, damit mehr Platz verfügbar war, wenn die einen Wache

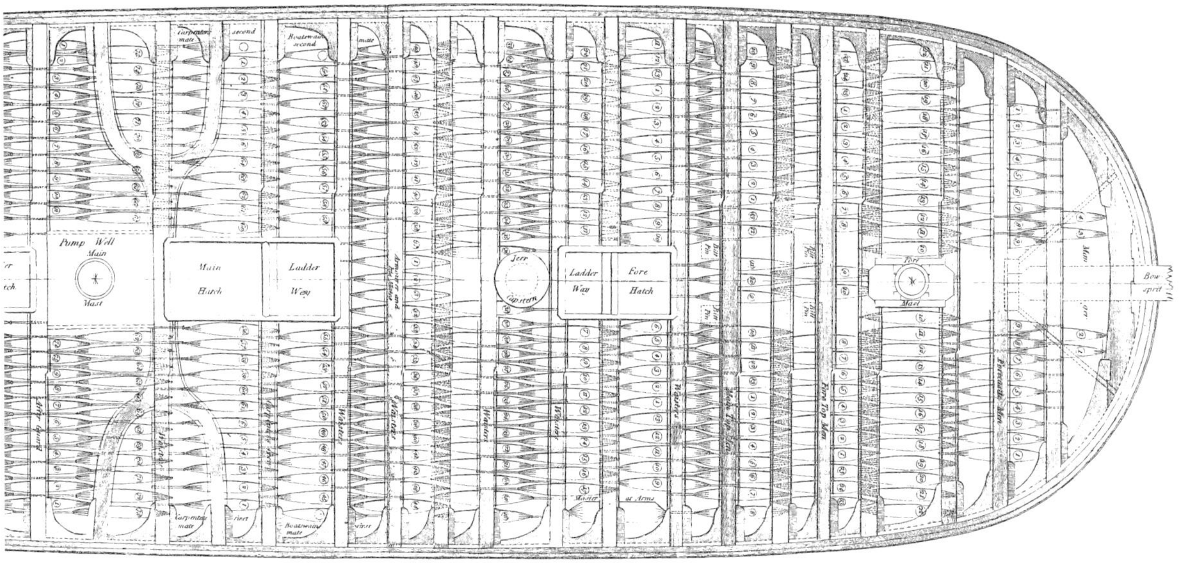

Verkleinerter Abdruck eines zeitgenössischen Plans von Steel für die Anordnung der Hängematten.

hatten. Die Hängematten der Unteroffiziere, die die doppelte Breite beanspruchen konnten, waren an den Rumpfseiten angeordnet. Nach 1800 wurde es allgemein üblich, daß die Seesoldaten ihre Hängematten im hinteren Teil des Schiffes festmachten, also zwischen Mannschaft und Offiziersquartieren. Das war vor allem als weiterer Schutz vor Meutereien gedacht.

Die Hängematte war ein Stück Tuch, etwa 1,85 m lang und etwa 90 cm breit. An den Enden war es mit Schnüren verstärkt, die zu den Seilen zusammenliefen, an denen die Hängematte aufgehängt wurde. In diese Hängematte legte der Seemann seine Matratze, die er selbst erwerben mußte. Sie war mit Wolle oder alten Stoffetzen gefüllt, je nach »Reichtum« des Seemannes. Darüber legte er ein Leintuch, deckte sich mit einer Decke zu, und bettete sein Haupt auf einem Kissen. Die meisten Kleider behielt der Seemann an. Den Rest und seinen »Besitz« verstaute er unter dem Kopfkissen. Nach 1800 wurde es immer häufiger üblich, jedem Seemann zwei Hängematten auszugeben, damit sie abwechselnd gewaschen werden konnten.

Nach dem Wecken mußten die Hängematten mit Inhalt so zusammengerollt werden, daß nichts heraushing. Dazu diente eine Art Kordel, mit der die Hängematte wie eine Roulade zusammengerollt wurde. Sieben mal sollte die Kordel die Matte umschlingen, so wollte es traditionsgemäß der Bootsmann. Dann wurden die Hängematten in den Finknetzen an der Bordwand verstaut, wo sie im Falle eines Gefechts feindliche Musketenkugeln auffangen sollten. Bei schlechtem Wetter wurden sie mit Leinwand abgedeckt oder unter Deck verstaut. Durch Nummern konnte man an jeder Hängematte erkennen, wem sie gehörte und wo ihr Besitzer seine Dienststation hatte.

Man kann sich vorstellen, daß ein schrecklicher Gestank herrschte, wenn so viele Menschen in solcher Enge ausdünsteten. Bei schlechtem Wetter mußten zudem alle Luken geschlossen werden. Dann war die Luft so dick und heiß, daß man selbst im europäischen Winter keine Heizung brauchte. Da nach den medizinischen Vorstellungen der damaligen Zeit viele Krankheiten durch »faule« Luft verursacht wurden, schrieb die Admiralität vor, daß bei warmem Wetter für Lüftung gesorgt werden müsse. Dazu spannte man eine Art Stutzen aus Segeltuch vor die Luken und pumpte die frische Luft mit Blasebälgen unter die Decks. Bei Schiffen mit mehreren Decks wurden natürlich auch die Geschützluken geöffnet, wenn der Seegang es zuließ.

Den Seeleuten wurde nur bei der Auswahl der Gefährten, mit denen sie gemeinsam essen, also eine »Backschaft« bilden wollten, eine gewisse Freiheit zugestanden. Die Zahl der Männer, die gemeinsam an einem vom Deck herabhängenden Holztisch aßen, variierte von Schiff zu Schiff. Meist wird ein Minimum von vier und ein Maximum von zwölf Backschaftsmitgliedern genannt. Acht wird wohl die häufigste Zahl gewesen sein. Da für die Backschaft gemeinsam die Verpflegung vom Zahlmeister ausgegeben wurde, war eine einheitliche Zahl je Schiff sicher von Vorteil.

Backschaft nach einer Zeichnung von Turner aus der Sammlung Tamm. Die »Tische« sind an Tauen von der Decke in die freien Räume zwischen den Kanonen hinabgelassen worden. Die Hängematten sind an Deck. An der Decke erkennt man Geräte zur Bedienung der Kanonen, z. b. Rammer.

Die Backschaft nahm ihr Essen auf Zweideckern auf dem unteren Geschützdeck, auf Fregatten auf dem unteren Deck ein, das keine Geschütze trug. Wöchentlich bestimmten die Männer einen aus ihrer Mitte als »Meßkoch«. Über seine Aufgaben wird im nächsten Kapitel zu sprechen sein.

Wenn ein Seemann in eine andere Backschaft wollte, konnte er den Wunsch zu Beginn der Woche dem Ersten Leutnant melden. Ihm wurde im allgemeinen Rechnung getragen. Dieses minimale Freiheitsrecht hängt mit der Bedeutung zusammen, die man auf britischen Kriegsschiffen einer ungestörten Mahlzeit für die Zufriedenheit der Besatzung beimaß. Nur im Notfall wurde die für das Essen vorgesehene Zeit unterbrochen oder eingeschränkt. Und diese Zeit sollten die Männer mit Gefährten ihrer Wahl verbringen, um die Kameradschaft zu stärken.

Die Latrinen für die Mannschaft befanden sich am Fuß des Bugspriets. Es waren einfache Bretter mit Aussparungen, durch die die Exkremente direkt in die See fielen. Die Unterbringung spiegelt also die extremen Differenzen in der sozialen Hierarchie des Schiffes sehr gut wieder. Vom geräumigen Quartier des Kapitäns, das er nach seinem Geschmack ausgestalten konnte, bis zu den Massenquartieren der Mannschaft reicht die Spanne.

6.04 Essen und Trinken

Im Jahre 1808 wurde amtlich festgelegt, was jedem Besatzungsmitglied an jedem Wochentag zustand und auch vorher schon so ausgegeben worden war.

Die Verpflegung wurde in pounds (Brot und Fleisch), Gallonen (Getränke), pints (Erbsen, Hafermehl) und Unzen (Zucker, Butter, Käse) angewiesen. Der besseren Verständlichkeit halber wurde in Gramm und Liter umgerechnet. Dabei wurden folgende Maße genommen: 1 pound 0,453 kg, 1 pint 0,57 l, 1 Gallone = 4,54 l und 1 Unze = 28 g. Dabei können sich bei Erbsen und Hafermehl nur Annäherungswerte ergeben, denn die Umrechnung vom Hohlmaß in Gewichte hängt vom spezifischen Gewicht des damaligen Hafermehls und der damaligen Erbsen ab, das nicht zu rekonstruieren war.

Für uns mag dieser Speisenplan eintönig und unzureichend erscheinen. Für damalige Verhältnisse war es

Vorgeschriebene Wochenverpflegung für Kriegsschiffe

	Trockenbrot	Bier	Rindfleisch	Schweinefleisch	Erbsen	Hafermehl	Zucker	Butter	Käse
Sonntag	453 g	4,5 l	–	453 g	250 g	–	–	–	–
Montag	453 g	4,5 l	–	–	–	300 g	56 g	56 g	112 g
Dienstag	453 g	4,5 l	906 g	–	–	–	–	–	–
Mittwoch	453 g	4,5 l	–	–	250 g	300 g	56 g	56 g	112 g
Donnerstag	453 g	4,5 l	–	453 g	250 g	–	–	–	
Freitag	453 g	4,5 l	–	–	250 g	300 g	56 g	56 g	112 g
Samstag	453 g	4,5 l	906 g	–	–	–	–	–	–
Summe	3,17 kg	31,5 l	1,812 kg	906 g	1 kg	900 g	168 g	168 g	336 g

eine reichhaltige Verpflegung, denn sonst konnte sich in den unteren Klassen niemand viermal in der Woche Fleisch leisten. Die Praxis sah aber etwas anders aus als der Plan. Die Möglichkeiten der Konservierung waren auf Trocknen und Salzen begrenzt, und das waren für längere Zeiträume unzureichende Methoden. Das Trockenbrot (biscuit) war nach kurzer Zeit mit Maden durchsetzt. Zeitzeugen berichten, wie durch Ausklopfen der Brotscheiben auf den Tisch die Maden entfernt wurden, welche Spitznamen man ihnen gab und wie man auch aus den Maden noch einen Verpflegungszusatz machte.

Fleisch wurde eingesalzen und in Fässern geliefert. Das Fleisch sollte von guter Qualität und innerhalb von zwei Jahren verbraucht sein. Aber hier wirkte sich auch die Korruption im Nachschubwesen aus. Mitunter wurde Fleisch schlechter Qualität in den Fässern eingesalzen. Die Fässer enthielten auch nicht immer die angegebene Füllmenge, und oft genug wurden Fässer geliefert, die schon länger gelagert waren. Rodger 1996 ist einer der wenigen Marinehistoriker, die die Qualität der gelieferten Verpflegung nachdrücklich verteidigen. Er verweist darauf, daß Fässer, die beim Öffnen auf verdorbene Verpflegung hindeuteten, durch ein Offizierskomitee für verdorben erklärt und aus den Beständen abgebucht werden konnten. Das sei aber nach den Unterlagen der Admiralität zwischen 1750 und 1757 immer in weniger als ein Prozent der Fälle geschehen.

Das waren allerdings überwiegend Friedensjahre, und im Krieg ab 1755 wies die Flotte nicht den Umfang auf wie in den Kriegen ab 1792. Außerdem sind solche offiziellen Mängelrügen damals wie heute ein Instrument, zu dem man nicht leicht und nicht oft greift. Die Verpflegungsintendantur wehrte sich natürlich mit allen Mitteln gegen jede Beanstandung, und bei zu häufigem Gebrauch dieser Rüge wäre immer der Verdacht einer Kumpanei mit dem Zahlmeister aufgetaucht. Insofern kann diese offizielle Statistik die häufigen Klagen der Zeitzeugen doch nicht ganz entkräften.

Es kommt hinzu, daß niemand vorhanden war, der aus diesen Vorräten eine abwechslungsreiche Kost gestalten konnte. Der Koch hatte als einzige Qualifikation nachzuweisen, daß er Pensionär - d. h. in den meisten Fällen Invalide - des Marinehospitals in Greenwich war. Die Kombüse erlaubte nur eine Erhitzung des Mannschaftsessens. Der Koch war kein Koch in unserem Sinn, sondern ein »Wassererhitzer«.

Der Küchenherd war gemauert oder aus Eisen, der Boden und die Wände der Küche waren mit Steinen oder Eisen vor Entzündung geschützt. In rauher See, zur Nacht und vor Gefechten wurde das Küchenfeuer gelöscht. Der Koch hatte das gesalzene Fleisch 24 Stunden zu wässern, danach in großen Kupferkesseln zu kochen und an die Backschafter zu verteilen. Das Fett, das sich an der Wasseroberfläche sammelte, schöpfte er ab, gab es zur Hälfte zum Einschmieren der Taue und verkaufte die andere Hälfte auf eigene Rechnung. Alles andere war Sache der einzelnen Messen.

Die Backschaften bestimmten je Woche einen aus ihrem Kreis als Meßkoch. Er hatte die Verpflegung vom Zahlmeister in Empfang zu nehmen und - soweit sie gekocht werden sollte - in Beutel zu legen, eventuell nach Geschmack zu mischen und dann in die Kombüse zum Erhitzen zu bringen. Die Kochbeutel trugen an Messingschildern die Nummern der Backschaften, und danach gab der Koch sie wieder aus. Der ausgewählte Backschafter teilte alle Portionen für seine Messe auf. Üblich war, daß ein Messemitglied ihm den Rücken zuwandte und gefragt wurde, wer jeweils eine bestimmte Portion erhalten sollte. Wenn aus dem Hafermehl, aus eingeweichtem Brot, aus Fleischrückständen etwas zubereitet werden konnte, dann gab der Meßkoch seine Mischung dem Schiffskoch in einem

Leinenbeutel. Dieser wurde mit Haken und Nummernschild in den heißen Kupferbottich gehängt. Das ergab einige Möglichkeiten für Eigeninitiative. Wer gut mit dem Schiffskoch stand, konnte auch »Schottenkaffee« erhalten, braungeröstete Brotrückstände mit heißem Wasser.

Die Erbsensuppe war meist ordentlich. Je nach Hafen, in dem das Schiff verproviantiert wurde, konnten die Erbsen auch durch Bohnen oder Reis ersetzt werden. Das Hafermehl dagegen war oft ungenießbar, das Bier dünn und schlecht. Es hielt sich etwa einen Monat nach dem Auslaufen frisch und wurde dem schnell fauligen Süßwasser vorgezogen. Und Flüssigkeit brauchte der Seemann bei der salzigen Kost. Wenn das Bier verbraucht oder ungenießbar war, konnte es durch Wein, Rum oder Brandy ersetzt werden.

Für den durch die Region und/oder die Reisedauer bedingten Austausch von Verpflegung gab es bestimmte Regulationen.

Eine Gallone Bier entsprach z. B. ein pint Wein oder einem halben pint Arrack, Rum oder Brandy. Den roten italienischen Landwein nannten die Seeleute »Blackstrap«, und wer »blackstrapped« war, war im Mittelmeer stationiert. Der beliebtere spanische »mistela« wurde zur »Miss Taylor«. Wenn Wein und Bier ausgegangen waren, wurde Rum verteilt, ein Siebtelliter um 11.^{30} Uhr, die gleiche Menge abends. Der Rum wurde mit der dreifachen Menge Wasser verdünnt. Zucker und Mittel gegen Skorbut wurden beigemischt. Bei diesen Alkoholmengen, die durch »Ansparen« oder Tausch oft noch vermehrt wurden, erstaunt nicht, daß alkoholische Exzesse häufig vorkamen und immer wieder als Grund zum Auspeitschen von Matrosen angeführt werden. Sie waren auch der dritthäufigste Grund für Unfälle an Bord, aber die ständige Überversorgung mit Alkohol wurde z. T. medizinisch gerechtfertigt, vor allem aber ließ sie die Mannschaft die Unbilden des harten Seemannslebens leichter ertragen. Alle Versuche, diese Schulung zum Alkoholiker zu beschränken, scheiterten am erbitterten Protest der Mannschaft.

Andere Lebensmittel konnten auch zu festgelegten Vergleichsmengen ersetzt werden, z. B. ein Pfund Brot durch zwei Pfund Kartoffeln, ein Pfund Butter durch ein pint Öl usw.

Die Offiziere erhielten im Prinzip die gleiche Verpflegung wie die Mannschaften. Aber sie konnten sie durch eigene Einkäufe aufbessern und bekamen natürlich auch die besten Portionen bei der Verteilung. Kommandant und Offiziersmesse hatten je einen eigenen Koch, die die Feuerstellen in der Küche für gesonderte Zubereitungen benutzten, sofern die Kochgelegenheiten in den Anrichteräumen nicht ausreichten. Selbstverständlich erhielten Kapitän und Offiziere nicht nur gekochtes, sondern auch gebratenes Fleisch.

Die Verpflegung verwaltete der Zahlmeister, dessen Funktion bereits in Kapitel 3 besprochen wurde. In Zeitzeugnissen wird er selten als ehrlich und fürsorglich dargestellt. Meist unterstellt man ihm, daß er die Mannschaft in der Menge der zu liefernden Ware betrog und sie illegal mit Gewinn verkaufte. Das kann aber nicht die Regel gewesen sein, denn der Kapitän war verpflichtet, die gesamte Buchführung des Zahlmeisters zu kontrollieren und selbst oder durch Offiziere die Qualität der Verpflegung zu überprüfen.

Der Zahlmeister war immer in einer Zwickmühle. Er wußte vor Ende einer Reise nie genau, ob der Schwund, den er legal abziehen durfte, ausreichte oder ob er für größeren Schwund mit seiner hinterlegten Garantiesumme haften mußte. Einige ausgelaufene Fässer im untersten Teil der Ladung oder Rattenfraß konnten die ganze Rechnung über den Haufen werfen und ihn ruinieren.

Wo der Zahlmeister im allgemeinen Gewinn erzielte, das waren Geldausleihen an die Mannschaft, Einlösung der Gutscheine für ihre Heuer, Verkäufe von Genußmitteln wie Tabak oder mit Kleidung. Aber das reichte, um sein negatives Image unter den Zeitgenossen zu prägen.

Es muß noch erwähnt werden, daß es auch vorkam, daß die Mannschaften auf halbe oder geringere Rationen gesetzt werden mußten, wenn eine Reise durch widriges Wetter sich über alle Erwartung verzögerte, wenn Vorräte in Kampf oder Sturm unbrauchbar geworden waren oder sonst etwas Unvorhersehbares geschah.

6.05 *Die medizinische Versorgung*

Die medizinische Versorgung in der britischen Flotte dieser Zeit war sicher besser als in jeder anderen Kriegsflotte. James Lind (1716–1795), der Vater der maritimen Medizin, und nach ihm Sir Gilbert Blane (1749–1834), der Flottenarzt Rodneys, vielleicht der berühmteste Marinearzt seiner Zeit, sowie Thomas Trotter (1761–1832) haben die medizinische Vorsorge und Betreuung außerordentlich verbessert.

Verantwortlich für die medizinische Betreuung an Bord war der Schiffsarzt (surgeon), dessen Stellung in der Schiffshierarchie in Kapitel 3.07 beschrieben wurde. Ihm standen auf Dreideckern drei, auf Zweideckern zwei Maate und auf Fregatten ein Maat zur Seite, die auch eine medizinische Ausbildung aufwiesen und nach 1805 den Titel »Schiffsarzt-Assistent« (assistent surgeon) erhielten. Aber diese Maatsstellen konnten nicht immer besetzt werden, und sonst halfen dem Schiffsarzt nur die ungeschulten sogenannten »loblolly boys«, Männer, die sonst zu nichts taugten. Während des Gefechts machten sich auch der Zahlmeister, der Kaplan, der Schiffsschreiber und die Frau des Stückmeisters bei der Betreuung der Verwundeten nützlich.

Der größte Feind der Flotte waren nicht die Waffen des Gegners, sondern Krankheiten. Zwei Historiker haben aus amtlichen Unterlagen die Gründe für Todesfälle in 20 Kriegsjahren von 1793 bis 1813 hochgerechnet und kamen unabhängig voneinander zu folgenden Ergebnissen:

Gründe für tödliche Verluste in 20 Kriegsjahren

	Berechnung Hodge		Berechnung Lewis	
	absolut	in %	absolut	in %
Krankheit und individuelle Unfälle	72 102	78,1	84 440	81,5
Schiffbruch, Feuer und Explosion	13 621	14,7	12 680	12,2
Feindeinwirkung	6 663	7,2	6 540	6,3

Etwa 80% aller tödlichen Verluste sind auf Krankheiten und Unfälle zurückzuführen und nur rund 7% auf Feindeinwirkungen. Dabei war die Situation 30 Jahre vorher noch schlimmer. Um 1780 betrug die Sterblichkeitsrate bei erkrankten Seeleuten 1:3. 1812 starb »nur« noch einer von 11 erkrankten Seeleuten.

Um 1793 war die »Geißel der Seefahrt« (Müller 1976), der Skorbut, keine zu fürchtende Krankheit mehr. Früher dezimierte Skorbut bei fast allen langen Schiffsreisen die Mannschaften. Der berühmte Lord Anson verlor auf seiner Weltumsegelung drei Viertel seiner Besatzungen. Dabei waren vor allem unter portugiesischen Seefahrern bereits um 1500 die vorbeugenden Wirkungen frischer Zitrusfrüchte bekannt. Aber diese praktischen Erfahrungen fanden lange keinen Eingang in die medizinische Lehre.

Dr. James Lind führte 1747 ein kontrolliertes Experiment durch, indem er verschiedenen Seeleuten verschiedene Antiskorbutika gab. Frische Orangen und Zitronen halfen am besten, Apfelwein half weniger gut. Lind erprobte die Mittelmeer-Zitrone (Citrus limonum), nicht die westindische Sauer-Zitrone oder Limone (Citrus acida), die gegen Skorbut wirkungslos war. Da das nicht beachtet wurde und da Lind zur Konservierung den Zitronensaft zu Sirup eindickte, wodurch ein Teil des Vitamin-C-Gehalts verlorenging, gab es widersprüchliche Erfahrungsberichte. Die Admiralität folgte lange der Empfehlung von James Cook, der auf seinen Reisen Malz und Sauerkraut verabreicht sowie auf äußerste Hygiene geachtet hatte und keinen Skorbutfall beklagen mußte, und setzte Malz gegen Skorbut ein. Seit 1782 wurden auch wöchentlich zwei Pfund Sauerkraut verteilt. Erst 1795 erließ man die Vorschrift, mit der täglichen Grogration 21 g Zitronensaft (3/4 Unze) und 56 g braunen Zucker auszugeben. Aber wenn der Kommandant und der Schiffsarzt nachlässig waren, wurde die Vorschrift in den ersten Jahren nicht eingehalten. In der Handelsmarine übernahm man die Vorschrift erst 1854.

Als häufigste Krankheiten wurden nach 1793 Erkältungen, Ruhr und Fieber genannt. Diese Begriffe waren damals mehrdeutig und nicht trennscharf. Da man über die Ursachen der Krankheiten so wenig wußte, hat man Erkrankungen mit ähnlichem Erscheinungsbild zusammengefaßt. Die Auftretenshäufigkeit der Krankheiten variierte natürlich nach Region und Jahreszeit. Auf der Ost- und Westindienstation waren Fieber- und Durchfallerkrankungen gefürchtet, in der Kanalflotte trat Rheumatismus häufig auf.

Da nach den medizinischen Theorien dieser Zeit Krankheiten durch die anomale Verteilung von Säuren und Alkali in Lymphe, Galle oder Blut entstanden, war die medikamentöse Behandlung nicht sehr differenziert und nicht sehr erfolgreich.

Bei Ruhr und Typhus wurden alte und verschmutzte Kleidung oft als verursachend angesehen, da Typhus sich nach Dienstantritt der aus Gefängnissen kommenden Quota-Männer häufte. Um Infektionen durch Gepreßte zu verhindern, wurden Quarantäneschiffe eingerichtet, Kleider ausgeräuchert sowie Seife und Badegelegenheit empfohlen, um Läuse auszurotten. Auch die Ausgabe von Uniformen an Seeleute wurde aus Gründen der Hygiene (und um das Desertieren zu erschweren) gefordert, aber aus Kostengründen hat sich die Admiralität erst 1857 dazu durchringen können. Lord St. Vincent ordnete jedoch 1796 die Verteilung von Seife an.

Malaria war in den Tropen, aber auch im Mittelmeer bekannt. Sie kurierte man wie alle fieberhaften Erkrankungen mit »Jesuitenrinde«, Chinarinde, aus der später Chinin isoliert wurde. Nachdem 1781 von einem spanischen Schiff die rote Rinde erbeutet worden war, bevorzugte man sie vor der gelben. Die Kranken wurden isoliert. 1808 stand in den Regeln für Schiffsärzte, daß in tropischen Gewässern alle Landgänger vor Verlassen des Schiffes und nach Rückkehr vorbeugend

Chinarinde mit Wein einzunehmen hätten. Obwohl Moskitos als Erreger noch unbekannt waren, gab man die richtige Empfehlung, Schiffe so weit vor dem Ufer zu ankern, daß das Land nicht zu riechen war. Vor einer Leeküste konnte der Kapitän der Empfehlung aber nicht folgen, wenn er nicht riskieren wollte, daß sein Schiff an Land geworfen wurde.

Kein Mittel fand man gegen das in Afrika und Westindien verbreitete Gelbfieber. 1804 brach die Krankheit in Gibraltar aus, wo 5 946 Menschen starben. Gegen Fieber und andere Leiden wurde gern Aderlassen von den Schiffsärzten angewandt. Gegen Pocken kannte man vor 1798 die Methode, Pustelgewebe von einem Erkrankten vorbeugend in aufgeritzte Haut zu reiben. Das war sehr gefährlich, aber 1798 entdeckte Jenner die Impfmethode, und bereits 1800 wurde auf Malta, in der Mittelmeer- und Kanalflotte geimpft.

Nach Hafenbesuchen waren Geschlechtskrankheiten nicht selten. Sie wurden mit Quecksilber und Kalomel (mercurous chloride) behandelt, was der Seemann selbst zu bezahlen hatte. 15 Shilling, das waren zwei Wochenlöhne, kassierte der Schiffsarzt jedesmal, bevor 1795 die persönliche Bezahlung für Geschlechtskrankheiten aufgehoben wurde.

An jedem Morgen wurden dem Schiffsarzt die frisch Erkrankten vorgestellt, der sie untersuchte und Listen anlegte. Wenn es erforderlich war, nahm er den Erkrankten in das Krankenrevier auf, das meist im vorderen Unterdeck lag und durch einen Vorhang abgetrennt war. Erst nach 1790 richtete Kapitän Markham auf der *Centaur* auf dem Vordeck ein Krankenrevier mit eigenem Decklicht und Apotheke ein, das als vorbildlich angesehen wurde. 1801 ordnete Lord St. Vincent eine derartige Einrichtung für alle Schiffe an.

Während des Gefechts hatte der Schiffsarzt seinen Operationsraum im Cockpit. Hier waren die Seekisten der Midshipmen als Plattform für einen Operationstisch zusammengeschoben worden. Bei schweren Gefechten herrschten Szenen, die wir uns heute kaum vorstellen können.

Samuel Leech, ein Seemann auf der *Macedonian* schildert seine Eindrücke von 1812 nach dem verlorenen Gefecht gegen die US-Fregatte *United States* folgendermaßen *(zitiert nach J.W. Estes in King, D.; Hattendorf, J. B. und Estes, J.W. 1995)*:

Zuerst erblickte ich einen Mann, der einen Arm wegtrug, der soeben einem armen Verletzten abgenommen worden war. Der Schiffsarzt und seine Maate waren von Kopf bis Fuß mit Blut verschmiert und sahen eher wie Metzger denn wie Ärzte aus. Da sie so viele Patienten versorgen mußten (wir hatten 36 Tote und 68 Verwundete), verlegten sie ihren Operationsraum erst ins Zwischendeck und dann in die Offiziersmesse, wo die lange Tafel, an der die Offiziere zu mancher festlichen Gelegenheit zusammengesessen hatten, nun bald bedeckt war mit blutenden Körpern verstümmelter und zerfetzter Seeleute.

Unserem Zimmermann, Mr. Reed, wurde das Bein amputiert. Ich half, ihn in die hintere Messe zu tragen, aber er hauchte bald sein Leben aus. Dann war ich behilflich, seine Leiche über Bord zu werfen..... Es wurde immer schwieriger, durch das Zwischendeck zu gehen, da es so mit verstümmelten Männern bedeckt und mit Blut verschmiert war.

Wir fanden zwei von unseren Backschaftern verwundet. Einen Mann hielten wir fest, während der Schiffsarzt ihm sein Bein oberhalb des Knies abnahm. Diese furchtbare Aufgabe war kaum zu ertragen, da der Schiffsarzt mit Messer und Säge an menschlichem Fleisch und Knochen hantierte wie der Metzger im Schlachthaus.

Als Betäubungsmittel waren meist nur Alkohol, teilweise auch Opiumtinktur in Gebrauch. Die Schiffsärzte waren daher auf Schnelligkeit während der Operation trainiert und erwärmten ihre Instrumente vorher, um den Schock durch die Kälte zu vermeiden. Nach operierten Verletzungen trat zu etwa 25% Wundbrand auf, der fast immer zum Tode führte.

Die Schiffsärzte mußten keinen Universitätsabschluß aufweisen, wie in Kapitel 3.7 erwähnt wurde. Wer ein Medizinstudium mit dem Doktorgrad abgeschlossen hatte, wurde als »Physician« bezeichnet und konnte Anstellung als Flottenarzt oder Leiter eines Hospitals finden. Unter ihnen waren vorausschauende Mediziner, die viel für die Verbesserung der medizinischen Versorgung und der Ernährung getan haben. Sie führten die schon erwähnte Belüftung der unteren Schiffsräume mit Windsegeln und Ventilatoren und die Anwendung von Kalktünche und Schwefeldampf zur Desinfektion ein, förderten die Sauberkeit der Mannschaft und auch die Rattenbekämpfung, wobei Rattenfänger bei einer Totalsäuberung auf einem 90-Kanonen-Schiff einmal 2 475 Ratten zur Strecke brachten. Ratten waren übliche »Bordgefährten«, deren Rolle bei der Krankheitsübertragung mehr geahnt als gewußt wurde.

6.06 Disziplin an Bord

Rodger *(1986, S. 205)* schreibt: »...in den Augen eines Offiziers unserer Zeit würde die Disziplin der Kriegsflotte der Mitte des achtzehnten Jahrhunderts lax bis zur Grenze der Anarchie wirken. Ungehorsam in jeder Form und bei jedem Rang und jedem Posten in der Flotte war Teil des täglichen Lebens. Wo heutige Offiziere zu Befehlen greifen, hofften Offiziere der damaligen Zeit zu überzeugen.«

Diese Aussage paßt überhaupt nicht zur vorherrschenden Ansicht, daß die Disziplin in der britischen Flotte vor und nach 1800 sehr hart war. Rodger ist einer der über diese Zeit bestinformiertesten Marinehistoriker, darum kann man seine Aussage nicht ignorieren. Auf der anderen Seite ist unübersehbar, daß er immer wieder versucht, das Bild der damaligen Flotte als einer menschenverachtenden und grausamen Institution zu korrigieren. Ist er mit der oben genannten Feststellung dabei zu weit gegangen?

Zunächst einmal muß man Rodger beipflichten, wenn er das undifferenzierte Bild korrigieren will, das Schriftsteller und Regisseure immer wieder von der britischen Flotte gezeichnet haben. Auch in unseren Tagen schreibt Alexander Kent in seinem Roman »Dem Vaterland zuliebe« über die Befehlsgewalt des Kapitäns: »Er könnte jeden befördern, degradieren, auspeitschen oder sogar hängen lassen, der seine Befehle nicht strikt befolgte.« *(S. 97)* An dieser Aussage ist nahezu alles falsch. Der Kapitän konnte nur Seeleute zu Unteroffizieren befördern, aber weder Kommissionen für Leutnants noch Patente für Deckoffiziere vergeben. Er konnte auch nur Unteroffiziere degradieren und Mannschaften auspeitschen lassen. Selbstverständlich hatte er auch nicht die Macht, jemanden hängen zu lassen. Das konnte nur ein Kriegsgericht. In der britischen Flotte gab es keine unbeschränkte und unkontrollierte Befehlsgewalt, noch war sie für die damalige Zeit eine unmenschliche Institution.

Andererseits ist es kein gutes Argument, die damalige Flotte mit den Augen eines heutigen Offiziers zu betrachten. Natürlich kannten die Seeleute dieser Zeit kein Hackenknallen, kein zackiges Grüßen, keine krachenden Gewehrgriffe, kein regungsloses Strammstehen, keinen Stechschritt und all die Attribute, die uns bei Wach- und Ehrenkompanien heute so beeindrukken oder amüsieren. Das fand man damals höchstens bei den Seesoldaten, die darum von den Seeleuten auch gehänselt wurden. Aber sagt das etwas über die Disziplin?

Rodger meint, daß die Seeleute sich auf See aus Einsicht den Befehlen fügten, damit die Sicherheit von Schiff und Besatzung nicht gefährdet war. Im Hafen erkannten sie dagegen keine Befehle an.

Das ist eine unhaltbare Interpretation. Es ist unrealistisch, daß alle Seeleute Einsicht gehabt haben sollten, welcher Befehl nun der Sicherheit des Schiffes diente und welcher nicht. Tatsächlich hatten die meisten Befehle mit der Sicherheit nichts zu tun, z. B. das morgendliche Deckschrubben, und wurden doch penibel befolgt.

Richtig ist, daß im Hafen - oder besser gesagt auf Reede - an Bord so etwas wie Anarchie herrschte, wenn die Huren das Deck bevölkerten und sich mit den Seeleuten betranken und paarten. Tatsache ist auch, daß die Schiffe der damaligen Flotte nur etwa die Hälfte ihrer Dienstzeit auf See verbrachten, die kleineren Schiffe etwas mehr, die größeren etwas weniger. Und im Hafen legte es kein Offizier darauf an, Disziplin herzustellen.

Die Offiziere wußten, daß die Seeleute nach dem harten und entbehrungsreichen Leben auf See ein Ventil brauchten. Landgang wurde in Heimathäfen für Schiffe mit gepreßten Mannschaften nicht gewährt, also öffnete man an Bord die Ventile. Das war die praktische Psychologie dieser Zeit. Dennoch wurde das Ventil nicht so weit geöffnet, um das Schiff zu gefährden. Selbstverständlich wurden alle Ankerwachen, Aufsichten über Magazine, Feuer und Vorräte strikt wahrgenommen. Auch das Anbordgehen der Huren wurde überwacht, wobei man sich, um die Form zu wahren, von den Seeleuten auf manchen Schiffen bestätigen ließ, das seien ihre Frauen. Auch die Offiziere glaubten kein Wort dieser Aussagen, aber eine Form war gewahrt (*vgl. Kapitel 6.07*). Was im Unterdeck geschah, darüber sah man aus Tradition und Klugheit hinweg.

Man kann die damalige Situation nicht verstehen, wenn man unsere Maßstäbe anlegt. In London gab es bei knapp einer Million Einwohner etwa 80 000 Huren. Für uns unvorstellbare Exzesse spielten sich in Kneipen, auf den Straßen, ja sogar im Theater in Anwesenheit des Königs ab, wenn die Zuschauer von den Rängen die im Parkett mit allem möglichen bombardierten. Ein heutiger Polizist käme nie zurecht mit all den Verhaftungen wegen Erregung öffentlichen Ärgernisses, die er nach unseren Maßstäben vornehmen müßte, ganz abgesehen von der Unzucht mit Minderjährigen und allen möglichen Ausschweifungen und Ausschreitungen. Aber damals gab es weder uniformierte Straßenpolizisten, noch Verkehrsregeln, noch ein Gesetz gegen öffentliches Ärgernis.

Insofern war die »Anarchie« im Hafen nichts, was besonders aus dem Rahmen des auch sonst üblichen gefallen wäre.

Aber andererseits waren auch die Körperstrafen an Bord für diese Zeit nicht außergewöhnlich. Kinder von elf oder zwölf Jahren wurden damals wie Erwachsene gehängt oder deportiert, wenn sie ein Brot oder ein Stück Wäsche gestohlen hatten. Schuldner konnten im Schuldgefängnis verrotten, wenn sie ihrem Vermieter geringe Summen schuldeten und niemanden hatten, der sie auslöste oder die Wärter im Gefängnis bestach. Prügelstrafen waren nicht außergewöhnlich. Wer das mit unseren Augen sieht, muß die gesamte Zeit als barbarisch und unmenschlich verdammen. Aber das war auch nur eine Seite des damaligen Lebens.

Formale Disziplin an Bord war nur bei den Seesoldaten üblich. Vom seemännischen Personal erwartete man, daß jüngere Offiziere an ihren Hut faßten, wenn sie mit Vorgesetzten sprachen. Unteroffiziere und Seeleute sollten ihre Kopfbedeckungen abnehmen, wenn sie mit Offizieren sprachen. Es wird auch berichtet, daß sich die Seeleute mit zwei Knöcheln der rechten Hand an die Stirn tippten, um Respekt zu bezeugen, eine Vorform der heutigen Grußbewegung. Aber dieser Mangel an formaler Disziplin konnte nicht darüber hinwegtäuschen, daß der Befehl eines Vorgesetzten sofort und ohne Einschränkung befolgt werden mußte und im allgemeinen auch befolgt wurde.

Gesetzliche Grundlage, um die Kommandogewalt durchzusetzen und Vergehen zu ahnden, waren die 1749 revidierten 36 Kriegsartikel, die allen Besatzungsmitgliedern mindestens einmal im Monat verlesen wurden. Seeleute waren eine rauhe, teilweise brutale Gesellschaft, die eine harte Hand brauchte und auch schätzte. Bezeichnend ist, daß in den Forderungen der Meuterer von 1797 die Abschaffung der Auspeitschung nicht auftaucht und daß die Rädelsführer während der Meuterei selbst Auspeitschungen anordneten.

Die meisten Kriegsartikel zielten auf Offiziere, um Feigheit vorzubeugen, z. B. Artikel 12: »Jeder, der durch Feigheit, Nachlässigkeit oder Untreue sich während eines Kampfes zurückzieht oder von Anfang an demselben fernbleibt, oder der nicht das äußerste tut, um jedes gegnerische Schiff zu zerstören, obwohl das seine Pflicht ist, und den anderen Schiffen Seiner Majestät oder den Verbündeten im Notfall zu Hilfe zu kommen, soll mit dem Tode bestraft werden.«

Aber auch alle Personen auf Seiner Majestät Kriegsschiffen, die Gott lästerten, fluchten. sich betranken, unsauber waren oder andere »skandalöse Handlungen« begingen, sollten bestraft werden. Das betraf in der Praxis nicht die, die am meisten und lautesten fluchten: die Deckoffiziere und Maate. Wenn aber ein Seemann einen Vorgesetzten beschimpfte, ihm den Gehorsam verweigerte, an Deck spuckte, dann war die Strafe fällig.

Bei acht Artikeln gab es nur eine Strafe: den Tod. Dazu gehörte auch der Artikel über Homosexualität und Sodomie. 20 Artikel ließen dem Kriegsgericht die Wahl, die Todesstrafe oder eine andere zu verhängen. Vier Artikel verlangten die Ausstoßung des schuldigen Offiziers aus der Marine. Der 36. Artikel schließlich ermöglichte es, alle Vergehen und Verbrechen zu bestrafen. die in den vorhergehenden Artikeln nicht erwähnt worden waren. Er wurde auch »des Kapitäns Artikel« genannt, weil er diesem Vollmacht gab, alles und jedes unter Strafe zu stellen.

Bei Verbrechen, die schwere Strafen erforderten, mußte das Kriegsgericht über Schuld und Unschuld entscheiden. Dazu mußten mindestens fünf und höchstens 13 Kapitäne zusammentreten, was auf entlegenen Stationen oft für viele Monate nicht möglich war. So lange lag der Übeltäter in Eisen oder stand als Offizier unter Arrest.

Die Kriegsartikel waren eine recht unsystematische Sammlung unterschiedlichster Bestimmungen, nicht vergleichbar mit heutigen Gesetzestexten. Außer den Kriegsartikeln gaben die »Regulations and Instructions Relating to His Majesty's Service at Sea« Vorschriften für den Dienst in der Flotte. Diese Regularien hatten einen Umfang von über 400 Seiten und behandelten vor allem Fragen der Bevorratung und Abrechnung, der Sauberkeit, der Vorbeugung von Feuer usw. Daneben erließen die meisten Kapitäne noch eigene Regeln, wie sie auf ihrem Schiff den Dienstablauf geregelt sehen wollten, z. B. wann der Kapitän an Deck gerufen werden mußte usw.

Abgesehen von der Todesstrafe waren die Strafen in den Kriegsartikeln und Regulationen nicht näher geregelt, außer der Tatsache, daß der Kapitän maximal zu zwölf Peitschenhieben verurteilen durfte. Natürlich galt diese Strafe nicht für Offiziere, die mit Ausnahme der Midshipmen keine Körperstrafen erdulden mußten. Midshipmen konnten zu Stockhieben verurteilt werden, die der Bootsmann auf das Hinterteil zu verabreichen hatte.

Für Seeleute war die häufigste Strafe das Auspeitschen (flogging), das der Kapitän nach 1806 bis zu 48 Hieben ohne Kriegsgericht verhängen konnte. Die davor geltende Grenze von zwölf Hieben war aufgehoben worden, weil sie doch nicht eingehalten wurde. Das hing damit zusammen, daß es völlig unrealistisch war, ein Kriegsgericht mit mindestens fünf Kapitänen einzuberufen, ohne daß eine unzumutbar lange Zeit zwischen einem schwereren Vergehen und der Strafe gelegen hätte.

Die Seeleute waren überwiegend damit einverstanden, denn es gab genug Beispiele, daß die drei Dutzend Hiebe, die der Kapitän wegen versuchter Desertion verhängt hatte, vom Kriegsgericht auf 300 Hiebe erweitert worden waren, wenn es doch zu einer Verhandlung kam.

Auch die Admiralität wußte von der Überschreitung der Grenze von zwölf Hieben, denn die Strafbücher wurden ihr eingesandt. Aber sie unternahm im allgemeinen nichts. Wenn jedoch Kapitäne ständig und wegen der unterschiedlichsten Vergehen prügeln ließen, wurden sie oft genug vor ein Kriegsgericht zitiert und nicht selten aus dem Dienst entlassen.

Die Auspeitschung geschah mit der »neunschwänzigen Katze«. Neun Taue von 8 mm Durchmesser und 65 cm Länge wurden in einem Griff zusammengebunden. Eine »Katze« wurde nur einmal benutzt, und der Bootsmannsgehilfe mußte für jede Auspeitschung eine neue anfertigen. Bei Diebstahl - und nur dann - kamen nach Pope (1981) zusätzlich drei Knoten in jedes Tau. Die »Katze« wurde bis zur Bestrafung in einem roten Beutel verstaut. Schon die Herstellung dieser »Katze« sollte einschüchternd wirken und wurde so vorgenommen, daß alle es wahrnehmen konnten.

Zwischen Strafverkündung und Ausführung lag grundsätzlich eine Nacht. Am Tag der Bestrafung war um elf Uhr die gesamte Besatzung an Deck versammelt. Die Offiziere standen auf dem Achterdeck, die Seesoldaten zwischen dem Delinquenten und der Mannschaft. Der Kommandant verlas den betreffenden Kriegsartikel und die Strafe. Der Bestrafte mußte seinen Rücken entblößen und wurde an ein Holzgitter gebunden, das sonst Luken abdeckte. Ein Lederteil wurde um seine Taille gebunden. um die Nieren zu schützen, und oft bekam er ein Stück Leder in den Mund, damit er sich im Schmerz nicht die Zunge zerbiß. Einer der Bootsmannsgehilfen führte dann die Schläge aus und trennte mit den Fingern der anderen Hand die neun Taue nach jedem Schlag. Nach sechs Schlägen war im allgemeinen die Haut aufgeplatzt, nach zwei Dutzend war der Rücken ein blutiger Brei. Das Bild einer Auspeitschung vor versammelter Besatzung ist auf Seite 176 wiedergegeben.

Nach der Strafe wurde der Verurteilte vom Schiffsarzt versorgt. Es gab auch Verurteilungen durch das Kriegsgericht mit 300 und 500 Schlägen, meist als »Auspeitschen durch die Flotte«. Der Verurteilte wurde von Schiff zu Schiff gerudert und empfing bei jedem Schiff seinen Anteil, und jede Mannschaft mußte zur Abschreckung zusehen. Mitunter wurde die Strafe zu zwei Terminen vollzogen, damit der Verletzte nicht starb. Oft war diese Strafe aber tödlich, und es wird berichtet, daß auch der Leichnam noch geschlagen wurde, um die Zahl voll zu machen.

Solche Strafen sind in unseren Augen unmenschlich. Nach der Auffassung der Seeleute waren sie es nicht. Körperstrafen waren zu dieser Zeit üblich. Anders als ein Landarbeiter durfte ein Seemann durch Vorgesetzte nicht ins Gesicht geschlagen werden. Rodger (1986) berichtet, daß das Kriegsgericht einen Seemann freisprach, der einen Midshipman niedergeschlagen hatte. Der Midshipman hatte den Seemann vorher ins Gesicht geschlagen, und das Gericht sah das als eine Provokation an, die die Reaktion des Seemannes rechtfertigte. Meutereien wie 1795 auf der *Hermione* entstanden nicht durch die Schwere der Strafen, sondern durch die Willkür bei ihrer Verhängung. Die Seeleute hatten ein starkes Bedürfnis nach Gerechtigkeit und Gleichbehandlung. Sie konnten auch erleben, daß die Kriegsgerichte Offiziere und Kapitäne aus dem Dienst ausschlossen, die ihre Macht mißbraucht hatten, z. B. durch Aussetzen von Matrosen auf unbewohnten Inseln.

Kemp (1970) hat versucht, anhand der eingereichten Logbücher auszurechnen, wie oft durchschnittlich ausgepeitscht wurde. Er schätzte, daß es auf einer Fregatte mit etwa 350 Seeleuten zu 25 Auspeitschungen im Jahr kam, bei Linienschiffen mit 550-600 Mann zu etwa 40. Notorische Unruhestifter wurden mehrmals im Jahr ausgepeitscht, die Mehrzahl der Seeleute nie.

Die erfolgreichsten Kommandanten haben die Auspeitschung selten angeordnet. Sie fanden andere Mittel, um die Mannschaften zu formen und Disziplin zu halten, vor allem durch Vorbild, Gerechtigkeit und Fürsorge. Nelsons Zweitkommandierender bei Trafalgar, Admiral Collingwood, ist ein dafür immer genanntes Beispiel. Außerdem gab es durch zusätzlichen Wachdienst, Latrinenreinigen, befristeten Grogentzug usw. eine Vielzahl von Möglichkeiten, Vergehen ohne Körperstrafe zu ahnden.

Neben dem Auspeitschen war als körperlicher Eingriff das »Starten« üblich, das aber nicht als Strafe, sondern eher als handfeste Motivation oder Erinnerung angesehen wurde. Die Maate hatten Tauenden oder kurze Rohrstöcke in der Hand und zogen sie allen Seeleuten über den Rücken, die ihrer Ansicht nach zu saumselig waren. Eine besondere Unsitte, die von guten Kapitänen immer untersagt wurde, war es, dem einen Hieb überzuziehen, der zuletzt vom Mast abenterte, gleichgültig, ob er vorher am höchsten aufentern mußte oder nicht. Ab 1809 wurde »Starten« verboten.

Bei gotteslästerlichem Fluchen haben religiös empfindende Kapitäne den Übeltätern oft eine Art Kragen umgebunden, an dem eine schwere Kanonenkugel befestigt war. Damit mußte der Übeltäter dann einige Stunden seinen normalen Dienst verrichten.

Nicht gegen die Disziplin, aber gegen die Gemeinschaft gerichtet war der Kameradendiebstahl. Da niemand etwas wegschließen konnte, sondern auch wertvolle oder liebgewordene Dinge im Beutel oder Seesack aufbewahren mußte, war Kameradendiebstahl ein verachtetes Verbrechen. Der Täter konnte ausgepeitscht werden, und dann wurde die »Katze« auch mit Knoten versehen. Er konnte aber auch verurteilt werden »to run the gantlet«, zu einer Art Spießrutenlaufen.

Den Mannschaften wurde dünnes Taugarn gegeben, das zusammengeflochten wurde. Sie stellten sich in zwei Reihen auf, durch die der Dieb hindurch mußte. Vor ihm ging der Profoß, rückwärtsgewandt, und hielt ein Entermesser vor den Bauch des Diebes. Hinter ihm marschierte ein Korporal der Seesoldaten und zielte mit dem Bajonett auf seinen Rücken. Der Dieb mußte die Reihen der Seeleute also in langsamem Tempo passieren, und sie schlugen auf ihn ein, um so mehr, je schlimmer sein Vergehen war.

Andere Strafen, die durch manche Seeromane geistern, wie das »Kielholen«, bei dem ein Mann unter dem Schiff hindurchgezogen wurde, waren in der britischen Flotte des 18. Jahrhunderts verboten und wurden nicht praktiziert.

In der britischen Flotte herrschte eine strenge Disziplin, was den Gehorsam gegenüber Befehlen anging. Sie wurde durch Körperstrafen erzwungen, die aber keinesfalls unmenschlicher waren als die an Land verhängten Strafen. In formeller Hinsicht war das Verhalten der Seeleute eher lässig und hielt keinen Vergleich mit dem Drill der Seesoldaten aus. Diese Disziplin brach im Hafen nicht zusammen, weil die Offiziere keine Befehle erteilten, die gegen die Tradition und den gesunden Menschenverstand verstoßen hätten. Dennoch sollte kein Zweifel aufkommen, daß auch im Hafen Desertionen und Diebstahl von Flotteneigentum mit aller Härte unterbunden wurden.

6.07 *Frauen an Bord*

Seit den Regulationen, die 1731 erstmals erlassen wurden, hatte es die Admiralität den Kapitänen verboten, Frauen auf See an Bord zu behalten, sofern nicht die Admiralität es ausdrücklich erlaubte. Damit waren Ehefrauen und Geliebte der Kapitäne gemeint. Aber über die Frauen der Deckoffiziere und über jene, die sich als Männer verkleidet an Bord schmuggelten, wurde nichts gesagt. Dabei fochten Frauen auch in den großen Schlachten von Abukir und Trafalgar mit. Über vierzig Jahre nach diesen Schlachten beantragten Jane Townshend, Ann Hoping und Mary Ann Riley die inzwischen für überlebende Teilnehmer gestiftete »General Service Medal«. Die Admiralität bestritt nicht ihre Anwesenheit an Bord, verweigerte aber die Medaille, da sonst mit »zahllosen Anträgen« zu rechnen sei, die dem Ansehen der Flotte nicht dienen könnten.

Legendär ist auch Hannah Snell geworden, die über fünf Jahre als Seesoldat und Seemann diente, im Kampf verwundet wurde und sich eine Kugel selbst entfernte, damit der Schiffsarzt nicht ihr Geschlecht entdeckte. Sie lebte vor der Zeit, die dieses Buch behandelt, aber auch während der Kriege gegen Frankreich fuhren Frauen an Bord der Kriegsschiffe zur See, wurden als Vollmatrosen eingestuft oder schleppten Kartuschen mit den Pulverjungen. Dafür gibt es Belege in den Protokollen von Kriegsgerichten und den Schilderungen von Augenzeugen. Besonders ausführlich haben sich Berckman 1973 und Stark 1996 mit dem Thema beschäftigt.

Häufiger denn als Matrosen und Kämpfer waren Frauen als Begleiterinnen der Männer an Bord. Besonders wenn es nicht um ausgesprochene Kriegseinsätze ging, nahmen der Kapitän, die Offiziere, die Deckoffiziere, aber auch Mannschaften Frauen mit auf die Seereise. Das ging natürlich nicht ohne Zustimmung des Kapitäns. Collingwood, der Gefährte Nelsons, verweigerte solche Erlaubnis, weil Frauen an Bord Unglück brachten. Auch Lord St. Vincent verurteilte Frauen an Bord, weil sie für die Verschwendung von Wasser verantwortlich seien.

Andere waren nachsichtiger, hatten Ehefrau und Tochter lange Zeit bei sich und erlaubten das auch anderen. Ein gewisses Gewohnheitsrecht hatte sich für die Frau des Stückmeisters ausgebildet, die dann auch die Midshipmen der Kadettenmesse bemutterte, ihre Wäsche wusch und sie tröstete, wenn das Heimweh zu stark war. Bei Gefechten halfen diese Frauen im Schiffslazarett bei der Versorgung der Verwundeten.

Neben den Frauen, die gegen die Vorschriften der Admiralität, aber mit Billigung des Kapitäns an Bord waren, wenn sie auch in keinem Musterbuch erwähnt wurden, gab es natürlich auch eingeschmuggelte Dirnen. Die Seeleute sahen um so weniger ein, daß sie auf langen Seereisen Frauen entbehren sollten, wenn sie erlebten, daß der Kapitän Mätressen mitführte, was nicht sehr selten vorkam. Dirnen an Bord mußten sorgfältig vor dem Ersten Leutnant und dem Profoß versteckt werden. Sie wurden unnachsichtig bei Entdeckung im nächsten Hafen von Bord gejagt, denn sie verursachten häufig Streit unter den Seeleuten. Aber der Erste Leutnant und der Profoß konnten nicht ständig alle verschwiegenen Winkel eines Schiffes im Auge haben.

Im Hafen waren Frauen an Bord unvermeidbar, wenn der Kapitän nicht eine Meuterei riskieren wollte. Die Admiralität hat erst ab 1861 den regelmäßigen Landgang für Seeleute zugelassen. Vorher hatte es der Kapitän zu verantworten, wenn er Seeleute an Land ließ, die ihm dann davonrannten. In Friedenszeiten und bei freiwilligen Besatzungen war das Risiko für einen respektierten Kapitän nicht sehr groß. Aber in Kriegszeiten mit zwangsweise rekrutierten Mannschaften kam auf Desertion etwa die Hälfte aller Mannschaftsverluste.

Wenn ein Kriegsschiff nach langem Seeaufenthalt in einen Hafen einlief, dann wurde es von Booten mit Händlern und Huren umringt, den »bum boats«. Die Fährleute konnten nur dann mit Fährlohn rechnen, wenn sich Seeleute fanden, die die Huren an Bord nahmen. Also trafen sie am Kai eine Auswahl, die bereits zu Geschrei und Rauferei führte. Auswahl hatte der Fährmann genug, denn man schätzt, daß allein im Marinehafen Portsmouth 20 000 Prostituierte in Kriegszeiten ihre Dienste anboten.

Natürlich wollten auch echte Ehefrauen, besonders von Deckoffizieren und Gepreßten, an Bord. Ihnen stand das Recht zu. Es gab auch sittenstrenge Kapitäne, die von den Huren eine Erklärung verlangten, daß sie einem Seemann angetraut waren. Dann wurden solche Erklärungen dutzendweise produziert, was außer Ausgaben für Schreiber keine besondere Mühe machte.

An der Reling des Schiffes standen überall Seesoldaten als Posten, die einerseits Desertion verhindern, aber auch dafür sorgen sollten, daß kein Alkohol an Bord kam. Der Profoß inspizierte die von den Seeleuten an Bord gerufenen Frauen, aber da er keine Leibesvisitation vornehmen durfte, war Alkohol nicht fernzuhalten. Unter Deck spielten sich dann unbeschreibliche Szenen ab, die von Zeitgenossen manchmal geschildert werden. Neben legalen Ehefrauen, die mit ihren Kindern den Vater oft nach Jahren zum erstenmal sahen, krakeelten betrunkene Seeleute und Huren, prügelten und paarten sich nach Bedarf. Die Offiziere ließen sich in dieser Zeit meist nicht in den Mannschaftsräumen sehen, um den Anpöbeleien der betrunkenen Frauen zu entgehen. Wenn der Bootsmann eine Wache für dringende Arbeiten an Deck pfeifen mußte, dann war morgens die übliche Aufforderung: »Zeigt ein Bein!« Kam ein Frauenbein aus der Hängematte, dann gab der Bootsmann Ruh'. Zeigte sich ein Männerbein, dann mußte der Kerl raus, oder die Hängematte wurde abgeschnitten, um ihn anzutreiben. Das Schiff war für Tage ein einziges Bordell, und die Offiziere dachten mit Sorge daran, wie lange es dauern würde, das Schiff wieder zu säubern und die Besatzung zu disziplinieren.

Kemp *(1970, S.169)* zitiert aus einer zeitgenössischen Quelle:

»Die Seeleute gehen in die Boote und wählen sich jeder eine Frau aus, wie man Kühe aussucht, und zahlen dem Fährmann einen Schilling oder zwei für den Transport.... Hunderte gelangen an Bord großer Schiffe. Der Gesamteindruck der schockierenden, schändlichen Szenen auf den unteren Decks kann unmöglich beschrieben werden. Der Dreck, Unrat und Gestank, die geschmacklose Unterhaltung, das unzüchtige, tierische Verhalten und die schrecklichen Szenen, die Flüche und Schwüre, der Aufruhr, Streit und die Schlägereien, zu denen es oft kam, wenn Hunderte von Männern und Frauen in einem Raum zusammengepfercht waren, und wo sie in der Hän-

gematte, für die nur 34 cm Breite zur Verfügung standen, eingequetscht von den anderen, Zeuge aller Geschehnisse sein mußten, die sich dort abspielten, das kann sich nur der vorstellen, der es erlebt hat.« (Übersetzung vom Verfasser)

Verantwortungsbewußte Kapitäne schotteten die Midshipmen und Schiffsjungen für diese Zeit von der Mannschaft ab.

Frauen an Deck, die mit Matrosen tanzen, Matrosen, die Karten spielen oder lesen, aber alles spielt sich sehr züchtig ab. Ein Seemann hält Frau und Kind auf den Knien. Die Frauen sind auf diesen Bildern meist wie Damen oder Absolventinnen eines Mädchenpensionats dargestellt. Wie schlampige Hafenhuren sehen sie höchstens auf Karikaturen aus.

Die Darstellung von Huggins folgt auch der unter Marinemalern verbreiteten Tendenz, die Decks höher zu

»Eine Szene zwischen den Decks« von W. J. Huggins

In den zeitgenössischen Grafiken wird das Geschehen immer beschönigt. Zwar zeigt – wie schon das Bild am Kapitelanfang – auch das folgende Bild von Huggins

zeichnen, als sie tatsächlich waren. Ein normal großer Seemann konnte sie nur mit gesenktem Kopf durchschreiten.

Für die Tendenz, die Szenen an Deck romantisierend zu verklären, fügen wir noch ein Beispiel an. Das Bild von W. Ward »Auf dem Vordeck« zeigt sowohl Seeleute als auch Frauen in bühnenreifer Verkleidung. Es bestand bei den Zeitgenossen in Malereien und Romanen ein Widerstreben, die Roheit und Primitivität des Bordlebens ungeschminkt darzustellen. Auch das ist ein Beispiel dafür, daß Zeitgenossen nicht immer die authentischsten Zeugen sind. Ungeschminkt sind nur die Karikaturen.

»Auf dem Vordeck«

Zeitgenössische Karikatur eines »bum boats«, das Huren zum Schiff bringt

Kapitel 7.00

Navigation, Signale und Flottentaktik

Die Seeschlacht zwischen Engländern und Franzosen bei Cuddalore 1783. Das Bild zeigt die klassische Schlachtlinien-Taktik

Seeschlachten sind erst möglich, wenn Kriegsschiffe unabhängig von der Orientierung an der Küste längere Strecken über See zurücklegen und am gewünschten Ort ankommen können und wenn sie sich untereinander verständigen können, um die Operationen gemeinsam vorzunehmen.

Kämpfe auf Booten, die in Küstennähe bleiben mußten, um die Orientierung nicht zu verlieren, hat es gegeben, seit Menschen sich aufs Wasser hinauswagten. Aber die Ergebnisse dieser Kämpfe konnten an Land leicht korrigiert werden, sobald die Boote an die Küste zurückkehren mußten, um nicht die Orientierung zu verlieren oder weil der Proviant nicht ausreichte.

Seeschlachten und damit auch Seemächte sind erst möglich, wenn Kriegsschiffe

- **längere Strecken über die Meere zurücklegen und dabei die Orientierung behalten,**
- **auf dem Meer Richtung und Geschwindigkeit ändern können,**
- **sich untereinander auf Distanz verständigen und als Ergebnis**
- **den Feind in bestimmten Formationen angreifen können.**

Das folgende Kapitel gliedert sich daher in die Teile Navigation, Segelmanöver, Signalgebung und Flottentaktik.

Navigator mit einem Navigationsstab im frühen Mittelalter

7.01 *Navigation*

Unter Navigation versteht man die Bestimmung des Standortes und des Kurses sowie dessen Einhaltung. Man unterscheidet die terrestrische Navigation, die sich an Küstenmerkmalen, Peilungen, Lotungen u. ä. orientiert, und die astronomische Navigation, die sich an einzelnen Gestirnen oder der Stellung mehrerer Gestirne zueinander ausrichtet, wenn man einmal von der heute möglichen Funk- und Satellitennavigation absieht.

Als die Menschen sich auf die See hinauswagten, hielten sie sich zuerst in Küstennähe und orientierten sich an Landmarken. Wenn sie sich unbekannten Küsten näherten oder bei Nebel in der Sicht behindert waren, wurde schon lange vor Christi Geburt gelotet. Bei geringerer Wassertiefe benutzte man Stangen, bei größeren Tiefen Leinen. Auch die Seeleute um 1800 haben dieses älteste Navigationsinstrument noch benutzt, wie viele Zeitzeugen berichten. Das Lot bestand aus Leine und Bleigewicht, wobei für Tiefenlotungen längere Leinen und schwerere Gewichte benutzt wurden. Das Handlot für flachere Gewässer war meist 20 Faden (1 fathom = 1,853 m in der britischen Kriegsmarine), also 37,06 m lang, und das Bleigewicht hatte am unteren Ende eine Höhlung, die mit Talg gefüllt war. An diesem Talg blieben kleine Teile des Meeresbodens kleben und ließen erkennen. ob man über Sandboden fuhr oder nicht.

Lotungen konnten ein Auflaufen bei langsam ansteigendem Meeresboden, aber nicht bei unregelmäßiger Felsenküste verhindern. Eine Orientierungshilfe boten sie nur dann, wenn der Navigator die Küste sehr gut kannte oder wenn die Küste bereits so vermessen war, daß Linien gleicher Wassertiefe eingezeichnet waren. Die erste Karte dieser Art vom Ärmelkanal wurde erst 1752 veröffentlicht.

Die Lotleine war im Abstand von einem oder mehreren Faden mit Markierungen unterschiedlichen Materials versehen, die bei Dunkelheit auch durch Betasten erkannt werden konnten. Die Tiefe von zwei Faden war z. B. durch zwei Lederstreifen, drei Faden durch drei, fünf Faden durch ein Stück weißes Bramsegeltuch, zehn Faden durch ein Lederstück mit Loch bezeichnet. Der Lotgast stand am Bug, warf das Lot aus, fühlte die Leine, wenn sie senkrecht stand, auf die Tiefe hin ab, rief (sang) die Tiefe aus, holte das Lot wieder ein und wiederholte den Vorgang nach Bedarf.

Sehr alt ist auch der magnetische Kompaß als Navigationshilfe. Man nimmt an, daß die Normannen bereits um 870 n. Chr. Magnetsteine als eine Art Kompaß benutzten. Nachgewiesen ist die Anwendung des Magnetkompasses auf chinesischen Schiffen im Jahre 1111 n. Chr. Die Schiffe um 1800 hatten selbstverständlich alle Magnetkompasse, die meist in Gehäusen vor dem Ruder angebracht waren. Der Marinekompaß dieser Zeit war nicht in 360 Grad eingeteilt, sondern in 32 Striche bzw. Punkte, die dem Rudergänger als Kurs angegeben wurden. Kleinere Unterteilungen schienen unnötig, weil so feine Kursänderungen nicht realisierbar und nicht notwendig waren. Von Nord bis Ost hießen die sieben Zwischenpunkte: Nord zu Ost, Nord-Nord-Ost, Nord-Ost zu Nord, Nord-Ost, Nord-Ost zu Ost, Ost-Nord-Ost, Ost zu Nord. In vergleichbarer Weise war jedes Viertel der Kompaßrose eingeteilt.

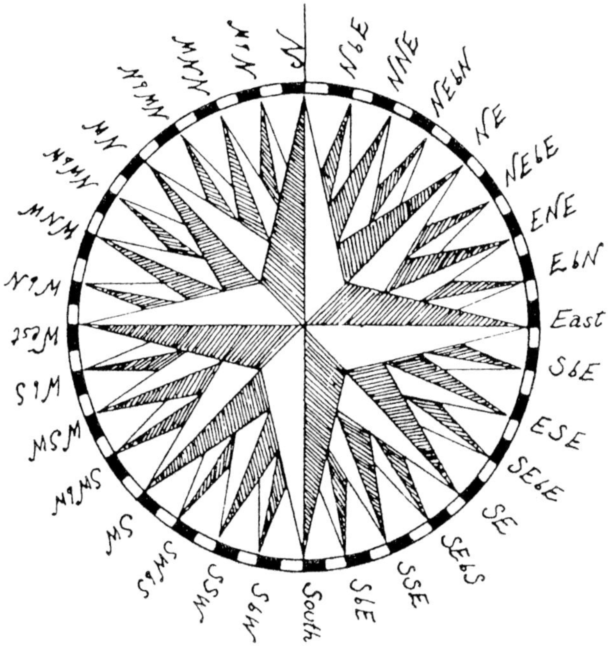

Ein Marinekompaß mit den Kurzbezeichnungen für die 32 Striche

Mit dem Kompaß konnte die angestrebte Fahrtrichtung bezeichnet werden. Ob man seitwärts zu dieser Richtung versetzt, also abgetrieben wurde, hing von Meeresströmungen und vom Wind ab. Welche Entfernung man in der angestrebten Richtung zurückgelegt hatte, wurde mit Hilfe des Logs gemessen. Auch dies ist eine alte Navigationshilfe. Das Scheit des Handlogs besteht aus einer flachen Holzscheibe, die mit Bleikugeln so beschwert ist, daß sie aufrecht schwimmt. Wenn dieses Logscheit mit der Logleine am Heck des Schiffes ausgeworfen wird, bietet das senkrecht schwimmende Holz dem Wasser viel Widerstand. Im Vergleich zum segelnden Schiff bleibt das beschwerte Holzscheit im Wasser »stehen«. Die Logleine, die man locker auslaufen läßt, mißt die Entfernung vom »stehenden« Logscheit zum gleitenden Schiff.

Man verwendete Sanduhren mit 28 Sekunden (14 Sek. bei über acht Knoten). In der Logleine waren »Knoten« (kn) in einer Distanz angebracht, die dem Verhältnis von Sekundenzahl (28 bzw. 14) zu einer Stunde entsprachen. Liefen in 28 Sekunden sieben Knoten an der Leine durch die Hand des Seemannes, dann betrug die Geschwindigkeit des Schiffes sieben Knoten, das sind sieben Seemeilen (1 sm = 1,852 km) pro Stunde.

Die Knoten an der Leine waren so markiert, daß man fühlen konnte. welche Zahl durchlief, und daß man halbe Knoten unterscheiden konnte. Da das Logscheit nicht völlig feststand, wurde ein gewisses Maß (um 0,5 m) für den Nachschleppeffekt abgezogen. War die Messung beendet, konnte die Holzscheibe durch einen starken Ruck flachgelegt und leicht eingeholt werden.

Wenn man weiß. wie lange man mit welcher Geschwindigkeit in welche Richtung gefahren ist, kann man im Prinzip seinen Standort feststellen. Die Zeitdauer wußte man durch die großen Sanduhren, die alle halbe Stunde umgedreht wurden *(»glasen«, vgl. Kap. 6.02)*. Man hat auch damals »mitgekoppelt«, d.h. Kurse und Distanzen in Karten eingetragen. Aber da man die Stärke von Strömungen, Abdrift usw. nie genau kannte, war das nur ein grober Anhaltspunkt. Man brauchte Informationen, die von Landmarken und Seeströmungen unabhängig waren.

Relativ früh konnte man in der astronomischen Navigation die geographische Breite durch Messung der Kulminationshöhe des Polarsterns (oder anderer Sterne) oder der Sonne errechnen. Die Erdkugel ist vom Äquator aus zum Nordpol in 90 Breitengrade einge-

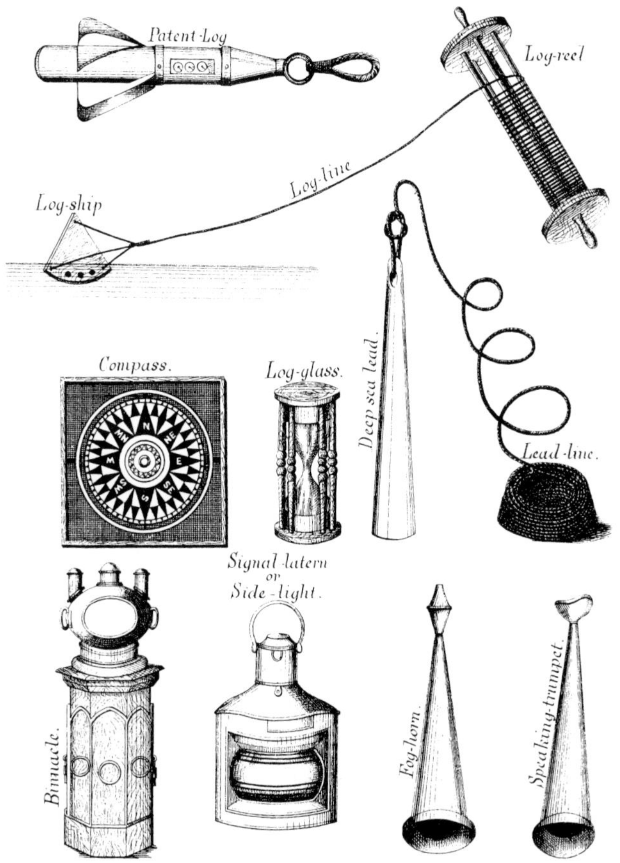

Die Abbildung aus Paasch (1885) zeigt u.a. verschiedene einfache Navigationshilfen

teilt und zum Südpol hin ebenfalls. Madrid z. B. liegt wie Philadelphia etwa auf dem 40. Grad nördlicher Breite, Stockholm und Leningrad etwa auf dem 60. Grad. Die »brüllenden Vierziger« (roaring forties) sind die sturmreichen Breiten um den 40. Grad südlicher Breite, südlich vom Kap der Guten Hoffnung. Die Breite konnte seit dem 14. Jahrhundert mit dem sogenannten Jakobsstab grob gemessen werden. Das war ein Instrument zum Winkelmessen, das aus einem Meßlineal mit drei Schiebern bestand. Die Schieber mußten so bewegt werden, daß der Beobachter das untere Ende mit dem Horizont und sein oberes mit der Sonne (dem Stern) zusammen sah. Auf dem Prinzip, Sonne (Stern) und Horizont visuell zur Deckung zu bringen, beruhen auch alle nachfolgenden Verbesserungen: der Davis-Quadrant oder der 1731 von John Hadley der Royal Society vorgestellte Hadley-Oktant.

Hadleys Oktant ist ein Achtelkreis, und daher rührt der Name »Oktant«. Man hält ihn um 12 Uhr mittags gerade in der Hand, peilt durch das Fensterchen K den Horizont an und bringt mit dem drehbaren Spiegel A/F das Bild der Sonne mit dem des Horizontes zur Deckung. Da der drehbare Spiegel mit dem Winkelarm D fest verbunden ist, kann man nun auf der Winkeleinteilung den Höhenwinkel ablesen. Die Zeichnung von Bobrik zeigt den Hadley-Oktanten, den er, wie vielfach auch üblich, allerdings Hadleys Quadranten nennt.

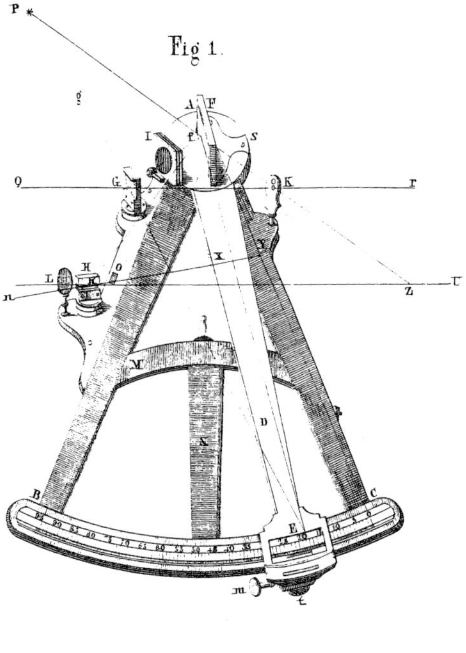

Hadleys Oktant wurde 1732 von der britischen Admiralität getestet und akzeptiert. Der Seeoffizier Campbell konstruierte 1757 den Sextanten, der zur Winkelmessung einen Sechstelkreis benutzte, wodurch (unter Verdoppelung durch Spiegelung) Winkel bis zu 120° gemessen werden konnten.

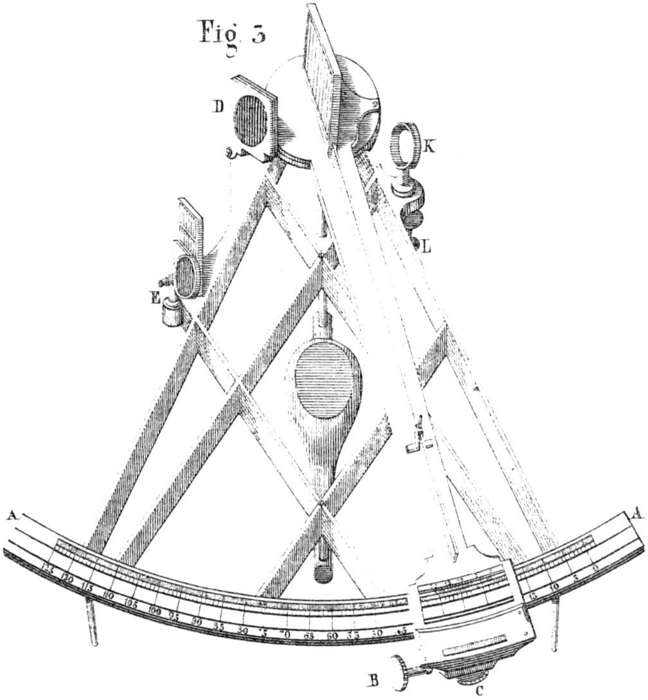

Zeichnung eines Sextanten von Bobrik 1848 (Figur 3)

1752 entwickelte der Göttinger Astronom J. T. Mayer zur Messung größerer Winkel einen Vollkreiswinkelmesser, den Bobrik auch Reflektionskreis nennt.

Um 1780 verfügten alle seefahrenden Schiffe über Instrumente mit Korrekturtabellen zur hinreichend genauen Bestimmung des Breitengrades, sofern Gestirne und Horizont gleichzeitig sichtbar waren. Man wußte

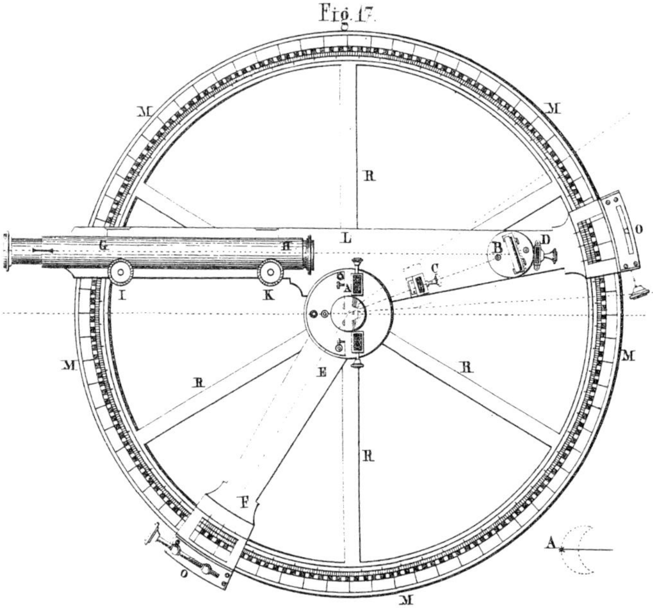

Vollkreiswinkelmesser aus Bobrik 1848

damit im Prinzip, wie weit man von Pol und Äquator entfernt war. Aber wer z. B. auf dem 40. Grad nördlicher Breite segelte, konnte dieser Information nicht entnehmen, ob er näher an Philadelphia oder an Madrid war. Dazu brauchte man auch die Messung des Längengrades.

Die Längengrade verlaufen von Pol zu Pol senkrecht zum Äquator. Der Äquator ist in 360 Längengrade, die Meridiane, eingeteilt. Durch das von Längen- und Breitengraden gebildete Gitternetz kann man jeden Ort auf der Erdkugel eindeutig definieren. Voraussetzung ist, daß man sich darauf verständigt, wo der Längengrad Null verläuft, von dem ab gezählt wird. Die Engländer zählten vom Längengrad aus, der die Sternwarte von Greenwich (bei London) schneidet. Die Franzosen und andere Länder legten ihren Nullmeridian auf Ferro, die südwestlichste der Kanarischen Inseln. Seit 1884 gilt international die Länge von Greenwich als Nullmeridian.

Um 1714 gab es noch keine praktikable Methode, auf See die Längengrade zu messen. In Frankreich wurde der Prix Rouille's (1715) gestiftet, in England der »Board of Longitude« (1714) gegründet und ein Preis von 20 000 Pfund für eine exakte Methode ausgesetzt.

Die Lösung konnte im Prinzip auf zwei Wegen erfolgen. 15 Grad geographischer Länge unterscheiden sich um eine Stunde Ortszeit. Wenn zu einem bestimmten Zeitpunkt die Ortszeit des Meridians, auf dem sich der Beobachter befindet, mit der Ortszeit des Nullmeridians verglichen werden könnte, wäre der geographische Längengrad bestimmbar. Da damals die genauen Uhren von den gleichmäßigen Schwingungen eines Pendels abhängig waren und jede Schwingung von Uhrpendeln durch die Schiffsbewegung ungleichmäßig wurde, schien es unmöglich, Uhren zu konstruieren, die bei unterschiedlicher Feuchtigkeit und Temperatur, bei Längs - und Seitenschwingungen längere Zeit mit geringer Abweichung liefen.

So setzte man die Hoffnung zunächst verstärkt auf astronomische Methoden. Bevorzugt wurde die Messung des Abstandes vom Mond zu einem anderen Gestirn, die Berechnung der Winkel von beiden Gestirnen zum Erdmittelpunkt und dadurch die Ableitung des Längengrades. Das Verfahren erfordert, daß man die Mondbewegungen exakt kennt und tabelliert. Da die Mondbewegungen einem Zyklus von 18 Jahren folgen, brauchte man lange, um die Gesetzmäßigkeiten zu entdecken. Der Schweizer Leonhard Euler fand die mathematischen Formeln für die Tabellierung der Mondbewegungen, und der oben bereits genannte Göttinger J.T. Mayer legte der dortigen »Royal Society« (Göttingen gehörte zu dem mit England in Personalunion verbundenen Kurfürstentum Hannover) 1752 die Tabellen vor. Die Admiralität prüfte und akzeptierte die Tabellen, der königliche britische Hofastronom erweiterte sie und machte sie für Seeleute praktikabel. Seitdem gehörten zu jedem Navigationswerk die vielen Seiten mit diesen Tabellen. Ab 1767 war die Messung der Monddistanz die Standardmethode zur Bestimmung der Längengrade.

Aber 1761 hatte John Harrison dem Board of Longitude seinen berühmten Chronometer H.4, eine Uhr mit 13,5 cm Durchmesser und mit Federantrieb, vorgelegt, die auf Schiffen ohne Beeinträchtigung verwendbar war. Nach ausgedehnten Versuchsfahrten ergab sich nach 156 Tagen eine Zeitabweichung von 54 Sekunden, das entspricht 13,5 Seemeilen am Äquator.

Nun hatte man zwei Methoden zur Bestimmung der Längengrade. Cook benutzte bei seinen Entdeckungsfahrten beide parallel und konnte die Exaktheit der Uhr bestätigen. Daß die Monddistanz - Methode trotz ihrer geringeren Praktikabilität weiter angewandt wurde, lag an der traditionalistischen Einstellung der Marine und an den Kosten für die manuell herzustellenden Chronometer von etwa 100 Pfund, die die Master selbst zu kaufen hatten. Erst ab 1820 sind die Uhren Teil der allgemeinen Schiffsausstattung geworden.

Um 1775 hatten alle Kriegsschiffe - klaren Himmel vorausgesetzt - hinreichend exakte Methoden zur Bestimmung ihrer Position. Daß dennoch folgenschwere navigatorische Irrtümer nicht auszuschließen waren, lag an der Ungenauigkeit vieler Seekarten. Frankreich hatte im 18. Jahrhundert eindeutig die Vorherrschaft im Bereich der Kartographie, und zwar sowohl in der Finanzierung der Messungen als auch in den Herstellungsverfahren für Seekarten. D'Anville publizierte von 1746 - 1760 Karten der Kontinente. In England wurde erst 1795 das Hydrographische Amt in der Admiralität gegründet, das den von der Bounty-Meuterei bekannten und als Navigator sehr fähigen Kapitän Bligh von 1797 - 1803 mit Vermessungsfahrten beauftragte. Das Trinity House, das für Seezeichen und Lotsen-Lizenzen zuständig war, widersetzte sich lange der Publikation von Seekarten, um dem Feind keine Hinweise zu geben. Da auch andere Marinen und Handelsgesellschaften ihr kartographisches Wissen oft für sich behielten, blieb die Eroberung feindlicher Seekarten ein lohnendes Ereignis. Die Master der britischen Kriegsschiffe waren gehalten, neue Küsten so genau zu beschreiben, wie es ihr Auftrag zuließ und vorhandene Karten zu berichtigen, falls erforderlich. Ihre Aufzeichnungen mußten sie der Admiralität einsenden. Wenn also die wichtigsten Probleme der Navigation in der hier behandelten Zeit von 1775-1815 auch im Prinzip gelöst waren, so blieb -besonders bei schlechtem Wetter -Navigation ein schwieriges Unterfangen, das mit unseren Möglichkeiten im Zeitalter der Funknavigation und des Radars überhaupt nicht verglichen werden kann.

7.02 *Segelmanöver*

Der entscheidende Faktor für die Fortbewegung von Segelschiffen war der Wind. Er gab ihnen erst die Energie, um sich vom Ausgangspunkt zu entfernen. Aber selbst wenn wir extreme Windverhältnisse, Sturm oder Flaute, außer acht lassen, so setzte er dennoch immer Grenzen für die Fortbewegung. Ein Segelschiff konnte nicht direkt gegen die Windrichtung segeln, daher standen ihm prinzipiell nur 62,5 % der Wasserfläche für seine Bewegungen zur Verfügung.

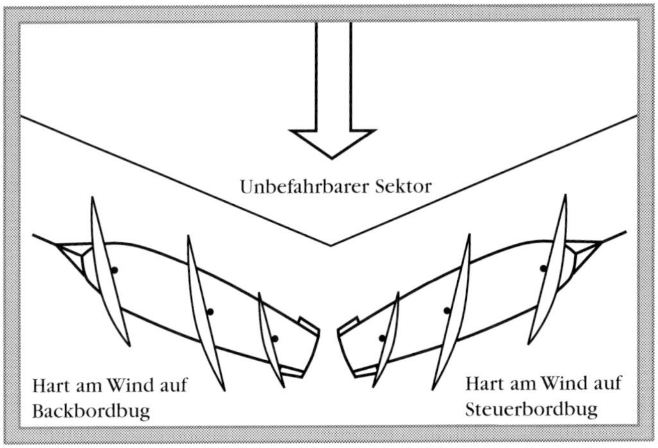

Die Abbildung zeigt die für ein Segelschiff nicht zugängliche Fläche grau gerastert. Ein Rahsegler konnte seine Segel bis zu 35° drehen, d. h. in diesen Winkel zur gedachten Längslinie vom Bug zum Heck stellen. Bei dieser Segelstellung fiel der Wind schräg von der Seite ein. Man nannte das »hart oder dicht am Wind segeln«. Rahsegler konnten nicht dichter an den Wind gehen als sechs Punkte des Marinekompasses oder 67,5° des 360°-Kreises. (Schratsegler konnten fünf Punkte oder 56,25° an den Wind gehen.) Die Schiffe konnten den Wind dabei von der Steuer- oder Backbordseite einfallen lassen. Je nachdem lagen sie dann auf Back- oder Steuerbordbug. Die Abbildung zeigt im unteren Teil zwei Schiffe auf diesem Kurs.

Bei achterlichem (von hinten einfallendem) Wind war ein direkter Kurs auch dem Rahsegler möglich. Allerdings würden die hinteren Segel dann die vorderen gegen den Wind abschirmen. Das Schiff wäre schlecht zu steuern und würde die Windkraft nur unzureichend ausnützen. Daher wurde so gesteuert, daß der Wind etwas von der Seite einfiel.

Kam der Wind aber aus der Zielrichtung, dann mußte gegen ihn angekreuzt, d.h. etwa im Zickzack gefahren werden. Dadurch konnte man den Wind von der Seite einfallen lassen und in Vortrieb umsetzen. Das erforderte natürlich immer wieder eine Richtungsänderung, das Kreuzen. Bei der Richtungsänderung ist eine Halse (wear) und eine Wende (tack) zu unterscheiden. Bei der Wende geht der Bug durch den Wind, bei der Halse das Heck. Beide Manöver werden sollen kurz beschrieben und veranschaulicht werden.

Vor der Wende lief das Schiff mit seitlichem Wind, gefüllten Segeln z.B. auf Steuerbordbug (in der Abb. A mit Nr. 1 bezeichnet). Der kommandierende Offizier befahl: »Klar zum Wenden!«. Die Wache begab sich an die Brassen, das Ruder wurde langsam gelegt (nachgelassen), so daß das Schiff vorübergehend weniger hart am Wind lag und Fahrt gewann (Nr. 2). Der Besanbaum wurde mittschiffs geholt, der Klüver lose gefahren. Auf das Kommando: »Helm in Lee!« wurde das Steuer nach Lee gedreht, so daß das Ruder nach Luv kam. Die Schoten (Leinen zum Dichtholen der Segel) an Klüver und Fock wurden soweit gefiert (losgelassen), bis die Segel killten, d.h. dem Wind keinen Widerstand mehr boten. Der Klüver wurde bei leichtem Wind dichtgeholt (Nr. 3). Durch das Ruder unterstützt, drehte sich der Bug in den Wind. Der Befehl »Los Vorschoten!« bedeutete, daß die Geitaue aufgeholt wurden, so daß die Rahen leicht herumkommen (gedreht) werden konnten. Die Segel hingen lose (Nr. 4). Wenn der Bug zum Wind zeigte, erfolgte das Kommando: »Hol das Großsegel (ziehe straff!)!«. Die Rahsegel an Groß- und Kreuzmast wurden so schnell wie möglich herumgeholt (durch auf die Rahen wirkende Brassen), damit der Wind so einfiel, daß der achtere Teil des Schiffes in die neue Richtung gedrückt wurde (Nr. 5). Der Klüver – und andere Vorsegel – halfen, das Schiff auf den neuen Kurs zu drehen, und das Kommando »Laß gehen und hol an!« gab das Signal, alle Segel entsprechend zum neuen Kurs und Windeinfall zu trimmen (Nr. 6). Das Schiff lag nun mit Backbordbug auf dem neuen Kurs. Das Tauwerk wurde belegt (Nr. 7). (Kommandos nach Bobrik 1858.)

Ein Wendemanöver war nicht einfach. Wenn das Schiff in Position 2 nicht genug Fahrt aufgenommen hatte und daher nicht von Position 4 zu Position 5 herumschwingen konnte, sondern mit dem Bug in den Wind zeigte, dann war es »festgesegelt«. Man mußte auf dem

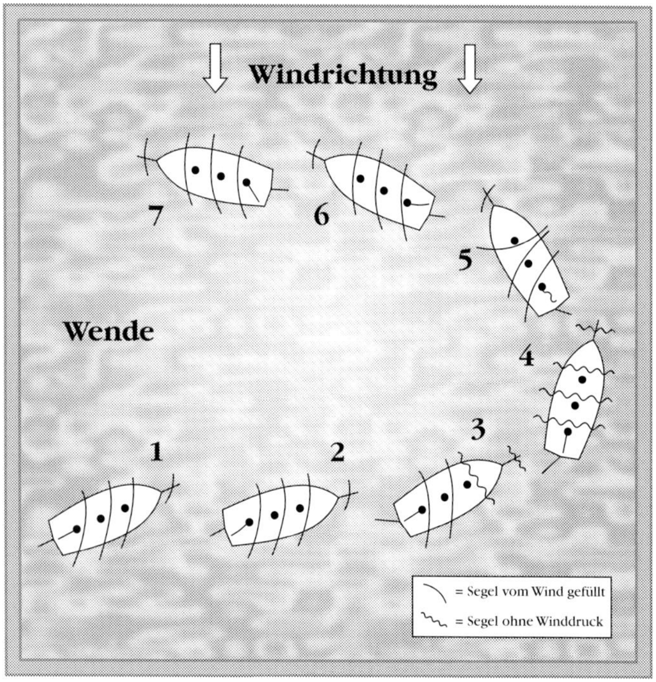

A Wende

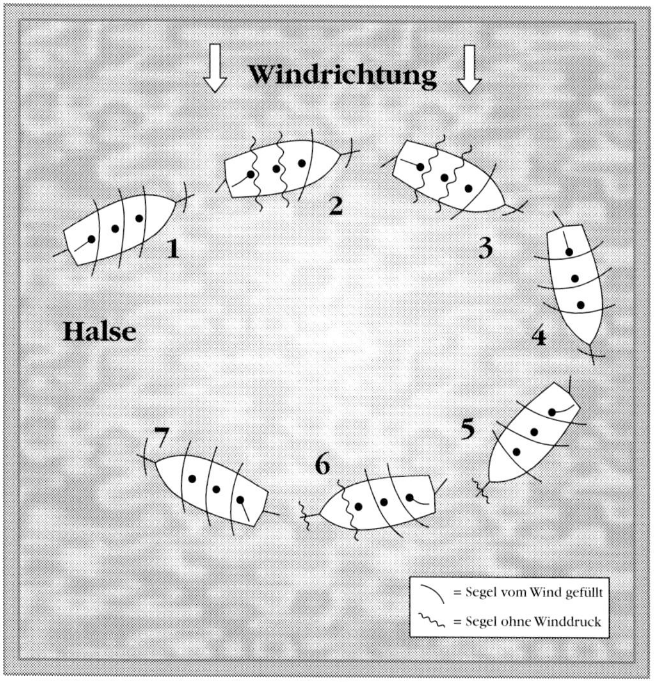

B Halse

alten Kurs wieder Fahrt aufnehmen und erneut die Wende versuchen. Bei stärkerem Wind konnte es in Position 3 und 4 erforderlich werden, die oberen Segel einzuholen, damit der Druck (von vorn) auf die Stage nicht zu groß wurde. Die Wende wurde, wenn es der Wind erlaubte, meist der Halse vorgezogen, da man bei der Wende die Annäherung an das Ziel, das in Windrichtung lag, auch nicht vorübergehend aufgab. Bei der Halse dagegen verlor man Distanz gegen den Wind (Raum luvwärts).

Dafür war die Halse problemloser. In Abbildung B segelt das Schiff in Position 1 auf Steuerbordbug klar zum Halsen. Das Großmarssegel wird aufgegeit (zur Rah gezogen). In Position 2 wird das Ruder nach Steuerbord gelegt, das Besansegel geborgen und die Rahen an Groß- und Kreuzmast so gebraßt, daß sie keinen Wind mehr aufnehmen. Fock und Klüver ziehen das Schiff nach Steuerbord (Nr. 3). In Position 4 fällt der Wind von achtern ein, das Schiff gewinnt Fahrt und wird auch mit dem Ruder weiter in die neue Richtung gedreht. Die Bewegung wird in Position 5 fortgesetzt, wobei das Besansegel wieder gesetzt und der Klüver gelöst werden, damit das Schiff auf Backbordbug herumkommt. In Position 6 werden Klüver und Fockmastsegel so gebraßt, daß der Wind nicht einfällt. Die Segel an Groß- und Kreuzmast drücken das Schiff in Verbindung mit dem Ruder auf den neuen Bug. In Position 7 ist die neue Richtung erreicht. Alle Segel werden getrimmt. Das Schiff kreuzt auf dem anderen Bug wieder gegen den Wind.

Diese Grundmanöver wurden natürlich in Abhängigkeit von Windstärke und Manövrierraum (in einer Bucht, kein Leeraum usw.) variiert und durch andere Manöver ergänzt. Die Stärke des Windes spielte auch eine Rolle, da stärkerer Wind nicht nur eine höhere Geschwindigkeit erlaubte, sondern das Schiff auch in eine stärkere Schräglage brachte. Bei einem Linienschiff konnte das bedeuten, daß auf einer Seite die Luken des unteren Geschützdecks nicht geöffnet werden konnten. Wenn man die oberen Segel einholte, konnte man die Schiffsneigung verringern. Es wird darauf verzichtet, weiter in Details zu gehen. Hier muß eine erste Einführung genügen, die das Verständnis der taktischen Manöver erleichtert. Für ein detaillierteres Studium der Segelmanöver dieser Zeit ist das Werk von Harland 1984 unentbehrlich.

7.03 Signalgebung

Für Kriegsschiffe war es von großem Vorteil, wenn sie Nachrichten über gewisse Entfernungen weitergeben konnten und sich nicht erst auf Rufweite nähern mußten. Die Grenze der Weitergabe war dabei immer die Sichtgrenze. Erst die Einführung des Funkverkehrs hat diese Grenze aufgehoben. Im Zeitalter der Mobiltelefone kann man sich schwer vorstellen, mit welchen Problemen eine an die Sicht gebundene Signalgebung auf See rechnen mußte.

Bei Nacht mußte man auf Blendlaternen oder Leuchtraketen zurückgreifen, was die Kommunikationsmöglichkeiten sehr einschränkte. Bei Nebel konnte man nur Hörner, Trommeln oder Musketenschüsse einsetzen, was einen auf minimale Übermittlungsmöglichkeiten zurückwarf. Kanonenschüsse waren meist nur üblich, um ein kommendes Signal anzuzeigen. Aber auch bei guter Sicht wehte der Wind Flaggensignale oft in eine Richtung, die den Betrachter hinderte, sie zu erkennen. Segel konnten Signale verdecken. Und in der Schlacht konnten Pulverdampf oder andere Schiffe das Erkennen von Flaggensignalen verhindern.

Flottentaktik ist aber darauf angewiesen, daß der Kommandierende Admiral den Schiffen seiner Flotte Befehle in so differenzierter Form übermittelte, daß die Flotte auf gegnerische Maßnahmen angemessen reagieren konnte. Wenige Standardsignale wie »Feind in Sicht«, »Feuer eröffnen«, »Gefecht abbrechen« reichten dafür nicht aus.

Die erste und wichtigste Information, sobald ein fremdes Schiff in Sicht kam, war die, ob es Freund oder Feind war. Dazu genügte es nicht, die Bauweise des Schiffes zu studieren, denn in allen Flotten waren Beuteschiffe im Dienst. Man orientierte sich an der Nationalflagge, die an einer Flaggenstange am Heck und in einer kleineren Version an einem kleinen Flaggenmast auf dem Bugspriet geführt wurde, der Gösch. Die Briten zeigten also die »Union flag« am Heck und den »Union jack« an der Gösch.

Nun war es damals eine erlaubte Kriegslist, daß man fremde Nationalflaggen hissen konnte, bevor man Feindseligkeiten aufnahm, z. B. den ersten Schuß feuerte. Schon vor der Zeit Nelsons schützte sich die britische Flotte gegen solche Kriegslisten dadurch, daß die Kommandierenden Admirale den Schiffen ihres Geschwaders Listen mit geheimen Erkennungssignalen mitgaben, die alle zehn Tage wechselten. Wer das für diesen Zeitraum gültige Geheimsignal nicht hißte, wurde als Feind angesehen, gleichgültig, welche Nationalflagge er führte.

Wenn es nun ein Freund war, dann wollte jeder Kapitän wissen, ob der Kapitän des anderen Schiffes ihm durch Rang oder Dienstalter übergeordnet war. Nach der Nationalflagge waren also Kommandoflaggen und Stander zu beachten. Wenn der Admiral an Bord war, dann hißte er seine Flagge am Heck mit der Union Flagge in der linken oberen Ecke und dem übrigen Flaggentuch in der Farbe seines Kommandos, rot, weiß oder blau (*vgl. Kapitel 3.04*). Ein

Konteradmiral führte diese Flagge am hinteren Mast, ein Vizeadmiral am vorderen und ein Admiral am Hauptmast.

Ein Kommodore hißte einen breiten Stander, ein breites und langes Flaggentuch, das in zwei Spitzen auslief. Kapitäne zeigten einen schmalen Stander mit einer Spitze.

Aber diese Flaggen dienten der Identifikation, nicht der Kommunikation. Wenn wir auf die Anfänge der Kommunikation zurückkommen, dann müssen wir zunächst beachten, daß sie einseitig war. Der Flottenführer gab Signale, die andere zu befolgen hatten. Von ihnen wurden zunächst keine Signale erwartet.

Um 1530 kannte die britische Flotte nur eine Signalflagge, das »Banner of Council«. Wenn der Admiral dieses an der Steuerbordseite seines Schiffes zeigte, hatten alle Kapitäne sofort an Bord des Flaggschiffs zu erscheinen. Dort erteilte dann der Admiral mündlich seine Instruktionen. Dabei konnte er natürlich nicht alle Möglichkeiten vorhersehen, die sich durch Reaktionen des Gegners ergaben, so daß eine wirkliche Flottentaktik gar nicht möglich war.

Prinzipiell blieb die Kommunikation durch das Wort bis zum 17. Jahrhundert die vorherrschende Mitteilungsform. Sie wurde dadurch ergänzt, daß einzelne Flaggen, sofern sie an bestimmten Masten gezeigt wurden, die Funktion einer Nachricht erhielten. Das galt aber auch für bestimmte Bewegungen der Segel in Verbindung mit anderen Zeichen.

So lautete z. B. die Instruktion Nr. 1, die der Admiral der Flotte, James, Herzog von York, 1763 auf der Titelseite seiner »Instructions for the better ordering His Majesties Fleet in sayling« abdrucken ließ, folgendermaßen:

»Sobald der Admiral sein Vormarssegel löst und eine Kanone abfeuert, hat jedes Schiff der Flotte die Anker einzuholen, die Segel zu setzen und dem Geschwaderchef zu folgen.«

Aber bereits die 1703 gedruckten »Instructions for the directing and governing Her Majesty's fleet in sailing and fighting« gaben dem Admiral die Möglichkeit, durch bestimmte Flaggen an bestimmten Masten Befehle zu erteilen. Zwei Beispiel aus diesen Instruktionen werden hier angeführt:

»Wenn der Admiral wünscht, daß die Flotte sich zum Ankern vorbereitet, dann wird er eine Flagge mit roten, weißen und blauen Streifen an seinem Flaggenmast (am Heck) hissen und eine Kanone abfeuern. Jedes Schiff der Flotte hat dann das gleiche Signal zu zeigen.«

»Sobald der Admiral eine rote Flagge am Flaggentopp seines Fockmastes hißt und eine Kanone abfeuert, hat jedes Schiff der Flotte die äußerste Anstrengung aufzuwenden, um den Feind nach den Regeln anzugreifen, die der Admiral vorgegeben hat.«

Das zweite Beispiel zeigt ganz deutlich, daß die eigentliche Information vorher mündlich erfolgt sein muß und daß jetzt nur das Ausführungssignal gegeben wird.

Das Flaggschiff hatte den umfangreichsten Flaggensatz. Die Schiffe der Flotte führten nur einen begrenzten Satz an Antwortflaggen. Die folgende Zeichnung zeigt, an welchen Stellen des Schiffs die Flaggen gehißt wurden, um bestimmte Signale zu geben.

MÖGLICHE POSITIONEN FÜR SIGNALFLAGGEN

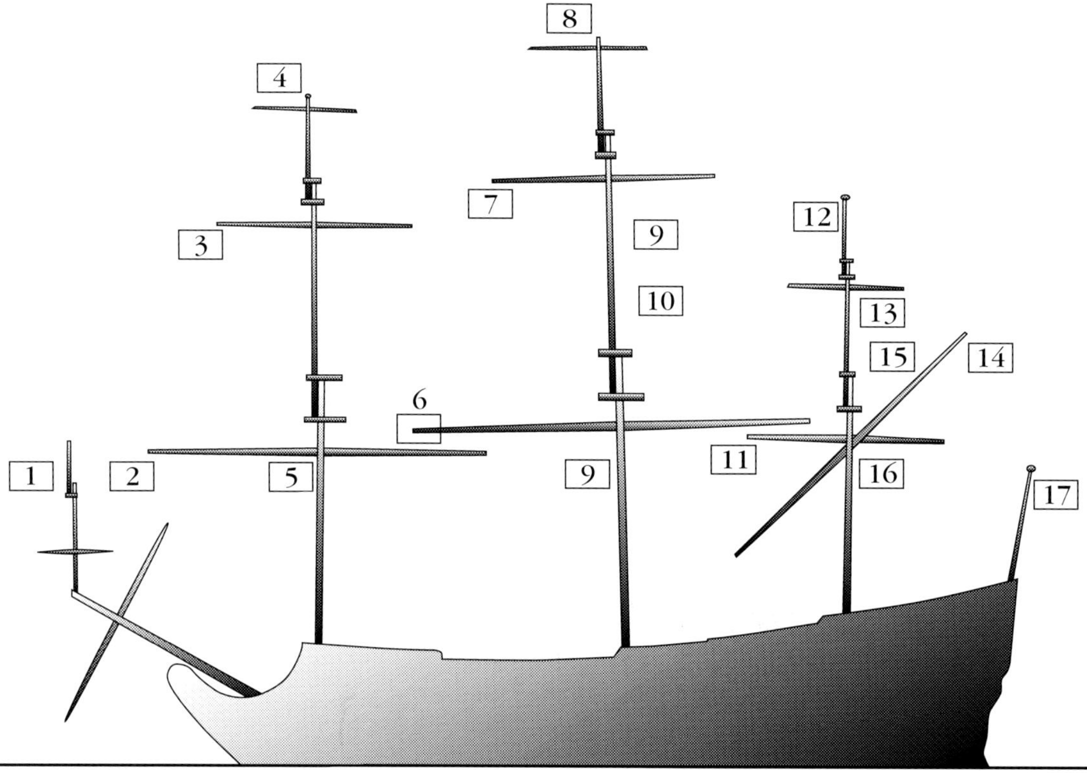

1 = Gösch
2 = Fockrahnock
3 = Vormarsrahnock
4 = Fockmastspitze
5 = Fockmastwanten
6 = Großrahnock
7 = Großmars-Rahnock
8 = Großmastspitze
9 = Großmarswanten
10 = Großmastpardunen
11 = Kreuzrahnock
12 = Kreuzmastspitze
13 = Kreuzmarswanten
14 = Kreuzmastpiek
15 = Kreuzmastpardunen
16 = Kreuzmastwanten
17= Flaggenstange

Die einzelnen Flottenchefs ließen immer wieder Signalbücher drucken, in denen sie die allgemeinen Signale und ihre zusätzlichen Variationen den Kapitänen ihrer Flotte zugänglich machten. Daneben gab es auch Signalhandbücher einzelner Autoren, wie z.B. das von J. Millan 1746 - 1748, die sich großer Beliebtheit erfreuten. 1762 waren 23 verschiedene Flaggen zum Signalisieren verfügbar. Aber das war immer noch eine begrenzte Menge von Kurzinformationen.

Die offiziellen »Sailing and Fighting Instructions« der Admiralität, die immer schon einen Teil ihres Umfangs den Signalen widmeten, wurden zur Zeit des Amerikanischen Unabhängigkeitskrieges durch immer neue Hinzufügungen völlig unhandlich. Die Notwendigkeit eines neuen Systems wurde von einzelnen Admiralen erkannt. Lord Howe hat als Kommandierender Admiral der Nordamerika-Station 1776 ein neues Signalbuch mit einem Erläuterungsbuch herausgegeben. Andere schalteten sich in die Entwicklung ein, besonders Sir Charles Henry Knowles und Admiral Richard Kempenfelt bis zu seinem Tode 1782.

1790 veröffentlichte Admiral Lord Howe dann ein neues Signalbuch, bei dem jedes Signal eine Bedeutung hatte, gleichgültig, an welcher Stelle des Schiffes es aufgezogen wurde. Sein System hatte zehn Basisflaggen, die auf Ziffern hinwiesen. Mit diesen Ziffern wurden Befehle gekennzeichnet, die im Signalbuch unter dieser Nummer nachgeschlagen werden mußten. Wenn der Admiral die Flagge »Fünf« (eine Flagge mit zwei weißen und zwei roten Vierteln) über der Flagge »Drei« (vertikal dreigeteilt in blau-weiß-blau) hißte, dann hieß das Nummer 53 und verwies im Signalbuch auf den Befehl »Vorbereiten zur Schlacht!«.

Mit der Fassung dieses Signalbuches konnten 240 Nachrichten übermittelt werden. Die Revision von Howes Buch im Jahre 1799 erlaubte 340 Nachrichten. Die Admiralität machte dieses System für alle britischen Schiffe verbindlich. 1804 wurde eine veränderte Anordnung der Befehle erforderlich, weil eine private Kopie des Signalbuchs in französische Hände gefallen war. 1808 gab es eine weitere Revision. Aber immer noch war die Kommunikation begrenzt auf die im Buch vorgegebenen Mitteilungen. Doch bereits 1800 hatte Kapitän Sir Home Popham einen revolutionären Vorschlag unterbreitet, der sich das alphabetische System der Shutter - Telgraphen zunutze machte (*vgl. Kapitel 2.04*). Sein Buch hieß: »Telegraphic Signals or Marine Vocabulary«. 25 Flaggen wurden den Buchstaben des Alphabets zugeordnet, wobei i und j zusammengefaßt wurden und ab k zwei Flaggen erforderlich wurden. Nun konnten Nachrichten buchstabiert werden.

Das war aber ein sehr zeitaufwendiges Unternehmen. Daher lieferte Popham ein Wörterbuch, dem entnommen werden konnte, welche Wörter einem Ziffernsignal zuzuordnen waren. Dabei konnte nur aus dem Kontext erschlossen werden, was das Ziffernsignal meinte, denn zwischen Beugungen und verschiedenen Endungen eines Wortes wurde nicht unterschieden.

So konnte z.B. die Ziffer 261 bedeuten:

ever
every
everything
everywhere.

Das Flaggensignal 269 konnte heißen:

expects
expected
expecting
expectation.

Damit war die Möglichkeit geschaffen, sowohl Standardbefehle als auch häufige Wörter und sogar völlig neue Situationen mitzuteilen. Die Geschwindigkeit der Mitteilung nahm natürlich von der Standardmitteilung zur Neuformulierung deutlich ab. Über das berühmteste Flaggensignal in der Geschichte der britischen Flotte wird nach den Erinnerungen von Nelsons Flaggleutnant Pasco folgende Geschichte berichtet:

Seine Lordschaft kam zu mir auf die Achterhütte und sagte, nachdem er den Befehl für verschiedene Signale gegeben hatte, die um 11.45 Uhr gehißt werden sollten: »Mr. Pasco, ich möchte der Flotte sagen: >England confides that every man will do his duty.<« Und er fügte hinzu: »Sie müssen das schnell erledigen, denn ich will noch ein Signal übermitteln, das für >Ran an den Feind!<« Ich antwortete: »Wenn Eure Lordschaft mir erlauben, das Wort >expects< (erwartet) für >confides< (vertraut darauf) einzusetzen, dann wird es schnell gehen, denn das Wort >expects< ist im Wörterbuch, während >confides< buchstabiert werden müßte.« Seine Lordschaft antwortete in Eile und mit augenscheinlicher Befriedigung: »Das genügt, Pasco, tun Sie es sogleich!«

Man kann erkennen, daß die Ziffer 253 die Bedeutung »England« hatte, während Ziffer 261 in diesem Zusammenhang nur heißen konnte »expects«, da die oben genannten Variationen nicht in diesen Kontext paßten. Gleiches kann man für Ziffer 261 »every« nachvollziehen. Nur das Wort »duty« mußte buchstabiert werden, mit Nr. 4 für den vierten Buchstaben »d« usw. Die Ankündigungsflagge für ein Signal und die Abschlußflagge kamen hinzu. Damit war erreicht, daß bei guten Sichtverhältnissen der Admiral seinen Schiffen jede mögliche Nachricht zukommen lassen konnte. Die einzelnen Schiffe hatten den gleichen Flaggensatz und konnten differenziert antworten. Fregatten hielten sich in bestimmten Abständen neben der Schlachtlinie auf und wiederholten jedes Signal, das das Flaggschiff gab, damit auch in längerer Schlachtlinie die Signale gelesen werden konnten. Dadurch erst war Flottentaktik im eigentlichen Sinne ermöglicht worden.

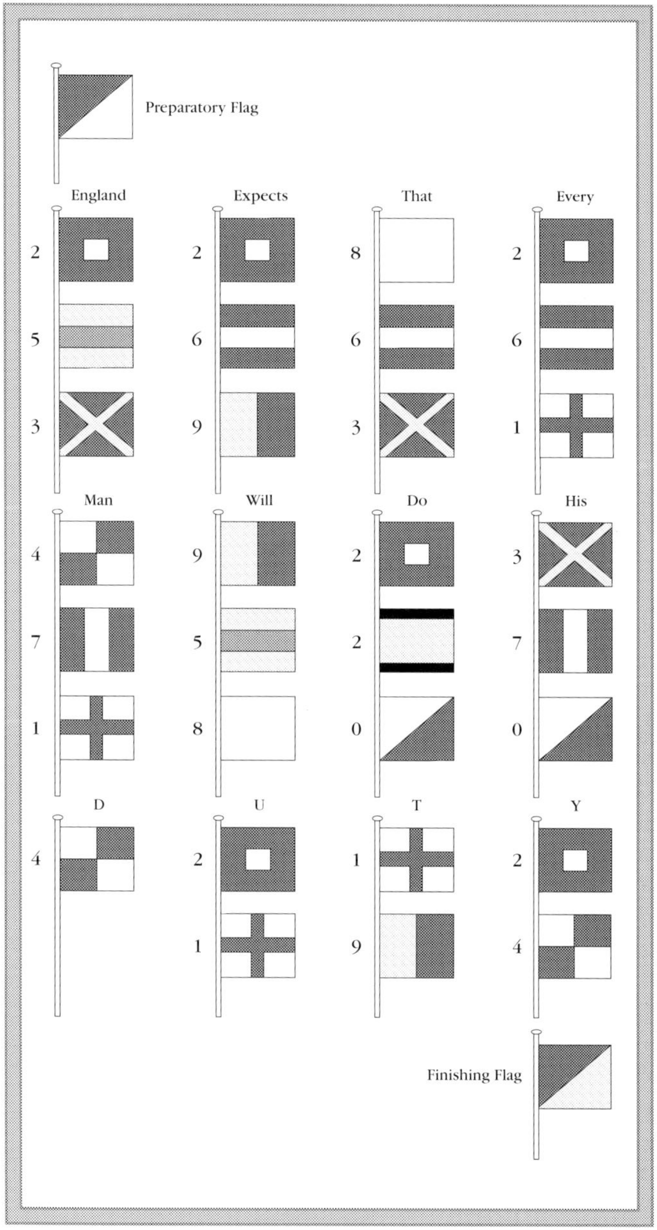

Die obenstehende Abbildung zeigt das Flaggensignal

7.04 *Flottentaktik*

Die französische Flotte hat die Neuerungen der britischen Flotte in der Signalgebung nicht adaptiert. Noch 1806 stimmten die französischen Flottenbasen gegen die Einführung eines numerischen Systems. Doch in theoretischen Entwürfen zur Flottentaktik waren die Franzosen aktiver. Der Jesuit Paul Hoste, Schiffskaplan und Mathematiker, legte bereits 1697 ein Buch über »L'art des Armées Navale« vor, dem sein Gönner, der Graf von Tourville, zu einiger Beachtung in der französischen Flotte verhalf und das 1750 ins Englische übersetzt wurde.

Die Engländer hielten weniger von taktischen Finessen. In den Britisch-Holländischen Kriegen hatte sich die Linienformation durchgesetzt. Die Briten waren überzeugt, daß es vor allem darauf ankam, dem Feind mit vielen Schiffen zu begegnen, nahe an ihn heranzusegeln, schnell und treffsicher zu schießen und den Weg zur heimatlichen Basis für den Notfall freizuhalten.

Obwohl es heute Dokumentationen über britische »Fighting Instructions« von 1530 - 1816 gibt (z. B. Corbett 1905), existierten keine taktischen Richtlinien der Admiralität. Es liegen zwar Anweisungen einzelner Admirale vor, meist verbunden mit Befehlen zur Signalgebung und zur Segelordnung, aber im engeren Sinne taktische Richtlinien auf der Basis theoretischer Reflexionen, erlassen durch die Admiralität, existierten nicht. Taktikbücher schrieben erstaunlicherweise seemännische Laien. So veröffentlichte 1782 John Clerk of Eldin, ein schottischer Kaufmann, ein »Essay on naval tactics«, und von Steel, dem bekannten Schiffsausstatter, stammt das seit 1797 viel gelesene »System of naval tactics«.

Das war interessante Lektüre für Seeoffiziere, aber in der Praxis kam es zunächst auf einige grundlegende Vorbedingungen an, ehe man an taktische Manöver denken konnte:

- **Wind und Wetter mußten einen Kampf erlauben. Das war z. B. bei Sturm oder Flaute nicht der Fall.**
- **Der Feind mußte auch zum Kampf entschlossen sein, denn ein geordneter Rückzug war spätestens mit Einbruch der Nacht kaum zu behindern.**

Die französische Flotte hat seit 1704, mit Ausnahme von Admiral Suffren, nicht angegriffen, sondern defensive Taktiken bevorzugt. Die vielen taktischen Finessen, die in den Büchern beschrieben werden, sind mehr oder weniger Variationen drei grundlegender Manöver, auf deren Beschreibung wir uns hier beschränken wollen;

1. **Parallele Schlachtlinien,**
2. **Durchbrechen oder Umfassen der Linie,**
3. **Rückzug und Verfolgung.**

✳ Parallel segelnde Schlachtlinien

Die Flotte konnte in Schlachtlinie segeln. Das Manöver war nicht so einfach, wie es zunächst scheint. Die Schiffe mußten einen relativ engen Abstand halten, um die Linie nicht »abreißen« zu lassen, was dem Feind Gelegenheit gäbe, einzelne Schiffe oder Teile der Schlachtlinie zu isolieren und niederzukämpfen. Wenn aber Schiffe mit unterschiedlichen Segelfähigkeiten, bei vielleicht noch etwas bockigem Wind im Abstand von 100–300 Meter hintereinander segeln, dann kann es leicht zu Kollisionen kommen. Das zeigt das Titelbild zu diesem Kapitel sehr deutlich.

Wenn die Flotte in Schlachtlinie hart am Wind segelt, besteht immer die Gefahr, daß einzelne Schiffe stärker abdriften. Daher sind die Engländer in Schlachtlinie nie dichter als sieben Punkte am Wind gesegelt, obwohl sechs möglich gewesen wären.

Eine Schlachtlinie von 30 Schiffen erstreckte sich über sechs oder sieben Kilometer und war schwer zu führen. Daher haben Admirale seit dem amerikanischen Unabhängigkeitskrieg versucht, in mehreren Kolonnen nebeneinander zu segeln. Für dieses Manöver enthalten die Taktikbücher mehrere Variationen. Man mußte dann aber durch Signale sicherstellen, wie sich die Kolonnen bei Feindberührung verhalten sollten. Sollten sie die feindliche Linie durchbrechen oder sich in eine Linie einreihen? Konnte eine Linie in Reserve bleiben?

Die Schlachtlinie konnte parallel mit dem Feind auf gleichem Kurs segeln oder bei bestimmter Windstellung auch auf Gegenkurs. Bei gleichem Kurs konnten sich die Linien im stumpfen Winkel nähern und dann erst in kurzer Entfernung feuern. Wenn sie sich im spitzen Winkel näherten, bestand die Gefahr, daß die Schiffe bei schlechter Feuerdisziplin zu früh und ohne rechte Wirkung auf den Gegner schossen.

Eine Schlachtlinie konnte windwärts, in Luv, zum Gegner stehen. Dann hatte sie den Windvorteil. Das bot die Möglichkeit, daß sie ihre Manöver in Richtung Gegner mit Windunterstützung segeln konnte, daß der Pulverdampf auf den Gegner zugetrieben wurde und ihn in der Sicht behinderte und daß Feuerschiffe (Brander) auf die feindliche Linie losgelassen werden konnten. Es hatte den Nachteil, daß beschädigte Schiffe sich nur schwer vom Gegner lösen und zurückziehen konnten, sondern oft hilflos auf den Gegner zugetrieben wurden. Außerdem legte sich bei stärkerem

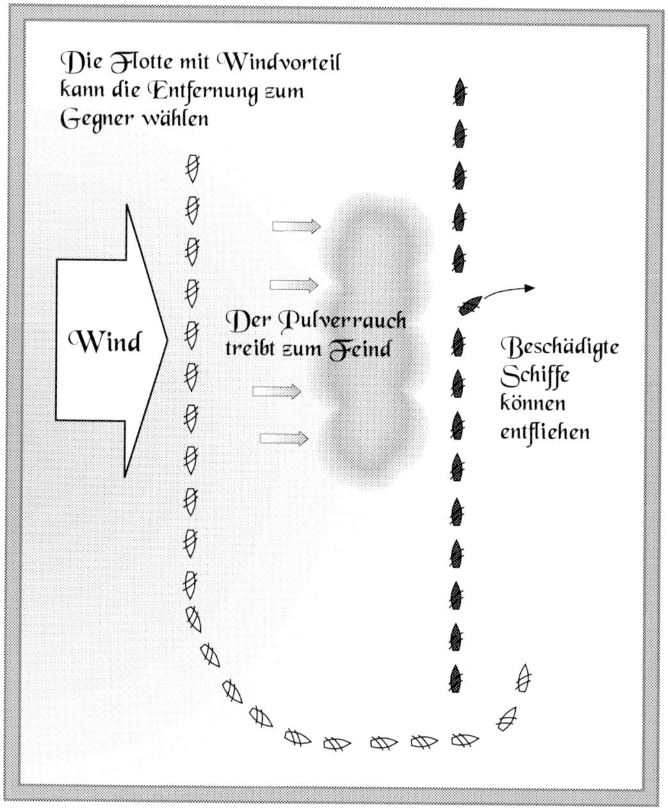

Die Abbildung zeigt parallele Schlachtlinien auf Gegenkurs, wobei die Flotte mit Windvorteil die Rückhut des Feindes umfassen will.

Wind das Schiff stark über und konnte die schweren Geschütze auf dem untersten Deck möglicherweise nicht benutzen.

Die Schlachtlinie auf Gegenkurs war mit dem Nachteil verbunden, daß die Schiffe sich relativ schnell passierten und dann je Gegner vielleicht nur eine Salve feuern konnten.

Durchbruch durch die feindliche Linie

Ein Durchbruch durch die feindliche Linie führte unvermeidbar zum Gefecht auf nächste Entfernung. Die geordnete Linie löste sich auf. Signale waren zur Führung der Schiffe dann fast unmöglich. Es kam auf die Kampfkraft jedes einzelnen Schiffes an. Die Briten haben bei ihrer Überlegenheit in der Feuergeschwindigkeit und besonders seit ihrem Vorteil durch Einführung der Karronaden gern den Nahkampf in der »Mélée«, im Durcheinander der Schiffe, gesucht. Viele Schlachtgemälde zeigen dieses Durcheinander von Freund und Feind.

Die gegnerische Linie konnte mit Kolonnen durch jedes Schiff einzeln durchbrochen werden. Sonderformen ergaben sich, wenn man z. B. die Nachhut des Gegners von seiner Linie abtrennte, um sie mit Übermacht zu vernichten, ehe die Hauptmacht und die Vorhut des Gegners zurückkreuzen konnten.

Ein Durchbruch durch die feindliche Linie hatte immer den Nachteil, daß man bei der Annäherung an den Gegner dessen Feuer fast hilflos ausgesetzt war. Der Gegner konnte den sich nähernden Feind mit Breitseiten bekämpfen. Wer auf den Gegner zusegelte, konnte höchstens einige leichtere Jagdgeschütze am Bug einsetzen. Während des Durchbruchs konnten aber dann beide Breitseiten gegen das empfindliche Heck des vorderen und gegen den kaum weniger empfindlichen

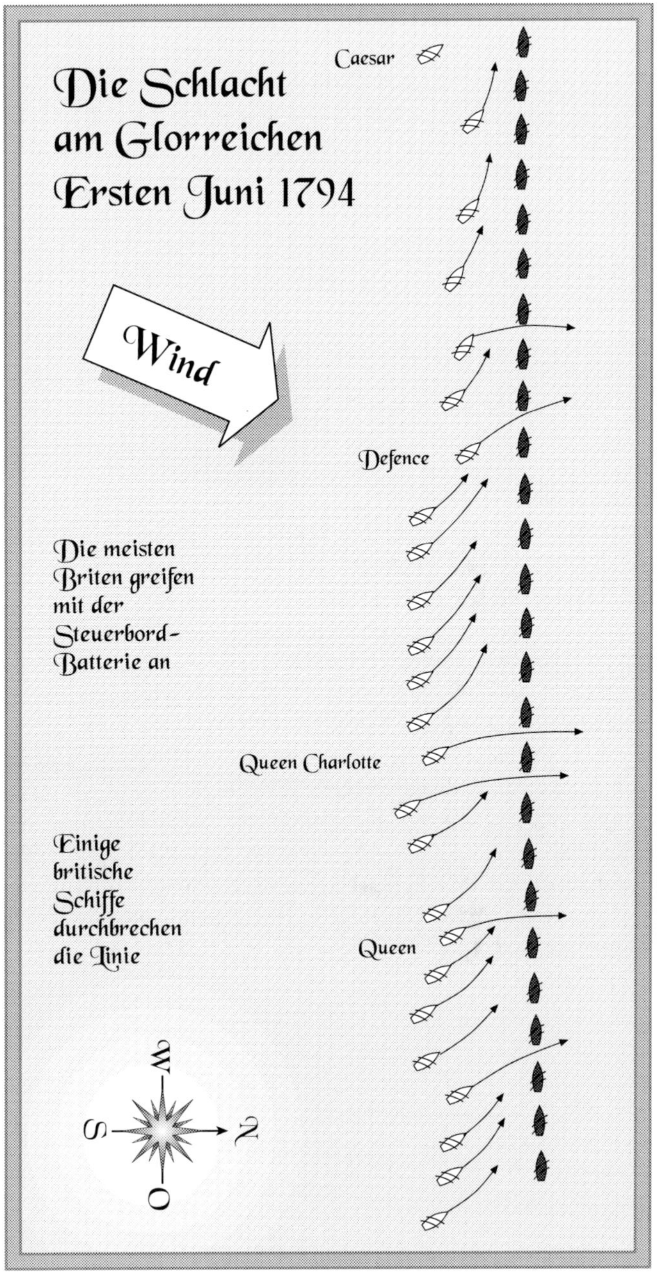

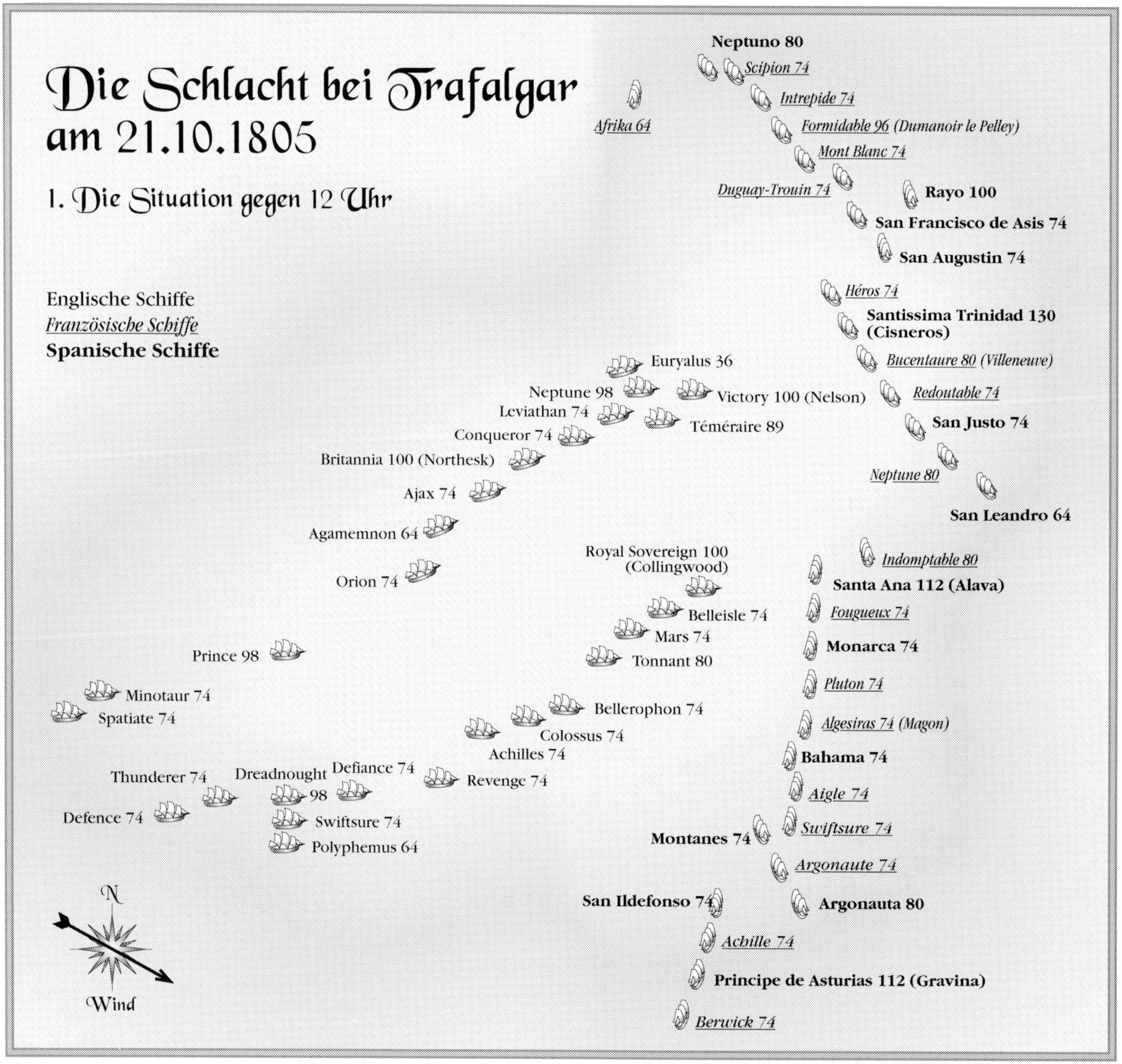
Die Schlacht bei Trafalgar
am 21.10.1805
1. Die Situation gegen 12 Uhr
Englische Schiffe
Französische Schiffe
Spanische Schiffe
Neptuno 80
Scipion 74
Intrepide 74
Afrika 64
Formidable 96 (Dumanoir le Pelley)
Mont Blanc 74
Duguay-Trouin 74
Rayo 100
San Francisco de Asis 74
San Augustin 74
Héros 74
Santissima Trinidad 130
(Cisneros)
Bucentaure 80 (Villeneuve)
Redoutable 74
San Justo 74
Neptune 80
San Leandro 64
Euryalus 36
Neptune 98
Victory 100 (Nelson)
Leviathan 74
Téméraire 89
Conqueror 74
Britannia 100 (Northesk)
Ajax 74
Agamemnon 64
Orion 74
Royal Sovereign 100
(Collingwood)
Indomptable 80
Santa Ana 112 (Alava)
Belleisle 74
Fougueux 74
Mars 74
Monarca 74
Tonnant 80
Prince 98
Pluton 74
Minotaur 74
Spatiate 74
Bellerophon 74
Algesiras 74 (Magon)
Colossus 74
Achilles 74
Bahama 74
Thunderer 74
Dreadnought
98
Defiance 74
Revenge 74
Aigle 74
Defence 74
Swiftsure 74
Polyphemus 64
Montanes 74
Swiftsure 74
Argonaute 74
San Ildefonso 74
Argonauta 80
N
Wind
Achille 74
Principe de Asturias 112 (Gravina)
Berwick 74

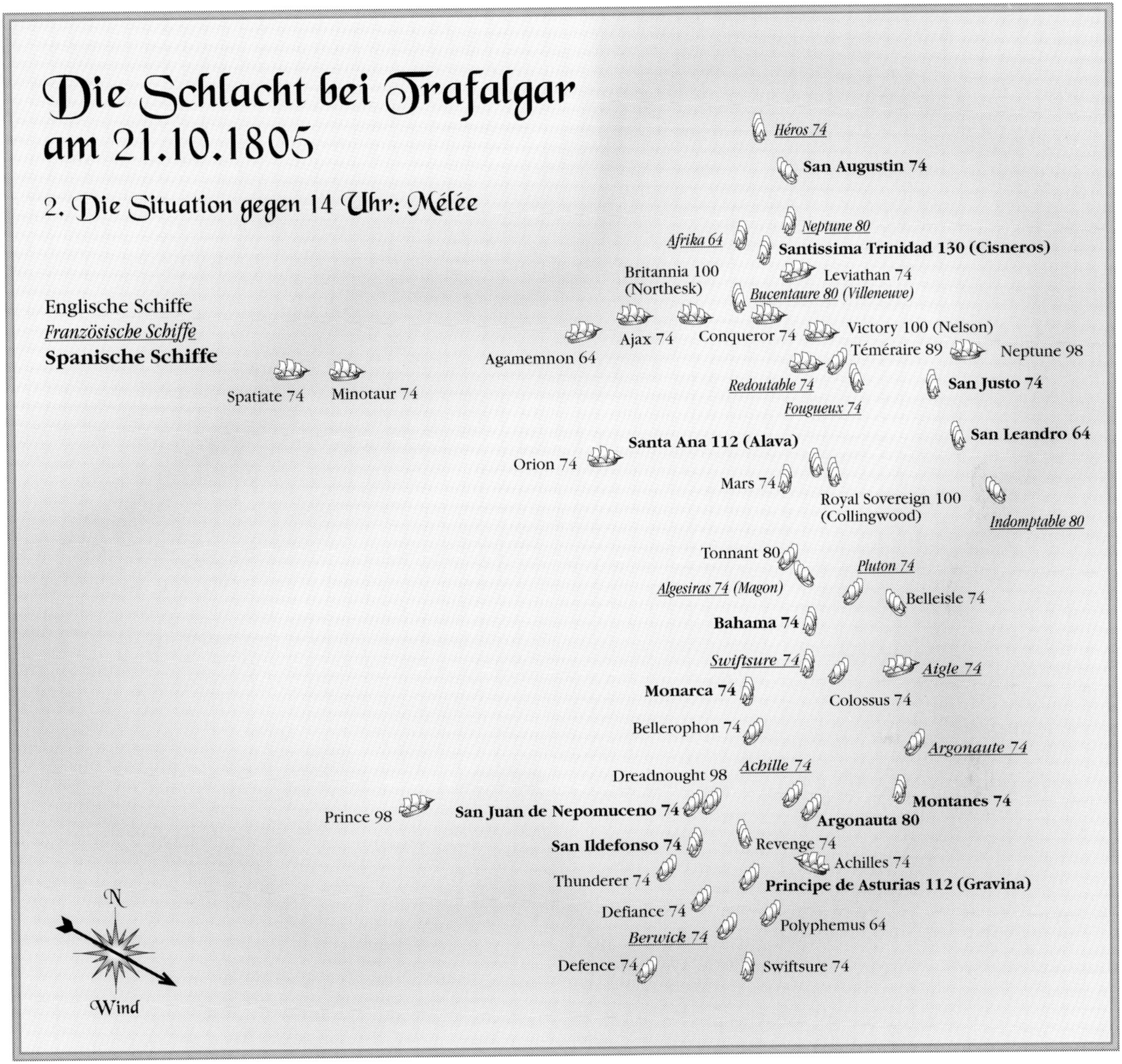
Die Schlacht bei Trafalgar am 21.10.1805
2. Die Situation gegen 14 Uhr: Mélée
Englische Schiffe
Französische Schiffe
Spanische Schiffe
Héros 74
San Augustin 74
Neptune 80
Afrika 64
Santissima Trinidad 130 (Cisneros)
Britannia 100 (Northesk)
Leviathan 74
Bucentaure 80 (Villeneuve)
Ajax 74
Conqueror 74
Victory 100 (Nelson)
Agamemnon 64
Téméraire 89
Neptune 98
Redoutable 74
San Justo 74
Spatiate 74
Minotaur 74
Fougueux 74
San Leandro 64
Santa Ana 112 (Alava)
Orion 74
Mars 74
Royal Sovereign 100 (Collingwood)
Indomptable 80
Tonnant 80
Pluton 74
Algesiras 74 (Magon)
Belleisle 74
Bahama 74
Swiftsure 74
Aigle 74
Monarca 74
Colossus 74
Bellerophon 74
Argonaute 74
Dreadnought 98
Achille 74
Montanes 74
Prince 98
San Juan de Nepomuceno 74
Argonauta 80
San Ildefonso 74
Revenge 74
Achilles 74
Thunderer 74
Principe de Asturias 112 (Gravina)
Defiance 74
Polyphemus 64
Berwick 74
Defence 74
Swiftsure 74
N
Wind

Bug des hinteren Gegners gleichzeitig feuern. Allerdings war die Feuergeschwindigkeit herabgesetzt, weil beide Bordseiten sich die Kanoniere teilen mußten.

Die eigenen Linienschiffe konnten den Befehl erhalten, einzeln die feindliche Linie bei dem ihnen jeweils gegenüberliegenden Schiff zu durchbrechen. Das wollte Admiral Lord Howe in der Schlacht des »Glorreichen 1. Juni« 1794. Die voranstehende Abbildung zeigt, daß nur wenige Schiffe tatsächlich die Linie durchbrachen. Die meisten wurden aus irgendeinem Grund gehindert und bekämpften den Feind auf gleichem Kurs mit ihren Steuerbordbatterien.

Nach dem Durchbruch konnte man den Gegner von der vorher abgewandten Seite bekämpfen. Wirkliche Vorteile bot das aber nur, wenn nicht alle Schiffe die feindliche Linie durchbrochen hatten und wenn man den Feind nun ins Kreuzfeuer nehmen konnte. Das geschah bei Lord Howes Sieg. Die feindliche Linie konnte auch in Kolonnen durchbrochen werden. Vor der Schlacht bei Trafalgar am 1.10.1805 hatte Lord Nelson seine Flotte in zwei Kolonnen geteilt, deren eine er selbst auf der Victory, deren andere Collingwood auf der Royal Sovereign führte. Die vereinigte spanisch-französische Flotte segelte nicht in bester Ordnung, und Nelson durchbrach sie mit seiner Kolonne im vorderen Drittel beim französischen Flaggschiff Bucentaure, während Collingwood die Linie etwa in der Mitte durchbrach. Die beiden vorigen Abbildungen zeigen den Angriff und etwa zwei Stunden später die Mélée.

Obwohl der Durchbruch meist durch die Flotte erfolgte, die den Windvorteil hatte, weil sie sich mit Windunterstützung schneller dem Feind nähern konnte, erwähnen die Taktikbücher auch das Manöver des Durchbruchs von der Leeseite, weisen aber auch auf die Gefahren hin.

Rückzug und Verfolgung

Der Rückzug war für eine Flotte, die den Windvorteil hatte, viel schwerer zu bewältigen als für die Flotte in Lee. Ozanne führt in seiner Skizze, die zur untenstehenden Abbildung gehört, beide Möglichkeiten an. Die Flotte in Lee formt einen Winkel B–A–C und beschützt dadurch Fregatten und Hilfsschiffe bei D. Die Flotte kann mit achterlichem Wind davonsegeln. Ein Verfolger könnte bei kleinen Kursänderungen durch zwei Schiffe unter Feuer genommen werden. Eine Flotte mit Windvorteil müßte beim Rückzug ganz hart an den Wind gehen wie in Linie E. Sie könnte auch nacheinander bei Punkt F wenden und dann in Richtung G davonsegeln. Oder alle Schiffe wenden gleichzeitig, wie in Linie H angedeutet. Aber diese Manöver in der Nähe des Feindes sind gefährlich.

Es war nicht einfach, einen geordnet davonsegelnden Feind zu verfolgen. Mancher Admiral hat auf eine Verfolgung und völlige Vernichtung des Feindes verzichtet, weil er nicht sicher war, daß sich seine Schiffe aus dem Durcheinander der Mélée lösen und in geordneter Formation den Feind verfolgen konnten. Auch eine siegreiche Flotte hatte Schäden zu beseitigen, feindliche Schiffe in Besitz zu nehmen und war nicht sogleich wieder voll kampfbereit.

Wenn eine Flotte sich geordnet zurückzog, dann mußten die Verfolger geordnet in Linie oder zwei Kolonnen zum Angriff bereit sein. Dazu brauchten sie allerdings die schnelleren Schiffe.

Diese drei Grundmanöver wurden variiert. Flotten übten sie immer wieder ein, wenn sie in See waren. Hier waren die Briten im Vorteil, deren Blockadeflotten ständig taktische Manöver nach Flaggensignalen übten, während die belagerten Franzosen in ihren Häfen höchstens Geschützdrill oder das Wechseln der Rahen üben konnten.

Nelson hat einmal gesagt, daß kein Kapitän falsch handele, wenn er sein Schiff dicht neben den Feind lege und ihn mit aller Kraft beschieße. Natürlich hat er seine Flotten mit differenzierterer taktischer Überlegung geführt, aber für ein Linienschiff in der Mélée war sein Rat sicher angebracht.

Fregattenkapitäne, die im Einzelgefecht einem Feind gegenüberstanden, müßte man als phantasielose Dickköpfe bezeichnen, wenn sie keine andere Taktik hätten anwenden können. Ein kluger Fregattenkapitän versuchte den Feind auszusegeln, d. h. in eine Position zu kommen, wo er sein Heck beschießen konnte. Kugeln, die vom Heck - oder auch vom Bug - das feindliche Schiff in Längsrichtung durchpflügten, richteten natürlich viel mehr Schaden an als Kugeln, die breitseits trafen. Und der Gegner konnte sich gegen einen Angriff vom Heck her kaum wehren.

Die Erfahrungen in Signalgebung und Taktik während der Kriege gegen Frankreich wurden in neuen Regulationen zusammengefaßt, die die Admiralität 1816 erließ.

Kapitel 8.00

Die anderen Flotten

Die Abbildung zeigt ein zeitgenössisches Poster von der Kaperung der französischen Korvette *La Chevrette* 1801

In den langen Kriegsjahren von 1793 - 1815 war keine fremde Flotte ständig auf Englands Seite. Viele der ursprünglichem Alliierten wechselten - oft mehrmals - die Fronten. Einige wurden dazu gezwungen. Es gab eine Flotte, die immer feindlich war, die französische. Andere Flotten, sofern sie bedeutend genug waren, um hier erwähnt zu werden, waren zeitweilig verbündet, zeitweilig neutral, zeitweilig feindlich. Wir werden daher hier zunächst auf eine private britische Kriegsmarine eingehen, die Bombay-Marine, dann auf Frankreich als ständigen Feind und danach auf die anderen Flotten in alphabetischer Reihenfolge: Dänemark, Holland, Portugal, Spanien, Rußland und die Vereinigten Staaten von Amerika.

8.01 *Die Bombay-Marine*

Die Royal Navy war nicht die einzige britische Kriegsflotte. Es existierte noch die private Kriegsflotte der Ehrenwerten Ostindischen Kompanie, die Bombay-Marine. Sie arbeitete im Fernen Osten mit der Royal Navy zusammen. Die Bombay-Marine entstand, als die 1600 gegründete private »Honorable Company of the Merchants Trading to the East Indies« Unterstützung gegen Konkurrenten und Piraten brauchte. Die britische Ostindische Kompanie rüstete 1612 vier bewaffnete Kriegsschiffe zum Schutz ihres Handels vor Surat aus. Das war die Geburtsstunde ihrer Kriegsmarine.

Zunächst trug sie die offizielle Bezeichnung »The Honorable East India Company's Marine«, bis sie mit der Verlegung der Verwaltung nach Bombay den Titel »Bombay-Marine« erhielt. Die Aufgaben der Bombay-Marine waren die Sicherung des Handelsverkehrs, die Entdeckung und Erkundung neuer Handelsposten und -wege sowie die Unterstützung der königlichen Flotte in Kriegszeiten.

Die Sicherung des Seehandels betraf nicht nur die Flotte der großen Ostindiensegler der Kompanie, die das Monopol des Handels mit dem Mutterland besaß, sondern auch die unabhängigen Händler, die innerhalb des südostasiatischen Raumes ihre Geschäfte abwickelten. Die Handelssicherung war meist ein eher unauffälliges Geschäft. Allein durch ihre Präsenz vertrieben die Schiffe der Bombay-Marine oft die Piraten. Das Gebiet, in dem die Kompanie handelte und in dem die Bombay-Marine den Handel schützen sollte, war riesig. Es begann gemäß den Abmachungen mit der Admiralität östlich und südlich von St. Helena, umfaßte den gesamten Indischen Ozean mit dem Roten Meer, dem Persischen Golf und dem Südchinesischen Meer bis zur Höhe von Kanton.

In diesem Bereich führte die Bombay-Marine die Flagge der Kompanie, den Gridiron. Diese Flagge war eine Flagge mit roten und weißen Streifen und dem Georgskreuz in der oberen linken Ecke. Ab 1707 füllte die Kombination von Georgs- und Andrewskreuz die Ecke, und die Zahl der Streifen wurde auf 13 festgelegt.

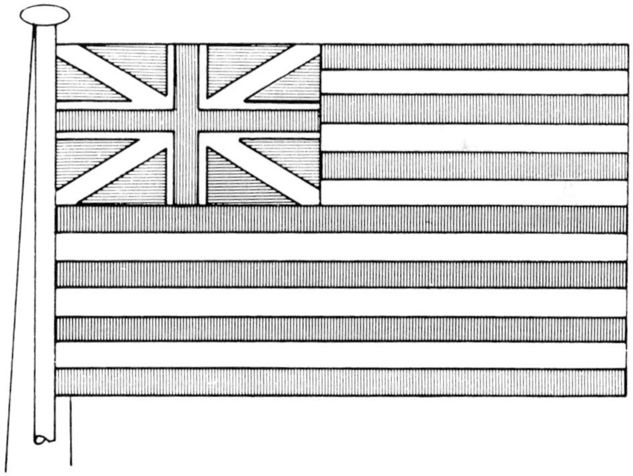

Die Flagge der britischen Ostindischen Kompanie

Um das riesige Gebiet zu sichern, reichten die Schiffe der Bombay-Marine nie aus. Vor allem wurden kleinere Schiffe eingesetzt, denn die Bombay-Marine war nicht für den Kampf mit europäischen Kriegsschiffen konzipiert. Die »Arbeitsschiffe« dieser Marine waren die indischen Grabs und Galivats.

Die Grabs hatten zwei oder drei Masten, eine Wasserverdrängung von etwa 300 Tonnen, einen flachen Kiel, trugen 8–20 Neun- oder Zwölfpfünder mit einer Besatzung von rund 80 Europäern und 50 Eingeborenen, Seeleuten und Sepoys, den Seesoldaten der Bombay-Marine. Die Galivats waren kleiner mit etwa 70 Tonnen, angetrieben durch 40 Ruder und ein Hilfssegel, bemannt mit 12 Europäern und 18 Eingeborenen, bestückt mit etwa sechs Zwei- bis Vierpfündern. Aber die Bombay-Marine hatte auch europäische Schiffstypen im Bestand, Sloops, Briggs sowie Fregatten und kleine Linienschiffe mit 44 bis 56 Kanonen. Dabei konnte die Marine bald in steigendem Maße auf ihre Werft in Bombay unter der Leitung der Parsenfamilie Wadia zurückgreifen, die ausgezeichnete Schiffe aus dem haltbareren Teakholz konstruierte. Ab 1736 wurden dort kleinere Schiffe gebaut, 1750 dann die erste Fregatte mit 32 Kanonen und schon 1754 die nächste mit 28 Geschützen. Für 1775 wies die Bombay-Marine einen Bestand von mehr als 20 Schiffen auf, davon die Fregatte *Revenge* mit 28 Kanonen als größtes. 1802 verfügte die Bombay-Marine über 16 Schiffe mit

Grabs und Galivats der indischen Mahratten, die Handelsschiffe der Ostindischen Kompanie angreifen (Aus: R. Mookerij: Indian Shipping: A history of the seaborne trade and maritime activity of the Indians... Bombay: Longmans 1912)

56 - 14 Kanonen und weitere kleinere Segler. Sie wurden neben dem Commodore von 13 Kapitänen, 23 Ersten, 21 Zweiten Leutnants und 37 Kadetten geführt.

Diese Angaben sind mit Vorsicht zu betrachten, weil die Depeschenboote oder die Postschiffe, die den Briefverkehr für die Überlandpost nach Suez betrieben, oder auch kleinere Kampfschiffe uneinheitlich einbezogen wurden. Die Bombay-Marine kämpfte in ihren frühen Jahren besonders gegen die Mahratten, die zu Lande und zu Wasser die Ostindische Kompanie angriffen. Sie übernahm mit zunehmender Macht der Kompanie aber auch Ordnungsfunktionen im Ostindischen Raum. Die muslimischen Moguls, die Indien seit 1300 erobert hatten, besaßen keine Seemacht, mußten aber die jährliche Pilgerflotte nach Djidda am Roten Meer schützen. Sie hatten diese Aufgabe eigenen Admiralen, den »Sidis«, übertragen, die aber von der Flotte der Angrias geschlagen wurden. Ab 1759 übernahm die Bombay-Marine den Schutz der Pilgerflotte. Einer ihrer älteren Kapitäne wurde dafür in jedem Jahr zum Admiral des Moguls ernannt, führte die Flagge des Moguls am Hauptmast und erhielt für dieses Geleit rund 10 000 Pfund, in dieser Zeit ein Vermögen, das ein sorgenfreies Landherrendasein in England ermöglichte. Diese Abmachung galt bis 1829, und bereits zwischen 1759 und 1768 wurden fast hundert Piratenschiffe zerstört, die die Pilgerflotte gefährdeten.

Die Bombay-Marine hatte noch weitere Aufgaben im Roten Meer zu lösen. Sie war für den Transport der Eilpost von und nach England verantwortlich, die auf dem Landweg von Suez zum Roten Meer und zurück befördert und dann wieder von Schiffen übernommen wurde.

Neben dem Schutz der Handelsinteressen der Kompanie wurde die Bombay-Marine auch eingesetzt, um 1799 die Insel von Perim in der Nähe von Aden in Besitz zu nehmen und französischen Interessen einen Riegel vorzuschieben. Schließlich transportierte die Bombay-Marine auch die Armee von General Baird von Madras nach Suez. Ihr haben sich 1801 die Franzosen in Alexandria ergeben.

Die königliche Flotte entsandte während der Kriege mit Frankreich Schwadronen nach Indien, um der Bedrohung durch französische Flotteneinheiten entgegenzuwirken. Mit Reunion und Mauritius besaßen die Franzosen starke Flottenbasen im Indischen Ozean, von denen aus immer wieder Kriegs- und Kaperschiffe nach Indien vorstießen.

Die Zusammenarbeit der Bombay-Marine und der königlichen Flotte war nicht unproblematisch. Die Royal Navy beanspruchte und erhielt den Oberbefehl über gemischte Verbände. Sie hatte das Recht, Seeleute der Kompanie zum Dienst in der Navy zu pressen. Ihre Offiziere sahen auf die »Bombay-Bukaniere« mit ihren kleinen Schiffen herab. Die Bombay-Marine ihrerseits spottete über die mangelnde regionale Kenntnis der Royal Navy.

Dennoch gab es viele erfolgreiche gemeinsame Operationen. 1793 - 96 nahm die Bombay-Marine an der Eroberung Ceylons teil, wirkte bei der Besetzung von Reunion (1809) und von Mauritius (1810) mit und hatte mit acht Schiffen 1811 erheblichen Anteil an der Eroberung von Java.

Aber die Hauptaufgabe blieb auch in dieser Zeit der Schutz des Handels gegen vorwiegend französische Kaperschiffe. Hier hat die List von Kapitän Frost die Zeit überdauert, der seine Sloop *Mornington* mit altem Segeltuch und Stengen als Handelsschiff tarnte und den französischen Kaper *L'Eugenie* erbeutete.

In dieser Zeit hatte die Bombay-Marine auch langwierige Kämpfe gegen die Joasmi-Piraten im Persischen Golf zu führen, die immer wieder Handelsschiffe überfielen und die Niederlassungen der Kompanie in Bushire und Bussorah angriffen. 1808 wurden schließlich zwei 36-Kanonen-Fregatten der königlichen Flotte und zehn Schiffe der Bombay-Marine mit vier Truppentransportern ausgesandt, um die Hauptfestung Ras-al-Khaima einzunehmen. Die Joasmis hatten dem eine Flotte von 63 größeren, über 800 kleineren Schiffen und 19 000 Mann entgegenzusetzen. Die Piratenflotte wurde weitgehend zerstört, aber 1816 waren die Joasmis wieder stark genug, Schiffe der Bombay-Marine anzugreifen.

Die Bombay-Marine hatte auch den Handel der Kompanie mit China zu schützen und entsandte öfter Schiffe bis Macao. Aber die Zeit der großen chinesischen Piratenflotten begann später, und die Bombay-Marine war stärker beschäftigt, die Zufahrt zum Südchinesischen Meer freizuhalten. In diesem Zusammenhang kam es 1785 zur Besitznahme Penangs in der Straße von Malakka.

Die Offiziere der Bombay-Marine mußten von Beginn an auch Informationen über unbekannte Gewässer sammeln, Verhandlungen mit Küstenbewohnern führen und Sprachkenntnisse erwerben. Sie hatten Aufgaben zu erfüllen, die weit über den normalen Flottendienst hinausgingen. 1809 wurde der Posten des »Marine Surveyor General« eingerichtet, um die Kartographierung zu systematisieren. Von Tasmanien bis zum Roten Meer, von Macao bis zu den Seychellen gehörten die Karten der Bombay-Marine zu den begehrtesten Navigationshilfen.

Als die britische Regierung gegen Ende des 18. Jahrhunderts immer stärker die Kontrolle der Ostindischen Handelskompanie übernahm, bahnte sich auch das Ende der Bombay-Marine an. Zunächst erhielt ein Offizier der königlichen Flotte das Kommando, und die Offiziere der Bombay-Marine wurden den Regeln der Royal Navy unterworfen. 1830 wurde die Bombay-Marine in »Indian Navy« umbenannt und der Zentralregierung in Kalkutta unterstellt.

Was von der Bombay-Marine blieb, waren nicht nur die unzähligen Abenteuer an exotischen Küsten, war nicht nur die Eindämmung der Piraterie, sondern auch die völkerkundliche und die kartographische Erschließung unbekannter Küsten, auf der alle weiteren Erkundungen aufbauten.

8.02 *Frankreichs Flotte*

Die französische Flotte war während des 15., 16. und 17. Jahrhunderts fast immer der britischen Flotte gleichwertig, mitunter sogar überlegen. Die französischen Schiffbauer hatten einen ausgezeichneten Ruf, die Offiziere galten als wissenschaftlich besser geschult als die britischen, wozu auch die drei Akademien zur Bildung des Nachwuchses beitrugen. Wie in Kapitel 3 immer wieder deutlich wurde, sind viele britische Schiffstypen Nachbauten französischer Beuteschiffe gewesen. Umgekehrt hat Frankreich praktisch nie britische Schiffe nachgebaut.

Auch die französische Marineartillerie hatte mit ihrem Corps d'Artillerie de la Marine ausgezeichnet ausgebildete Kader. Aber dieses Corps war in waffentechnischen Fragen konservativ. So begann die Einführung von Karronaden erst 1783. Zündschlösser mit Feuersteinen anstelle der Lunten wurden erst 1802 adaptiert.

Die Flotte verfügte über große, gut ausgebaute Marinebasen in Brest, Le Havre, Boulogne, Cherbourg und Toulon. Bei Kriegsausbruch waren die Linienschiffe auf diese Basen wie folgt verteilt:

Brest: 46 **Rochefort: 11** **Toulon: 23.**

86 Fregatten waren diesen Basen und den Stützpunkten in Westindien und im Indischen Ozean zugeordnet. Aber die französische Flotte hat unter den revolutionären Umwälzungen stärker gelitten als die Armee. Die Armee hatte in Frankreich traditionell das höhere Prestige. Ihre Bedeutung wurde den Revolutionären von Beginn an nachdrücklich vor Augen geführt, als die vereinigten monarchischen Heere über den Rhein hinweg Frankreich bedrohten. Es kann hier nicht dargestellt werden, wie das revolutionäre Frankreich durch Änderung der Heerestaktik und Aushebung der Massen ein mehr als gleichwertiger Gegner für die erstarrten traditionellen Heere wurde.

Für die Flotte war die Situation ähnlich und doch ganz anders. Auch dort wurde das Offizierskorps vom Adel »gereinigt«, sofern die Adligen nicht selbst flohen. Bürgerliche Offiziere und Unteroffiziere rückten nach. Die Disziplin war zunächst weitgehend aufgehoben. 1790 meutert das Geschwader in Brest. 1792 kommt es zu weiteren Meutereien und Unruhen. In Toulon werden der Kommandant Flottes und mehrere Offiziere ermordet.

Aber in diesen Anfangsjahren der Revolution werden Frankreichs Küsten nicht ernsthaft bedroht. Die britische Regierung unterbindet sogar alle Invasionsabenteuer französischer Emigranten. Daher steht die Flotte zunächst nicht im Zentrum der Aufmerksamkeit. Das änderte sich, als 1793 der Krieg gegen England und die mit ihm verbündeten Seemächte begann.

Zahlenmäßig war die französische Flotte nicht besonders geschwächt, aber sie war natürlich der britischen Flotte in Verbindung mit deren Verbündeten weit unterlegen, wie die Tabelle in Kapitel 1.03 demonstriert. Die Revolutionsregierung mobilisiert nun auch die

Flotte, führt ihr Mannschaften zu, versorgt die Arsenale und ernennt Abgesandte des Wohlfahrtsausschusses, die die Flotte in revolutionärem Geist reorganisieren sollen. Unter ihnen ist besonders Jean Bon Saint-André für die Kanalflotte bekannt geworden.

Doch eine Flotte ist eine viel kompliziertere Maschinerie als ein Regiment. Fachleute stampft man hier nicht aus dem Boden. Revolutionärer Elan verbunden mit kurzer Ausbildung reichen nicht aus. Die französische Flotte erleidet in Einzelgefechten der ersten Kriegsjahre und in der Schlacht des »Glorreichen 1. Juni« schwere Niederlagen. Sie sind vor allem darauf zurückzuführen, daß die französischen Schiffe von weniger erfahrenen Offizieren und Mannschaften geführt werden und daß ihre Artillerie in Feuergeschwindigkeit und Treffgenauigkeit der britischen weit unterlegen ist. Dagegen ist der Kampfgeist nach den Berichten der britischen Gegner fast immer sehr hoch. Oft wird fanatisch bis zum Untergang gefochten.

Frankreich verliert in diesen Jahren mehr Linienschiffe und Fregatten, als es durch Neubauten ersetzen kann. Ein Teil der Schiffe verstärkt zudem als Beute die britische Flotte.

Erstaunlicherweise ändert sich Frankreichs Situation zur See auch nicht entscheidend, nachdem Holland als Gegner ausgeschaltet ist und Spanien 1796 die Seiten wechselt. Zwar muß England vorübergehend das Mittelmeer räumen und alle Kräfte anspannen, aber durch seine rigorose Blockade der Atlantikhäfen kann es immer wieder verhindern, daß die alliierten Flotten die Meere beherrschen.

Da auch die spanische Flotte sich nicht durch gute Schiffsführung auszeichnet, da es immer Verständigungsschwierigkeiten, Eifersüchteleien und Reibereien zwischen der französischen und spanischen Flotte gab, können die Briten immer wieder auch überlegene Verbände besiegen, weil ihre Mannschaften eben in Wind und Wetter gedrillt und als Seeleute und Kanoniere jedem Gegner überlegen waren. Wie unterschiedlich sich die ersten Kriegsjahre auf die britische und französische Flotte auswirken, zeigt die folgende Tabelle:

Verluste und Eroberungen der britischen Kriegsmarine 1793/99

	Linienschiffe (1.–3. Klasse)	**Zweidecker** (50–60 Kanonen)	**Fregatten**	**Sloops und kleiner**
Britische **Verluste**	**12**	**5**	**32**	**61**
Aus der französ. Marine erobert	50	–	76	142
Aus der span. Marine erobert	8	–	7	10
Aus der niederländ. Marine erobert	11	4	10	27

Verlusten von 110 Kriegsschiffen, bei denen Ausfälle durch Naturgewalten mitgezählt sind, stehen Eroberungen von 345 Kriegsschiffen gegenüber, die allerdings nicht alle in die britische Flotte übernommen werden konnten. Zusätzlich hat die britische Marine in dieser Zeit 597 Kaperschiffe erobert. Obwohl Frankreich in diesen Jahren 52 Linienschiffe und 82 Fregatten neu baut, kann es die Flotte schon zahlenmäßig nicht auf dem Stand von 1789 halten, denn auch bei den Feinden Englands gehen zusätzlich zu eroberten Schiffen welche durch Naturgewalten verloren.

Die Franzosen haben daraus auch die Konsequenz gezogen, ihr Glück im Kaperkrieg zu versuchen. Die französischen Freibeuter haben den britischen Handel im Atlantik, in der Karibik und im Indischen Ozean schwer geschädigt. Allein 1797 brachten sie 950 Schiffe auf. Aber das war nicht kriegsentscheidend, und die Briten haben das Problem durch ihr Konvoisystem und durch Fregattenpatrouillen, durch Erbeutung der Freibeuterbasen und Verstärkung der Blockade in den Griff bekommen.

Zeitgenössische Zeichnung der Invasionsflotte bei Boulogne

Die französischen Kräfte wurden jedoch auch durch ein anderes Projekt stark absorbiert, durch den Plan einer Invasion in England. Die Bemühungen von 1798 und 1801 erreichen 1805 einen Höhepunkt, als Kaiser Napoleon eine Invasionsflotte von 2 000 Schiffen am Kanal versammelt. Überall in den Häfen von Boulogne bis Antwerpen waren Prähme, Kanonenboote und Plattbodenschiffe gebaut worden, die 100 000 Soldaten mit Pferden, Kanonen und Material über den Kanal transportieren sollten.

Französische Admiräle standen dem Unternehmen skeptisch gegenüber, denn das Übersetzen einer derartigen Kriegsmacht hätte nicht nur die Seeherrschaft im Kanal vorausgesetzt, sondern mehrere Tage auch absolut ruhige See, denn die Transportschiffe waren in ihrer Mehrzahl keinem Seegang gewachsen. Es ist bekannt und in Kapitel 1 skizziert worden, wie Napoleons Träume einer Herrschaft über den Kanal in der Schlacht bei Trafalgar 1805 von Nelson endgültig zerschlagen wurden. Danach wurde in diesem Krieg keine große Seeschlacht mehr ausgefochten.

Frankreich hatte aber seine Seemachtpläne nicht aufgegeben. Admiral Denis Decrés, der von 1801-1814 Marineminister ist, wird zur Schlüsselfigur der Reorganisation. Er konzentriert sich auf die Dezentralisierung der Basen und Werften, den Neubau von Schiffen und eine Umstrukturierung und stärkere Erfassung des seemännischen Personals.

Brest als große französische Basis hatte immer den Nachteil des logistisch unerschlossenen Hinterlandes. Wenn der Hafen blockiert war, wurde es außerordentlich schwierig, Baumaterial und Nachschub anzuliefern. Decrés setzt stärker auf Lorient und Rochefort, baut Le Havre und Cherbourg aus. Vor allem aber entsteht in Amsterdam ein riesiger Kriegshafen, der die Briten stark beunruhigt. Der Schiffsbau wird in den neuen Basen und auch im Mittelmeer in Triest stark forciert, so daß zwischen 1807 und 1813 58 Linienschiffe vom Stapel laufen. Aber diese beachtliche Zahl wird durch Zugeständnisse an die Qualität des Holzes erkauft. Es ist nicht abgelagert und verrottet schnell. Die Neubauten können auch konstruktionstechnisch nicht an das Niveau früherer französischer Entwürfe anknüpfen.

Bei der Rekrutierung des seemännischen Personals greift Frankreich auf Armee-Erfahrungen zurück. Alle Seeleute von der Nordseeküste bis zur Adria wurden in großen Registern erfaßt. 1808 werden die kaiserlichen Marinebataillone gegründet, die der Besatzung eines Linienschiffes mit 74 Kanonen entsprechen. In jedem Bataillon sind erfahrene Seeleute, Rekruten und Soldaten gemischt. Die Schiffsbesatzungen erhalten Uniformen wie die Armee. Die Organisation der Marine wird der der Armee angeglichen. Napoleon hofft, daß das auch auf die Ergebenheit gegenüber seinem Thron und auf die Kampfkraft so gut wirkt wie in der Armee. Er hat nie begriffen, daß für eine Flotte andere Gesetze gelten als für ein Heer.

Ab 1806 ist Napoleons Flottenpolitik fast völlig auf die wirtschaftliche Abschnürung Englands reduziert, auf die Kontinentalsperre. Größere aktive Flottenunternehmungen hat es nicht mehr gegeben. Und in der Abschottung aller Küsten gegenüber England gerät er in eine ähnliche Situation wie Hitler in unserer Zeit. England kann an jedem Punkt der Küste angreifen. Es findet an vielen Küsten Bewohner, die vom Schmuggel mit England profitieren und Napoleons Zwangsmaßnahmen nicht unterstützen. Frankreich muß lange Küsten verteidigen und dadurch Kräfte binden, die mit längerer Kriegsdauer immer knapper werden.

Der Verlust der maritimen Gleichwertigkeit Frankreichs ermöglicht einer überlegenen britischen Flotte einen Krieg von der Peripherie her, in dem Frankreich schließlich niedergerungen wird.

8.03 *Die dänische Flotte*

Dänemark wurde in den Kriegen von 1793 - 1815 seiner geographischen Lage wegen in besonderem Maße zum Spielball der Großmächte. Dänemark und Norwegen waren damals noch vereint und beherrschten die engen Zugänge zur Ostsee. Sie waren für den britischen Handel mit Holz, anderem Flottenbedarf sowie Lebensmitteln ebenso wichtig wie für Rußland als Ausgang zum Atlantik.

Dänemarks Politik litt unter der Geisteskrankheit des Königs Christian VII. und stabilisierte sich erst unter der Regentschaft des Kronprinzen Frederik nach 1784. Danach hat Dänemark auch seine Flotte weiter ausgebaut. Dabei traten so fähige Schiffbauer wie Henrik Gerner und F. C. H. Hohlenberg besonders hervor. Die dänische Flotte hatte traditionell eine oft übersehene Aufgabe: der Schutz dänischer Handelsschiffe gegen die Seeräuber der nordafrikanischen Küste. In jedem Jahr wurden dänische Kriegsschiffe zu diesem Zweck ins Mittelmeer entsandt.

Die dänische Handelsflotte geriet zwangsläufig in den Konflikt zwischen Frankreich und England hinein. Frankreich war an der Zufuhr aller Waren durch neutrale Schiffe interessiert. England wollte diesen Handel dagegen unterbinden, um Frankreich zu schwächen. Dabei war nicht nur der Handel mit Kriegsmaterial für die Briten inakzeptabel, sie unterbanden auch den Handel mit Lebensmitteln und Gegenständen des täglichen Bedarfs. Die Briten bestanden darauf, alle fremden Handelsschiffe im Kanal zu durchsuchen. Die neutralen Mächte wollten das nicht hinnehmen.

Dänemark ließ seine Handelsschiffe im Konvoi segeln und beschützte sie durch Kriegsschiffe. Immer wieder kam es dabei zu Gefechten mit englischen Schiffen. Nachdem Rußland und Schweden ihre Streitigkeiten beigelegt hatten, schloß Dänemark mit Schweden 1794 einen Neutralitätspakt, und bald darauf lebte die »Bewaffnete Neutralität« von Rußland, Schweden, Preußen und Dänemark wieder auf. Alle diese Länder profitierten vom Handel während dieses Krieges, und alle mußten Einbußen befürchten, wenn England den Handel behinderte.

1800 wurde die dänische Fregatte *Freya*, die einen Konvoi von sechs Handelsschiffen geleitete, in einem Gefecht bei Dover von drei britischen Fregatten gezwungen, die Flagge zu streichen. Der Konflikt eskalierte. England suchte Dänemark dadurch zum Nachgeben zu zwingen, daß es etwa 150 dänische Schiffe beschlagnahmte und die dänischen Inseln in Westindien besetzte. Dänemark verfügte über 28 Linienschiffe, Rußland über 48 und Schweden über 12. Das war eine beachtliche Streitmacht dieses neutralen Bündnisses, aber einsatzbereit waren davon nur zehn dänische, 18 russische und sieben schwedische Linienschiffe.

England wollte die Vereinigung dieser Kräfte verhindern und entsandte eine Flotte von 20 Linienschiffen unter Sir Hyde Parker und Lord Nelson nach Kopenhagen. Über die Schlacht von 1801 bei Kopenhagen ist in

Kapitel 2.06 bei den biographischen Notizen von Lord Nelson und Sir Hyde Parker genug gesagt worden. Die dänische Flotte wird durch diese Schlacht als Machtfaktor ausgeschaltet, und das Bündnis der »Bewaffneten Neutralität« zerfällt nach der Ermordung Zar Pauls I.

Die Dänen bauten ihre Flotte wieder auf und verfügten 1807 über 20 Linienschiffe, 17 Fregatten, 11 Briggs, 18 Kanonen-Schaluppen sowie weitere kleinere Schiffe. Napoleon hatte 1806 die Kontinentalsperre verkündet und 1807 mit Alexander anläßlich des Friedens von Tilsit Einigung über die Abschnürung Englands vom Kontinent erreicht. Dänemark verblieb als einzige neutrale Macht in Europa. England befürchtete, daß die dänische Flotte in Frankreichs Hände fallen könnte, und wollte auf jeden Fall den freien Zugang zur Ostsee sichern. Daher sandte es eine Invasionsflotte von 24 Linienschiffen und 30 000 Soldaten nach Kopenhagen, um die Auslieferung der dänischen Flotte zu verlangen. Als die Dänen diese Forderung ablehnten, schlossen die Briten Kopenhagen von Land und See Anfang September 1807 ein und begannen eine tagelange Beschießung vor allem auch der Wohnviertel.

Schließlich kapitulierten die Dänen, und die Briten führten 17 Linienschiffe, 17 Fregatten, 16 kleinere Schiffe und 26 Kanonenboote sowie alle Bestände der königlichen Werft als Beute nach England. Der englische König und einige Parlamentarier verurteilten das völkerrechtswidrige Vorgehen, aber die Fakten waren geschaffen. Dänemark war als Handels- und als Seemacht ausgeschaltet. Dennoch beugte sich das Land nicht und attackierte im sogenannten Kanonenbootkrieg von 1807 - 1814 immer wieder die englischen Konvois, die den Sund passierten. Zu diesem Zweck wurden etwa 200 Kanonenboote gebaut. Die größeren hatten 76 Mann Besatzung, 70 Riemen, Hilfssegel und je einen 24- oder 18-Pfünder an Bug und Heck. Zusätzlich vergab die dänische Regierung zahlreiche Kaperbriefe, und durch alle diese Bemühungen wurde der britischen Handelsschiffahrt Schaden zugefügt, obwohl Dänemark über keine Flotte im eigentlichen Sinne mehr verfügte.

Die Abbildung zeigt ein dänisches Ruderkanonenboot mit 76 Mann Besatzung nach einer zeitgenössischen Zeichnung. Man erkennt die schwere Kanone am Heck und Schwenkgeschütze am Bug.

8.04 Die niederländische Flotte

Im ersten Kapitel wurde beschrieben, daß die Flotte der vereinigten niederländischen Provinzen im 17 Jahrhundert ein durchaus gleichwertiger Gegner der britischen Flotte war. Dann aber hat England durch die Navigationsakte den holländischen Handel entscheidend geschwächt. Die Zeit war vorbei, zu der niederländische Handelsschiffe mit geringeren Umbauten die Kriegsflotte verstärken konnten. Und bei der stärkeren Spezialisierung der Kriegsschifftypen wirkten sich Hollands Schwächen in der industriellen Kapazität, im nachlassenden Handel und in der geringeren Bevölkerungsreserve auf die Dauer so aus, daß die Niederlande 1793 keine erstrangige Flottenmacht mehr darstellten. Dennoch verfügten sie rein zahlenmäßig bei Kriegsbeginn über eine beachtliche Flotte.

Sie bestand aus

6	Linienschiffen mit 74 Kanonen
23	Linienschiffen mit 60 - 70 Kanonen
9	Linienschiffen mit 50 - 60 Kanonen
7	Fregatten mit 40 - 50 Kanonen
11	Fregatten mit 30 - 40 Kanonen
16	Sloops mit 20 - 30 Kanonen
33	Briggs oder Schoner mit 5 - 18 Kanonen
	sowie über 70 Ruderkanonenboote.

Aber die Schiffe hatten im allgemeinen eine geringere Wasserverdrängung als britische und waren leichter gebaut, um in den flachen Gewässern manövrieren zu können. Viele Schiffe waren auch recht alt.

Die Niederlande traten an der Seite Englands in den Krieg ein und wurden 1795 von französischen Truppen besetzt und als Batavische Republik dem französischen Machtbereich eingliedert. Später wurde die Republik in ein Königreich umgewandelt, und Napoleons Bruder wurde 1806 König. Die niederländische Bevölkerung stand den revolutionären Gedanken 1795 in größerer Zahl recht nahe, und hat den Einmarsch der Franzosen teilweise begrüßt. Das mag erklären, daß - anders als in Portugal - die niederländische Flotte nicht floh, sondern den Machtwechsel hinnahm.

Mit ihren Flottenbasen in Hellevoetsluis, in Zeeland und in Amsterdam war die niederländische Flotte ein Aktivposten in der französischen Kriegsplanung. Die Flottenbasis Amsterdam hatte den Zugang zur See durch den Kanal bei Texel, und vor Texel wachte die britische Blockadeflotte unter Admiral Duncan. In der Nähe von Texel besiegte sie die niederländische Flotte 1797 auch in der Schlacht von Camperdown, auf die bei den biographischen Notizen über Admiral Duncan in Kapitel 2.062 eingegangen wurde.

Diese Schlacht bedeutete einen gewaltigen Verlust für die niederländische Flotte. Aber es bedurfte einer zweiten Aktion, um sie als Machtfaktor völlig auszuschalten. 1799 unternahmen die britische Armee und

Flotte, verstärkt durch russische Schiffe und vor allem durch russische Truppen, eine Landung bei Den Helder und Texel. Die Armeeoperation endete nach knapp anderthalb Monaten als Fehlschlag mit erheblichen Verlusten. Aber die Flotte unter Vizeadmiral Mitchell operierte sehr erfolgreich. Sie drang in gewagten Manövern in engen Gewässern so vor, daß sie zunächst 13 niederländische Kriegsschiffe von 64 bis 24 Kanonen und kurz darauf ein weiteres Geschwader von 12 Schiffen mit 70 bis 16 Kanonen zur Aufgabe zwingen konnte.

Verantwortlich für diese kampflose Übergabe, die so ganz im Gegensatz zum tapferen Kampf bei Camperdown stand, war die Meuterei der holländischen Matrosen, deren politische Einstellung zu Frankreich sich geändert hatte und die durch ihren Admiral in eine aussichtslose Position manövriert worden waren.

Von den erbeuteten 25 Schiffen wurden 17 für die britische Flotte angekauft, aber nur wenige kamen je zum Einsatz, da sie für den britischen Bedarf zu leicht gebaut und zu alt waren.

Die niederländische Flotte bestand 1806 nur noch aus neun Linienschiffen von 60 - 90 Kanonen, vier leichten Fregatten sowie 17 Sloops, Briggs und Schonern. Diese Schiffe spielten im weiteren Verlauf des Krieges keine Rolle mehr.

Die Neubauten der niederländische Flotte umfaßten 55 Galeeren mit 6 - 20 Kanonen und 207 Kanonenboote mit einer bis drei Kanonen. Diese Schiffe waren Teil der französischen Invasionsarmada in Boulogne und Flushing und standen völlig unter französischem Kommando.

In Ost- und Westindien verfügten die Niederländer noch über einige Linienschiffe und Fregatten, die teils zu den Briten übergingen, teils erbeutet oder versenkt wurden, als die Briten die niederländischen Kolonien im weiteren Verlauf des Krieges besetzten.

8.05 Portugals Flotte

Die portugiesische Flotte war seit langem probritisch orientiert und hatte immer wieder auch britische Offiziere in ihren Reihen. Als Portugal in der ersten großen Koalition an der Seite Englands in den Krieg gegen Frankreich eintrat, bereitete die Zusammenarbeit mit der britischen Flotte keine Schwierigkeiten.

Die portugiesische Flotte besaß mit dem 1794 fertiggestellten Flaggschiff *Principe Real* ein Linienschiff mit 90 Kanonen, aber sonst waren ihre Linienschiffe dem Standardtyp mit 74 Kanonen zuzuordnen. Neun Schiffe dieses Typs, 14 Fregatten, vier Sloops, sieben Briggs und kleinere Wachtschiffe bildeten den Bestand.

Bereits im März 1793 sandten die Portugiesen ein Geschwader unter Generalleutnant Sanchos de Brita zur Unterstützung der Briten in den Kanal. Es bestand aus sechs Linienschiffen, zwei Fregatten und drei Briggs. Das Geschwader hat auch in Spithead geankert und wurde als solide gebaut und gut geführt beurteilt. Im September kehrte das Geschwader nach Portugal zurück.

Die Portugiesen haben 1798 die Briten im Mittelmeer vor allem bei der Blockade Maltas und einiger Häfen an der italienischen Küste unterstützt. Sie setzten neben ihrem Flaggschiff drei Linienschiffe und zwei Fregatten ein und halfen auch bei der Evakuierung Neapels. Nelson schätzte ihren Kampfwert nicht sehr hoch ein. Andere britische Offiziere stuften die portugiesische Flotte deutlich höher ein als die spanische. Portugal hatte auch in Ostindien Kriegsschiffe, die von Fall zu Fall mit den Briten kooperierten. Die Situation änderte sich aber entscheidend, als Portugal durch eine spanisch-französische Armee besetzt wurde.

Die Königsfamilie emigrierte in die Kolonie Brasilien, und die Flotte begleitete sie mit sieben Linienschiffen, drei Fregatten, drei Briggs und zwei Schonern. Einige Schiffe, die als seeuntauglich zurückgelassen worden waren, wurden von den Franzosen repariert und in eine frankreichtreue Flotte eingegliedert. Aber als die Franzosen nach der Konvention von Sintra 1808 Portugal verließen, kamen diese Schiffe wieder unter nationale Kontrolle. Die portugiesische Flotte hat an keinen Kampfhandlungen bis 1815 mehr teilgenommen.

8.06 Die spanische Flotte

Die große Zeit der spanischen Flotte war 1793 längst Vergangenheit. In der Mitte des 16. Jahrhunderts beherrschten die spanischen Kriegsschiffe die Meere, aber nach den Aufständen der Niederländer und nach dem Untergang der Armada begann für Flotte und Weltreich gleichermaßen der Niedergang. Obwohl eine Vereinheitlichung der Flotte stattfand, obwohl von 1787 bis 1796 mit Antonio Valdes ein fähiger Marineminister den Schiffsbau verstärkte, die spanische Flotte war bei Kriegsausbruch 1793 eine zweitrangige Seemacht. Hauptgrund dafür war, wie im ersten Kapitel dargestellt wurde, daß die spanische Wirtschaftskraft nicht mehr ausreichte, eine erstrangige Flotte zu unterhalten.

Die Schwäche lag nicht in der Qualität der Schiffe. Spanien hatte durch seine amerikanischen Vizekönigreiche hier erhebliche Vorteile gegenüber den europäischen Seemächten. Im Gegensatz zu ihnen kannte es keinen Mangel an Holz. Auf Kuba und an den Küsten Honduras wuchs genug Mahagoni, das härter und widerstandsfähiger als Eichenholz war. Aus Mexiko kamen Föhren für Masten und Rahen. Die königliche Werft in Havanna hat allein im 18. Jahrhundert etwa ein Drittel der Navios gebaut, wie die Spanier ihre Linienschiffe nannten.

Direktor dieser Werft war der Ire Matthew Mullan, und auch aus anderen Ländern arbeiteten berühmte Schiffbauer für die spanische Krone. Sie waren weniger experimentierfreudig als die französischen Werftbauer,

Ein Modell der Santissima Trinidad aus der Sammlung Peter Tamm

aber sie schufen gute und solide Schiffe. Mullan konstruierte die Santissima Trinidad, die 1769 als Dreidecker mit 120 Kanonen in Havanna vom Stapel lief und 1796 in Cadiz mit einem vierten Deck versehen wurde. Mit 1900 Tonnen Wasserverdrängung, 61 cm starken Bordwänden, 1200 Mann Besatzung und 144 Kanonen war sie nun das größte Kriegsschiff der damaligen Welt. Doch die Santissima Trinidad war ein schlechter Segler, und die Spanier hatten schon erwogen, sie nur zur Hafenverteidigung einzusetzen. Aber sie kämpfte noch bei Trafalgar mit, wurde von den Briten erobert und schließlich wegen der Schäden und des stürmischen Wetters zerstört.

Die Spanier hatten immer große Sorgen, ihre Schiffe zu bemannen. Die Zahl der Seeleute war begrenzt. In den drei Departements von Ferrol, Cartagena und Cadiz waren etwa 60 000 Seeleute registriert, von denen der größte Teil Küstenschiffer und Fischer waren. Die Flotte erforderte aber einen Mannschaftsbestand von knapp 90 000 Mann. Daher war auf spanischen Schiffen der Anteil an seeunerfahrenen Landleuten und Soldaten immer höher als auf den Schiffen anderer Flotten.

In der britischen Flotte herrschte eine negative Meinung über spanische Flottenoffiziere vor. Sie lebten abgetrennnter von der Mannschaft als die britischen und hatten auch im Durchschnitt luxuriösere Quartiere als ihre britischen Kollegen. An ihrem persönlichen Mut kann nach vielen Beispielen nicht gezweifelt werden. Aber sie hatten in Spanien ein viel geringeres Ansehen als die Armeeoffiziere und weniger Seepraxis als die britischen Offiziere.

Die spanische Flotte hatte starke Häfen: Cartagena im Mittelmeer, Cadiz an der Meerenge von Gibraltar, Ferrol, Guarnizo in der Nähe von Santander und Havanna auf Kuba. Im Mittelmeer setzten die Spanier auch noch Rudergaleeren ein, die bei Flauten in der Meerenge von Gibraltar gefürchtet waren. Im Verlauf der Kriege gegen England hat die spanische Flotte schwere Verluste erlitten. 22 Linienschiffe gingen im Kampf verloren, zehn durch Schiffbruch. 39 Linienschiffe mußten wegen ihres schlechten Zustandes ausgemustert werden, und acht fielen den Franzosen in die Hand, als sie 1808 Spanien besetzten. 23 Fregatten wurden von den Briten erobert, andere gingen durch Schiffbruch verloren. Ab 1808 besaß die spanische Flotte keine Kampfkraft mehr.

Ein spanischer (links) und ein französischer (rechts) Kapitän zur See in den Uniformen von 1805

8.07 *Die russische Flotte*

Zar Peter der Große hat die erste erwähnenswerte russische Flotte geschaffen und sie in den Kriegen gegen Schweden eingesetzt. Aus Opern und Romanen ist bekannt, daß der Zar selbst in die Niederlande und nach England reiste, um den Schiffsbau kennenzulernen. Er hat ausländische Fachleute in großer Zahl ins Land geholt, ohne deren Hilfe der Aufbau einer modernen Armee und Flotte nicht möglich gewesen wäre.

Beim Aufbau der Flotte hat besonders England seit 1720 auf dreierlei Weise geholfen:

- **Es entsandte Schiffskonstrukteure und Handwerker sowie Kanonengießer, um Werften und Schiffe zu bauen.**
- **Britische Offiziere dienten in der russischen Flotte oder in Ausbildungsstätten an Land, um Kenntnisse in Seemannschaft und Navigation zu verbreiten.**
- **Russische Offiziere und Offiziersanwärter wurden auf britischen Schiffen oder an der Akademie von Portsmouth trainiert.**

Neben Samuel Bentham, der unter Lord St. Vincent eine bedeutende Rolle bei der Reform britischer Werften spielte (*vgl. Kapitel 4.02*), waren auch andere bekannte Schiffskonstrukteure in Rußland tätig. Von den zwischen 1708 und 1800 gebauten 217 Linienschiffen der baltischen Flotte wurden fast 40% von britischen Konstrukteuren konstruiert oder mitentworfen. Ein Ingenieur der berühmten schottischen Carron Company, Charles Gascoigne, gründete 1787 in der Nähe des Ladogasees eine Kanonengießerei.

Admiral Sir Charles Knowles, Kommodore John Elphinstone und vor allem Admiral Samuel Greig, der Gestalter der baltischen Flotte, sind wahrscheinlich die herausragendsten der vielen britischen Offiziere in russischen Diensten. In der Schlacht von Hogland 1788 gegen Schweden wurden fünf der 17 russischen Linienschiffe von britischen Kapitänen kommandiert.

Die russische Flotte gliederte sich in

- **die baltische Flotte,**
- **die Schwarzmeerflotte und**
- **Flottillen im Kaspischen Meer und im Fernen Osten.**

Die baltische Flotte war zahlenmäßig die größte und konnte wiederum in die Hochseeflotte und die Schären- oder Armeeflotte untergliedert werden.

Oberste Kommandobehörde war das Admiralitätskollegium in St. Petersburg, das jedoch gegenüber dem Zaren oder der Zarin nur beratende Aufgaben hatte. Anhaltspunkte über die Stärke der russischen Flotten geben einerseits recht ungenaue Zahlenangaben zu Schiffen, andererseits Angaben zur Gliederung des seemännischen Personals.

Das seemännische Personal war verwaltungsmäßig in sogenannte Schiffsequipagen gegliedert, das waren Einheiten von 500-800 Mann. Für den Dienst auf Schiffen wurden sie entsprechend der Schiffsgröße verteilt. Die baltische Flotte umfaßte 52 Schiffsequipagen, die Schwarzmeerflotte 31 und die Kaspische Flottille drei.

An Schiffen werden 1805 für	
die baltische Flotte	32 Linienschiffe,
	12 Fregatten und
	19 kleinere Schiffe
für die Schwarzmeerflotte	14 Linienschiffe,
	3 Fregatten und
	25 kleinere Schiffe
für die Kaspische Flottille	4 kleinere Schiffe genannt.

Daneben ist die Schären- oder Armeeflotte in der Ostsee zu erwähnen. Sie verfügte über zehn Ruderfregatten zwischen 20 und 38 Geschützen. An der Schlacht im Svensksund 1799 haben 24 größere Rudergaleeren bis zu 38 Geschützen und 80 Ruderkanonenboote mit drei bis acht Kanonen und acht bis 14 Riemenpaaren teilgenommen.

Die Schiffszahlen sind mit Vorsicht zu betrachten, da immer ein erheblicher Teil der Schiffe nicht seetüchtig war. Die Korruption und der Schlendrian in der russischen Verwaltung waren selbst für die damalige Zeit ungewöhnlich groß. Das Holz wurde oft nicht genügend gelagert und nicht in der vorgeschriebenen Qualität geliefert. Bolzen, Nägel und Tauwerk wurden mit billigem Material hergestellt, um die Gewinne der Lieferanten zu erhöhen.

Auch die für Matrosen vorgeschriebenen drei Uniformen, ein Sonderfall für die Marinen dieser Zeit, wurden oft einbehalten und verschoben. Der Anteil der seefahrenden Bevölkerung war in Rußland nicht groß, und die Flotte hatte geringes Prestige. Die Schiffe wurden daher immer wieder zu einem erheblichen Prozentsatz mit zwangsrekrutierten Bauernburschen bemannt, denen nur langsam seemännisches Können beigebracht werden konnte.

Zur Ausbildung des Offiziersnachwuchses diente die Marine-Kadettenschule in St. Petersburg, die um die Mitte des 18. Jahrhunderts 360 Kadetten hatte, vorwiegend aus dem Adel.

Hauptbasen der Flotte waren Kronstadt, Baltischport in der Nähe von Reval, Dünamünde bei Riga und Sewastopol auf der Krim.

Die russische Flotte hat im 1. Koalitionskrieg (1792-1797) ein kleineres Geschwader in die Nordsee entsandt, das die Briten bei der Blockade der holländischen Küste unterstützte.

Im 2. Koalitionskrieg hat sich Rußland an der in Kapitel 8.04 geschilderten Operation von 1799 gegen Texel beteiligt. Wichtiger waren aber die Aktivitäten im Mittelmeer unter dem bekannten Admiral Uschakoff, der im Bündnis mit der Türkei die ionischen Inseln von den Franzosen befreite und gegen die Franzosen in Italien operierte. Im 3. Koalitionskrieg 1805 erneuerte Rußland seine Aktivitäten im Mittelmeer. Von 1807 bis 1812 herrschte Kriegszustand zwischen England und Rußland, da der Zar sich von einem Bündnis mit Frankreich Vorteile versprach. Rußland führt 1808 und 1809 gegen das mit England verbündete Schweden Krieg, dem es Finnland abnimmt. In diesem Krieg kommt es auch zu britischen Schiffsaktionen gegen russische Schiffe, die von der Blockade Hangös abgedrängt werden. Eine russische Flotte, die aus dem Mittelmeer in die Ostsee zurückkehren will, wird von den Briten bei Lissabon blockiert. Die Schiffe müssen den Briten übergeben werden. Die Besatzungen werden nach Rußland transportiert.

Nachdem Napoleon 1812 in Rußland einfällt, sind die britische und die russische Flotte wieder Verbündete.

8.08 Die Flotte der Vereinigten Staaten von Amerika

Nach Erringung ihrer Unabhängigkeit im Jahre 1783 haben die ehemals britischen Kolonien in Nordamerika die Flotte und die Einheiten der Seesoldaten, die sie während des Krieges gegen England mobilisiert hatten, aufgelöst. Mit der antimonarchischen Tradition der amerikanischen Rebellion waren ein stehendes Heer und eine ständig bereite Flotte nicht vereinbar. Zur Abwehr feindlicher Angriffe, für die damals allerdings kein potentieller Gegner in Sicht war, sollten Milizen und örtlich auszurüstende Kanonenboote nach vorherrschender Meinung ausreichen.

Aber die amerikanischen Kolonien entwickelten bald einen regen Handel mit europäischen Ländern, und ihre Handelsflotte erreichte beachtliche Ausmaße. Die amerikanischen Handelsschiffe, die ins Mittelmeer segelten, waren wie alle anderen eine willkommene Beute für nordafrikanische Piraten. Aber während die europäischen Mächte Kriegsschiffe entsenden konnten, um den Übermut der Piraten zu dämpfen, Gefangene zu befreien oder die Schutzgeldforderungen der Piraten in Grenzen zu halten, blieben die Amerikaner schutzlos.

Das überzeugte schließlich den Kongreß, 1794 einen »Naval Act« zu beschließen, in dessen Befolgung sechs Fregatten zu bauen und auszurüsten waren. Bevor sie vom Stapel gelaufen waren, schlossen die Amerikaner einen Vertrag mit dem Bey von Algier, der gegen ein Schutzgeld von einer Million Dollar den Amerikanern freie Fahrt garantierte.

Damit war die Vollmacht des Kongresses gegenstandslos, aber sie wurde erneuert, weil die Kaper und die Kriegsschiffe Frankreichs den amerikanischen Handel immer stärker störten. 1797-1800 schließlich liefen die Fregatten vom Stapel: die *United States* in Philadelphia, die *Constitution* in Boston, die *President* in New York, die *Constellation* in Baltimore, die *Congress* in Portsmouth und die *Chesapeake* in Gosport. 1798 unterzeichnete der Präsident auch das Gesetz zur Aufstellung der Seesoldaten.

Die drei erstgenannten waren große Fregatten, mit 53 m Länge fast so groß wie das britische 74-Kanonen-Linienschiff. Sie waren als 44-Kanonen-Fregatten klassifiziert, aber sie hatten 62 Geschützluken auf zwei vollen Geschützdecks. Ihre tatsächliche Bewaffnung betrug 30 lange 24-Pfünder auf dem unteren Deck und 20 oder 22 Karronaden mit 32 oder 42 Pfund auf dem Oberdeck.

Die anderen Fregatten waren nominell 38-Kanonen-Fregatten. Sie trugen tatsächlich 28 lange 18-Pfünder auf dem unteren und zwanzig 32-Pfünder-Karronaden auf dem Oberdeck. Die Bewaffnung variierte etwas von Schiff zu Schiff, da die amerikanischen Kanonengießereien noch nicht auf einheitliche Typen eingestellt waren, z. T. britische Geschütze eingesetzt wurden und außerdem die Kapitäne noch ihre eigenen Vorstellungen hatten.

Die junge Flotte bestand ihre erste Bewährungsprobe im »Quasi-Krieg« mit Frankreich. Ohne formelle

Kriegserklärung kaperten Franzosen und Amerikaner gegenseitig Handelsschiffe, und die *Constellation* zwang 1799 die Fregatte *Insurgente* (36) und 1800 die *Vengeance* (38), die Flagge zu streichen. Kaper- und Handelsschiffe wurden erbeutet. 1801 endete dieser unerklärte Krieg der ehemaligen Verbündeten.

Aber im gleichen Jahr überzog der Bey von Tunis die Vereinigten Staaten mit Krieg. Mit drei kleineren Schiffen zwangen die Amerikaner die Piraten zum Einlenken.

Ihre große Bewährungsprobe erfuhr die amerikanische Flotte während des Krieges von 1812 - 1815 gegen England. In den vergangenen Jahren war es immer wieder zu Konflikten gekommen, weil britische Schiffe die amerikanischen Handels- und auch Kriegsschiffe anhielten und auf Deserteure durchsuchten. Unter dem Druck der öffentlichen Meinung erklärte der Kongreß im Juni 1812 England den Krieg, der den Geschäftsleuten äußerst unwillkommen war.

Außer den erwähnten sechs Fregatten verfügte die amerikanische Flotte über die kleine Fregatte *Essex* (32), die Sloops *Adams* (28) *Hornet* (18), *Wasp* (18) und die *Brigg Oneida* (26). Daneben stationierten die Amerikaner eine kleine Flotte auf dem Ontario- und dem Erie-See.

Die amerikanische Flotte kannte keinen ständigen Dienstrang oberhalb des Kapitäns. Für kleinere Verbände wurden zeitweilig Kommodores ernannt. Diese Flotte mußte ihre Schiffe auch nicht mit gepreßten Männern bemannen. Sie hatte genügend Freiwillige. Die amerikanischen Seeleute galten als sehr erfahren und sehr tapfer.

Die Briten waren in den vergangenen Kriegsjahren durch große spanisch-französische Flotten und durch Invasionsflotten bedroht gewesen. Das hatte die Bevölkerung in Schrecken versetzt. Aber nichts hatte bisher das britische Selbstbewußtsein so sehr erschüttert wie die erste Zeit des Krieges gegen Amerika.

Für die Briten war Amerika ein Nebenkriegsschauplatz. Sie hatten alle Kräfte in Europa konzentriert, um Napoleon durch Angriffe in der Ostsee, in Spanien und im Mittelmeer in die endgültige Niederlage zu treiben. Und dann schossen die amerikanischen Fregatten ihre britischen Gegner in einer Reihe von Einzelgefechten zusammen. In tabellarischer Aufstellung ergibt sich folgendes Bild:

13.08.1812	US-Essex (32) kapert die britische Sloop Alert (20)
19.08.1812	US-Constitution (44) kapert Guerrière (38)
18.10.1812	US-Wasp (18) kapert Frolic (18)
25.10.1812	US-United States (44) kapert Macedonian (38)
22.11.1812	US-Vixen (12) wird gekapert von Southampton (32)
29.11.1812	US-Constitution (44) kapert Java (44)
17.01.1813	US-Viper (10) wird gekapert durch Narcissus (38)
24.02.1813	US-Hornet (18) versenkt Peacock (18)

Es ist sofort zu erkennen, daß die Briten nur bei starker Überlegenheit erfolgreich waren und daß sie bei annähernder Ausgeglichenheit immer besiegt wurden. Bei den großen amerikanischen Fregatten wissen wir, daß sie deutlich stärker waren, als ihre Klassifizierung zeigt. Aber es kamen andere Gründe hinzu. Die Briten hatten sich im Laufe des Krieges zu sehr auf Feuergeschwindigkeit und das Geschoßgewicht ihrer Karronaden verlassen. Sie hatten die Schießgenauigkeit auf große Entfernungen vernachlässigt. Das hatten die Amerikaner geübt und schossen die Briten zusammen, ehe die nahe genug herankamen.

Bisher war es eine Selbstverständlichkeit, daß britische Schiffe im Einzelkampf auch überlegene Gegner besiegten. Jetzt war dieser Nimbus dahin. Die Ehrenrettung erreichte dann ein Kapitän, der als Geschützexperte galt und seine Fregatte Jahre hindurch in dieser Hinsicht vervollkommnet hatte. Kapitän Philip B.V. Broke kaperte am 1. Juni 1813 mit seiner Fregatte *Shannon* (38) nach kurzem, heftigen Artillerieduell die US-*Chesapeake* (36) vor Boston.

Die Briten vermieden jetzt Einzelkämpfe, verstärkten die Flotte, blockierten die Häfen und gestalteten den Kampf zu Wasser und zu Lande ausgeglichen. Als Napoleon 1814 besiegt worden war, verstärkten sie ihre Kräfte, besetzten Washington, D. C., wurden aber auf dem Lake Champlain zurückgeschlagen. Nach vielen Gefechten kommt es am 17. Februar 1815 zur Annahme des Friedens durch den Kongreß. Der Krieg hat den amerikanischen Handel schwer geschädigt, aber die Briten auch etwa 1800 Handelsschiffe durch Kaperung gekostet. Die amerikanische Flotte hat ihren Ruf begründet.

Die Zahl der amerikanischen Kriegsschiffe hatte sich seit 1812 verdoppelt. Zwei Linienschiffe, die allerdings nicht mehr in die Kämpfe eingriffen, verstärkten ihre Schlagkraft. Bald waren sie auch im Mittelmeer präsent. Der Weg zur Ablösung der britischen Flotte als Herrscherin der Meere hatte mit den ersten Schritten begonnen.

8.09 *Die Stärkung der britischen Flotte und die Schwächung der anderen Flotten*

Die folgenden Tabellen geben einen Überblick über die Verluste an Kriegsschiffen zwischen 1803 und 1815, unterteilt nach Linienschiffen, Fregatten und sonstigen Kriegsschiffen. Zahlen in Klammern bei eroberten Schiffen geben an, wie viele davon von den Briten in eigene Dienste übernommen wurden. Kanonenboote wurden bei der Zählung nicht berücksichtigt.

Aus den Tabellen sind die Rollen ganz deutlich abzulesen, die die Flotten in diesem Krieg spielten. Englands

Linienschiffe	Schiffbruch	Unfall (Feuer)	Erobert durch den Feind		Versenkt durch den Feind	Selbst vernichtet	Meuterei
Britannien	15	2	1	–	–	–	–
Frankreich	1	–	20	(14)	15	3	–
Spanien	–	–	5	(5)	5	–	–
Holland	1	–	–	–	3	1	–
Dänemark	–	–	18	(15)	2	–	–

Fregatten	Schiffbruch	Unfall (Feuer)	Erobert durch den Feind		Versenkt durch den Feind	Selbst vernichtet	Meuterei
Britannien	46	1	13	–	1	3	–
Frankreich	3	1	64	(42)	13	2	–
Spanien	1	–	11	(10)	1	1	–
Holland	1	–	7	(6)	1	–	–
Dänemark	–	–	15	(15)	1	–	–

Sonstige Kriegsschiffe	Schiffbruch	Unfall (Feuer)	Erobert durch den Feind		Versenkt durch den Feind	Selbst vernichtet	Meuterei
Britannien	173	2	72	-	7	4	1
Frankreich	-	-	235	(36)	24	4	-
Spanien	-	-	37	(5)	7	1	-
Holland	-	-	32	(4)	5	3	-
Dänemark	-	-	39	(10)	5	-	-

Kriegsmarine war praktisch ständig auf See, segelte auf allen, auch fernen und unbekannten Meeren und hatte 68,6% aller Verluste durch Schiffbruch hinzunehmen. Bei anderen Flotten spielte der Verlust durch Stürme und Riffe eine ganz untergeordnete Rolle, da die Schiffe vorwiegend in den Häfen lagen. Wesentliche Verluste durch den Feind hatte England nur in der Kategorie der kleinen Kriegsschiffe. Hierzu zählen viele Kutter, Schoner, kleine Briggs, die auch durch stärkere Kaperschiffe überwunden werden konnten. Und die feindlichen Staaten hatten ab 1806 überwiegend nur noch Kaperschiffe auf den Meeren.

Die britischen Verluste bei Linienschiffen und Fregatten konnten mehr als wettgemacht werden durch die Übernahme gekaperter Feindschiffe. Da eigene Neubauten hinzukamen, wurde England immer überlegener.

Zur Selbstvernichtung von Schiffen kam es dann, wenn sie - besonders bei der Eroberung von Häfen - in feindliche Hände zu fallen drohten. England verlor von 1793 - 1815 auch etwa 11 000 Handelsschiffe. Obwohl die Versicherungsprämien dadurch stark erhöht wurden, darf man nicht übersehen, daß das nur zweieinhalb Prozent der englischen Handelsflotte waren, die durch ihre Beute und durch Neubauten die Verluste mehr als ausglich. Ab 1810 ließ England auch sogenannte Q-Schiffe an seinen Küsten patrouillieren, das waren Handelsschiffe, die unter einer Tarnung schwere Bewaffnung und eine starke Besatzung führten, um feindliche Kaperschiffe zu überlisten.

England wurde, das ist deutlich zu erkennen, zur See immer stärker, je länger der Krieg dauerte. Die Feinde wurden immer schwächer. Sie konnten England nur noch Nadelstiche versetzen, aber keine entscheidende Seeschlacht mehr erzwingen. Englands Flotte war zum Ende des Krieges unangefochten die Herrscherin der Meere.

Wenn man fragt, wie die britische Flotte eine so dominierende Rolle erringen konnte, so gibt es nicht nur eine Antwort, sondern ein Bündel von Erklärungsversuchen.

England hatte zwar zu Beginn des Krieges eine starke zahlenmäßige Überlegenheit, verlor sie aber schnell durch den Frontwechsel Spaniens und Hollands. In den Folgejahren kämpfte England oft aus einer Position der Minderzahl. Allerdings waren die Feinde nicht in der Lage, ihre Stärke zu vereinigen und zielgerichtet zu koordinieren. Die britische Flotte hatte auch keineswegs die besten Schiffe. Sie hat oft französische Modelle nachgebaut, weil die überlegenere Segeleigenschaften hatten. Allerdings boten die britischen Schiffe eine günstige Kombination von Seetüchtigkeit, Robustheit, Feuerkraft und Segeleigenschaft.

Die Engländer verfügten auch nicht über die Besatzungen mit den besten Voraussetzungen. Der Anteil an Landstreichern und Straffälligen war in den späteren Kriegsjahren höher als in anderen Flotten, die über gerechtere Rekrutierungssysteme verfügten oder sich sogar auf Freiwillige stützen konnten wie die Amerikaner. Dennoch war der Anteil erfahrener Matrosen in der britischen Flotte immer relativ hoch, weil ein erheblicher Teil der Bevölkerung in der Seefahrt tätig war. Und die Briten hatten ein ausgezeichnetes Korps an Deckoffizieren und Maaten, die auch unerfahrene Mannschaften schnell schulen konnten. Dazu hatten sie bei dem hohen Anteil an Seezeit bei britischen Schiffen ausreichend Gelegenheit.

Das britische Offizierskorps war in seiner wissenschaftlichen Ausbildung wahrscheinlich dem der königlichen französischen Flotte unterlegen. Aber die Revolution jagte die meisten dieser fundiert ausgebildeten Offiziere aus dem Amt. Die britische Offiziersausbildung in dieser Zeit war eine Ausbildung in der Praxis, eine Art Lehre, kein Studium. Der britische Offizier lernte im Normalfall sein Handwerk von der Pieke auf. Er wurde als junger Bursche auch im Segeldienst und in der Bedienung der Geschütze gedrillt. Er mußte wissen, wie man spleißte, wie man Segel setzte und reffte. Er hatte Wachdienst und konnte seinen Vorgesetzten absehen, wie man Schiffe bediente und Mannschaften führte. Er mußte Navigation lernen und seine Übungsarbeiten dem Kapitän vorlegen. Die wissenschaftliche und noch mehr die kulturelle Bildung des britischen Seeoffiziers war durchschnittlich sehr gering. Aber er kannte sich in seinem Beruf aus und hatte das durch eine Prüfung nachzuweisen. Er war viel mehr Fachmann in seinem Beruf als die Armeeoffiziere der damaligen Zeit, wenn man das Artillerie- und das Ingenieurkorps einmal ausnimmt.

Die britische Schiffsartillerie war der anderer Flotten in mancher Hinsicht überlegen. Die Briten hatten den Franzosen die Einführung des Steinschlosses voraus und konnten daher schneller feuern. Sie verfügten auch früher über mehr Karronaden als andere Flotten. Sie drillten ihre Mannschaften auf eine Feuergeschwindigkeit, die fast allen anderen Flotten überlegen war. Dadurch hatten die Briten im Nahkampf, in der Mélée der Seeschlacht, entscheidende Vorteile. Aber sie hatten die Schießgenauigkeit mit Langgeschützen vernachlässigt und mußten das im Krieg gegen die USA schmerzlich erfahren. Da die amerikanische Flotte zu klein war, um kriegsentscheidend zu wirken, konnten die Engländer dieses Versäumnis wieder ausgleichen.

Die britischen Seeleute wiesen auch nicht generell stärkere patriotische Gefühle auf als ihre Gegner. Es wird berichtet, daß viele französische Besatzungen nach der Revolution tapferer und verbissener kämpften, als man es von der königlichen Flotte gewohnt war. Und die Dänen kämpften mit Ausdauer, Mut und Wut, die die Briten erschreckte. Aber andererseits sind auch keine Beispiele für Feigheit auf britischen Schiffen bekannt. Allerdings dämpfte die reichliche Alkoholzufuhr die Wahrnehmung von Gefahren.

Die britische Überlegenheit ist also nur durch die Kombination mehrere Faktoren zur erklären. Man kann sie folgendermaßen zusammenfassen:

- **Kriegserfahrenheit des Offiziers- und Unteroffizierskorps**

Die britische Flotte hatte in den letzten Jahrzehnten immer wieder gegen wechselnde Gegner gekämpft. Es gab keine Generation im Korps ohne Kriegserfahrung. Und in den Friedenszeiten haben britische Offiziere auch noch Dienst in fremden Flotten gesucht, z. B. während des russisch-schwedischen Krieges 1788 - 1790.

❋ See-Erfahrenheit der gesamten Besatzung

Die Briten haben sehr früh im Krieg wieder die enge Blockade der feindlichen Häfen aufgenommen. Das bedeutete, daß ihre Schiffe ständig auf See waren und nur für Reparaturen Häfen anliefen. Das verschaffte ihnen deutliche Überlegenheit in der Seemannschaft gegenüber jenen Flotten, die nur für besondere Gelegenheiten den Ausbruch aus dem Hafen wagten.

❋ Straffe Disziplin und harte Schulung der gesamten Besatzung

Von diesen Bedingungen waren auch die Offiziere nicht ausgeschlossen, deren Quartiere spartanischer waren, als z. B. die der spanischen Offiziere. Die Gewohnheiten und die ungeschriebenen Regeln verlangten, daß sich jeder dem harten Dienst unterwarf. Selbst ein Kapitän, der sich absonderte, zum Säufer wurde oder sich Huren an Bord holte, wußte, daß er aus der Gruppennorm hinausfiel und daß sein Verhalten früher oder später die Admiralität zu Konsequenzen veranlassen würde. Es gab ja für die Günstlinge nicht nur Gönner, sondern auch Neider, die dem Günstling oder dem Gönner eins auswischen wollten, sonst wären nicht Söhne von Admiralen vom Kriegsgericht aus dem Dienst entfernt worden. Die eiserne Disziplin war ein Faktor für den britischen Erfolg.

❋ Gute Waffen und guter Waffendrill

Die britische Flotte verfügte über gute Kanonen und Handfeuerwaffen. Ihr Schießpulver war dem der Franzosen deutlich überlegen. Das bedeutete, daß zuverlässiger und mit größerer Durchschlagskraft geschossen werden konnte. Die Besatzungen wurden bei Tag und Nacht in der Handhabung der Waffen gedrillt.

❋ Weiterentwickelte Signalgebung

Die britische Flotte hatte zu dieser Zeit das differenzierteste und leistungsfähigste System für die Weitergabe von Nachrichten und Befehlen.

❋ Moderne Kampftaktik

Die Taktik, in der die starre Schlachtlinie zugunsten des Durchbruchs durch die Linie mit anschließendem Nahkampf aufgegeben war, führte am direktesten und konsequentesten zur Vernichtung des Gegners.

❋ Das Belohnungssystem

Die Regelung für Prisen- und Kopfgeld war nicht einzigartig in den Flotten dieser Zeit, trug aber dennoch dazu bei, die Motivation für den Sieg zu erhöhen.

❋ Gute Basen mit Werften und Arsenalen

Die britische Flotte hatte zu allen Kriegsschauplätzen günstig gelegene Kriegshäfen mit Reparatur- und Ausrüstungsmöglichkeiten.

❋ Ausreichende Finanzkraft zu Ausrüstung und Unterhalt der Flotte

Die britischen Werften wurden während des gesamten Krieges nie gezwungen, Neubauten oder Reparaturen wegen mangelnder Finanzen zu verzögern oder einzustellen. Was die Flotte brauchte, erhielt sie auch.

Einzelne Faktoren trafen für andere Flotten genauso oder noch stärker zu. Die optimale Kombination der Faktoren war einzigartig in der britischen Flotte und hat zu ihren außerordentlichen Erfolgen geführt. Wenn man es kurz zusammenfassen müßte, könnte man sagen: Erfahrung und die Tradition des Siegens waren die Schlüssel zum Erfolg.

Kapitel 9.00

Die Britische Flotte in der Literatur

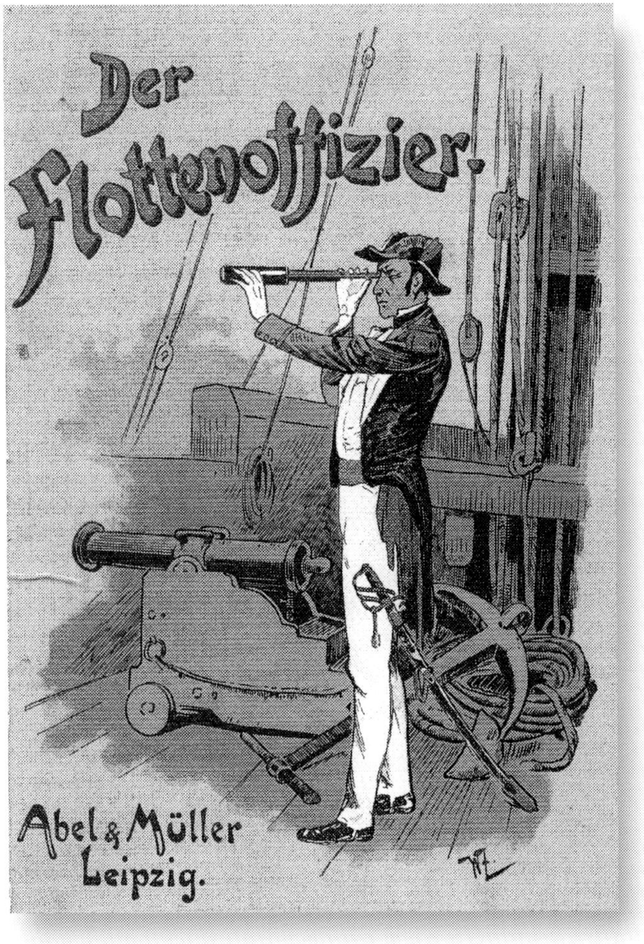

Buchumschlag der deutschen Bearbeitung des Romans von Frederick Marryat »Frank Mildmay« nach einem Druck aus dem Jahre 1905

9.01 *Literarische Zeugnisse der Zeitgenossen*

Erfahrungsgemäß tritt eine längere Pause zwischen bedeutenden Ereignissen und ihrer literarischen Verarbeitung ein. Grimmelshausen veröffentlichte seinen »Abentheuerlichen Simplicissimus Teutsch« z. B. erst zwei Jahrzehnte nach dem Dreißigjährigen Krieg. Das bedeutet nicht, daß nicht schon vorher eine publizistische Verarbeitung einsetzt. Aber sie ist meist kurzlebig.

Der historische Seeroman hatte um 1790 schon Vorläufer. Bekannt sind der Schiffsarzt Tobias Smollett, Daniel Defoe, der neben dem weltberühmten »Robinson« auch andere Seeromane schrieb, Walter Scott vor allem mit »The Pirate« und James Fenimoore Cooper, dessen Romane »Der Rote Korsar« und »Der Lotse« (The Pilot) auch in deutscher Sprache kürzlich Neudrucke erfahren haben. Aber diese Werke betreffen die Zeit des Unabhängigkeitskrieges oder die Zeit davor. Die Kriege gegen Frankreich von 1793 - 1815 harrten noch ihrer Erzähler.

Die britische Flotte war während dieser Kriege von Beginn an sehr populär, was sich in Liedern und im Boulevardtheater äußerte. Aber auch Parkinson (1948) weist darauf hin, daß von den Romanen, die in den ersten Jahren nach 1804 erschienen, nur der von John Davis »The Post Captain« beachtenswert war und bis 1846 acht Auflagen erlebte. John Davis war Seemann, wenn er auch nicht Offiziersrang erreichte. Seit 1787 fuhr er zur See, und ab 1793 diente er in der britischen Flotte.

Nach dem Kriegsende 1815 schien die Öffentlichkeit der Kriegserzählungen müde zu sein. Erst 1826 trafen drei Neuerscheinungen auf wieder erwachtes Interesse: das anonym erschienene »The Log Book or Nautical Miscellany«, »The Naval Sketch Book« von William N. Glascock und »Greenwich Hospital, a Series of Naval Sketches, Descriptive of the Live of a Man-of-War's Man« von Matthew H. Barker.

Glascock trat 1800 im Alter von rund 16 Jahren in die Flotte ein und war Kapitän, als er in den Ruhestand versetzt wurde. Er schrieb noch mehrere Bücher über das Leben in der Flotte, die unten nach Erscheinungsjahren aufgeführt werden. Eines der bekanntesten hieß »Land Sharks and Sea Gulls«.

Barker schrieb unter dem Pseudonym »The Old Sailor« mehrere Romane, u. a. »The Naval Club; or, Reminiscences of Service«.

1829 veröffentlichte dann der auch in Deutschland sehr bekannt gewordene Frederick Marryat seinen ersten Roman unter dem Titel »Frank Mildmay; or, The Naval Officer«, der viele autobiographische Züge trägt. Marryat wurde 1792 geboren und diente von 1806 bis 1830 in der Flotte, hatte aber in den letzten Jahren kein Kommando mehr. Für Tapferkeit erhielt er den Bath-Orden und wurde in Anerkennung seiner Verdienste bei der Belagerung von Rangun 1825 Kapitän. Frankreich ernannte ihn zum Ritter der Ehrenlegion. Neben seinen zahlreichen Seeromanen, von denen in Deutschland besonders »Sigismund Rüstig«, eine Robinsonade, bekannt wurde, fiel er noch während seiner aktiven Dienstzeit durch öffentliche Stellungnahmen gegen die Preßgesetze, die Maßnahmen der Zwangsrekrutierung, auf und nach seinem Abschied aus der Flotte durch die Publikation eines Signalsystems für die Handelsflotte. Er starb 1848. Bereits 1835 erschien eine deutsche Ausgabe seiner Werke in 23 Bänden.

Kaum weniger produktiv war Frederick Chamier, der allerdings in Deutschland fast unbekannt blieb. Er nahm 1810 im Alter von 14 Jahren Dienst in der Flotte und verließ sie 1833 als Kapitän. Mit seiner ersten Veröffentlichung »The Life of a Sailor« trat er 1832 vor das Publikum. Zu seinen bekannteren Werken zählen »The Arethusa« und »Tom Bowling, a Tale of the Sea«. Auch William J. Neale war seinerzeit ein bekannter Autor. Er fuhr von 1824 an sechs Jahre zur See, erreichte aber keinen Offiziersrang. Er hat die großen Kriege gegen Frankreich nicht mehr auf See erlebt. Seinen ersten Roman »Cavendish, or the Patrician at Sea« veröffentlichte er 1831. Er schrieb auch eine Geschichte der großen Meutereien des Jahres 1797, und seine Romane »The Naval Surgeon« und »The Port Admiral: a Tale of the War« waren sehr beliebt.

Die folgende Liste der Romane, Erzählungen und Novellen kann weder Anspruch auf Vollständigkeit noch auf Einheitlichkeit der Stilform beanspruchen. Aber sie gibt einen Eindruck von der Vielzahl und Vielfalt der Seeromane über die langen Kriege gegen Frankreich. Für eine literarische Vertiefung wird auf die Werke von Krahé (1992), Möller (1979) Schneider (1901), Richter (1906) und Robinson (1909) verwiesen.

Jahr	Autor	Titel
1795	Anonym	Original Anecdotes of a Naval Officer
1804	Anonym	The Naval Trident
1805	John Thelwall	Trident of Albion
	Charles Fletcher	The Naval Guardian
	John Davis	The Post Captain, or the Wooden Walls well Manned
	Anonym	Voyages and Adventures of Captain Robert Boyle
1814	Urquhart	Naval Sketches
1815	R. Warneford	The Jolly Boat
	Llewelyn Penrose	Old Sailors' Tales
1817	Anonym	The Adventures of a Post Captain
1826	Anonym	The Log Book or Nautical Miscellany
	William Glascock	The Naval Sketch Book
	M. H. Barker	Greenwich Hospital, a Series of Naval Sketches

1829	Michael Scott	Tom Cringle's Log
	Frederick Marryat	Frank Mildmay
	William Glascock	Sailors and Saints, or Matrimonial Manoeuvres
	Anonym	The Life of a Midshipman
1830	Frederick Marryat	The King's Own (Des Königs Eigen)
	Anonym	The Wanderings of Tom Starboard
	William Glascock	Tales of a Tar
1831	W. Johnson Neale	Cavendish, or the Patrician at Sea
	Anonym	The Navy at Home
1832	Frederick Chamier	The Life of a Sailor
	Anonym	The Quid
1833	W. Johnson Neale	The Port Admiral, a Tale of the War
	Frederick Marryat	Jacob Faithful
1834	Frederick Marryat	Peter Simple
	Michael Scott	The Cruise of the Midge
	Anonym	The Night Watch
	W. Johnson Neale	Will Watch
1835	Frederick Chamier	Ben Brace, the Last of Nelson's Agamemnons
1836	W. Robinson	Jacky Nastyface: Memoirs of a Seaman
	William Glascock	Tales of a Tar
	Frederick Marryat	Midshipman Easy
	E. G. G. Howard	Rattlin the Reefer
	Frederick Chamier	The Saucy Arethusa
1837	E. G. G. Howard	The Old Commodore
	W. Johnson Neale	Gentleman Jack
1838	Anonym	The Greenwich Pensioners

	William Glascock	Land Sharks and Sea Gulls
	E. G. G. Howard	Outward Bound
	Frederick Chamier	Jack Adams, the Mutineer
	M. H. Barker	Topsail - Sheet Blocks, or the Naval Foundling
1839	Frederick Chamier	Tom Bowling
	W. Johnson Neale	The Flying Dutchman
1840	E. G. G. Howard	Jack Ashore
	Anonym	The Indiaman
	H. J. Moore	Nautical Sketches
	Anonym	The Saucy Jack
	Frederick Chamier	The Spitfire: a Tale of the Sea
1841	W. Johnson Neale	The Naval Surgeon
	W. Johnson Neale	Paul Periwikle, or the Pressgang
	M. H. Barker	Jem Bunt: a Tale of the Land and the Ocean
1842	Anonym Jack	Tench, or the Midshipman turned Idler
	Frederick Marryat	Percival Keene
	W. Johnson Neale	The Captain's Wife
1843	Anonym	Jacks Edition of Life at Sea
	M. H. Barker	The Naval Club
	John Howell	The Man - of - War's Man
	Frederick Chamier	Ben Bradshawe: the Man without a Head
1844	M. H. Barker	The Old Sailor's Jolly Boat
1846	Frederick Chamier	John Malcolm's Log
1847	J. Davis	Jack Ariel, or Life on Board an Indiaman
1848	James Hannay	Biscuits and Grog
	James Hannay	Hearts are Trumps: an Amphibious Story

9.02 *Die Wiederbelebung der historischen Seeromane aus der großen Zeit der britischen Flotte durch Cecil Scott Forester*

Nach 1850 erschienen noch Neuauflagen der bekanntesten Autoren, auch einzelne Seeromane zur Zeit um 1800 wurden veröffentlicht, aber insgesamt ruhte das Thema. Andere geschichtliche Ereignisse waren in den Vordergrund getreten. Aber dann leitete ein Schriftsteller von besonderen Graden, ein Bestsellerautor, eine Renaissance ein.

Cecil Scott Forester wurde 1899 in Kairo als Sohn eines Beamten im Dienst der ägyptischen Regierung geboren. Er wuchs in England auf, absolvierte das Dulwich College und besuchte danach die Guy's Hospital Medical School, um Medizin zu studieren. Doch dann wandte er sich der Literatur zu. Er schrieb zunächst Gedichte und Artikel für Magazine und veröffentlichte mit 24 Jahren seinen ersten Bestseller, den Kriminalroman »Zahlungsaufschub« (Payment deferred)

Danach schrieb er fast ununterbrochen Romane, Bühnenstücke, Filmdrehbücher, populärwissenschaftliche Biographien und Geschichtsbücher, Reiseerzählungen, ein Kinderbuch und Texte zur politischen Meinungsbeeinflussung im Dienst der britischen und amerikanischen Regierung. Nach dem Zweiten Weltkrieg lebte er, an Arterienverkalkung erkrankt, in Kalifornien und starb 1966. Sein berühmtestes Buch ist vielleicht »The African Queen«, das mit Katharine Hepburn und Humphrey Bogart verfilmt wurde und einen Oscar gewann. Aber daß sein Name heute immer noch bekannt ist, liegt wohl an den Hornblower-Romanen.

Forester hat sich selbst zur Entstehung dieser Seeromane geäußert. In seinem »Hornblower-Lotsen« (Forester 1965) hat er ein Kapitel »Meine Bücher und ich« aufgenommen, das den Hornblower-Romanen gewidmet ist. Es wurde auch in dem Taschenbuch »Zapfenstreich« wieder abgedruckt.

Er hat die Hornblower-Romane nicht systematisch geplant. Er benutzt immer wieder das Wort »unbewußt«, wenn er erklären will, wie sich ein Thema in seinen Gedanken einnistete, dort Kreise zog, um schließlich zur Bearbeitung zu drängen. Folglich hat er auch nicht mit dem jungen Midshipman Hornblower begonnen, sondern mit dem Kapitän einer Fregatte.

Zwei Werke waren es, die seine Gedanken auf das seehistorische Thema lenkten. 1927 kaufte er antiquarisch drei Bände des »Naval Chronicle«, jener Zeitschrift, die von 1790 bis 1820 eigentlich alles veröffentlichte, was für Flottenoffiziere von Interesse war, von Erlebnisberichten über offizielle Verlautbarungen bis zu Ordens- und Verlustlisten. Hier las er auch den Text des Friedensabkommens von 1814 zwischen England und den USA und war fasziniert durch die Zeitspannen, nach denen der Friede in Kraft trat: nach 12 Tagen im Nordatlantik, aber erst nach 120 Tagen in Teilen des Pazifik. Das vermittelte ihm einen Eindruck von den Problemen der Nachrichtenübermittlung in der damaligen Zeit, aber auch von der Unabhängigkeit einzeln operierender Schiffskapitäne. Das zweite Werk, das für die Entstehung des ersten Hornblower-Romans wichtig war, ist Sir Charles Oman's Geschichte des englischen Krieges gegen Frankreich in Spanien. Dieses Buch regte ihn zunächst zu zwei Romanen über den Partisanenkrieg in Spanien an, von denen »Die Kanone« auch bei uns bekannt ist.

Aber dann verbanden sich die Gedanken über die Unabhängigkeit und Verantwortung des auf sich gestellten Kapitäns mit den Problemen Spaniens in Amerika und führten zum ersten Hornblower-Roman »The happy return« (Der Kapitän), der 1937 veröffentlicht wurde. Hornblower begegnet uns dabei als Kapitän der Fregatte *Lydia* im pazifischen Ozean, wo er Rebellen gegen die spanische Herrschaft zunächst unterstützt und dann nach Bekanntwerden des Vertrages mit Spanien bekämpfen muß.

Buchumschlag einer deutschen Hornblower-Ausgabe

Die nächsten Romane schließen chronologisch an und begleiten Hornblower auf seinem Weg als Kapitän eines Linienschiffs, als Kommodore, als Lord und Admiral. Aber dann zwingt der Erfolg der Reihe Forester fast, den Beginn der seemännischen Karriere »nachzuliefern«, und er schreibt von 1950 bis 1954 die Romane über die Fähnrichs- und Leutnantszeit und das erste Kommando. Danach werden noch Lücken im Lebenslauf geschlossen, und der Tod verhindert die Vollendung von Romanfragmenten.

Forester wollte mit diesen Romanen Geschichte zum Leben erwecken. Sie waren für ihn nicht Spannungsstücke mit beliebigem Hintergrund. Er ging immer von einem geschichtlich belegten Ereignis aus, das seine Phantasie reizte und das er ausfabulierte. Dabei hatte er durchaus auch belehrende, aufklärende oder informierende Interessen, wie sein »Hornblower-Lotse« zeigt, den er 1964 veröffentlichte. In diesem Begleitbuch illustriert er mit Kartenskizzen, wo Hornblowers Schiffe in den einzelnen Romanen gesegelt sind. Er liefert Zeichnungen zu den Begebenheiten auf See, Schiffsrisse, Zeichnungen der Takelage, Erläuterungen sowie eine Erklärung seemännischer Fachbegriffe. Er glaubte nicht, daß seine Leser die Seeromane nur gedankenlos konsumieren wollten wie irgendeine Schnulze.

Es ist bezeichnend, daß dieses Werk in deutscher Sprache längst vergriffen ist. Es erschien 1965 beim Wolfgang Krüger-Verlag in Hamburg, wurde noch für das

Schweizer Verlagshaus aufgelegt und dann von den Fast-Food-Lektoren unserer Tage unbeachtet gelassen. Forester hat außer der Hornblower-Serie auch noch andere historische Seeromane geschrieben, z. B. »The Captain from Connecticut«. Er veröffentlichte auch eine Nelson-Biographie und eine Geschichte des Seekriegs 1812-1814 zwischen England und den USA, aber keines seiner maritimen Bücher hat eine derartige Wirkung erzielt wie die Hornblower-Romane. Seine Romane wurden auch historisch so ernst genommen, daß der bekannte Marinehistoriker und Soziologe Cyril Northcote Parkinson ein fiktive Hornblower-Biographie schrieb. Parkinson hat nicht nur bedeutende marinehistorische Werke und Romane geschrieben, er ist vor allem als Bürokratiekritiker mit dem »Parkinsonschen Gesetz« einer breiten Öffentlichkeit bekannt geworden.

Forester war ein begnadeter Erzähler, der Recherche mit Phantasie verband. Seine Hornblower-Romane fanden weite Verbreitung und werden heute immer wieder neu aufgelegt. Zwei seiner Hornblower-Romane wurden mit Gregory Peck als Hornblower verfilmt und tauchen noch manchmal in den Programmen auf. Ob es ohne Forester diese gegenwärtige Flut an Seeromanen über die große Zeit der britischen Flotte geben würde, ist schwer zu sagen. Aber sicher ist, daß sich nur wenige seiner Epigonen an ihm messen können.

Die fikitive Biographie: »C. N. Parkinson: Horatio Hornblower, sein Leben und seine Zeit« sowie die unten genannten Romane sind alle als Ullstein-Taschenbücher erschienen. Von den Romanen liegen auch Sammelveröffentlichungen vor.

Titel	Zeitraum
Fähnrich zur See Hornblower	1794-1798
Leutnant Hornblower	1801-1803
Hornblower auf der Hotspur	1803-1804
Hornblower wird Kommandant	1805-1808
Der Kapitän	1808-1809
An Spaniens Küsten	1810
Unter wehender Flagge	1810-1811
Der Kommodore	1812
Lord Hornblower	1813-1815
Hornblower in Westindien	1821-1823
Zapfenstreich mit den Erzählungen	
Hornblowers Plan (Romanfragment)	1805
Hornblower und die Witwe McCool	1799
Die letzte Begegnung	1848
sowie der autobiographischen Notiz »Meine Bücher und ich«	

9.03 *Die Flut der historischen Seeromane in der Gegenwart*

Forester hat nicht unmittelbar Nachfolger gefunden. Der Zweite Weltkrieg hat die Aufmerksamkeit absorbiert, und es vergingen wieder zwei Jahrzehnte, bis Dudley Pope 1965 seine Romanserie um Lord Ramage begann. Er hatte Erfolg, und in den siebziger Jahren schien es, als sei eine Schleuse geöffnet worden. Eine Romanserie nach der anderen wurde gestartet, und die meisten fanden ihre Leser und wuchsen stärker, als die Autoren es je vermutet hatten.

Es sind nahezu ausschließlich englische Autoren, die Romane über die große Zeit der britischen Flotte schreiben. Das englische Publikum ließ sich gern an die große Zeit erinnern, denn die Gegenwart war ja nicht so erhebend. Erstaunlich ist jedoch das Echo, das diese Romane im deutschen Sprachgebiet fanden. War im vorigen Jahrhundert praktisch nur Marryat dem deutschsprachigen Publikum nahegebracht worden, so wird gegenwärtig fast alles übersetzt. Dabei sind manche Romanserien reine Groschen- oder Wegwerf-Romane, andere sind Seifenopern unter Segeln. Was soll es? Sie kommen aus dem Englischen, und das ist heute fast so gut wie ein bekannter Schauspieler oder ein Skandalpolitiker als Autor.

Um Mißverständnissen vorzubeugen: Es gibt hervorragende Autoren in England, die den Vergleich mit Marryat, Chamier oder Forester nicht zu scheuen brauchen. Es gibt aber auch Autoren, die von der damaligen britischen Flotte und der Geschichte dieser Zeit so wenig verstehen wie ihre deutschen Lektoren oder wie die Rezensenten der Massenblätter. Und diese Autoren zählen oft zu den erfolgreichsten. Es soll hier kein kulturelles Klagelied angestimmt werden, aber ein wenig traurig ist es schon, daß ein so kompetenter und guter Romanautor wie Parkinson kaum, und ein so kenntnisreicher und heroischem Pathos so abholder Schriftsteller wie Showell Styles überhaupt nicht übersetzt wurden.

In einem Buch über die britische Flotte sollte der deutsche Leser auch Informationen finden, wie das Bild von Nelsons Flotte in der Romanliteratur gezeichnet wird. Dabei wäre eine einfache Aufzählung der Titel und Verlage sicher unbefriedigend. Aber der Leser sollte nicht vergessen, daß Wertungen, die in den folgenden Charakteristiken zu erkennen sind, meine subjektiven Wertungen sind. Sie sind durch meine Erfahrungen und Kenntnisse geprägt. Andere mögen völlig anders werten und auch dafür gute Gründe haben.

In den folgenden Absätzen werden die Romanserien behandelt, die zumindest teilweise die Zeit von 1793 bis 1815 behandeln. Einzelromane können nicht aufgenommen werden. Jeder Serie werden Informationen über den Autor und die Charakteristika vorangestellt. Dann werden die Titel der Bücher genannt. Englische Romantitel werden nur insoweit angeführt, als keine Übersetzungen vorliegen. Die Reihenfolge richtet sich nach dem Alphabet.

❄ 9.0301 Frank Adam

Das Alphabet stellt mich als den einzigen deutschsprachigen Autor an den Anfang der Autorenliste. Ich bitte um Verständnis, daß ich selbst meine Romane nicht werten kann. Ich kann nur einige biographische Angaben voranstellen und dann aus der Besprechung eines ausgewiesenen Marinehistorikers zitieren.

Ich bin 1925 als Karlheinz Ingenkamp in Berlin geboren und nie mit dem Meer in besondere Berührung gekommen, sieht man von Ozeanüberquerungen nach 1945 mit den damaligen Linienschiffen und späteren Kreuzfahrten ab. Eigentlich hätte ich mir Fliegerthemen wählen sollen, denn von 1943-1945 diente ich in der Luftwaffe und wurde zum Flugzeugführer ausgebildet. Aber da war die Lektüre der Forester-Romane, die ich früh gelesen hatte und die viel stärker fortwirkte, als mir je bewußt geworden ist.

Nach Krieg und russischer Gefangenschaft galt es zu leben und einen Beruf aufzubauen. Ich begann als Grundschullehrer, habe nebenbei und anschließend Geschichte, Germanistik und Psychologie studiert, war im Schuldienst als Studienrat, Schulpsychologe und zuletzt Oberstudiendirektor tätig, habe dann an der Freien Universität Berlin in Erziehungswissenschaft promoviert und habilitiert. Am Pädagogischen Zentrum Berlin leitete ich die Abteilung »Pädagogische Psychologie«, war dienstlich oft in den USA und in England. Auf einem dieser Besuche stieß ich auf die Romane von Patrick O'Brian und Dudley Pope, und seitdem hat mich das Thema nicht mehr losgelassen.

Ich wurde Professor an der Universität Koblenz-Landau, gründete das später auch international renommierte »Zentrum für empirische pädagogische Forschung« und galt mit vielen Veröffentlichungen als anerkannter Erziehungswissenschaftler. Aber ich selbst konnte mir nicht recht vorstellen, daß ich im Ruhestand weiter in diesem Bereich arbeiten könnte. Dann würde mich nichts abhalten, meinen Nachfolgern in der Professur und der Institutsleitung dauernd über die Schultern zu schauen, und das wäre kein Deut besser als ein Rentner, der nun die Küchenarbeit seiner Frau beobachtet.

Ein vollwertiges und völlig anderes Arbeitsgebiet mußte her, und das fand sich - Forester sei Dank - in der Marinegeschichte Englands um 1800. Als Wissenschaftler zu systematischen Vorgehen erzogen, habe ich einen Segelkurs mitgemacht und bin auf dem norwegischen Schulschiff »Statsraad Lehmkuhl« einen Törn mitgesegelt, um einen der großen Rahsegler ein wenig kennenzulernen. Das hat mich nicht zu einem Segelexperten geformt. Mein Interesse an der britischen Flotte ist weniger seemännisch als geschichtlich bedingt.

Ich habe dann die Roman- und die maritime Fachliteratur durchgearbeitet und den Romanführer »Hornblower, Bolitho & Co« geschrieben, der 1987 im Verlag Ullstein in erster Auflage erschienen ist. Erst danach wagte ich mich an einen eigenen Roman, mit dessen Manuskript ich bei den Verlagen antichambrieren mußte, eine neue, aber durchaus nützliche Erfahrung für einen verwöhnten wissenschaftlichen Autor. In Herrn Rainer Delfs fand ich dann im Bastei-Verlag einen Lektor, an dessen Sachkenntnis und Sorgfalt es nicht liegt, wenn die Romane Mängel aufweisen.

Die Romane der David-Winter-Serie wurden von Dr. Uwe Schnall vom Deutschen Schiffahrtsmuseum in Bremerhaven in der Zeitschrift »Deutsche Schiffahrt«, Heft 1/97, S. 11-12, besprochen. Daraus zitiere ich die folgenden Absätze:

»1992 erscheint von ihm selbst ein erster Seekriegsroman, ›Der junge Seewolf. Die Abenteuer des Seekadetten David Winter in Admiral Nelsons Flotte.‹ Auch einen deutschen Romanautor also fasziniert die glanzvollste Epoche der Royal Navy, als die kriegerischen

Auseinandersetzungen zur See rund um den ganzen Globus ausgetragen wurden. Figuren wie Cochrane und Nelson haben – wie im ganzen Genre – Pate gestanden. Die Anbindung an Deutschland, das zu dwieser Zeit zur See eher bedeutungslos war, wird durch einen erzählerischen Kniff hergestellt: Der Held der Serie, David Winter, stammt aus Stade an der Niederelbe, verliert während eines Aufenthaltes in England bei Verwandten seine Eltern im fernen Deutschland, bleibt in England, das ja in Personalunion mit dem Königreich Hannover verbunden ist, tritt als Zwölfjähriger als Captain's Servant in die Navy ein und beginnt seinen in besonderer Tüchtigkeit begründeten unaufhaltsamen Aufstieg.

Seither sind drei weitere David-Winter-Romane erschienen, ein fünfter wird im Sommer dieses Jahres folgen. Dabei zeigt sich, daß Frank Adam einem planvollen, chronologischen Aufbau folgt, was ihm die Entwicklung des Charakters, der ihm mindestens so wichtig ist wie die Handlung, erleichtert....

Es sind spannende Abenteuerromane mit allem, was dazugehört: dramatische Ereignisse, Liebe und Tod, Freundschaft und Verrat, Sieg und Niederlage. Was Adams Romane von vielen unterscheidet, ist die akribische Recherche. Was immer in den Büchern zur Sprache kommt, vom Leben an Bord der damaligen Kriegsschiffe mit den Kommandostrukturen der Navy über das Alltagsleben in Amerika, im Mittelmeerraum oder in Indien bis zu den kleinen und großen Ereignissen der Geschichte, alles ist detailgetreu und verläßlich dargestellt. Und je mehr der Autor sich ›einschreibt‹, um so unauffälliger sind diese Dinge in den Handlungsstrang verwoben. Eine weitere Besonderheit der David-Winter-Romane sind die Schauplätze. Es kommen Weltgegenden und Ereignisse in den Blick, von denen man in Deutschland kaum etwas weiß, so z. B. die sog. Bombay-Marine in den indischen Gewässern. Und immer spürt man den Versuch, Gedanken und Handlungen aus der Zeit heraus zu verstehen, z. B. das Aufeinanderprallen unterschiedlichster Kulturen wie in Indien, die Gegensätzlichkeiten der offiziellen britischen Sicht auf die amerikanischen Unabhängigkeitsbestrebungen und der erlebten täglichen Repression in den Kolonien....

Wenn hier und da auch der Pädagoge etwas durchschimmern mag, so soll hier doch kein falscher Ein-

Buchumschlag eines Frank Adam-Romans

druck entstehen. Frank Adams David-Winter-Romane bringen dem schiffahrtshistorisch Interessierten sicherlich manches Neue, vor allem aber sind sie ein Lesevergnügen für jeden, der sich – wie ich – die Freude am Schmökern bewahrt hat.«

Alle Romane sind bei Bastei-Lübbe als Taschenbücher erschienen. Alle enthalten Kartenskizzen zu den Ereignissen, ein Glossar der wichtigsten Fachbegriffe mit Zeichnungen zur Takelage der Schiffe. Vom gleichen Autor ist auch das Sachbuch »Hornblower, Bolitho & Co.–Krieg unter Segeln in Roman und Geschichte« als Taschenbuch im Verlag Ullstein veröffentlicht worden. Fachartikel wurden vor allem in »Schiff und Zeit« und »Deutsches Schiffahrtsarchiv« publiziert.

Romantitel	Jahr	Schauplatz
Der junge Seewolf	1774 – 1776	Nordamerikanische Küste
Die Bucht der sterbenden Schiffe	1777 – 1779	Nordamerikanische Küste
Segel in Flammen	1779 – 1782	Westindien, Südatlantik
Die Bombay - Marine	1783 – 1787	Ostindien
Der Kapitän der Zarin	1788 – 1790	Ostsee
Verrat an Frankreichs Küsten	1792 – 1795	Ärmelkanal und Biskaya

❋ 9.0302 Robert Challoner

Challoner, über dessen Person der Verlag keine weiteren Angaben macht, starb nach dem dritten Band seiner Serie zu den Erlebnissen seines Helden Lord Charles Oakshott. Es sind Romane ohne herausragende Charakteristika, solide und abenteuerreich.

Romantitel	Jahr	Schauplatz
Run out the Guns	1793	Kanal und Mittelmeer
Give Fire!	1798/99	Mittelmeer
Into Battle	1801	Ostsee

❄ 9.0303 David Donachie

Donachie ist ein junger britischer Autor, der seit 1991 publiziert und zu dessen Biographie in seinen Büchern folgende Auskunft gegeben wird: »David Donachie wurde 1944 in Edinburgh geboren. Seine Empfängnis war ausschließlich der Liebe eines Luftwaffen-Feldmarschalls zu frischem Lachs zuzuschreiben. Er wurde – wenig genug – an der ›Holy Cross Academy‹ erzogen und verließ sie mit vierzehn, um in des Vaters Beruf zu arbeiten. Seit dieser unglücklichen Erfahrung hatte er mehr Berufe als Geburtstage und verkaufte alles von der Büromaschine bis zu Seife. Seine längste Beschäftigungszeit verbrachte er in den Bühnengarderoben verschiedener Theater im Londoner Westend. Er lebt nun in Deal mit seiner Frau und den beiden Kindern Thomas und Charlotte.«

Donachies Bücher sind Kriminalromane, die auf See spielen. Der Held seiner Romane ist der frühere Flottenkapitän Harry Ludlow, der mit seinem Bruder James, dem Kunstmaler und Salonlöwen, Mord, Piraterie, Verrat und Schmuggel aufklärt. Beide sind vermögend, und Harry Ludlow führt in einigen der Romane sein eigenes Kaperschiff.

Es sind durchweg spannende Fälle, aber sie spielen eher zufällig auf See und sind nur locker mit den marinehistorischen Ereignissen der Zeit verbunden. Donachies Bücher sind, sieht man von Forrest ab, ein Seitenzweig der historischen Seeromane. Dabei ist der Autor durchaus mit den Schiffen und der Seemannschaft dieser Zeit vertraut. Die wenigen Seekampf- und Sturmszenen wirken überzeugend.

Das kann man von den Kriminalfällen nicht immer sagen. Hier ist die Handlung doch etwas an den Haaren herbeigezogen. Donachie läßt den Kommandierenden Admiral der Westindien-Station z. B. mit einem französischen Piraten zusammenarbeiten, indem er ihm Daten über lohnende Beuten zukommen läßt. Nun war das Kommando dieser Station mit so viel Prisengeld verbunden, daß kein Admiral zu kriminellen Handlungen greifen mußte. Aber immerhin, bei Sir Hyde Parker wurde gemunkelt, daß ein von ihm selbst ausgerüsteter Kaper sich nicht immer an die Regeln gehalten und die feinen Grenzen zur Piraterie überschritten habe.

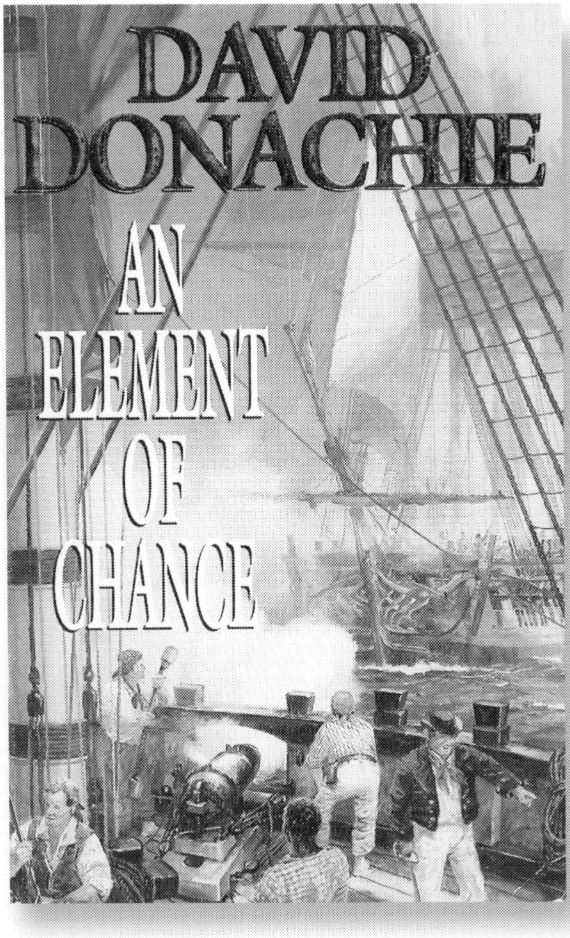

Buchumschlag eines Romans von Donachie

Aber mehr als dieses Gemunkel bleibt nicht als Stütze der Geschichte, und die Details der Handlung tragen nicht dazu bei, das Bild realistischer zu färben. Aber Kriminalgeschichten kann man schlecht mit marinehistorischen Maßstäben gerecht werden. Donachies Romane will Ullstein publizieren, und sie werden sicher auch in Deutschland ihre Liebhaber finden. Alle Romane sind als Taschenbücher bei Pan Books, London, erschienen. Kartenskizzen, Glossare oder historische Anmerkungen werden dem Leser nicht angeboten.

Romantitel	Jahr	Schauplatz
The Devil's own Luck	1793	Französische und spanische Küste
The Dying Trade	1794	Mittelmeer
A Hanging Matter	1794	Ärmelkanal
The Scent of Betrayal	1795	New Orleans
An Element of Chance	1795	Westindien

✻ 9.0304 ANTHONY FORREST

Anthony Forrest ist das Pseudonym für zwei Historiker und Schriftsteller, Anthony Brown und Norman Mackenzie. Ihr Held ist Kapitän Justice, der als Geheimagent für die Admiralität arbeitet. Er spioniert fast ausschließlich an Land, z. B. in Frankreich, wo er Nachrichten über die Invasionsflotte sammelt, in England, um die Entführung des von Fulton erbauten Tauchboots durch die Franzosen zu verhindern, oder in Holland und Dänemark, um Beweise für eine französisch-dänische Konspiration gegen England zu entdecken. Es sind also Agentenromane, die hier und da etwas marineblau eingefärbt sind. Die Romane sind spannend geschrieben. Die Autoren fügen den Romanen eine Kartenskizze bei, um dem Leser das Verständnis der Handlung zu erleichtern. Sie geben am Schluß auch historischen Anmerkungen, um die geschichtliche Situation zu erklären und den oft recht lockeren Zusammenhang zu ihrer Erzählung herzustellen. So ziehen sie z. B. Parallelen zwischen dem Bombardement Kopenhagens 1807 und der Versenkung der französischen Flotte in Oran 1940, die sie beide für gerechtfertigt halten. Seit 1984 ist kein Roman dieser Serie mehr erschienen.

Die beiden ersten Bücher sind bei Penguin Books in London erschienen, der dritte Band als Hardcover bei Allen Lane ebenfalls in London.

Romantitel	Jahr	Schauplatz
Captain Justice	1804	Frankreich
The Pandora Secret	1805	England
A Balance of Dangers	1807	Holland und Dänemark

⁂ 9.0305 Adam Hardy

In der Übersetzung dieser sieben ab 1976 bei Moewig erschienenen Bücher wurden 14 englische Groschenromane zusammengefaßt. Ab 1996 hat dann Ullstein die Bände noch einmal als Taschenbücher nachgedruckt.

Der Held dieser Serie ist George Abercrombie Fox, der während der Hinrichtung seines Onkels in Tyburn auf der Straße geboren wird. Hardy versucht, den aus der Gosse aufgestiegenen Offizier, der immer ein saufendes, fluchendes und hurendes Rauhbein bleibt, als hervorragenden Seemann und tapferen Kämpfer einzuführen, der immer wieder durch die Intrigen der besitzenden Klasse um seinen eigentlich verdienten Lohn gebracht wird. Aber er schafft es bis zur Stellung eines Commanders und am Schluß des siebenten Bandes berechtigen seine tollkühnen Taten einschließlich der Eroberung des Fultonschen Tauchbootes unter den Augen einflußreicher Adliger den Leser zu den schönsten Hoffnungen für die Zukunft dieser Teerjacke, aber dann findet die Serie keine Fortsetzung mehr.

Es ist eine sehr vordergründige Spannung, auf die Hardy setzt. Seine Sprache ist bewußt in einer Art Unterklasse - Jargon gehalten, und Fox läßt kaum ein Schimpfwort oder einen Fluch aus, was die Mannschaft bewundert und was seine Offizierskollegen verachten. Dabei ist Hardy ein Schriftssteller, der seemännische Details oft kompetent schildert, aber die historische Realität verblaßt doch sehr zur Staffage für die Haudrauf-Aktionen von Mr. Fox. An der literarischen Qualität kann es nicht gelegen haben, daß diese Romane gleich zwei deutsche Verleger fanden. Und für die Schilderung der englischen Unterschicht sind sie viel zu schematisch. Der interessierte Leser sollte einmal vergleichen, wieviel subtiler und realistischer Styles seinen Helden Fitton sich aus armen Verhältnissen emporkämpfen läßt.

Den Romanen ist ein kurzes Glossar seemännischer Fachausdrücke beigefügt.

Romantitel	Jahr	Schauplatz
Fox, Seiner Majestät Leutnant	1776 - 1778	Nordamerika
Die Beutefregatte	1798 - 1799	Mittelmeer
Das Prisenschiff	um 1799	Mittelmeer
Unter der Flagge des Admirals	um 1799	Atlantik
Landhaie und Teerjacken	um 1800	England und Ärmelkanal
Volle Breitseite	1800 - 1801	Kanal und Mittelmeer
Die Schlacht der Seewölfe	1801	Von Abukir bis zum Kanal

✱ 9.0306 Alexander Kent

Unter dem Pseudonym Alexander Kent hat Douglas Reeman, der unter seinem Namen Seeromane der letzten Weltkriege veröffentlicht, mit seiner Richard-Bolitho-Serie wohl den größten Verkaufserfolg erzielt. Über den Autor wird in den Büchern erwähnt, daß er schon mit neun Jahren von Nelsons Flaggschiff *Victory* beeindruckt war, das er in Portsmouth besuchte. Obwohl es nicht der Familientradition entsprach, meldete er sich 1941 zum Dienst in der Flotte, wo er auf Motor-Torpedobooten im Atlantik und Mittelmeer diente und zum Ersten Leutnant befördert wurde. Er soll auch aktiver Sportsegler sein.

Der Ullstein-Verlag reklamiert für Reeman/Kent eine Weltauflage von 20 Millionen Büchern, und viele vergleichen ihn mit Konsalik. Sie halten ihn für einen Fließbandschreiber, werfen ihm mangelnde Recherchen vor und beneiden ihn heimlich um seine Verkaufserfolge.

Douglas Reeman schrieb 1958 seinen ersten zeitgenössischen Roman »Die Schnellbootpatrouille«. Nach zehn Romanen aus der Weltkriegszeit begann er als Alexander Kent mit der Niederschrift der Richard-Bolitho-Serie. Im Gegensatz zu Forester startete er nicht bei einem beliebigen Lebensabschnitt seines Helden und fügte dann vor- und nachher Lebensabschnitte hinzu, nein, Reeman plante die Serie systematisch. Sein englischer Verlag gab schon nach den ersten Bänden eine Lesehilfe mit, die die Abschnitte in Richard Bolithos Leben von der Geburt 1756 bis zum Tod im Kampf 1815 auflistet. Das schließt nicht aus, daß der Autor noch das eine oder andere Abenteuer zwischen vorliegende Romane schiebt, aber zur Zeit ist er mit dem 24. Roman der Serie bis zum Jahr 1813/14 gekommen. Der Serienheld Bolitho ist nach Nelson modelliert. Das geht so weit, daß er dem Generalgouverneur von Westindien (ein Posten, den der Autor erfand) die Frau wegnimmt, eine Dame mit Vergangenheit, die Bolitho von früher kennt und mit der er, getrennt von seiner Ehefrau, Nelsons gesellschaftliche Ächtung nacherlebt. Auch Nelsons Augenerkrankung mit der Aussicht auf Erblindung quält ihn. Zu Nelsons Schlachten bei Abukir und Kopenhagen läßt Kent seinen Bolitho Parallelschlachten schlagen. »Unser Nelson« ist er für seine Leute.

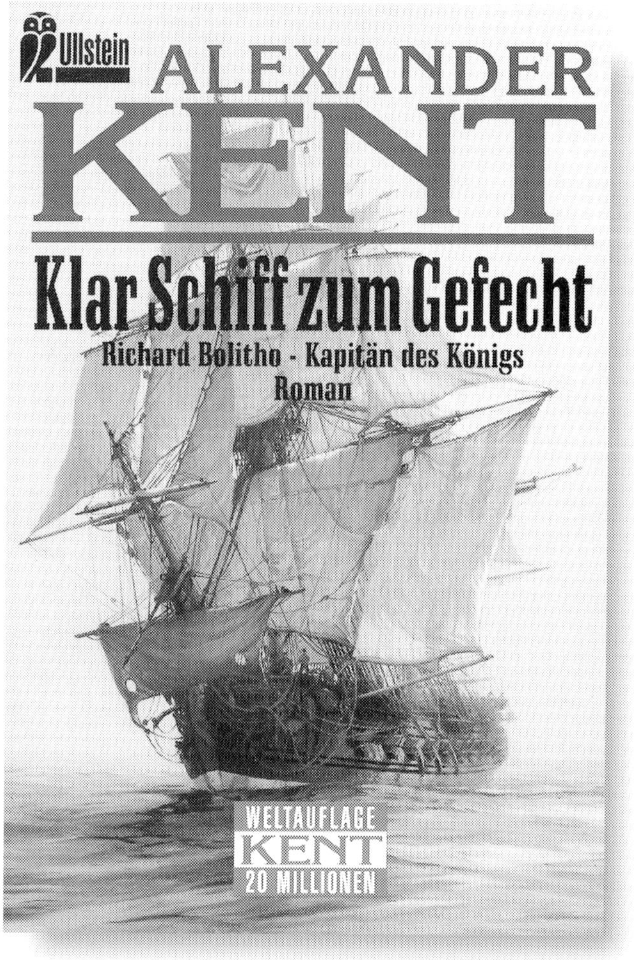

Buchumschlag eines Alexander Kent-Romans

Die ersten Romane sind farbig und voller Handlung, spannend und lebendig erzählt. Die letzten sind voller pseudopsychologischer Reflexionen, langatmig und mit wenig maritimen Erlebnissen gefüllt, dafür aber angereichert mit heroischem Pathos. Wer vermag zu sagen, ob dem Autor, der ja nebenbei noch auf etwa 25 zeitgenössische Seeromane kommt, die Gestaltungskraft ausgegangen ist oder ob er im Alter anspruchsvolle, große Literatur mit psychologischem Tiefgang verfassen will, was ihm nicht gelingt.

In marinehistorischen Fragen konnte man sich von Beginn an nicht auf Alexander Kent verlassen. Obwohl er in einem Interview im Magazin »Titel« (August/September 1983) betont, wie genau er recherchiert, sind seine Bücher voll mit irreführenden Angaben. So übernimmt Bolitho z. B. 1778 im Roman »Klar Schiff zum Gefecht« die Sloop *Sparrow*, die mit 16 Zwölfpfünder-Kanonen und zwei Zweiunddreißigpfünder-Karronaden bestückt sein soll. In jedem guten Sachbuch kann man nachlesen, daß die Standard-Bewaffnung einer Sloop zu dieser Zeit aus 18 Sechspfündern bestand. Nun wurden die Vorschriften mitunter nicht genau eingehalten. Aber es wäre schon sonderbar, wenn ein drei Jahre zuvor in England gebautes Schiff abweichend von der Regelung Neunpfünder getragen haben sollte. Zwölfpfünder waren indiskutabel. Völlig unmöglich ist es aber, daß eine Sloop in Westindien 1778 Zweiunddreißigpfünder-Karronaden führte, denn die erste Karronade für die Navy wurde von der Carron-Company 1779 vorgestellt.

Der Leser kann diese Art der Darstellung mit der von O'Brian in »Master and Commander« vergleichen. Dort übernimmt Jack Aubrey eine Sloop und möchte stärkere Buggeschütze haben. Er erprobt Zwölfpfünder-Kanonen und muß erkennen, daß sie eher sein eigenes Schiff auseinanderreißen, als daß sie dem Gegner schaden. Bei der Größe der Sloop ist Kent sehr genau und gibt sie mit 110 Fuß Länge, 30 Fuß Breite und 430 Tonnen an. 1778 hatten die britischen Sloops eine Wasserverdrängung von 300 Tonnen, und die Sloops der von Kent erwähnten Größe wurden erst ab 1793, also 15 Jahre später gebaut. Zu solchen allenthalben auftretenden Fehlern kommen Schludereien in der Übersetzung und im Lektorat. Im englischen Original steht, daß Bolitho eine Sloop als »Commander« übernimmt. In der deutschen Übersetzung wird daraus »Kapitän«, obwohl die Uniform eines Commanders beschrieben wird.

Kent selbst läßt seinen Helden dann auf dieser Sloop zum »Post Captain« befördert werden, was völliger Unsinn ist, denn diesen Rang erreichte man nur, wenn man mindestens eine Fregatte kommandierte. Die Übersetzerin hat vielleicht gewußt, daß eine derartige Beförderung in der britischen Flotte nicht möglich war und macht aus dem »Post Captain« einen Korvettenkapitän, wodurch die Angelegenheit nicht sinnvoller wird, da sie für einen echten »Post Captain«, den man mit »Kapitän zur See« übersetzen könnte, auch die Übersetzung »Fregattenkapitän« wählt. Das Lektorat verwandelt die britische Sloop im Klappentext in ein »Beuteschiff« und versteigt sich im Klappentext des Romans »Dämmerung über der See« zu der Aussage: »Man schreibt das Jahr 1809, und der Krieg gegen Napoleon, in den auch die Vereinigten Staaten von Amerika auf seiten Frankreichs eintreten, ist auf dem Höhepunkt.«

Die Vereinigten Staaten haben England aber erst 1812 den Krieg erklärt und dabei nicht mit Frankreich kooperiert. Wer sich für die britische Flotte dieser Zeit interessiert, weiß das. Wer beruflich damit befaßt ist, sollte sich sachkundig machen. Man mag sagen, daß es Beckmesserei und Erbsenzählerei sei, das Kaliber der Kanonen oder die Tonnage der Schiffe auf die Goldwaage zu legen. Die Qualität eines Romans werde dadurch nicht beeinträchtigt. Das mag stimmen, aber für die genannten Beispiele können auch viele andere stehen. Und wird die Qualität eines Romans gesteigert, wenn die Fakten nicht stimmen? Wenn ein Autor ausdrücklich auf seine genauen Recherchen verweist, dann muß man ihn doch auch beim Wort nehmen dürfen. Er könnte ja auch sagen, daß er ohne Rücksicht auf historische Genauigkeit nur die menschliche Entwicklung auf Kriegsschiffen dieser Zeit schildern wolle. Es mag viele Gründe geben, vor allem den frühen Kent zu lesen. Von der Absicht, spannend und doch sachkundig über die britische Flotte dieser Zeit orientiert zu werden, sollte man sich aber nicht leiten lassen. Von Reeman ist kein Sachbuch bekannt. Die Romane sind als Taschenbücher oder im Festumschlag im Verlag Ullstein erschienen. Die Taschenbücher enthalten kein Glossar und keine Kartenskizzen, was auch schwierig wäre, da Kent oft völlig fiktive Orte wählt.

Romantitel	Jahr	Schauplatz
Die Feuertaufe	1772	Westafrika
Strandwölfe	1773	Ärmelkanal
Kanonenfutter	1774	Südamerika
Zerfetzte Flaggen	1777	Nordamerika und Westindien
Klar Schiff zum Gefecht	1778	Nordamerika
Die Entscheidung	1781	Westindien und Nordamerika
Bruderkampf	1782/83	Westindien
Der Piratenfürst	1784	Ostindien
Fieber an Bord	1789	Pazifik
Des Königs Konterbande	1792	Ärmelkanal
Nahkampf der Giganten	1793	Mittelmeer
Feind in Sicht	1794/95	Vom Kanal zur Karibik und zurück
Der Stolz der Flotte	1797	Nordafrika
Eine letzte Breitseite	1798	Mittelmeer
Galeeren in der Ostsee	1800/01	Ostsee
Admiral Bolithos Erbe	1801/02	Ärmelkanal
Der Brander	1802/03	Westindien
Donner unter der Kimm	1803/04	Mittelmeer
Die Seemansbraut	1804	Westindien
Mauern aus Holz, Männer aus Eisen	1806	Vom Kap bis Kopenhagen
Das letzte Riff	1807	Westafrika
Dämmerung über der See	1809	Indischer Ozean
Dem Vaterland zuliebe	1811/12	Nordamerika
Cross of St. George	1813/14	Atlantik

9.0307 Kenneth Maynard

Über den Autor erfahren wir nur, daß er fünf Jahre im königlichen Nachrichtenkorps gearbeitet hat, in Ägypten, Neuseeland und Frankreich lebte, verheiratet war und zwei Kinder hatte, in Kent wohnte und nach Vollendung des vierten Romans verstorben ist. Der erste Roman wurde 1984 bei Weidenfeld und Nicolson in London veröffentlicht, der vierte und letzte 1987. Der Romanheld Matthew Lamb wird lebendig geschildert. Er erlebt Dinge, die sonst gern verschwiegen werden, z. B einen homosexuellen Bordgefährten, mit dem er sich duelliert. Die Romane sind wirklichkeitsnah und voller Aktion, lassen aber nach vier Bänden noch kein ungewöhnliches Profil erkennen. Die Bände enthalten keine Kartenskizzen und kein Glossar.

Romantitel	Jahr	Schauplatz
Lieutenant Lamb	1798-99	Atlantik und Indischer Ozean
First Lieutenant	1800	Westindien
Lamb in command	1801	Westindien
Lamb's mixed fortunes	1801	Mittelmeer

9.0308 Ellis. K. Meacham

Meacham widmet seine leider nur drei Bände umfassende Serie der Bombay-Marine, die vorher nur in der albernen Kelso-Reihe behandelt worden ist, deren Geschehnisse aber vor unserer Zeit liegen. Überflüssig zu sagen, daß die Kelso-Reihe auch einen deutschen Verlag fand, der qualitativ hochwertigere Meacham aber nicht. Die Bombay-Marine war die Kriegsmarine der Ehrenwerten Britischen Ostindischen Handelskompanie. Ihre Geschichte hat Meacham sorgfältig studiert und erweckt sie mit beachtlicher Kenntnis der seemännischen und landschaftlichen Gegebenheiten zu neuem Leben. Über den Autor wird uns in den Büchern nichts mitgeteilt. Der Held der Serie ist Percival Merewether, der 1806 das Kommando über das von der Kompanie angekaufte frühere Sklavenschiff *Rapid* mit zehn Neunpfündern übernimmt. Mit ihr erlebt er gut recherchierte Abenteuer im Indischen Ozean, wird Kommodore einer kleinen Flottille, erhält schließlich das Kommando über eine Fregatte, nimmt an der Eroberung von Ras ul Kymah teil und erlebt im Dienst der Kompanie aufregende Abenteuer in Kanton. Die Bücher sind bei Hodder and Stoughton erschienen und enthalten z. T. Kartenskizzen und Literaturhinweise.

Romantitel	Jahr	Schauplatz
The East India man	1806	Ostindien
On the company's service	1807	Ostindien
For king and company	1808	Indischer Ozean und Chinesisches Meer

❄ 9.0309 Patrick O'Brian

O'Brian ist der Doyen der historischen Marineschriftsteller. Ihm wurde die Ehre zuteil, das Vorwort für das neuere Standardwerk über die britische Flotte zu schreiben, Nelson's Navy von Lavery. Seinen Seeromanen widmeten Schriftsteller und Wissenschaftler ein Lexikon der nautischen Begriffe mit erklärenden Zeichnungen (*King, Hattendorf und Estles 1995*). Zu seinen Seeromanen erschien ein eigener Atlas (*King und Hattendorf 1996*). O'Brian schrieb nicht nur eine Biographie über Picasso und eine über Joseph Banks, den Entdecker und Naturwissenschaftler (1743-1829), er veröffentlichte 1995 auch ein kurzes Sachbuch über das Leben in Nelsons Kriegsschiffen.

O'Brian ist ein Mann, dessen kultur- und naturwissenschaftliche Kenntnisse wahrscheinlich seine maritimen noch überragen. Über sein Leben und seine Persönlichkeit teilen uns seine Verleger so gut wie nichts mit, und auch die Encyclopedia Britannica läßt uns in Stich. Er begann seine Serie 1970, und nun erscheint sie in deutscher Sprache bei Droemer/Knaur.

Patrick O'Brian gab seiner Romanserie zwei Helden, den Seemann und Navigator Jack Aubrey und den Schiffsarzt und Naturwissenschaftler Dr. Stephen Maturin. Jack Aubrey ist ein ausgezeichneter Flottenoffizier, erfahren, tapfer, schnell entschlossen. Außerdem rettet er mit Leidenschaft Menschen vorm Ertrinken wie seinerzeit Marryat, der 27 Menschen vor dem Wassertod bewahrte. Aber Dr. Maturin ist die vielseitigere, schillerndere Persönlichkeit. Er ist spanisch-irischer Abstammung, Katholik, spricht mehrere Sprachen, dient der britischen Regierung als Spion, ist nicht nur ein ausgezeichneter Arzt, sondern auch Naturwissenschaftler. Der Gegensatz beider Charaktere öffnet eine Breite psychischer Variationsmöglichkeiten, die den anderen Schriftstellern fehlt.

O'Brians Romane sind nicht in erster Linie marinehistorische Romane. Sie sind Gesellschafts- und Kulturromane, die z.T. auf See spielen. Wenn wir Jack Aubrey, auf der Hut vor seinen Gläubigern, beim Weg durch London begleiten, dann erfahren wir mehr über das alte Stadt- und Schuldenrecht als aus einer sozialhistorischen Abhandlung. Wenn Dr. Maturin beschreibt, was er auf einem der so selten möglichen Ausflüge an Land sah, dann erhalten wir eine biologische Vorlesung. Und wenn wir die beiden in ihren so unterschiedlichen Beziehungen zu Frauen erleben, dann lernen wir viel über die vorviktorianische Gesellschaft.

O'Brian stellt an seine Leser auch die höchsten literarischen Ansprüche. Seine Wortwahl und sein Satzbau machen es dem Ausländer nicht leicht, und auch der Engländer braucht eine gute Bildung, um ihm zu folgen. Jeder moderne Aktionismus ist ihm fremd. Seine Dramaturgie ist eigenwillig. Ich erinnere mich, daß ich am Schluß eines Bandes glaubte, daß Seiten fehlten.

Er führt uns auch nicht nur an die üblichen Schauplätze der Seekämpfe, sondern geleitet uns zu entlegenen Meeren und Inseln und zeigt uns ihre Fauna und Flora ebenso wie die Lebensweise der Bewohner der Länder, die sie begrenzen.

Vorbild für O'Brians Jack Aubrey ist ohne Zweifel der berühmte, rebellische, aufmüpfige Lord Cochrane, den die Regierung mit einem untergeschobenen Finanzskandal vorübergehend aus dem Dienst jagte. Auch darüber schreibt O'Brian kenntnisreich. Selbst wenn er nicht die detaillierte Kenntnis der Schiffe und Waffen und ihrer Handhabung besitzt wie Dudley Pope, sein Wissen ist vielfältiger und fordert den Leser sehr.

Die Genauigkeit in marinehistorischen Details ist ihm nicht so wichtig. Er schildert in »Duell vor Sumatra« eine Sitzung der Comissioners der Admiralität nach der Amtsniederlegung von Lord Melville als Erster

Lord. Sein Nachfolger war Charles Middleton, Lord Barham, als Kapitän der Flotte und langjähriger Vorsitzender des Navy Board ein intimer Kenner der Flotte. Bei O'Brian wird er zu einem Narren, zu einem politischen Taktierer, der nichts von der Flotte versteht. Lord Melville, als Henry Dundas einer der korruptesten Politiker, wird dagegen als großartiger Marinechef gerühmt. Die Übersetzung macht alles noch schlimmer. Aus dem »First Lord« wird der »Erste Seelord«, was eine andere Position ist, wie in Kapitel 2.02 beschrieben wurde. Nun wird es völlig unsinnig, einen solchen Mann als Politiker zu bezeichnen und ihm die Flottenerfahrung abzusprechen, denn der »Erste Seelord« war per Definition der erste der »professionellen Lords« und als solcher immer Marineoffizier. Ein »rear-admiral of the Blue« ist in der Übersetzung nicht ein Konteradmiral der Blauen Flagge (*vgl. Kapitel 3.04*), sondern ein »Konteradmiral der blauen Territorien«, was immer das sein mag.

O'Brian hat wie Pope mit seinen Romanen einen derartigen Erfolg gehabt, daß er ihre Handlung in den

Romantitel	Jahr	Schauplatz
Kurs auf Spaniens Küste	1800-1801	Mittelmeer
Feindliche Segel	1802-1804	Frankreich und Kanal
Duell vor Sumatra	1804-1806	Mittelmeer und Ostindien
The Mauritius Command	1809-1810	Südatlantik und Indischer Ozean
Desolation Island	Um 1811	Südatlantik und Indischer Ozean
The fortune of war	1812-1813	Indischer Ozean und Atlantik
The Surgeon's mate	1813	Ostsee, Kanal, Frankreich
The Ionian mission	Undatiert	Mittelmeer
Treason's harbour	Undatiert	Mittelmeer und Rotes Meer
The far side of the world	1813-1814	Südatlantik und Südpazifik
The reverse of the medal	Undatiert	Atlantik und England
The letter of marque	Undatiert	Atlantik und Ostsee
The thirteen-gun salute	1813-1814	Atlantik und Ostasien
The nutmeg of consolation	Undatiert	Indonesien, Australien
Clarissa Oakes	Undatiert	Südsee
The wine-dark sea	Undatiert	Pazifik und Südamerika
The commodore	Undatiert	England, Westafrika, Irland
The yellow admiral	Undatiert	Ärmelkanal

Kriegsjahren gar nicht mehr unterbringen kann. Seine späten Romane sind daher auch fast alle undatiert und spielen in einer Welt, die mit dem realen Kriegsgeschehen nur lose verknüpft ist. In seinen ersten Romanen steht der Flottenalltag viel stärker im Vordergrund. In den späten Romanen sind die kultur- und naturhistorischen Beschreibungen unverändert genau und überzeugend, aber in seiner psychologischen Analyse der Charakterent- und -verwicklungen wird ihm nicht mehr jeder seiner Leser mit Zustimmung und Freude folgen wollen.

Die deutschen Übersetzungen sind bei Knaur erschienen, die englischen Texte bei Harper Collins oder Fontana. Die deutschen Taschenbücher enthalten ein kleines Glossar der seemännischen Fachausdrücke.

Umschlagtitel eines Romans von Patrick O'Brian

9.0310 Cyril Northcote Parkinson

Parkinson, geb. 1909, Historiker und Soziologe, ist vor allem bekannt wegen seiner Bürokratieforschung, weniger wegen seiner Sachbücher über den Handel im Fernen Osten, wegen seiner Biographien und Anthologien aus Nelsons Zeit, die er herausgab, und noch weniger wegen der sechs historischen Seeromane, die er schrieb. Sein Name ist nun einmal verbunden mit dem Parkinsonschen Gesetz, nach dem sich Bürokratien von einer gewissen Größe an selbst die Arbeit schaffen, die sie am Laufen erhält.

In der Marinegeschichte ist Parkinson als kenntnisreicher Historiker geschätzt, der neben einer Geschichte der britischen Flotte zu ihrer großen Zeit vor allem die Handelsverbindungen der damaligen Zeit analysiert, die Literatur über die britische Flotte aufgearbeitet und Biographien von Zeitzeugen herausgegeben hat.

Seine Seeromane um seinen Helden Richard Delancey sind historische Kabinettstückchen. 1973 erschien sein erster Roman »Devil to pay«, der bereits 1975 im Marion von Schröder Verlag unter dem Titel »Das Kaperschiff« veröffentlicht wurde. Nur noch sein zweiter Roman wurde übersetzt, diesmal bei Heyne unter dem Titel »Der Branderkapitän«.

Parkinsons Romane spielen vorzugsweise im Kanal, einer auch im Mittelmeer, einer im Indischen Ozean und der zur Jugend des Helden nachgeliefert sechste Roman zeitweilig auch in New York. Richard Delancey, sein Held, ist nicht so heroisch stilisiert wie Kents Bolitho. Er ist ein nachdenklicher, eher zurückhaltender Mann, der uns an seinen Überlegungen teilnehmen läßt, wie er zu Prisengeld kommen kann, um die alte Stellung seiner Familie wieder zu erringen. Wir erfahren viel über die Schmuggler auf den Kanalinseln. Das ist nicht so spektakulär wie bei Donachie, aber wesentlich realistischer. Es sind spannende, intelligente und kenntnisreich geschriebene Romane, bei der die Seemannschaft etwas zugunsten der Marinegeschichte zurücktritt.

Der zweite Roman ist im M. von Schröder-Verlag Düsseldorf und wie der dritte auch als Heyne Taschenbuch, alle anderen sind in London als Methuen Paperbacks erschienen. Alle Bücher – außer der deutschen Ausgabe im Schröder-Verlag – enthalten Kartenskizzen, um die Schauplätze zu veranschaulichen.

Umschlagtitel der deutschen Übersetzung eines Parkinson-Romans

Romantitel	Jahr	Schauplatz
The Guernseyman	1776-1783	Nordamerika, Kanal und Gibraltar
Das Kaperschiff	1794-1796	Kanal
Der Branderkapitän	1796-1798	Kanal und Irland
Touch and go	1799-1802	Mittelmeer und Kanal
So near, so far	1803-1804	Kanal
Dead reckoning	1805-1811	Ostindien

9.0311 Dudley Pope

Pope ist neben Kent und O'Brian der erfolgreichste Marineschriftsteller. Er hat nicht nur Sachbücher, sondern auch drei Romanserien zu unterschiedlichen Zeiten der britischen Geschichte geschrieben. Sein bekanntestes und wichtigstes Sachbuch ist wahrscheinlich »Life in Nelson's Navy«, aber er hat auch eines über die Schlacht bei Trafalgar, ein anderes über die Meuterei auf der *Danae* im Jahr 1800 und weitere Sachbücher über den zweiten Weltkrieg und über den Piraten Henry Morgan geschrieben.

Eine Romanserie spielt auch in der Zeit Henry Morgans, zwei andere Romane im letzten Weltkrieg. Aber die größte und bekannteste Romanserie ist die über Lord Ramage in der Zeit Nelsons.

Dudley Pope, geboren 1925 und kürzlich verstorben, diente im letzten Krieg bei der Handelsmarine und wurde verwundet, als sein Schiff im Atlantik torpediert wurde. Danach widmete er sich der Marineschriftstellerei und der Jachtsegelei. Er hatte seine eigne 37-Tonnen-Ketsch, auf der er mit seiner Frau die letzten Jahrzehnte lebte und mit der er hauptsächlich in der Karibik segelte. Er war der beste Kenner des Alltagslebens in Nelsons Flotte sowie der Details des Schiffsbaus und der Seemannschaft. Was Pope darüber nicht wußte, ist nicht wert, daß man es weiß.

Diese eminente Sachkenntnis birgt für einen Schriftsteller die große Gefahr, daß er die Sachkenntnis immer wieder dem Leser vermitteln will. Daher finden wir auch in Popes Romanen retardierende, ja langatmige Passagen, in denen er detailverliebt irgendwelche Einzelheiten einer Ausbesserung in der Takelage beschreibt. Der Leser kann es in dem Roman »Ramage und der feindliche Konvoi« auf den Seiten 158 bis 180 nachlesen, wie Ramage die Reparatur einer Rah schildert. In dem Roman »Ramage und die Abtrünnigen« schreibt er z. B. :»Sobald die Calypso den Ärmelkanal hinter sich gelassen hatte, waren die Ankertrossen von den Ankern losgenommen, unter Deck geholt und im Kabelgatt verstaut worden. Die Ankerklüsen auf jeder Seite, durch die die Trossen fuhren, wenn das Schiff vor Anker lag, waren zuerst mit einem genau passenden Klüsenpropfen verstopft und dann mit einem hölzernen Klüsendeckel verschlossen worden, der durch Eisenstangen verstärkt war und dafür sorgte, daß kein Wasser durch die Klüsen eindringen konnte.« Es geht

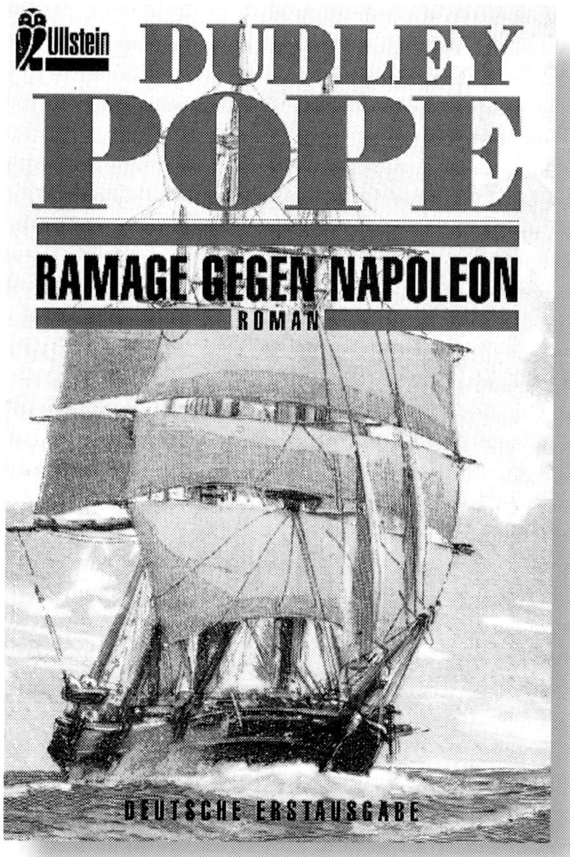

Umschlagtitel eines Romans von Dudley Pope

noch einige Absätze so weiter, und Pope beschreibt Details, die viele seiner Kollegen überhaupt nicht kennen. Allerdings erhöht das die Lesbarkeit nicht gerade, und wenn die Übersetzung dann noch in der Seemannssprache schwelgt, wird mancher abgeschreckt.

Popes Serie beginnt 1796, als sein Held Leutnant Lord Ramage die Herrscherin von Volterra vor der französischen Besatzung rettet. Der Erfolg brachte Pope in Schwierigkeiten. Er mußte seinen Helden immer neue Abenteuer erleben lassen, die er in der realen Zeit kaum unterbringen konnte. Aber die historischen Ereignisse sind Pope auch nicht so wichtig. Er nimmt sie als Anknüpfungspunkt und entwickelt dann seine Geschichte sehr souverän. Was sein Held alles vollbringt, rückt ihn in die Nähe eines Wundermanns, aber Pope vermeidet heroisches Pathos. Er läßt seinen Helden auch oft unter Intrigen leiden und hat eine gewisse Vorliebe für die Schilderung von Kriegsgerichtsverfahren. Bevorzugte Aktionsgebiete sind die Karibik und das Mittelmeer, die Pope mit Detailkenntnis beschreibt. Seine letzten Romane erscheinen mitunter

Romantitel	Jahr	Schauplatz
Leutnant Ramage	1796	Mittelmeer
Die Trommel schlug zum Streite	1796/97	Mittelmeer
Ramage und die Freibeuter	1797	Westindien
Kommandant Ramage	1798	Westindien
Ramage in geheimer Mission	1799	Atlantik
Ramage-Lord Nelsons Spion	1801	Frankreich
Ramage und das Diamantenriff	vor 1802	Westindien
Ramage und die Meuterei	vor 1802	Westindien
Ramage und die Rebellen	vor 1802	Westindien
Ramage gegen Napoleon	vor 1802	Mittelmeer
Ramage und der feindliche Konvoi	vor 1802	Mittelmeer
Ramage und die Abtrünnigen	1802	Südatlantik
Ramage's Devil	1803	Atlantik
Ramage's Trial	1803	Atlantik
Ramage's Challenge	1804	Mittelmeer
Ramage at Trafalgar	1805	Atlantik
Ramage and the Saracens	1806	Mittelmeer
Ramage and the Dido	1807	Westindien

langatmig, aber wer sich über die britische Flotte zur damaligen Zeit informieren will, wird aus ihnen mehr lernen als aus manchen Sachbüchern.

Die Romane enthalten z.T. Kartenskizzen und historische Anmerkungen. Die deutschen Übersetzungen liegen jetzt bei Ullstein als Taschenbücher vor, die anderen bei Alison Press, London.

✵ 9.0312 Showell Styles

Die jetzt zu beschreibende kleine Serie und ihr Autor nehmen eine Sonderstellung ein. Der Held der Serie, Michael Fitton, hat wirklich gelebt und taucht in den Berichten der damaligen Zeit auf. Clowes erwähnt ihn im fünften Band seiner Geschichte der Royal Navy allein an vier Stellen und in meinem »Naval Chronicle« von 1807 steht z.B. auf S. 432:

> *»Seiner Majestät Schoner Pitt, Aruba, April 20, 1810*
>
> *Sir, Ich habe die Ehre Sie zu informieren, daß ich am 13. des Monats den spanischen bewaffneten Schoner Abeja, beladen mit Kakao, gekapert habe. Wir haben heute den französischen Kaper Fou Fou, eine Kanone und 43 Mann, vor vier Tagen aus St. Domingo ausgelaufen, erobert. Er hatte noch keine Prise gekapert.*
>
> *Ich habe die Ehre etc. etc. M. Fitton, Lieutenant«*

Der Autor, der für uns Michael Fitton wiedererweckt, hat am meisten Bücher von allen bisher genannten geschrieben. Über 120 Bücher stehen auf der Liste seiner Publikationen, die einen weiten Rahmen von Kinderbüchern über Kriminalromane, Reisebücher und Erlebnisbücher aus seinen geliebten Bergen bis zu Sachbüchern über die Flotte umspannen. Showell (Frank) Styles, der auch unter dem Pseudonym Glyn Carr schrieb, wurde 1908 geboren, diente von 1939–1946 in der Flotte, aus der er als Commander ausschied, und begann dann 1946 als Schriftsteller. Er ist verheiratet und hat drei Kinder. Er hat zwei arktische und eine Himalaja-Expedition geleitet und ist Ehrenmitglied der Königlichen Geographischen Gesellschaft. Nur ein Teil seiner seehistorischen Romane aus der Zeit Nelsons erscheint in der Fitton-Serie. Andere sind Einzelromane wie z.B. »Stella and the Fireship«. Außerdem sind Biographien, sorgfältig recherchiert, als Erzählungen erschienen, wie z.B. die Duncan-Biographie »Sea Road to Camperdown« oder die Biographie des Siegers von Lissa, William Hoste, »Nelson's Mid-

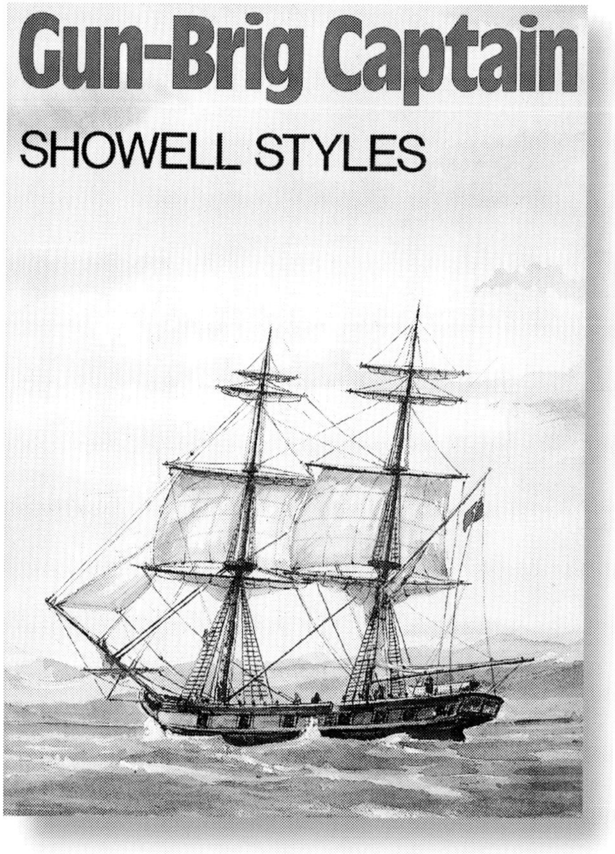

Umschlagtitel eines Romans von Showell Styles

shipman«. Verbreitung und Übersetzung seiner Serie hat Styles erschwert, weil er bei verschiedenen Verlagen veröffentlicht hat. Fitton ist im Vergleich zu den anderen Romanhelden fast ein Antiheld. Steigen diese unaufhaltsam auf der Karriereleiter empor, so bleibt Fitton, aus kleinen Verhältnissen stammend und ohne Protektion, bis ins reife Alter Deckoffizier. Aber da er ein hervorragender Seemann ist, tapfer und mit einem sechsten Sinn für Prisen begabt, holen ihn die Kommandierenden Admirale immer wieder in die Karibik, geben ihm das Kommando über Schoner, die die Offiziersmesse als Tender finanziert, um an den Prisengeldern zu partizipieren. Schließlich kann auch der Admiral, der Fitton haßt, seinen Weg nicht mehr hemmen. Er wird Leutnant und kommandiert eine Kanonenbrigg auf der Fahrt durch den Kleinen Sund. Styles' Romane lassen hervorragende Sachkenntnis und gute historische Recherche erkennen. Er beschreibt seinen Helden ohne jedes Pathos. Es gibt keine spannendere und wirklichkeitsnähere Schilderung über das Leben und den Kampf auf kleinen Schiffen. Ich bekenne gern, daß Styles einer meiner Lieblingsautoren ist. Aber wahrscheinlich konnte auch nur ein auf vielen Gebieten erfolgreicher Autor so ohne Rücksicht auf vordergründigen Publikumsgeschmack schreiben.

Die Romane sind als Hamlyn Paperbacks, bei Kimber und bei Hale erschienen. Sie enthalten z. T. Kartenskizzen und historische Verweise.

Romantitel	Jahr	Schauplatz
Mr. Fitton's Prize	1793-1795	Ärmelkanal
A sword for Mr. Fitton	1799-1802	Westindien
Mr. Fitton's comission	1803-1806	Westindien
Baltic convoy	1812	Ostsee
Gun-brig captain	1813	Biskaya
A ship for Mr. Fitton	1815	Mittelmeer
Mr. Fitton at the helm		in Auslieferung

❋ 9.0313 Richard Woodman

Woodman ähnelt Styles in mehr als einer Beziehung. Auch sein Held, Nataniel Drinkwater, ist kein junger Superman, sondern jemand, der sich langsam die Rangleiter empormüht, ein schlichter, tapferer Offizier, den im Alter Verwundungen quälen. Richard Woodman ist ein Autor mit großer seemännischer Erfahrung. Mit 16 Jahren verließ er die Schule und segelte auf Rahseglern große Ozeanrennen mit. Er erhielt dann eine Ausbildung in der Handelsmarine, fuhr als Offizier vor allem im Liniendienst nach Fernost und kommandierte zwei Jahrzehnte einen Versorgungstender des Trinity-Hauses, jener berühmten Institution, die für die Markierung der britischen Gewässer ebenso zuständig war wie seinerzeit für die Examen der Master. Auch

Umschlagtitel eines Romans von Woodman

Woodman schreibt ohne Kentsches Pathos. Seine Segelszenen im Sturm zählen zu den besten, die man in der Marineliteratur findet. Er hält sich an historische Vorlagen. Darin ist er in den ersten Romanen etwas genauer. In den letzten Romanen wirken die historischen Anlässe oft etwas weit hergeholt. Sein Held, Kapitän Drinkwater, ist zum Kriegende ein verbrauchter, an Verwundungen und Krankheiten leidender, resignierter Mann, ein realistisch gezeichneter Flottenoffizier ohne Pathos. Die Romane enthalten historische Anmerkungen des Autors und Kartenskizzen, die auch in mehrere Taschenbücher der Übersetzungen übernommen wurden. Alle Romane sind als Taschenbücher bei Ullstein erschienen.

Romantitel	**Jahr**	**Schauplatz**
Die Augen der Flotte	1779 - 1781	Atlantik und Nordamerika
Kutterkorsaren	1792 - 1797	Ärmelkanal
Kurier zum Kap der Stürme	1798 - 1800	Mittelmeer und Rotes Meer
Die Mörserflottille	1800 - 1801	Ostsee
Die Korvette	1803	Nordmeer
Die Wracks von Trafalgar	1804 - 1806	Atlantik
Der Mann unterm Floß	1807	Ostsee
In fernen Gewässern	1807 - 1808	Nordpazifik
Der falsche Lotse	1808 - 1809	Ostindien
Unter falscher Flagge	1809 - 1810	Nordsee
Das fliegende Geschwader	1811 - 1813	Atlantik
Unter dem Nordlicht	1813 - 1814	Nordsee
Der Schatten des Adlers	1814	Atlantik

9.04 Die Themenschwerpunkte der Seeromane

Die meisten Seeromane werden den Fahrten und Kämpfen kleinerer Schiffe, meist Fregatten, gewidmet. Die bevorzugten Orte der Handlung sind Mittelmeer und Karibik. Auch für diese Themenwahl lassen sich gute historische Argumente finden. Einzelgefechte gehen in der Seekriegsgeschichte oft unter. Tatsächlich waren sie recht zahlreich und in ihrer Summe wichtig für den Kriegsausgang. Wenn auch die großen französischen Kriegshäfen häufig blockiert waren, so gab es doch rege Aktivitäten kleinerer Kriegs- und Kaperschiffe, die immer wieder durch die Blockade schlüpften.

Häufig kann man in den Romanen von den gefährlichen kleinen Luggern und von den schnellen Fregatten lesen. Daß bei den englischen Autoren die britischen Schiffe mit diesen Feinden etwas besser fertig werden, als dies in der Realität geschah, mag verständlich erscheinen. Doch nur als Folge des Ost-West-Gegensatzes nach 1945 ist wohl zu erklären, daß der erhebliche Kampfanteil der russischen Flotte in diesen Jahren in den Romanen nie erwähnt wird. Immerhin war das gesamte östliche Mittelmeer während einiger Jahre in russischer (und türkischer) Hand, und russische Schiffe und Soldaten kämpften gemeinsam mit Engländern und Verbündeten bei Landungen in Italien.

Der größte Teil der englischen Flotte war im Blockade- und im Konvoidienst absorbiert. In den Romanen tritt dieser Dienst stark zurück, was verständlich ist, denn es handelte sich um wenig spektakuläre Routineeinsätze. Während des Krieges fanden vier berühmte Schlachten statt:

- **die Vernichtung der französischen Ägyptenflotte bei Abukir (in England: Schlacht am Nil),**
- **der Sieg von Saumarez im Verfolgungskampf von Algeciras nach Cadiz,**
- **die Schlacht vor Kopenhagen und**
- **Duncans Sieg bei Camperdown.**

In den Romanen hat die Seeschlacht bei Algeciras am meisten Beachtung gefunden. Sie ist zur dramatischen Darstellung wahrscheinlich auch darum besonders geeignet, weil Admiral Saumarez eine anfängliche Niederlage durch den beispiellosen Einsatz seiner Seeleute in einen Sieg verwandeln konnte. O'Brian und Parkinson haben dieses Ereignis in ihren Romanen aufgegriffen. Abukir tritt demgegenüber erstaunlich zurück. Hardys Leutnant Fox hat in der »Beutefregatte« nur eine beiläufige Beobachterrolle, und Kent läßt seinen Bolitho in »Eine letzte Breitseite« eine fiktive Seeschlacht gewinnen, die aber nur zeitliche und räumliche Nähe mit Abukir gemeinsam hat. Auch in »Galeeren in der Ostsee« hat Kent eine fiktive Schlacht parallel zu Nelsons Angriff auf Kopenhagen ersonnen, während Woodmann in »Die Mörserflottille« seine Handlung in den historischen Rahmen einfügt. Woodmans Held erlebt auch Camperdown.

Die herausragende Persönlichkeit als Flottenführer ist in diesen Jahren ohne Zweifel Horatio Nelson. Am deutlichsten von allen Romanhelden ist Foresters Horatio Hornblower nach diesem Vorbild modelliert, auch wenn Forester seinen Romanhelden andere Abenteuer erleben läßt. Dagegen läßt Alexander Kent seinen Richard Bolitho eine Karriere machen, die auffällig viele Parallelen zu Nelsons Taten aufweist. Es wurde schon erwähnt, daß er parallel zu Nelson in Seeschlachten bei Abukir und Kopenhagen siegt. Auch Bolitho verfolgt wie Nelson vor Trafalgar ein französisches Geschwader über den Atlantik und zurück, ehe er es vor Spaniens Küste besiegt. Bolitho erlebt den gesellschaftlichen Skandal mit einer Geliebten, und er leidet wie Nelson an einer Augenerkrankung. Nelson war aber sehr früh schon Kapitän eines Linienschiffes, dann Kommodore und Admiral. Beispiele für erfolgreiche Fregattenabenteuer bot seine Laufbahn kaum.

Ein anderer Seeheld lieferte dafür um so mehr Vorbilder: Thomas Cochrane, Lord Dundonald. Fast alle Romanautoren haben bei ihm Anleihen gemacht, am meisten O'Brian, dessen Jack Aubrey mit der Sloop *Sophie* die Fahrten Cochranes mit der Brigg *Speady* fast authentisch nachzeichnet. Aber auch Dudley Popes Lord Ramage erlebt als Romanfigur vieles von dem, was Cochrane in Wirklichkeit tat. Ebenso schauen Parkinsons Richard Delancey, Foresters Hornblower und Maynards Lamb Cochrane über die Schulter.

Lord Thomas Cochrane (1775 - 1860), aus verarmtem schottischen Adel, war eine der bemerkenswertesten Persönlichkeiten der Royal Navy. An persönlichem Mut, an Einfallsreichtum, Führereigenschaften und taktischem Geschick stand er Nelson sicher nicht nach. Sein Leben bietet Stoff für mehr als ein Dutzend Romane. Ob es um die Enttarnung eines französischen Schatzschiffes in der Maske eines amerikanischen Frachters, um den heimlichen Besuch englischer Seeleute in Tetuan (Parkinson: »Touch and Go«), um den Sieg einer kleinen Brigg über eine spanische Fregatte oder um die Kriegslist geht, sich als verseuchtes dänisches Handelsschiff vor Durchsuchung zu schützen, alles hat Cochrane vorgemacht. Als Kapitän der Fregatten *Pallas* und *Imperieuse* hat er ganze Konvois und ein halbes Dutzend feindlicher Fregatten gekapert, hat im Mittelmeer französische Signaltelegraphen zerstört und das Codebuch erbeutet (»Ramage und der feindliche Konvoi«), er hat in die Kämpfe der Spanier gegen die Franzosen eingegriffen, Forts erobert und verteidigt (Forester: »An Spaniens Küsten«). Er hat den verwegenen Branderschiff-Angriff gegen eine französische Flottille auf der Reede von Oleron geführt (Hardy: »Volle Breitseite«).

Lord Cochrane hatte alle Fähigkeiten, ein erfolgreicher Flottenführer wie Nelson zu werden. Aber er war noch nicht populär genug, als er sich ins Parlament wählen ließ und dort die Mißstände und Korruption in der Admiralität öffentlich anprangerte. Er war starrköpfig und undiplomatisch genug, nach dem Angriff von Oleron seinen Admiral der Feigheit zu bezichtigen. Die mittelmäßigen Bürokraten der Admiralität haben ihn ruiniert. Ein Indizienprozeß wegen eines ihm in die Schuhe geschobenen Börsenschwindels (O'Brian: »The Reverse of the Medal«) führten zu seiner Verurteilung und zum Ausschluß aus der Marine. Seine sehr späte Rehabilitation hat nichts mehr daran ändern können, daß die politische Verwaltung England um einen seiner größten potentiellen Flottenführer betrogen hat.

Wie fast alle großen Organisationen war auch die englische Marine ein Nährboden für Intrigen und Korruption. Oft klingt das in den Romanen an. Niemand hat das Thema deutlicher aufgegriffen als Dudley Pope, dessen Held Nicholas Ramage sich häufig gegen Intrigen und Anklagen wehren muß, besonders in dem Roman »Ramage's Trial«.

Die englische Kriegsmarine hat ihre Erfolge trotzdem errungen. Den Hauptanteil hatten sicher die Deckoffiziere und Mannschaften, die in den Romanen nur als Statisten auftreten. Die meisten Merkmale der Deckoffiziere, aus deren Reihen er kommt, zeigt Showell Styles Michael Fitton.

Die technischen Erfindungen dieser Jahre, besonders Fultons Tauchboot und sein Dampfschiff, aber auch Congreves Raketen, haben das Interesse einiger Romanautoren angeregt. Hardy läßt seinen Commander Fox in »Die Schlacht der Seewölfe« sogar ein erbeutetes Tauchboot benutzen. Parkinsons Richard Delancey hat in dem von 1802-1804 spielenden Roman »So Near, so Far« Verständnis für die Möglichkeiten des Dampfschiffes, aber als er das Tauchboot versenkt, ist er ebenso erleichtert wie A. Forrests John Justice in »The Pandora Secret«.

Abseits von den üblichen Schauplätzen führen uns vor allem Woodman und O'Brian.

Wenn man die Seeromane überblickt, so decken sie ein großes Spektrum ab. Fast alle Aktivitäten der Flotte finden ihren Erzähler. Wer Freude an historisch getreuer Schilderung hat, wird ebenso seinen Autor finden wie der Liebhaber seemännischer Kabinettstückchen. Keine militärische Organisation aus früherer Zeit hat eine so intensive Darstellung in der erzählenden Literatur gefunden, denn es darf ja nicht vergessen werden, daß neben den hier angeführten Serien auch noch eine große Anzahl von Einzelromanen existiert. Diese Beachtung scheint gerechtfertigt, denn wo sonst fände sich eine solche Bandbreite von Schauplätzen, Ereignissen und menschlichen Schicksalen wie in jener Flotte, die als Herrscherin der Meere nicht nur ihr Land vor dem Welteroberer schützte.

Kapitel 10.00

Literatur

10.1 Literaturempfehlungen

Zusätzlich zur Literaturliste im nächsten Abschnitt werden hier Empfehlungen zu den einzelnen Kapiteln gegeben, die dem interessierten Leser den ersten Zugang zur weiterführenden Literatur erleichtern sollen.

Kapitel 1: Der Weg Englands zur See- und Weltmacht

Einen sehr guten und reich illustrierten Überblick über die Geschichte der europäischen Flotten bieten:

Meyer, Jean u. Acerra, Martine: Segelschiffe im Pulverdampf. Das Ringen um die Seeherrschaft in Europa. Bielefeld: Delius Klasing 1996

Für die Detailgeschichte der Flottenrüstung und -kämpfe sind immer noch unentbehrlich:

James, W.: The naval history of Great Britain, 6 Bände. London: Bentley & Son, 1886 f.

Clowes, W.L.: The royal navy. A history from the earliest times to the present , 7 Bände. London: Sampson Low, Marston & Co. 1896 f.

Zur gesellschaftlichen und wirtschaftlichen Entwicklung Englands kann man heranziehen:

Emsley, C.: British society and the French wars, 1793-1815. Totowa: Rowman and Littlefield 1979

Morton, A. L.: Volksgeschichte Englands. Berlin: Dietz 1956

Plumb, J. H.: England in the eighteenth century. London: Penguin 1951

Treue, W.: Wirtschaftsgeschichte der Neuzeit. Stuttgart: Kröner 2/1966

Die bedeutende Rolle Westindiens veranschaulicht am gründlichsten:

Duffy, M.: Soldiers, sugar, and seapower. Oxford: Clarendon Press 1987

Kapitel 2: Die Kommandozentren der britischen Flotte

Zur Entwicklung der Admiralität, der Boards und Komitees gibt die genauesten und übersichtlichsten Informationen:

Rodger, N.A.M.: The Admiralty. Lavenham: Terence Dalton 1979

Kürzer werden die Organisationen beschrieben in:

Lavery, B.: Nelson's navy.
The ships, men and organisation 1793-1815.
London: Conway 1989

Interessante Details zur Bezahlung der Schreiber und andere Interna findet man bei:

Pope, D.: Life in Nelson's navy.
Annapolis: Naval Institut Press 1981

Unentbehrlich für Details sind auch hier die umfangreichen Werke zur Marinegeschichte von:

Clowes, W.L.: The royal navy. A history from the earliest times to the present , 7 Bände.
London: Sampson Low, Marston & Co. 1896 f

James, W.: The naval history of Great Britain, 6 Bände.
London: Bentley & Son, 1886 f.

Über Signalstationen und Nachrichtenübermittlung orientieren am besten:

Kent, B.: Signal! A History of Signalling in the Royal Navy.
Clanfield: Hyden House 1993

Holmes, T.W.: The Semaphore.
The Story of the Admiralty-to Portmouth Shutter Telegraph and Semaphore Lines 1796 to 1846.
Devon: Stockwell 1983

Kictchen, F.: The Napoleonic War Coast Signal Stations.
In: Mariner's Mirror 76 (1990), S. 337-344

Kapitel 3: Offiziere und Mannschaften

Immer noch unentbehrlich und von jüngeren Darstellungen eifrig benutzt ist:

Lewis, M.: A social history of the navy:
London: Allen & Unwin 1960

Nicht so systematisch, aber durch viele Details lesenswert, sind:

Pope, D.: Life in Nelson's navy.
Annapolis: Naval Institut Press 1981

Kemp, P.: The British sailor, a social history of the lower deck.
London: Dent & sons 1970

Sehr genau und zuverlässig ist unter Einschluß der Zeit vor 1793:

Rodger, N.A.M.: The wooden world.
An anatomy of the Georgian navy.
London: Collins 1986

Illustrativ beschreibt das Leben der Seeleute der sonst nicht immer genaue:

Masefield, J.: Sea life in Nelson's time.
London: Conway, 1905, 1971

Einen guten Überblick liefert auch:

Lavery. B.: Nelson's navy.
The ships, men and organisation 1793-1815.
London: Conway 1989

Kapitel 4: Die Schiffe

Zur Einführung in die hier behandelten Themen ist das von Gardiner herausgegebene handliche Sammelwerk am besten geeignet, in dem die Verfasser der Spezialwerke zu Teilthemen in einzelnen Kapiteln Zusammenfassungen liefern:

*Gardiner.R.(Hrsg.): The Line of Battle.
The Sailing Warship 1650-1840.
London: Conway 1992*

Einen guten Überblick verschafft auch Howards Buch, wenn es auch leider nicht durch ein Register erschlossen wird.

*Howard, F.: Sailing Ships of War.
London: Conway 1979*

Obwohl Harlands Buch sich zentral mit der Schiffsführung beschäftigt, ist es so ausgezeichnet illustriert und geht so intensiv auf Details des Schiffsbaus sowie der Takelage und der Segel ein, daß man es mit Gewinn hinzuziehen kann.

*Harland, J.: Seamanship in the Age of Sail.
London: Conway 1984*

Sehr detailliert sind:

*Lavery, B.: The 74-gun ship Bellona.
London: Conway 1985*

und

*White, D.: The Frigate Diana.
London: Conway 1987*

Das Standardwerk über die Takelung und Besegelung legt ein deutscher Autor vor.

*Marquardt, K. H.: Bemastung und Takelung
von Schiffen des 18. Jahrhunderts.
Bielefeld: Delius Klasing 1986*

Kapitel 5: Die Waffen

Sehr instruktiv ist die zeitgenössische Darstellung eines bekannten Artilleristen, die im Nachdruck vorliegt:

*Douglas, H. Sir: A treatise on naval gunnery 1855.
London: Conway Maritime Press 1982.*

In deutscher Sprache gibt einen Überblick:

*Padfield. P.: Waffen auf See.
Bielefeld: Delius Klasing 1973.*

Sehr detailliert ist ein Werk, von dem leider nur der erste Band vorliegt, in dem die britische Flotte nicht im Vordergrund steht:

*Mondfeld, W. zu, Bayerlein, A. und Klingenbrunn; M.:
Schiffsgeschütze 1350-1870. Band I
Herford: Koehler 1988*

Kapitel 6: Leben an Bord

Unentbehrlich sind immer noch:

*Lewis, M.: A social history of the navy:
London: Allen & Unwin 1960*

Pope, D.: Life in Nelson's navy.
Annapolis: Naval Institut Press 1981

Kemp, P.: The British sailor, a social history of the lower deck.
London: Dent & sons 1970

Rodger, N.A.M.: The wooden world.
An anatomy of the Georgian navy.
London: Collins 1986

Zu den medizinischen Fragen informieren folgende Autoren eingehend:

Lloyd, C., and J. L. S. Coulter: Medicine and the navy 1200-1900. Vol. III: 1714-1815.
Edinburgh: E. & S. Livingstone Ltd. 1961.

Das Thema »Frauen an Bord« wird gründlich erörtert in:

Stark, S.: Female tars. Women aboard ship in the age of sail.
Annapolis: Naval Institute Press 1996

Kapitel 7: Navigation, Signale und Flottentaktik

Die hier relevanten und recht heterogenen Themen werden überblicksartig in verschiedenen Gesamtdarstellungen behandelt, so auch in:

Seefahrt unter Segeln. Bielefeld: Delius Klasing 1984

Lavery, B.: Nelson's Navy. London: Conway 1989

Spezieller sind:

Taylor, E. G.: Navigation in the days of Captain Cook.
Maritime Monographs and Reports No. 18.
London 1974

Tunstall, B.: The Evolution of Fighting Tactics 1650-1815.
Naval Warfare in the Age of Sail.
London: Conway 1990.

Kapitel 8: Die anderen Flotten

Einen recht breiten Überblick bietet:

Pivka, O.: Navies of the Napoleonic era.
London: David & Charles, 1980.

10.2 Literaturliste

Adam, F.: Hornblower, Bolitho & Co.: Krieg unter Segeln in Roman und Geschichte. Berlin: Ullstein-Taschenbuch 1987, 1992

Adam, F.: Der Ausbruch des Ersten Koalitionskrieges zur See. *Schiff und Zeit 38* (1993) 40–43

Adam, F.: Die Bombay-Marine, die größte private Kriegsmarine der Neuzeit. *Schiff und Zeit 44* (1996) 35–38

Albert, M. H.: Broadside and Boarders. London: George G. Harrap 1958

Allen, G. W.: A naval history of the American Revolution. Boston & New York: Houghton Mifflin 1913

Anderson, M. S.: British and American officers in the Russian navy. *Mariner's mirror 33* (1947) 17–27

Anderson, M. S.: Great Britain in the growth of the Russian navy in the 18th century. *Mariner's mirror 42* (1956) 132–146

Anderson, R. C.: Naval wars in the Levant. Princeton: Princeton University Press 1952

Anderson, R. C.: Naval wars in the Baltic 1522–1850. London: Francis Edwards Ltd. 1969

Austen, H. C. M.: Sea fights and corsairs of the Indian ocean. Port Louis, Mauritius: R. W. Brooks 1935

Balleine, G. R.: The tragedy of Philippe d'Auvergne. London: Phillimore 1973

Barnett, R. C.: The view from below deck: The British Navy, 1777–1781. *American Neptune 38* (1978) 92–100

Barreau, J.: Quiberon 1795: Causes et responsabilités de désastre royaliste. *Revue historique des armées 1* (1979) 95–122

Barton, J. A.: The battle of Valcour Island. *History Today 9* (1959) 791–799

Baugh, D. A.: Why did Britain lose command of the sea during the war for America? In: J. Black & P. Woodfine (eds.): *The British Navy and the use of naval power in the eighteenth century*. Leicester University Press, Leicester (1988)

Blanco, R. L.: Medicine in the Continental Army, 1775–1781. *Bulletin New York Academy Medicine 57* (1981) 677–704

Blanco, R. L.: Military medicine in Northern New York, 1776–1777. *New York History 63* (1982) 39–58

Bligh, W.: The mutiny on the board H.M.S. Bounty. New York: Airmont Books 1965

Bligh, W., & Hamilton, G.: Meuterei auf der Bounty… Tübingen: Horst Erdmann 1973

Bobrik, E.: Handbuch der praktischen Seefahrtkunde. Leipzig: Verlagsbüro 1848

Bobrik, E.: Allgemeines Nautisches Wörterbuch. Leipzig: Robert Hoffmann 1858

Bode, A.: Die Flottenpolitik Katharinas II. und die Konflikte mit Schweden und der Türkei (1768-1792). Wiesbaden: Otto Harrassowitz 1979

Böndel, D.: Admiral Nelsons Epoche. Die Entwicklung der Segelschiffahrt von 1770 bis 1815. (Schriftenreihe des Museums für Verkehr und Technik Berlin). Herford: Mittler & Sohn 1987

Born, J. D.: Sailing in the Dead Sea. American privateersmen in Old Mill Prison during the revolution. *Psychohistorical Review 14* (1985) 23-33

Boudriot, J.: The history of the French frigate, 1650-1850. Rotherfield: Jean Boudriot Publications 1993

Bowen, F. C.: The sea (1784-1814). London: Halton & Truscott Smith, Ltd. undated

Bowen, F. C.: Wooden walls in action. London: Halton & Co. 1951

Bowen, H. V.: Investment and empire in the later eighteenth century: East India stockholding, 1756-1791. *Economic history review (2nd ser.) 42* (1989) 186-206

Bracker, J., North, M. & Tamm, P.: Maler der See. Marinemalerei in 300 Jahren. Herford: Koehler 1980

Bradford, E.: Großkampfschiffe. Berlin: Ullstein 1991

Breen, K.: Graves and Hood at the Chesapeake. *Mariner's Mirror 66* (1980) 53-65

Breen, K.: Divided command: The West Indies and North America, 1780-1781. In: J. Black & P. Woodfine (eds.): *The British Navy and the use of naval power in the eighteenth century*. (1988)

Brewington, M. V.: The battle of Delaware Bay, 1782. *US. Naval Institute Proceedings 65* (1939) 231-237

Broomfield, J. H.: Lord Sandwich at the admiralty board: Politics and the British Navy, 1771-1778. *Mariner's mirror 51* (1965) 7-17

Bullocke, J. G.: Sailor's rebellion. London: Eyre & Spottiswoode 1938

Burley, P.: Fighting for the Falklands in 1770. *History today 32/6* (1982) 49-51

Chapelle, H. I.: The history of the American Sailing Navy. New York: Bonanza Books 1949

Choyce, J.: The log of a jack tar. Maidstone: George Mann 1973

Clowes, W. L.: The Royal Navy (Bd. 1-5). London: Sampson Low, Marston & Co. 1898-1900

Cobb, E.: A cape cod skipper. London: Macdonald and Jane's 1974

Coggins, J.: Ships and Seamen of the American Revolution. Harrisburg: Promontory Press 1969

Comtois, G.: The British Navy in the Delaware, 1775-1777. *American Neptune 40* (1980) 7-22

Condon, M. E.: Freight rates and the British transport service during the war against revolutionary France, 1793-1802. *Maritime history 5* (1977) 26-33

Corbett, J. S.: The campaign of Trafalgar. London: Longmans, Green & Co. 1910

Cormack, W. S.: Revolution and political conflict in the French navy 1789-1794. Cambridge: Cambridge University Press 1995

Cotton, E.: East Indiamen. London: Batchworth Press 1949

Crimmin, P.: The Royal Navy and the Levant trade, c. 1795- c. 1805. In: J. Black & P. Woodfine (eds.): *The British Navy and the use of naval power in the eighteenth century*. Leicester University Press, Leicester (1988)

Crimmin, P. K.: A prisoner of the French: Samuel Wallace's experiences 1797-1798. *British Journal for eighteenth century studies 12* (1989) 1-12

Crow, H.: Memoirs of the late Captain Hugh Crow of Liverpool. London: Frank Cass & Co. Ltd. 1970

Crowhurst, P.: The defence of British trade. Folkestone: Dawson 1977

Däbritz, R., & Quinger, W.: Die Brigg. Rostock: VEB Hinstorff 1982

Das rechte Fundament der Seefahrt. In: W. Köberer (Hrsg.):. Hoffman & Campe, Hamburg (1982)

Davies, D.: Fighting ships. London: Constable 1996

Dotsenke, W. D.: Geschichte der russischen Flotte. Moskau: Deje 1993

Douglas, H. Sir: A treatise on naval gunnery 1855. London: Conway Maritime Press 1982

Dudszus, A. & Köpcke, A.: Das große Buch der Schiffstypen. Augsburg: Weltbild 1995

Duffy, M.: A particular service: the British goverment and the Dunkirk expedition of 1793. *English historical review 91* (1976) 529-554

Dugan, J.: The great mutiny. New York: G.P. Putman's Sons 1965

Duhamel du Morceau, H. L.: Anfangsgründe der Schiffsbaukunst oder praktische Abhandlung über den Schiffbau. Übersetzt und mit Anmerkungen versehen von ChG. D. Müller (Hrsg.). Berlin: Pauli 1791

Duncan, N.: Duncan of Camperdown. Norfolk: Craig-Niven Books 1995

Ekirch, A. R.: Great Britain's secret convict trade to America, 1783-1784. *American historical review 89* (1984) 1285-1291

Emsley, C.: British society and the French war. Totowa: Rowan and Littlefield 1979

Emsley, C.: The recruitment of petty offenders during the French wars 1793-1815. *Mariner's mirror 66* (1980) 199-208

Emsley, C.: The military and popular disorder in England 1790-1801. *Journal of the Society for Army Historical research 61* (1983) 96-112

King, D. und Hattendorf, J. B. (Hrsg.): Every man will do his duty. Conway Maritime, London (1997)

Fabb, J., & Cassin-Scott, J.: Uniforms of Trafalgar. London: B.T. Batsford Ltd. 1977

Faibisy, J. D.: The greening of a crabtree: The downeast adventures of a revolutionary privateersman. *American Neptune 42* (1982) 5-24

Falconer, W.: Falconer's Marine Dictionary (a reprint). London: David & Charles 1970

Farley, F. M.: The battle of Sullivan's Island, 1776. *History Today 26* (1976) 83-91

Feldbaek, O.: The Anglo-Danish conflict of 1800. *Journal of history 2* (1977) 161-182

Fighting instructions, 1530-1816. J. S. Corbett (Hrsg.): Navy Records Society, London (o. Jahr)

Fisher, S.: Captain Thomas Hurd's survey of the bay of Brest during the blockade in the Napoleonic wars. *Mariner's mirror 79* (1993) 293-304

Flayhart, W. H.: Counterpoint to Trafalgar. Columbia: University of South Carolina Press 1992

Fleet battle and blockade. The French revolutionary war 1793-1797. Chatham, London (1996)

Flinders, M.: Die erste Umseglung Australiens. Stuttgart: Thienemanns Verlag 1984

Forester, C. S.: The adventures of John Wetherell. London: Michael Joseph 1954

Forester, C. S.: Hornblower Lotse. Hamburg: Wolfgang Krüger 1965

Fowler, W.: Disaster in Penobscot Bay. *Naval War College Review 31* (1978) 75-80

Fowler, W.: The business of war: Boston as a Navy base, 1776-1783. *American Neptune 42* (1982) 25-35

Fowler, W. M.: Rebels under sail. New York: Charles Scribner's sons 1976

Garitee, J. R.: The republic's private navy. Middletown: Wesleyan University Press undated

Glasgow, T.: The shape of the ships that defeated the Spanish Armada. *Mariner's mirror 50* (1964) 177-189

Glover, R.: Peninsular preparation. Cambridge: Cambridge University Press 1963

Glover, R.: Britain at bay. London: George Allen & Unwin Ltd 1973

Goodwin, A.: Counter-revolution in Britanny: The royalist conspiracy of the Marquis de la Rouérie, 1791-1793. *Bulletin of the John Rylands library 39* (1957) 326-355

Goodwin, A.: The federalistist movement in Caen during the French revolution. *Bulletin of the John Rylands library 42* (1960) 313-344

Gregory, D.: The ungovernable rock. London, Toronto: Associated University Presses 1985

Gruppe, H.: Die Fregatten. Amsterdam: Time-Life Bücher 1980

Gutridge, T.: Aspects of naval prize agency 1793-1815. *Mariner's mirror 80* (1994) 45-53

Guttridge, L., & Smith, J. D.: The Commodores. London: Peter Davies 1970

Haas, J. M.: Methods of wage payment in the royal dockyards 1775-1865. *Maritime history 5* (1977) 99-115

Hall, C. D.: The Royal Navy and the Peninsular war. *Mariner's mirror 79* (1993) 403-418

Hannay, D.: Naval courts martial. Cambridge: Cambridge University Press 1914

Harbron, J. D.: Das spanische Linienschiff. *Spektrum der Wissenschaft 2* (1985) 110-117

Harbron, J. D.: Trafalgar and the spanish navy. London: Conway 1988

Harland, J.: Seamanship in the age of sail. London: Conway 1984

Harvey, A. D.: English literature and the great war with France. London: Nold Jonson Books 1981

Hastings, D. J.: The Royal Indian Navy. London: McFarland & Company 1988

Hawkey, A.: Bligh's other mutiny. London: Angus & Robertson 1975

Hearl, T.: Military education and the school curriculum 1800-1870. *History of education 5* (1976) 251-264

Helmert, H., & Usczeck, H.: Europäische Befreiungskriege 1808 bis 1814/15. Berlin: Militärverlag1986

Henderson, J.: Sloops and brigs. London: Adlard Coles Ltd. 1978

Henderson, J.: The frigates. London: Leo Cooper 1994

Herrmann, F.: Europas Kampf auf dem Meere, die schwedische Marine. *Zeitschrift für Heereskunde 32* (1968) 94-102

Herrmann, F.: Die russiche Marine unter den Zaren Paul I und Alexander I. *Zeitschrift für Heereskunde 36* (1972) 125-141

Hewson, M.: Escape from the French, Captain Hewson's Narrative (1803-1809). A. Brett-James (ed.). Hodder & Stoughton, London (1981)

Hickey, D. R.: American trade restrictions during the war of 1812. *Journal of American history 68* (1981) 517-538

Hoffmann, C. C.: Die Verschiffung der hessischen und anderen Subsidien-Truppe nach Nordamerika in den Jahren 1776 bis 1783. *Schiff und Zeit 9* (1978) 31-43

Holmes, T. W.: The semaphore. Elms Court: Arthur H. Stockwell Ltd. 1983

Howard, F. Dr: Sailing ships of war 1400-1860. London: Conway 1979

Huddart, W.: Unpathed waters. London: Quiller Press 1989

Hughes, R.: The fatal shore. London: Collins Harvill 1987

Hugill, S.: Sailortown. London: Routledge & Kegan Paul Ltd. 1967

Hutchinson, W.: A treatise on practical seamanship. London: Scolar Press 1979

Hutt, M.: The British government's responsibility for the ‚divided command' of the expedition to Quiberon, 1795. *English historical review 76* (1961) 479-489

Ingenkamp, K.: „Nelson`s Navy" im Spiegel der Romanliteratur. *Schiff und Zeit 23* (1986) 46-50

Ingenkamp, K.: Seeleute gegen Napoleon. Die Lebensbedingungen in der britischen Flotte während der großen Kriege von 1793 bis 1815. *Geschichte 74* (1987) 37-45

Ingenkamp, K.: Die Armadaschlachten des Jahres 1588. *Geschichte 83* (1988) 5-13

Ingenkamp, K.: US-Superlative: Das fast vergessene, aber lehrreiche Desaster 1779 in der Penobscot Bay. *Schiff und Zeit 31* (1990) 69-73

Ingenkamp, K.: Valcour-Island, die Seeschlacht inmitten der Wälder und Berge. *Schiff und Zeit 41* (1995) 12-16

Israel, U., & Gebauer, J.: Segelkriegsschiffe. Berlin: VEB 1982

Jackson, J. W.: The Pennsylvania Navy 1775-1781. New Brunswick, New Jersey: Rutgers University Press 1974

James, W.: The naval history of Great Britain (Bd. 1). London: Richard Bentley & son 1886

James, W.: The naval history of Great Britain (Bd. 2). London: Richard Bentley & son 1886

James, W. M.: The british navy in adversity (reprint). New York: Russell & Russell 1970

Jamieson, A. G.: Two Scottish marines in the American war. *Mariner's Mirror 70* (1984) 21-30

Jennings, J.: The sea eagles. New York: Doubleday & Co. 1950

Jones, S.: The builders of Captain Cook ships. *Mariner's Mirror 70* (1984) 299-302

Keay, J.: The honourable company. London: Harper & Collins 1991

Kemp, P.: The British sailor. A social history of the lower deck. London: Dent & Sons 1970

Kennedy, G.: Captain Bligh. London: Duckworth 1989

Kent, B.: Signal! Clanfield: Hyden House 1993

King, D. & Hattendorf, John B.,: Harbors and High Seas. New York: Henry Holt & Co 1996

King, D., Hattendorf, J. B. & Estes, J. W.: A sea of words. New York: Henry Holt & Co. 1995

King, R. J.: ‚Ports of shelter and refreshment.' Botany Bay and Norfolk Islands in the British naval strategy, 1786-1808. *Historical studies 22* (1986) 199-213

Kirchhoff, H.: Seemacht in der Ostsee. Kiel: Robert Cordes 1907

Kitchen, F.: The Napoleonic war coast signal stations. *Mariner's mirror 76* (1990) 337-344

Koenig, W.: Seeschlachten der Weltgeschichte. Köln: Buch und Zeit Verlag 1975

Korth, J.: Die Schiffsbaukunst. Berlin: Paulische Buchhandlung 1826

Krahé, P.: Literarische Seestücke. Hamburg: Kabel 1992

Lack, E.: Die Abenteuer des Sir Joseph Banks. Wien: Böhlau 1985

Landström, B.: Das Schiff. Gütersloh: Prisma

Lange, P.W.: Südseehorizonte. Leipzig: Urania-Verlag

Lavery, B.:The origins of 74-gun ship. *Mariner's mirror 63* (1977) 335-350

Lavery, B.:The 74-gun ship Bellona. London: Conway 1985

Lavery, B.:The arming and fitting of English ships of war 1600-1815. London: Conway Maritime 1987

Lavery, B.: Nelson's navy. London: Conway 1989

Leip, H.: Bordbuch des Satans. Herford: Koehler 1977

Lewis, M.:A social history of the navy 1793-1815. London: George Allen & Unwin Ltd 1960

Lloyd, C.: St. Vincent and Camperdown. London: B.T. Batsford Ltd. 1963

Lloyd, C.: Mr. Barrow of the admiralty. London: Collins 1970

Lloyd, C.:Atlas zur Seefahrtsgeschichte. Hamburg: Stalling 1975

Lloyd, C.:The defence of Acre, 1799. *History today 28* (1978) 500-506

Lloyd, C., & Coulter, J. L. S.: Medicine and the navy 1200-1900. Edinburgh: E. & S. Livingstone Ltd. 1961

Loth, H.: Sklaverei. Wuppertal: Paul Hammer 1981

Lovell, S.: Personal narrative of events, from 1977 to 1815. London: Wm. Allen & Co. 1879

Low, C. R.: History of the Indian Navy. London: Richard Bentley and Son 1877

Lynch, J.: British Policy and Spanish America, 1783-1808. *Journal of Latin American studies 1* (1969) 1-30

Lyon, D.: Sea battles in close-up:The age of Nelson. London: Jan Allan 1996

MacDougall, :The formative years: Malta dockyard, 1800-1815. *Mariner's mirror 76* (1990) 205-213

Macesich, S. S.:The French revolution, Napoleon and the Balkan enlightenment. *East European Quarterly 9* (1975) 455-470

MacGregor, D. R.: Merchant sailing ships 1775-1815. London: Conway Maritime Press 1985

Mackesy, P.:The war in the Mediterranean 1803-1810. Cambridge, Massachusetts: Harvard University Press 1957

Mackesy, P.: British victory in Egypt. London, New York: Routledge 1995

Maclay, E. S.:A history of American privateers (reprint). Freeport, New York: Books for Libraries Press 1970

MacLean, A.: Der Traum vom Südland. München: Heyne 1972

Mahan, A. T.: Types of naval officers. London: Sampson Low, Marston & Co. 1904

Maine, R.: Von Lepanto bis Trafalgar. Oldenburg: Stalling 1979

Marcus, G. J.: The age of Nelson. London: George Allan & Unwin Ltd. 1971

Marcus, G. J.: Heart of Oak. London: Oxford University Press 1975

Marley, D. F.: Pirates Adventures of the High Seas. London: Arms and Armour Press 1997

Marquardt, K. H.: Bemastung und Takelung von Schiffen des 18. Jahrhunderts. Bielefeld: Delius, Klasing & Co. 1986

Masefield, J.: Sea Life in Nelson's Time. London: Sphere Books 1972

Mason, F. W.: Rivers of Glory. Philadelphia & New York: Lippincott Company 1942

Mata, M.: Conquests and reconquests of Menorca. Barcelona: Imprenta Juvenil S.A. 1984

Mathew, D.: The naval heritage. London: Collins 1915

Mathiez, A.: Die französische Revolution. Zürich: Büchergilde Gutenberg 1940

Mayer, W.: Der Rebell: Thomas Cochrane. Puchheim: IDEA 1981

McGuffie, T. H.: Peninsular prize-money. *Journal of the society for army historical research 26* (1946) 143

McKay, J.: Victory. Bielefeld: Delius Klasing 1994

Meyer, Jean, & Acerra, M.: Segelschiffe im Pulverdampf. Bielefeld: Delius Klasing Verlag 1996

Miller, N.: Sea of Glory. New York: David Mckay Company 1974

Möller, J.: Frühviktorianische Seeromane. Grossen-Linden: Hoffmann Verlag 1979

Mollo, J.: Uniforms of the Royal Navy. London: Hugh Evelyn Ltd. 1965

Mondfeld, W.: Piraten und Schmuggler von Saint Malo. Würzburg: Arena 1975

Mondfeld, W.: Knochenschiffe. Herford: Koehlers Verlagsgesellschaft mbH 1989

Mookerji, R.: Indian Shipping. London: Longmans, Green & Co. 1912

Moorehead, A.: The fatal impact. Sydney: Mead & Beckett 1987

Mordal, J.: 25 Jahrhunderte Seekrieg. München: Moewig 1976

Morriss, R.: St. Vincent and reform. *Mariner's mirror 69* (1983) 269-290

Morriss, R. A.: Labour relations in the royal dockyards 1801-1805. *Mariner's mirror 62* (1976) 337-346

Morriss, R. A.: Samuel Bentham and the management of the royal dockyards, 1796-1807. *Bulletin of the institute of historical research 54* (1981) 226-240

Morriss, R., Lavery, B., & Deuchar, S.: Nelson. London: King 1995

Müller, I.: Geißel der Seefahrt. *Schiff und Zeit 3* (1976) 33-42

Neillands, R.: By sea and land. London: Fontana (Collins) 1988

Nelson against Napoleon. From the Nile to Copenhagen, 1798-1801. Gardiner, R. (ed.):. Chatham Publishing, London (1997)

Nordhoff, C.: Life on the ocean. London: Macdonald & Jane's 1974

Nordhoff, C., & Hall, J. N.: Die Meuterei auf der Bounty. München: Kurt Desch 1969

O'Brian, P.: Joseph Banks. London: Collins Harvill 1988

Ozanne, N.-M.: Die Kriegsflotte (reprint). Militärverlag der DDR 1765

Paasch, H.: Paasch's Illustrated Marine Dictionary. London: Conway Maritime 1885/1997

Pack, A. J.: A naval sidelight in the 1812 war with America. *Mariner's mirror 73* (1987) 287-291

Padfield, P.: Broke & The Shannon. London: Hodder & Stoughton 1968

Padfield, P.: Waffen auf See. Bielefeld: Delius, Klasing & Co. 1973

Palmer, M.A.: Stoddert's war. Columbia: University of South Carolina Press 1987

Parkinson, C. N.: Portsmouth Point. London: Hodder & Stoughton 1948

Parkinson, C. N.: Samuel Walters. Liverpool: University Press 1949

Parkinson, C. N.: Trade in the eastern seas, 1793-1813. New York: Economic Classics 1966

Parkinson, C. N.: Britannia rules. London: Weidenfeld & Nicolson 1977

Parsons, G. S.: Nelsonian Reminiscences. London: Saunders & Otley 1973

Peers, D. M.: Between Mars and Mammon: the East India Company. *Historical journal 33* (1990) 385-401

Pemsel, H.: Von Salamis bis Okinawa. Seeschlachten von der Antike bis zur Gegenwart. München: J.F. Lehmanns 1975

Pemsel, H.: Biographisches Lexikon zur Seekriegsgeschichte. Koblenz: Bernhard & Graefe 1985

Pemsel, H.: Seeherrschaft. Eine maritime Weltgeschichte von den Anfängen der Seefahrt bis zur Gegenwart. Band 1: bis 1850, Band 2: bis zur Gegenwart. Koblenz: Bernard & Graefe 1985

Philips, I. L.: Lord Barham at the admiralty, 1805-1806. *Mariner's mirror 64* (1978) 217-233

Pietschmann, H.: Der atlantische Sklavenhandel bis zum Ausgang des 18. Jahrhunderts: eine Problemskizze. *Historisches Jahrbuch 107* (1987) 122-133

Pivka, O.: Navies of the Napoleonic era.
London: David & Charles 1980

Pocock, T.: Remember Nelson.
London: Collins 1977

Pocock, T.: A thirst for glory.
London: Aurum Press 1990

Pope, D.: England expects.
London: Weidenfeld & Nicolson 1959

Pope, D.: Life in Nelson's navy. Annapolis, Maryland: Naval Institute Press 1981

Pope, D.: The devil himself.
London: Alison Press 1987

Price, A.: The eyes of the fleet.
Glasgow: Grafton 1990

Ralfe, J.: The Naval Biography of Great Britain.
Boston: Gregg Press 1828/1972

Randier, J.: Nautische Instrumente.
Oldenburg: Stalling 1979

Rankin, R. H.: Uniforms of the sea services.
Annapolis: United States Naval Institute 1962

Rees, T.: A journal of voyages and travels by the late Thomas Rees. London: Harvey & Darton 1822

Richardson, P.: Nelson's Navy. London: Longman 1977

Richmond, H.: The navy in India, 1763-1783.
London: Ernest Benn Ltd. 1931

Richter, K.: Die Entwicklung des Seeromans in England im 19. Jahrhundert. Leipzig: Phil. Diss. 1906

Risse, G. B.: Britannia rules the seas: The health of seamen, Edinburgh, 1791-1800. *Journal of history of medicine 43* (1988) 426-446

Rittmeyer, R.: Seekriege und Seekriegswesen in ihrer weltgeschichtlichen Entwicklung.
Berlin: Mittler & Sohn 1911

Robertson, E.A.: The spanish town papers.
London: The Cresset Press 1959

Robinson, Ch. Napier: The Britisch Tar in Fact and Fiction. London: Harper and Brothers 1909

Rodger, A. B.: The war of the second coalition.
Oxford: Clarendon Press 1964

Rodger, N.A. M.: The Admiralty.
Lavenham: Terence Dalton 1979

Rodger, N.A. M.: Articles of war.
Homewell: Kenneth Mason 1982

Rodger, N.A. M.: The wooden world.
London: Collins 1986

Rose, J. H.: Lord Hood and the defence of Toulon.
Cambridge: University Press 1922

Rose, J. H.: The influence of sea power on Indian history, 1746-1802. *Journal of Indian history 3* (1924) 188-204

Rowbotham, W. B.: The flag officer's and captain's gold medal, 1794-1815. *Mariner's mirror 37* (1951) 260-281

Rutherford, G.: Sidelights on Commodore Johnstone's expedition to the Cape. (Part 1).
Mariner's Mirror, 189-212 (1942)

Rutter, O.: The pirate wind.
Oxford: Oxford University Press 1986

Ryan, A.: An ambassador afloat: Vice-Admiral Sir James Saumarez and the Swedish court, 1808–1812. In: J. Black & P. Woodfine (eds.): *The British Navy and the use of naval power in the eighteenth century*. Leicester University Press, Leicester (1988)

Salentiny, F.: Dumonts Lexikon der Seefahrer und Entdecker. Köln: DuMont 1995

Saul, N. E.: Russia and the Mediterranean 1797–1807. Chicago and London: University of Chicago Press 1970

Saxby, R.: Lord Bridport and the Spithead mutiny. *Mariner's mirror 79* (1933) 170–178

Scharnow, U.: Lexikon der Seefahrt. Berlin: transpress 1984

Schlüter, H.: Ladies, Lords und Liederjane. Dortmund: Harenberg 1981

Schneider. Arno, : Die Entwicklung des Seeromans in England im 17. und 18. Jahrhundert. Leipzig: Phil. Diss. 1901

Schtorm, G.: Uschakow. Berlin: Verlag der Nation 1953

Seefahrt unter Segeln. Bielefeld: Delius Klasing 1984

Segelschiffe. Rastatt: Moewig 1991

Sherrard, O.A.: A life of Lord St. Vincent. London: George Allen & Unwin Ltd. 1933

Simmons, E. H.: The Unites States marines. London: Leo Cooper 1974

Smith, C. R.: Marines in the revolution. Washington: History and Museums Division 1975

Stadden, C. C. & G. And C. Newark: Uniforms of the Royal Marines from 1664 to the present day. Ramford: The Pompadour Gallery 1997

Stark, S. J.: Female tars. Annapolis, Maryland: Naval Institute Press 1996

Steel, D.: Steel's naval chronologist of the war. London: Cornmarket Press, Nachdruck 1969

Steel, D.: The elements and practice of rigging and seamanship (2 Bd). London: Sim Comfort Ass., Nachdruck 1978

Steer, M.: The blockade of Brest and the victualling of the western squadron, 1793–1805. *Mariner's mirror 76* (1990) 307–316

Steltzer, H. G.: »Mit herrlichen Häfen versehen«. Frankfurt/Main: Ullstein 1981

Stuart, V., & Eggleston, G. T.: His Majesty's Sloop-of-War Diamond Rock. London: Robert Hale Ltd. 1978

Sullivan, F. B.: The naval schoolmaster during the eighteenth century and the early nineteenth century. *Mariner's mirror 62* (1976) 311–326

Sullivan, F. B.: The Royal academy at Porthmouth 1729–1806. *Mariner's mirror 63* (1977) 311–326

Sullivan, J.A.: The destillation and purification of water at sea.
Mariner's Mirror 65 (1979) 161-162

Sutherland, L. S.: The East India Company in eighteenth-century politics.
Oxford: Clarendon Press undated

Sweetman, J.: American Naval History. Annapolis, Maryland: Naval Institute Press 1984

Taillemite, E.: Die Entdeckung der Südsee.
Ravensburg: Otto Maier 1990

Talbott, J. E.: The rise and fall of the carronade.
History today 39 (8) (1989)

Taylor, J.: Marine painting.
London: Studio Editions 1995

The campaign of Trafalgar 1803-1805.
R. Gardiner (ed.). Chatham, London (1997)

The East Indian Chronologist.
Calcutta: Hircarrak Press 1801

The line of battle. R. Gardiner (ed.).
Conway, London (1992)

The Maritime Compendium.
Conway, London (1998)

The Nagle journal. J. C. Dann (ed.).
Weidenfeld & Nicolson, New York (1988)

The Napoleonic War: Journal of Captain Thomas Henry Browne 1807-1816. R. N. Buckley (ed.): The Bodley Head, London (1987)

The Naval Chronicle, *18* (1807)

Thomas, E. G.: Captain Buckle and the capture of the Glorioso.
Mariner's mirror 68 (1982) 49-54

Thrower, W. R.: Life at sea in the age of sail.
London, Chichester: Phillimore 1972

Tilley, J.A.: The British Navy and the American Revolution. Columbia: University of South Carolina Press 1987

Timewell, H. C.: Guernsey privateers.
Mariner's mirror 56 (1970) 199-218

Tracy, N.: Nelson's battles. The art of victory in the age of sail.
London: Chatham Publishing 1996

Truchanowski, W. G.: Horatio Nelson.
Berlin: VEB, Militärverlag der DDR 1990

Tunstall, B.: Naval warefare in the age of sail.
London: Conway 1990

Turner, E. H.: The Russian squadron with Admiral Duncan's North sea fleet 1795-1800.
Mariner's mirror 49 (1963) 212-222

Ubi sumus? J. B. Hattendorf (Hrsg.). Naval War College Press, Newport, Rhode Island (1994)

Ulffers, F.: Handbuch der Seemanschaft.
Kassel: Horst Hamecher 1981

Verne, J.: Die großen Seefahrer und Entdecker.
Zürich: Diogenes 1974

Walker, G. E.: Historical background of the Royal Indian Navy.
Neu Delhi: Governement of India 1944

Warner, O.: The glorious first of june.
London: B.T. Batsford Ltd. 1961

Warner, O.: The sea and the sword.
New York: William Morrow & Co. 1965

Watson, J. S.: The reign of George III.
Oxford: Clarendon Press 1960

Watt, J. Sir: Medical aspects and consequences of Cook's Voyages. In: R. Fisher & H. Johnston (eds.): *Captain James Cook and his times.*
University of Washington Press, Seattle (1979)

Weapons and armor. A pictorial archive of woodcuts and engravings. Hart, Harold H. (ed.).
Dover Publications, Mineola, N.Y. (1982)

Webb, P.: Construction, repair and maintenance in the battle fleet of the Royal Navy, 1793-1815.
In: J. Black & P. Woodfine (eds.):
Leicester University Press, Leicester (1988)

Webb, P. L. C.: The rebuilding and repair of the fleet.
Bulletin of the institute of historical research 50 (1977) 194-209

Weightman, G.: London River.
London: Collins & Brown 1990

Whipple, A. B. C.: Krieg unter Segeln.
Amsterdam: Time-Life Bücher 1983

White, D.: The frigate Diana.
London: Conway 1987

Wilkinson-Latham, R.: Napoleons Artillerie.
Bonn: wehr & wissen 1980

Wilson, T.: Flags at sea.
London: Her Majesty's Stationary Office (HMSO) 1986

Winter, F. H.: The first golden age of rocketry.
Washington: Smithsonian Institute Press 1990

Yerxa, D. A.: Vice-admiral Samuel Graves and the North American Squadron 1774-1776.
Mariner's Mirror 62 (1976) 371-385

Zimmermanns, H.: Reise um die Welt mit Capitain Cook.
Tübingen: Horst Erdmann 1978

10.3 Index

A

B

C

D

E

F

G

H

J

K

Q

R

S

T

U

V

W

Z